高等院校经济管理“十三五”规划教材

金融系列

Principle and Practice of Insurance

保险原理与实务

周彩霞 / 编著

中国发展出版社
CHINA DEVELOPMENT PRESS

图书在版编目（CIP）数据

保险原理与实务/周彩霞编著. —北京：中国发展出版社，2017.3

ISBN 978-7-5177-0600-7

Ⅰ. ①保… Ⅱ. ①周… Ⅲ. ①保险学—高等学校—教材 Ⅳ. ①F840

中国版本图书馆 CIP 数据核字（2016）第 257886 号

书　　名：保险原理与实务
著作责任者：周彩霞
出 版 发 行：中国发展出版社
（北京市西城区百万庄大街 16 号 8 层　100037）
标 准 书 号：ISBN 978-7-5177-0600-7
经　销　者：各地新华书店
印　刷　者：北京明恒达印务有限公司
开　　本：787mm×980mm　1/16
印　　张：27.25
字　　数：540 千字
版　　次：2017 年 3 月第 1 版
印　　次：2017 年 3 月第 1 次印刷
定　　价：45.00 元

联 系 电 话：（010）68990642　68990692
购 书 热 线：（010）68990682　68990686
网 络 订 购：http：//zgfzcbs. tmall. com//
网 购 电 话：（010）68990639　88333349
本 社 网 址：http：//www. develpress. com. cn
电 子 邮 件：fazhanreader@163. com

前言 Preface

保险学是一门专业性及实践性都非常强的学科。作为入门课程，《保险原理与实务》不仅是金融学或保险学专业的核心课程，也是经济学、管理学类其他各专业的重要专业选修课。

学习本课程的根本目的在于能够学以致用。十余年来，中国保险业保持了快速的发展势头，保费收入和行业资产的年均增长速度都远高于同期 GDP 的年均增速。2015 年，中国原保险收入接近 2.5 万亿元，同比增长 20%，增速创近 7 年的最高；保险公司利润约 2800 多亿元，同比增长 38%。2016 年的中国保费收入再上新台阶，达 3.1 万亿元。在中国经济进入增速放缓的“新常态”的当下，保险业的出色业绩令人瞩目。从某种程度上说，与保险行业相关的工作，是既有“前景”，又有“钱景”的。如果同学们将来有志于投身保险事业，期望本教材能成为引导你初步了解保险业运行概况及运作基本原理的向导，为下一阶段更深入的学习打好基础。

身处现代社会，完全不与保险业打交道基本上是不可能的事情了。作为客户购买保险，要做出决策不是件容易的事情：那么多的保险公司、五花八门的保险产品如何选择？厚厚一沓的保险合同看不懂怎么办？出险以后，如何报案，如何理赔？和保险公司产生理赔纠纷又该如何解决？保险常识对现代人而言实在是必不可少的。只有了解保险基本常识，才能更合理地为自己或家人做好保险规划，选择合适的保险险种，弄清楚相关的权利与需要承担的责任，维护好自身利益。

保险原理的特点决定了本课程内容中必然包含很多具体保险法规条款的介绍及保险险种合同条款的罗列，很容易让人觉得枯燥乏味。激发学生的兴趣，避免知识灌输，是笔者在教材编写过程中一直努力追求的目标。本教材力争做到以下几点。

一是内容全面，行文简洁。本教材涵盖保险学的基本原理，努力构建一个层次清晰、要点突出的框架，基于“设疑—解疑—运用”的设定，以平实的介绍、论述或解释，引导学生步步深入。

二是内容紧扣中国现实。各国保险业务的开展除了遵循一些公认的基本准则外，主要还是基于本国的法律法规。很多引进版的教材动辄上百万字的篇幅，但都是以欧美法律为基础，并不适宜中国本土保险业务的需要。我国现在已经围绕《中华人民共和国保险法》建立了一套较为完整的保险法规体系。仅以2015年为例，不仅对《保险法》再次进行了修订，还对《保险公司设立境外保险类机构管理办法》《保险公司管理规定》《保险专业代理机构监管规定》《保险经纪机构监管规定》《保险公估机构监管规定》《中国保险监督管理委员会行政处罚程序规定》《再保险业务管理规定》《人身保险公司保险条款和保险费率管理办法》这八部规章进行了修改。商业车险、健康险等方面的很多改革由试点逐渐转向全面实施推广。教材内容将结合具体的知识点和案例分析，对涉及的法律法规尽可能地加以简要介绍，并引用最新规定的内容，或对相关法规及业务的演进过程做出说明，使得教材内容更“接地气”。同学们将来在面对实际保险问题时，能知道来龙去脉，且能迅速找到解决问题所需要的法规依据。

三是格外注重时效性。保险业是个发展很快的行业，不仅保险法规在不断调整，险资举牌、互联网保险、巨灾保险、优税健康险、偿二代等等各种新现象、新机构、新产品也是层出不穷，都需要在教材中及时反映出来。在本教材撰写过程中，笔者不断地用新出现的素材替代原有旧的素材，用到的最新素材期限截止到2016年9月底的截稿日。在实际教学过程中，保险领域的热点事件、焦点话题随时可以纳入课堂教学讨论范畴，构建开放式的课程内容体系。实际上，学生在掌握最基本的原理及分析方法后，完全可以举一反三，自行去搜集信息，学习了解更多保险知识。

本书共10章。第1章介绍了风险与风险管理的基本内容。风险的存在是保险产生和发展的前提基础，对风险的了解是研究保险问题的起点。第2章是保险概述，介绍了保险的起源与发展，保险的内涵与本质，保险的一般分类和中国保险业发展概况。这章内容实际上回答的是保险从哪儿来、保险本质上是什么、保险内容上有什么，以及保险业发展得怎么样等问题。第3章介绍了保险的四大基本原则，即最大诚信原则、保险利益原则、近因原则、损失补偿原则。这些原则是在长期的保险业务实践中逐渐形成，并被现代各国保险业所公认。无论在哪个国家，涉及什么险种，保险当事人各方都要遵循这些基本原则。第4章到第6章分别介绍了财产保险、人身保险和再保险的基本内容。第7章对保险合同进行了介绍，包括主体、内容、从订立到失效的过程及争议处理等。第8章介绍了保险公司主要的经营活动，包括保险费率厘定、保险展业与承保、保险理赔和保险投资。第9章介绍了社会保险的基本内容。本教材其他章节内容大多是关于商业保险的，但社会保险与每个人的利益息息相关，提供的是最基本层面的保障。在很多方面，尤其是对养老保险、医疗保险、工伤保险而言，商业保险与社会保险应该形成互补关系，共同架构起一个较为完善的保险保障网，充分发挥保险分散风险、稳定社会的职能。第10章是保险监管，基于现代保险监管体系的三大支柱——保险市场行为、偿付能力和公司治理结构的框架，对比介绍了欧美日等国的监管经验及我国保险监管的发展历程和现状。

每章内容包括本章要点、正文、本章关键词、思考与讨论。正文又被分为若干节，穿插了大量专栏及案例分析。丰富的资料及案例是联通保险基本原理与实际运用的桥梁。案例分析贯穿全书，案例的选择将兼顾典型性及时效性。有些案例会结合知识点的介绍给出详尽的解析，有些案例则留给学生进行课堂讨论或课后思考讨论。希望同学们通过学习、思考、讨论的过程，更好地理解并掌握基本原理，提高分析问题和解决问题的能力，同时养成敢于质疑、善于表达、认真倾听、勇于评价和不断反思的品质和习惯。

本教材的编写参考了大量其他学者的教材和研究成果，包括财经报道、统计数据等，均以脚注或参考文献的方式加以标注。

将深奥的专业知识用生动的语言深入浅出地介绍给学生很难，将这些内容落在纸上的难度又远胜于课堂讲授。本人学识有限加时间仓促，书中谬误在所难免，不当之处，敬请读者批评指正。

周彩霞

2017 年 1 月于南京

目录 Contents

第 1 章

风险与风险管理

>>本章要点

- 风险的内涵与特征
- 风险的构成要素：风险因素、风险事故、损失
- 风险管理的内涵
- 风险管理的目标
- 风险回避、风险自留、预防与控制、风险转移
- 风险管理的基本程序

风险的存在是保险产生和发展的前提基础。研究保险必须要从风险和风险管理说起。那么，什么是风险呢？

2016 年夏末秋初，正是天高云淡、清风送爽的时节，小赵和相恋多年的大学同学小孙喜结良缘。他们早就筹划要前往欧洲度蜜月，可是，近半年接二连三的“坏”消息给计划中的远行蒙上了阴霾。

消息一：3 月 22 日早上，比利时首都布鲁塞尔发生连环恐怖袭击爆炸。截至 23 日凌晨，爆炸造成至少 35 人死亡，130 多人受伤。

消息二：7 月 14 日夜，法国南部城市尼斯滨海大道上，一名 31 岁的突尼斯裔法国男子驾驶卡车突然对正在观看国庆节烟火表演的人群冲撞碾压，造成 84 人死亡，202 人受伤。这是 2015 年 11 月 13 日巴黎连环恐怖袭击后，再度发生在法国的严重袭击事件。

消息三：德国在 7 月中下旬短短一周时间内密集发生四起暴恐事件，伤亡最惨重的是 7 月 22 日发生在慕尼黑莫萨赫区奥林匹亚购物中心的枪击案，导致包括袭击者在内的 10 人死

亡，20 余人受伤。4 起案件的作案人都是外来移民，德国政府移民政策再度面临来自各界的质疑。

消息四：当地时间 8 月 24 日凌晨，意大利中部地区发生 6 级以上地震，造成近 300 人遇难，数个市镇被严重损毁。9 月 23 号，意大利总理伦齐表示，地震已造成至少 40 亿欧元的经济损失。

布鲁塞尔、尼斯、慕尼黑等城市都是中国游客欧洲游的重要目的地，人祸与天灾并存，大大改变了这些城市原本美丽、祥和的面貌，前往欧洲的旅程因此增加了不少的负面不确定性。俗话说“天有不测风云，人有旦夕祸福”，人们不可避免地会担心，这些不幸的事件是否也会突然降临到自己或亲朋好友的头上。这种未来结果的不确定性就是人们常说的风险。

第 1 节　风险概述

一、风险的定义及特征

我们在保险中所研究的风险（risk）指的是在特定环境下，某种随机事件发生后给人的利益造成损失的不确定性。

从风险的特征着眼，有助于更好地认识什么是风险。

1. 风险事故发生的灾害性

风险的不确定性意味着其结果有三种可能性：损失、无损失或收益。例如炒股，就是风险很大的投资活动。对股民而言，投资股票可能面对的后果不外乎亏损、不盈不亏或盈利三种情况。不过那些有盈利可能性的风险并不在保险关注的范畴之内。

正是因为损失发生的不确定性，才需要对风险进行管理。作为风险管理方式之一的保险正是为应对风险可能造成的损失后果而产生的。

2. 风险存在具有客观性和普遍性

无论人们是否意识到，风险都是客观存在的，可以说是无处不在、无时不有的。人们可以利用一定的措施、技术对风险因素进行影响控制，降低风险事故发生的概率，或减少风险事故发生后的损失，但风险不可能被彻底消除。

暴力是人类所面临的最主要风险之一。根据联合国开发计划署 2015 年 5 月 8 日发布的《2015 年全球武装暴力报告》，2007～2012 年间，全球每年有约 50.8 万人死于各种形式的暴力，相当于每 10 万人中有 7.4 人因暴力致死。其中，7 万人死于武装冲突，37.7 万人死于蓄意杀人，4.2 万人死于意外杀人。面对此起彼伏的战争、犯罪、恐怖袭击事件，你是否会认为我们正生活在有史以来最为暴力的时代呢？不过，美国著名实验心理学家、认知科学家斯蒂芬·平克用大量数据告诉我们，事实恰恰相反！几千年来，暴力正在减少——部落间战事的死亡率比 20 世纪的战争和大屠杀要高出 9 倍；中世纪欧洲的凶杀率比今天要高出 30 倍。奴隶制、酷刑、滥用死刑曾是人们生活中的常态，但如今大多被废除了；发达国家之间已不再发生战争，发展中国家之间的战争死亡也只是几十年前的一个零头。基于数据比较可知，我们正生活在有人类有史以来最为和平的时代。①

3. 具体风险事故发生的偶然性

虽然地球上每天都在发生各种天灾人祸事件，如地震、洪灾、战争、恐怖袭击、空难、车祸、火灾等等，但人们很难预测某一特定的风险事故是否会发生、在何时何地发生、会伤害到哪些对象以及损失严重程度有多大。

莫斯科时间 2016 年 3 月 19 日凌晨，沙特阿拉伯 FlyDubai 航空公司一架从阿联酋迪拜飞往俄罗斯南部城市罗斯托夫的客机在机场降落时坠毁，机上 62 人全部遇难。一位名叫埃莉维拉·伊萨耶娃的乘客因前一天晚上参加朋友生日聚会而睡过了头，误机躲过了这一劫。而在 2015 年 3 月 24 日的德翼航空空难中，一名去西班牙交流的德国女中学生因为遗忘护照导致她和她的同学们差点错过这次航班，但这名女生寄宿的西班牙家庭驱车及时在登机前将护照带给了她。这架飞机在法国南部阿尔卑斯山脉坠毁，机上 150 人全部遇难。

所以说，具体到某一起风险事故的发生是偶然的，就像“千钧一发”“命悬一线”等成语所形容的，在特定事件实际发生之前，祸兮福兮，根本无法准确预测。

4. 风险的可测性

虽然个别风险事故的发生是偶然的，但通过对大量风险事故的统计，人们发现风险往往呈现出一定的规律性。运用概率论及数理统计的方法，就可以测算出风险事故发生的概率及其损失的范围，从而揭示风险发生的规律性。

以空难为例。较之汽车等其他方式，航空实际上是安全性非常高的交通方式。根据官方

---

① ［美］斯蒂芬·平克：《人性中的善良天使：暴力为什么会减少》，中信出版社 2015 年版。

航线指南（OAG）及 PlaneCrashinfo. com 对世界 78 家主要航空公司 20 年（1993 ~ 2012 年）灾难数据的统计，航空旅客在单独一次航行中死亡的几率是 1/470 万。根据《中国民用航空发展第十二个五年规划（2011 ~ 2015 年）》，在“十一五”期间（2005 ~ 2010 年），中国民航共完成运输飞行 2033 万小时，仅发生重大事故 1 起。那么问题来了，虽然空难发生概率这么低，为什么较之其他交通工具，人们在乘坐飞机前往往会更为担心安全问题呢？原因其实很简单，空难事故一旦发生，大多非常惨烈，且逃生率很低，加上媒体关注度高，给人们造成了乘飞机风险大的“错觉”。

5. 风险具有可变性

在一定条件下，风险可能发生变化。中国历史上的很多古老传说——女娲补天、后羿射日、大禹治水等等，都是关于人类与自然灾害艰苦斗争的主题。随着人类社会的发展，科学技术和生产力水平的提高，人类在更多掌握自然规律、更好地控制了某些风险乃至消除了某些特定风险的同时，又不断导致新风险的产生。

例如，人们构建堤坝阻挡肆意泛滥的河水，却导致泥沙沉积抬高水位，不仅恶化了生态环境，还增加了更严重洪灾发生的可能性；经济高速增长大大提升了人们的生活水平，但与经济建设伴生的环境污染又提高了心脑血管、癌症等恶性疾病的发病率；抗生素的发明挽救了亿万人的生命，但抗生素的滥用将损伤人体免疫力，加剧细菌耐药性，耐药性极强的“超级细菌”一旦泛滥很可能使人类陷入无药可用的困境。新旧风险不断更替，使得人们在应对旧风险的同时，需要不断面对新风险的挑战。

显然，小赵和小孙不能因为风险的存在就放弃蜜月旅行。就算是“宅”在家里，也面临诸如火灾、洪水、地震等风险。正视风险的存在，更全面认识风险的特性，尽可能地合理安排相应的风险管理措施才是正确的应对风险之道。

二、风险的构成要素

为了对风险内涵有更清晰的了解，我们不妨进一步“解剖”风险。无论什么样的风险，都可以细分为风险因素、风险事故和损失三类构成要素。正是这三类要素的共同作用，决定了风险的客观存在性及其复杂性。

1. 风险因素（hazards）

风险因素是指引起风险事故发生或增加风险事故发生可能的原因和条件，还包括风险事故发生时，致使损失扩大的原因和条件。

根据性质不同，这些种类、数量繁多的风险因素可以分为有形风险因素和无形风险因素。

（1）有形风险因素。有形风险因素指足以引起或增加损失发生机会或严重程度的物质性条件（具体物质本身的物理性能或化学性质）。

例如，处于低洼地带的建筑更容易遭遇洪灾；处于不稳定地质带的国家或地区（如日本、中国台湾等）面临较大的遭遇地震的风险；沿海地区较之内陆面临大得多的遭遇台风的风险；储存易燃易爆危险化学品的仓库较之储存水泥砂石的仓库发生爆燃的风险更大。

（2）无形风险因素。无形风险因素指的是文化、习俗、生活态度、行为习惯等影响风险事故发生机会和损失程度的非物质形态的因素。

【案例分析1-1】　人命关天的开车习惯

美国时间2016年7月24日13时40分左右，在美国亚利桑那州西峡谷境内发生惨烈车祸，一辆SUV被德州达拉斯牛仔队的大巴拦腰飞撞，SUV上的四人全部当场死亡，大客车上无人伤亡。四名死者系来自广东的一家四口，他们正在美国自驾游。事故原因是SUV在路口左转时没有按stop sign路牌停车让行，小车侵犯路权，违规全责。

与中国大多是用红绿灯管理路口人车通行不同，这种stop sign在美国的路口随处可见，有时是插在路边的标志牌，有时就是印在路口地上的四个巨大字母STOP。按照美国的交通法规，路口有stop sign，就必须停车3秒钟观察，然后才能通过。要是不停，就得重罚。欧盟同样有“stop”标志，同样需要停车至少三秒确认无风险后通过。

一些习惯了“中国式开车”的国人养成了很多不良驾驶习惯，譬如分秒必争地变道抢道、在没有电子监控的路口闯红灯等，这在海外自驾中会是极大隐患。同类惨剧在美已发生数起，小事故更是层出不穷。新西兰就曾因中国自驾者事故过多，专门在国人出行旺季要求租车公司对租车者进行简单的当地交规测试。

世界卫生组织公布的资料显示，全世界每年有150多万人在交通事故中丧生，数百万人受伤或致残，远远超出各种形式的暴力所致死伤数量。根据中国国家统计局发布的各年度《国民经济和社会发展统计公报》，2011～2015年全国道路交通事故死亡人数分别为29618人、30222.5人、31604.3人、34292.34人和36178.8人，呈现出逐年上升的态势。

分析

不良的开车习惯加大了车祸发生的风险，就是属于与道路交通安全事故有关的无形风险因素。与车祸有关的风险因素属于无形风险因素的还有哪些呢？

无形风险因素又可以进一步分为行为风险因素和道德风险因素。

行为风险因素是指由于人们思想、行为上的麻痹或粗心大意、漠不关心，易于引发风险事故发生和扩大损失程度的因素。例如很多年轻人喜欢熬夜学习、追剧或打游戏，早上为了赶时间上学或上班不能保质保量吃早餐，长此以往，对身体造成严重伤害；有些人在买了保险以后就放松了对保险标的的安全防范。诸如此类的行为并非有意为之，但在不知不觉间加大了风险事故发生的可能性，甚至导致风险事故发生，造成对人身或财产的损害。

道德风险因素是指与人的观念和品德有关的无形的因素，即指由于个人不诚实或不轨企图，故意促使风险事故发生，以致引起社会财富损毁和人身伤亡的原因或条件。2016 年 7 月 19 日，台湾桃园发生一起游览车起火事故，车上 24 名来自辽宁大连的游客及台湾司机和导游全部罹难。据台湾桃园地检部门9 月 10 日通报，事故原因系司机苏明成酒后驾车、泼洒汽油、放火自杀，并拒绝打开车门，导致车内其他乘客死亡。据台媒报道，有同事和友人向检方表示，苏个性怪异、沉默寡言、和同事相处不算融洽，加上近来旅游生意不好，接团量减少，收入随之下降。苏某曾放言“总有一天会做惊天动地的事”“干一票大的”。国台办发言人对这起蓄意制造的恶性刑事案件表示强烈谴责，对这种丧尽天良、泯灭人性的行为表示强烈愤慨。此案中肇事司机相关的风险因素就是典型的道德风险因素。

在保险业务实践中，还经常会遇到有人为了骗取保险费，人为制造保险事故造成损失，因此道德风险因素所导致的损失是保险公司必须严格防范的，很多险种的保险条款都把投保人或被保险人故意行为造成的损失作为除外责任。

2. 风险事故（perils）

风险事故即造成人身伤亡或财产损失的偶发事件。

风险事故意味着风险的可能性转化成了现实性。很多时候，人们往往直至风险事故发生，且造成了人身伤害或财产损失，才会意识到某种风险的存在。从这个意义上说，风险是由风险事故来体现的。风险事故发生的根源主要有三种：一是自然力的运动，即人们常说的天灾，如地震、火山爆发、泥石流、山体滑坡、海啸、台风、龙卷风、洪水、干旱、冻害、雹灾、雷电等自然灾害；二是人或物的行为和运动，如车祸、空难、沉船、爆炸、火灾、盗窃等；三是社会经济的变动，如战争、社会动乱、经济危机、金融风暴等。

某一特定事件究竟属于风险事故还是风险因素，还需要具体问题具体分析。如果某事件是造成损失的直接原因，它就成为风险事故；而在其他条件下，该事件可能是造成损失的间接原因，则它便属于风险因素。例如，道路塌方导致发生车祸，造成人员伤亡，这时道路塌方是风险因素，车祸是风险事故；若道路塌方直接伤及行人，则它就是风险事故。

【案例分析 1－2】　雾霾：究竟是“天灾”还是“人祸”

近年来，中国越来越多的省市被日益严重的环境污染所困扰。2015 年 11 月底那场“来势汹汹”的严重雾霾让很多人记忆犹新，影响范围超过 50 万平方公里，京津冀及周边地区多地 PM2.5 爆表，浓度逼近 1952 年夺去几千人生命的伦敦烟雾事件。雾霾不仅影响空气能见度，还会对人类健康产生直接严重危害，破坏神经系统、心血管系统、呼吸系统、内分泌系统等，还可能加剧人的焦虑或忧郁。频繁发生的雾霾一次次触碰着社会最敏感的神经。

2016 年 7 月 20 日，北京市十四届人大常委会第 28 次会议对《北京市气象灾害防治条例》草案修改稿进行二审，气象灾害的定义被调整为“暴雨、暴雪、寒潮、大风、沙尘暴、低温、高温、干旱、雷电、冰雹、霜冻、大雾和霾等造成人身财产、社会功能、生态环境等损害的事件”。对于该条例将“霾”列入气象灾害定义引发了社会各界的热议。

反对将霾列入气象灾害的观点认为：2010 年 4 月 1 日起施行的《气象灾害防御条例》规定，气象灾害是指台风、暴雨（雪）、寒潮、大风（沙尘暴）、低温、高温、干旱、雷电、冰雹、霜冻和大雾等所造成的灾害。气象灾害产生的根本驱动因素是大气物理过程，其本质都是基本不受人力控制，或者人为干预和贡献极其有限的自然现象。霾产生的根本原因是污染物排放量大，气象因素仅是推动霾形成的外部因素。将霾列入气象灾害，混淆了“人为危害”和“自然灾害”的基本概念，混淆了人类活动影响和自然力的影响，夸大了气象因素对大气污染来源成因的影响，掩盖了人为排放引起大气污染的本质问题；混淆了大气污染防治的主体责任，可能给大气污染防治工作带来混乱。伦敦烟雾事件后伦敦空气质量的改善是通过积极改善能源结构和减少污染物排放来实现的。要从根本上防治霾污染，不能指望天气条件的改变，还是要靠踏踏实实、坚持不懈的大气污染物减排工作。

分析

（1）请简要分析雾霾在什么情况下可以视为风险因素？什么情况下是风险事故？

（2）你对《北京市气象灾害防治条例》草案将霾列入气象灾害是否认同？为什么？

资料来源：查玮：“北京拟将霾纳入气象灾害　专家：不能把‘人祸’定义为天灾”，《中国环境报》，2016 年 8 月 1 日；舒天烈：“雾霾：是‘天灾’也是‘人祸’”，《京华时报》，2016 年 5 月 27 日。

3. 损失（loss）

损失是指因风险事故发生造成的人员伤亡、财产损失、社会失稳、资源破坏等。

物质财富的损失可以用货币计量，可以较为便捷地转换为保险上的保险金额、损失及赔偿金额。最高人民法院编著的《“中华人民共和国侵权责任法”条文理解和适用》指出，“理论和司法实践一直认为，财产损失是指实际损失，包括直接损失（现有财产的减少）和间接损失（可得利益的丧失）”。很多保险险种都只赔偿保险责任范围内的事故所导致的直接损失，而将间接损失作为除外责任。

还有很多损失，如人的死亡、疾病、伤残及精神上的痛苦，是无法用货币计量的，所以在相应的人身险中就需要采用一定的方法来解决这一问题。具体内容将在后面章节中介绍。

人们常常会说某种风险很大，某种风险较小。风险的大小是相对而言的，需要一个度量标准，这个标准就是损失，具体可以从损失发生概率和损失严重程度两方面来加以分析。

（1）损失发生概率。如果损失发生概率为0，意味着损失绝对不会发生；如果损失发生概率为1，意味着损失确定会发生。损失一定会发生或一定不会发生的情况都不存在不确定性，不属于我们所讨论的风险范畴。风险的不确定性意味着损失发生概率在（0，1）之间。概率越大，说明损失发生的可能性越大，即风险越大；反之，概率越小，则说明风险越小。

（2）损失严重程度。损失严重程度即风险事故发生后可能或实际的损失大小。

下面以日本的地震为例，有助于我们更好地理解损失发生概率和损失严重程度两个概念。

【案例分析1-3】　　日本近年的地震风险及地震损失

众所周知，日本是个地震高发国家。

2011年3月11日，日本本州东部海域、东京东北部373公里处发生9.0级地震。地震引发的海啸深入内陆达10公里，日本福岛第一核电站数座核反应堆遭到损毁，造成25年来最严重的核泄漏事故，超过19000人在此次地震中丧生。据日本官方2016年3月公布的统计数据，仍有超过17万人过着避难生活，福岛县居民赖以为生的农林水产业及旅游业的恢复情况均堪忧。

2016年4月14日和16日，日本九州熊本县先后发生两次震度达到7的强烈地震。截至5月4日，熊本县等震度1（日本标准①）以上的有感地震已经超过1170次。其中，震度6弱以上的达到7次。一系列地震共造成55人遇难，15.7万多幢房屋受损。日本内阁府

① 震度与震级是两个不同概念。震级用于描述地震本身的规模、能量，而震度（日本称震度，中国称地震烈度）则描述地震所处地区受影响和破坏的严重程度。日本气象厅设定的震度分级，由弱到强分别为0～4、5弱、5强、6弱、6强以及7，共10个等级，震度6弱以上的地震通常被认为能导致建筑物倒塌。

于5月23日公布熊本地震损失额估算数据，熊本、大分两县的住宅及道路等直接损失额达到2.4万亿~4.6万亿日元（约合人民币1440亿~2760亿元）。由于余震依旧不断，损失可能进一步增加。据《朝日新闻》报道，日本的地震板块有2000个以上，这次地震发现了一些新板块，地震学家认为日本存在了更深的地震隐忧，还有专家认为地球进入地震相对活跃周期。

2016年6月10日，日本政府地震调查委员会发布全国地震预测地图，较之2014年发布的上一版本数据，日本太平洋沿岸多地发生震度为“6弱”以上地震的概率继续升高。未来30年，日本太平洋沿岸多地发生震度为“6弱”以上大地震的概率在70%左右，个别地区概率甚至超过80%，而东京的概率为47%。

分析

请同学们思考，假如你在日本经营保险业务，你是否愿意承保地震风险？为什么？

风险因素只是风险事故产生并造成损失的可能性或使之增加的条件，它并不直接导致损失，只有通过风险事故这个媒介才产生损失，可以说风险因素是产生损失的内在条件，而风险事故是外在条件。

把风险三项构成要素综合起来看，可以发现存在以下关系：风险由风险因素决定，通过风险事故得以体现，由损失加以度量。正是因为风险因素的多样性和作用方式的复杂性决定了风险的不确定性，风险事故的发生使人们意识到风险的客观存在，基于损失发生概率和损失的严重程度来度量风险的大小。

当地时间2016年9月17日晚，美国纽约曼哈顿区切尔西社区的一个垃圾桶被投放爆炸装置，爆炸导致数十人受伤。事发后数小时内，警方又在纽约西27街搜到第二个疑似爆炸装置——由高压锅制成的自制炸弹。据媒体报道，调查人员通过监控和走访附近民众确认，这个高压锅最初被放在一个新拉杆箱内扔在路边。两名“衣着光鲜”的路人发现了拉杆箱后，将高压锅从里面拿出来放在路边，拉着行李箱扬长而去。这两位路人的动作破坏了高压锅上的“炸弹引信”：一部旧手机和连线，原本纯属“顺手牵羊”，无意间却排除了危险的炸弹，且为警方破案提供了重要线索。纽约警察局局长奥尼尔19日中午证实，嫌犯拉哈米已被逮捕，该嫌犯被控多项“涉恐”罪名。请基于该例子说明风险三要素之间的关系。

三、风险的种类

如前文所述，风险无处不在，无时不有，种类繁多，在对风险构成三要素进行剖析的基础上，我们再从不同角度出发对风险进行分类，从而能对风险有更全面的了解。

1. 根据风险的性质分类

（1）纯粹风险（pure risk）。纯粹风险是指只有造成损失而无获利可能性的风险。例如与自然灾害相关的风险大都属于纯粹风险。

（2）投机风险（speculative risk）。投机风险是既可能造成损失也可能产生收益的风险。其所致结果有三种可能：损失、无损失和获利。与社会经济变动相关的风险往往是投机风险，例如经济危机导致股市暴跌，对股票的持有者而言会遭受损失，但对做空者而言则会因此而获利。

2. 根据风险的起源、影响分类

（1）基本风险（fundamental risk）。基本风险是指风险的起源与后果非人力所能控制的风险，即全社会普遍存在的风险，造成的损失影响面非常大。所谓的“基本”，包括自然特征和社会特征两方面的内容，如地震、台风等是由人力无法抗拒的自然特性所引致的基本风险，而战争、罢工等则是由人们赖以生存的社会特性所引致的基本风险。

（2）特定风险（particular risk）。特定风险是指由特定的个人行为所引起且损失仅涉及个人的风险，如盗窃、车祸等风险。此类风险事故发生较为分散，且影响只是针对少数个体。

3. 根据风险发生的作用对象分类

（1）财产风险（property loss exposures）。财产风险是可能导致财产发生毁损、灭失和贬值的风险。

（2）人身风险（personal loss exposures）。人身风险是指可能导致人的疾病、伤残、死亡或丧失劳动能力的风险。

（3）责任风险（liability loss exposures）。责任是指由于团体或个人违背了法律、合同或道义上的规定，形成侵权行为，造成他人的财产损失或人身伤害，在法律上负有经济赔偿责任的风险。

（4）信用风险（credit loss exposures）。信用风险是指在经济交往中，权利人与义务人之间由于一方违约或犯罪而给对方造成经济损失的风险。

风险发生作用对象的分类体现在保险上，分别对应财产保险和人身保险。责任保险和信用保险一般被归入广义的财产险中，具体内容将在“第 4 章　财产保险”中加以介绍，人身风险对应的人身保险是第 5 章的内容。

4. 根据风险发生的原因分类

（1）自然风险。自然风险是指由于自然力的非规则运动所引起的自然现象或物理现象导致的风险。

（2）社会风险。社会风险是指由于个人行为的反常或不可预料的团体行为导致损失的风险。

（3）经济风险。经济风险一般指在商品的生产和购销过程中，由于经营管理不力，市场预测失误，价格变动或消费需求变化等因素导致经济损失的风险，以及关键经济体的财政危机、外汇汇率变动、无法控制的通货膨胀或通货紧缩、能源价格冲击等因素引起的风险。

（4）技术风险。技术风险是由于科学技术（如化工技术、转基因技术、核能技术等）发展的副作用而带来损失的风险。

【案例分析1-4】　2016年风险集中发生成大概率事件

由世界经济论坛（World Economic Forum）与威达信集团、苏黎世保险集团等合作撰写的《2016年全球风险报告》于2016年1月在伦敦发布。报告汇集近750位专家意见，就全球29项风险在未来十年内发生的影响力和发生概率进行了评估，在风险涵盖的范围和多样性上都是历年之最。这29项风险被分为经济、环境、社会、地缘政治和技术等五类（如表1-1所示）。

表1-1　《2016年全球风险报告》中评估的29项风险

经济风险	环境风险	社会风险	地缘政治风险	技术风险
主要经济体的资产泡沫；主要经济体的经济紧缩；主要金融机构倒闭；关键基础设施的故障/短缺；主要经济体财政危机；严重的结构性失业或就业不足；非法贸易；严重的能源价格波动；不可控制的通货膨胀	极端天气事件；气候变化减缓和适应措施不力；生物多样性减少和生态系统崩溃；重大自然灾害；人为环境灾难（石油泄漏，放射性污染等）	城市规划失败；粮食危机；大规模非自愿移民；严重的社会动荡；全球流行病大规模快速传播；水资源危机	国家治理失败；影响地区关系的国家间冲突；大规模恐怖袭击；国家崩溃和危机（内战，军事政变等）；大规模杀伤性武器	科技进步的负面影响；关键信息基础设施和网络故障；大规模网络攻击；重大数据造假/窃取事件

新的一年中，各种风险的发生概率都在增加。2016年发生概率位居前五位的是：大规模非自愿移民，极端天气事件，气候变化减缓和适应措施不力，影响地区关系的国家间冲

突，重大自然灾害。2016年最具影响力的五大全球风险包括：气候变化减缓和适应措施不力，大规模杀伤性武器，水资源危机，大规模非自愿移民，严重的能源价格波动。

报告还分析了各项风险之间的相互联系。越来越多的证据表明，风险有集中出现的趋势。各项风险如气候变化、非自愿移民以及国际安全等之间的相互关系正变得愈发紧密，并可能造成重大或难以预料的影响。

另外，不同区域对风险的关注点不尽相同。在亚太地区，环境因素最值得关注，自然灾害被认为是2016年最有可能发生的风险；在欧洲，大规模的非自愿移民被认为是最有可能发生的风险，这也是在全球范围内影响力上升最快的风险；而在北美地区，网络攻击则被认为是2016年发生概率最大的风险。

世界经济论坛《高管意见调查》对140个经济体的私营部门领袖进行了调查，请他们指出未来十年企业经营面临的最大风险。从全球层面来看，70个经济体的企业领袖表示，失业/就业不足和能源价格波动是最让他们担忧的两大经济风险，其次是国家治理的失败、财政危机、资产泡沫和网络攻击。

分析

（1）请搜集有关《2016年全球风险报告》的更多资料，按照上述的四种分类方式，区分这29项重要风险分别属于什么类别的风险？与这些风险相关的风险因素有哪些？

（2）请分析《2016年全球风险报告》中提及的诸多风险对你及家人可能会有哪些影响？这些风险可能会给中国不同行业的企业带来哪些挑战与机遇？

四、可保风险（insurable risk）

案例分析1－3中曾让同学们思考，假设你在日本经营保险业务，你是否愿意承保地震风险？现在对此问题稍作变化，假设你是在四川经营保险业务，你是否愿意承保地震风险？假设你在江苏经营保险业务，你是否愿意承保地震风险？

2008年5月12日发生的四川汶川大地震是国人心中永远的痛，这次7.8级的地震造成约7万人死亡，数十万人受伤，直接经济损失8451亿元人民币。江苏处在长江中下游中等地震活动带，自古以来地震活动水平不高，历史上有记载的6.0级以上地震只有两次，一次是1624年扬州6.0级地震，另一次是1979年溧阳6.0级地震。基于这样的数据，估计很多同学会对四川和江苏给出不一样的答案。

由此可见，并非所有风险都是保险公司可以或者愿意承保的风险。可保风险是指符合保险人承保条件，可被保险公司接受的风险。显然，认清哪些风险是可保风险对保险公司业务的开展有特别重要的意义。可保风险一般需要具备以下条件。

1. 可保风险必须是纯粹风险

可保风险的风险事故一旦发生，只有损失的机会，而无获利的可能。有获利可能性的投机风险（如投资股票盈亏不确定的风险）保险公司是不会接受的。

必须同时说明的是，并非所有的纯粹风险都是可保风险。也就是说，纯粹风险是作为可保风险的必要条件，而非充分条件。

2. 可保风险必须是大量同质标的均有遭受损失的可能性

基于大数法则，保险标的数量的充足程度关系到实际损失与预期损失的偏离程度，影响保险经营的稳定性。只有当存在大量同质标的遭受损失的可能性，保险公司才有可能较为准确地估算风险事故发生的概率及可能的损失，通过承保大量面临相似风险的标的，实现风险的分摊。

3. 可保风险不能使大多数的保险标的同时遭受损失

这一条件要求损失的发生具有分散性，也就是说可保风险一般是特定风险，保险的目的是以多数人支付的小额保费赔付少数人遭遇的大额损失。如果保险人承保的大多数保险标的同时遭受重大损失，则保险人通过向投保人收取保险费所建立起的保险基金根本无法抵消损失，业务经营将难以为继。

我们知道，基本风险影响面广，风险事故的发生及发展难以控制，损失往往会很大，那么基本风险是否就一定是不可保风险呢？答案是视具体情况而定。诸如战争等社会因素所致的基本风险大都是保险公司不愿意承保的；那些由自然因素所引起的基本风险，如洪水、地震、海啸等巨灾，往往导致某地区大量保险标的同时遭受重大损失，保险人的承保能力很大程度上取决于其分散风险的能力。如通过同时承保多地区的相关标的，实现风险在不同区域间的分散；或者是通过办理再保险，将承担的保险责任的一部分转嫁给其他保险人，同样能实现分散风险的目的。

1906 年 4 月 18 日，加利福尼亚州发生了当时美国历史上损失最大的地震，震级 8.3 级，震中烈度 11 度，撼动美国 96 万平方公里土地。旧金山不在震中，烈度仅 9 度，但因为断层穿过，导致建筑物倾毁，到处起火，水管破裂而无水可救，只能坐看火势蔓延，连烧三天三夜，全城 2.8 万栋房屋付之一炬，6 万多人丧命，财产损失 5 亿美元。此后，加利福尼亚人始终处于对大地震的恐惧之中。研究表明，大地震每 50 ~ 100 年发生一次。学校和医院定期举行地震演习，应急服务部门不断操练当地震再度发生时他们所需的技能。请思考，这样的地震风险是否是可保风险？

4. 风险事故的发生对个体标的而言必须是偶然的

保险对保险标的起到的是一个“未雨绸缪”的作用，可保风险的风险事故发生对个体标的而言必须是偶然的。如果在投保时已经明确必然会发生风险事故，保险人是不会承保的。

有同学可能马上会问，人寿保险所承保的死亡，是一定会发生的呀，那还是偶然的吗？保险人开办人寿保险是基于特定时期的一定人群的生存和死亡概率，具体到某个被保险人，他将会在何时、何地因何死亡，在投保时都是不确定的，因此可以认为其将来的死亡是偶然的。

5. 风险事故的发生必须是意外的

可保风险排除了故意行为。例如，财产保险中，有人为了获得保险赔偿，人为制造火灾、车祸等事故，保险人对此类损失都是不予赔偿的；人身保险中，具备完全行为能力的被保险人自杀，可以认为是被保险人以故意行为造成风险事故，在很多情况下保险公司可以不予赔付。关于“自杀条款”的内容在第 5 章会有较为详尽的介绍。

6. 可保风险应有发生重大损失的可能性

可保风险的可能损失应该大到被保险人不愿或没有足够的能力承担。如果可能的损失很小，通过保险转嫁风险，不但给保险人带来不必要的麻烦，且在经济上不合算，所以也就没有必要了。

7. 风险必须具有现实的可测性

在保险经营中，保险人必须制定出准确的保险费率，而保险费率的计算依据是风险事故发生的概率及其所致保险标的损失的概率。这就要求风险具有可测性。如果风险事故发生及其所致的损失无法测定，将使保险人面临很大的经营风险。例如后文中将提及的农业保险，大数据缺乏制约对风险的精准估测就是我国很多保险公司不愿意开展农业保险业务的重要原因之一。

【案例分析 1－5】　计算机数据损害风险是否属于可保风险

【资料一】

2011 年 10 月 10 日中午 12 时 59 分，位于湖南长沙的中南大学化工学院实验楼四楼发生火灾。事后调查还原了起火原因：有学生对该实验室进行卫生打扫，用水和洗洁精清洗玻璃器皿，并用湿抹布擦拭实验操作台及试剂瓶。因西侧操作台南侧漏水，导致存放在储柜内的化学药剂遇水自燃。火灾烧毁了实验室的部分电脑和文献资料。一位老师放声大哭，十余年的科研数据付之一炬；还有很多学生发愁没有了资料和前期实验数据，无法按期毕业。

【资料二】

数据处理技术（Data technology，DT）时代，云计算市场飞速发展，数据逐渐成为企业核心资产，也被越来越多的黑客觊觎。2016 年 1 月中旬，众安保险携手云计算服务厂商阿里云，率先推出国内首款信息安全类保险——数据安全险，这也是国内第一份专保黑客盗取云计算数据的保险。

本险种是在对阿里云用户进行数据探查，并深度评估被黑客入侵的历史记录之后推出的，主要保障的是用户云服务器上存储的数据。赔偿标准基于用户的投保费用和实际损失进行界定，最高赔偿金额为 100 万元。因黑客攻击导致数据公开给企业造成的直接经济损失、品牌损失，因黑客攻击导致企业数据泄露，被最终用户索赔的损失等都在理赔范围内。随着业务的进一步成熟，众安保险还将根据用户使用习惯、购买安全服务的情况等因素实行差异化的保费定价。

据预测，2016 年中国云计算基础架构市场的规模将超过 10 亿美元。而普华永道的最新报告则认为，网络安全险是全球保险市场增长最快的险种。预计到 2020 年，全球网络安全险销售额将达到 75 亿美元。

分析

（1）请分析与数据安全相关的风险因素有哪些？

（2）依据可保风险的条件，请分析计算机数据或云数据遭受损害的风险是否属于可保风险？

（3）作为各种数据的拥有者和使用者，你是否有为数据安全投保的需求？换位思考，如果你是保险公司的经营者，是否愿意承保数据安全保险？为什么？

（4）众安保险能够推出数据安全保险，关键在于解决了什么问题？

从数据安全的分析可见，可保风险的条件并非一成不变，而是会随着外部环境的变化及保险技术的发展而发生改变。保险人在业务经营过程中，尤其是进行保险产品设计时，不仅要基于前述条件界定可保风险，同时也应该综合考虑各方面因素变化的影响，从而既保证保险经营的科学性，又能紧扣时代步伐，满足不断涌现的新的保险需求，为公司创造新的业绩增长点。

第2节 风险管理

一、风险管理概述

1. 风险管理的内涵及起源发展

认识风险的目的在于采取合适的手段对风险进行管理。

风险管理（risk management）指经济单位或个人通过对风险的认识、衡量和分析，选择相应的风险处理方法，从而达到降低、消除风险或减少损失目的的经济活动。

风险管理涉及资源有效配置的问题。把资源用于风险管理，就会减少能运用于有回报活动的资源。例如，企业用于增加消防设施和安全管理人员的资金都是非生产性的，不能带来直接收益。理想的风险管理需要综合考虑成本和收益，希望能够以最少的资源尽可能化解最大的危机。

虽然风险管理思想的萌芽可以追溯到远古时代原始人类的生存活动，但作为系统的科学，风险管理则产生于20世纪初的西方工业化国家。

第一次世界大战之后，战败的德国面临严重的经济危机，因此提出了包括风险管理在内的企业经营管理问题。1929~1933年的世界性经济危机，使得风险管理问题成为许多经济学家研究的重点。1931年，美国管理协会保险部首先提出风险管理概念。

不过，风险管理问题真正在美国工商企业中引起足够的重视并得到推广是在20世纪50年代以后。美国通用汽车公司的严重火灾和美国钢铁行业因福利问题诱发长达半年的工人罢工均造成了巨额经济损失，促进了风险管理在企业界的推广，风险管理从此得到蓬勃发展。对风险管理的研究逐步趋向系统化、专门化，风险管理也逐渐成为企业管理科学中一门独立的学科。

【专栏1-1】 海因里希法则

海因里希法则（Heinrich's Law）又称“海因里希安全法则”“海因里希事故法则”，是美国著名安全工程师海因里希（Herbert William Heinrich，1886-1962）提出来的。

20世纪40年代初，海因里希统计了55万件机械事故，其中死亡、重伤事故1666件，轻伤48334件，其余则为无伤害事故，从而得出了重要的“300:29:1”法则——当一个企业有300起隐患或违章，必然要发生29起轻伤或故障，另外还有一起重伤、死亡或重大事故。对于不同的生产过程，不同类型的事故，上述比例关系不一定完全相同，但这个统计规律说明了在进行同一项活动中，无数次意外事件，必然导致重大伤亡事故的发生。

海因里希提出了事故因果连锁论，把工业伤害事故的发生、发展过程描述为具有一定因果关系的事件的连锁发生过程，用以阐明导致伤亡事故的各种原因及与事故间的关系。伤亡事故的发生不是一个孤立的事件，尽管伤害可能在某瞬间突然发生，却是一系列事件相继发生的结果。海因里希认为，人的不安全行为、物的不安全状态是事故的直接原因，企业安全工作的中心就是防止人的不安全行为，消除机械的或物质的不安全状态，中断事故连锁的进程而避免事故的发生。要防止重大事故的发生，必须减少和消除无伤害事故，要重视事故的苗头和未遂事故，否则终会酿成大祸。

2. 风险管理的目标

（1）风险事故发生前的目标。风险管理需要在风险事故发生之前充分认清所面临的风险，并借助可能的技术、经济手段，选择合理的处置方式，对关键性的风险因素加以控制，尽可能消除风险损失的隐患，并对可能发生的风险事故造成的损失做出应对安排和财务上的准备。通过尽可能低的管理成本，达到最大的安全保障，取得控制风险的最佳效果。

风险的存在可能会造成人们精神上和心理上的紧张不安，进而影响生产效率及生活质量。“杯弓蛇影”“杞人忧天”“因噎废食”“一朝被蛇咬，十年怕井绳”等成语或俗语都非常形象地表征了风险所导致的紧张。在风险事故发生前，减少忧虑心理也是风险管理的重要目标之一。

（2）风险事故发生后的目标。风险事故发生后需要及时采取控制和施救措施，避免损失的扩大。一般来说，较大的风险事件不仅影响个人、家庭、企业或公众机构，还会对其他成员产生不同程度的影响。良好的风险管理，有助于各类主体在风险事故发生后尽快渡过难关，保证社会服务的持续，恢复正常的生产生活秩序。

【案例分析 1－6】 地铁夹人事故：“魔鬼”存在细节当中

据2007年7月17日《东方早报》报道，7月15日下午3时34分，上海地铁一号线上海体育馆站下行站台上，一名青年男性乘客在地铁列车已启动时未能进入车厢，被夹在屏蔽门和行驶的列车之间，跌入隧道当场死亡。据介绍，上海地铁四号线的屏蔽门由人工控制，在列车门关闭两三秒后再关闭，而发生事故的地铁一号线采用的却是列车门、屏蔽门两扇门同时关闭。其实，乘客被夹在地铁屏蔽门与列车门之间的事情屡有发生，只是以前都化险为夷，没有闹出人命而已。一号线屏蔽门的供应商——美国西屋月台屏蔽门公司表示，正考虑在屏蔽门内侧安装安全开关，如有人碰到安全开关，列车就会暂停开动。

令人遗憾的是，数年后，类似不幸事件在北京再度发生了。2014 年 11 月 6 日 19 时 9 分，北京地铁五号线惠新西街南口站，正值晚高峰，人潮汹涌。33 岁的河北籍女子潘小梅不慎被夹在闭合的屏蔽门和车门之间，车子开动后跌落站台，经抢救不治身亡。当时正值 APEC 会议召开的第二天。北京、天津和河北三地实施车辆限行措施，地铁乘客明显增多。

意外发生后，人们再度对地铁设备的安全性和可靠性、站台管理和安全监控存在的不足提出质疑。保障乘客安全是地铁运营方不可推卸的责任。魔鬼存在于细节当中，安全管理很大程度上实际就是细节管理，只要地铁方面在设计、管理上更科学些，这样的悲剧本可以避免。

分析

（1）请简要分析在地铁夹人事故频发背后，海因里希法则是如何体现的？

（2）地铁夹人事故频发说明地铁方在风险管理方面存在哪些不足？

二、风险管理的基本方法

面对种类和数量繁多的风险，风险管理的方法也非常多。这些方法可以被分为回避、自留、预防与控制、转移等四大类。

1. 风险回避（risk avoidance）

风险回避指的是在意识到风险存在的前提下，选择不暴露于特定风险之下的有意识决策。风险回避往往表现为放弃某项活动，以达到回避因从事该项活动可能导致的风险损失的目的。

美国当地时间 2016 年 8 月 14 日晚 9 点半左右，纽约肯尼迪国际机场 8 号航站楼传出枪击消息。在无法证实消息真假的情况下，警方随即关闭航站楼，取消进出港航班，并对乘客进行疏散。航空公司在收到恐怖袭击威胁或面对极端恶劣天气时选择取消航班，以求避免发生空难等事故的可能，就属于风险回避。如果小赵和小孙因为担心遭遇空难而不乘坐飞机，担心出国旅游可能发生意外而放弃出行，他们同样是选择了风险回避。

在经济领域，风险回避也是常见的风险管理方法。例如，商家为保证货款安全而拒绝客户赊销；银行为了规避某些信用度不高的借款人不能归还贷款的风险，选择对他们拒绝放贷；等等。

通过风险回避，可以在风险事件发生之前彻底地消除某一特定风险可能造成的损失，将某些特定风险的风险事故发生概率降低为零，具有简单易行、全面、彻底的优点。

不过，凡事都有两面性。《吕氏春秋·荡兵》中有这么一句："有以噎死者，欲禁天下之食，悖。"意思是吃饭有被噎住的风险，但如果因噎废食，面临的就是更严重的后果——饿死。风险回避的局限性是非常明显的：首先，由于风险因素及作用机制的复杂性，人们难以对风险事件的具体状况及发展趋势作精准估计，很难确定风险事件是否应实施回避。其次，风险回避在实践中很难完全实现。风险回避策略并不总是可行，有的风险无法规避，人要出行，不乘飞机，就得选择火车、轮船、汽车等其他交通工具，所有的交通工具都有风险，甚至风险较之飞机更大。再次，即使明知面临较大的风险，人们依然不愿或不能放弃该风险事件可能包含的盈利。例如，银行不可能不发放贷款，但只要发放贷款就会面临信用风险；如果商家一味拒绝赊销，可能就将潜在客户推到愿意赊销的竞争对手那里去了。

由此可见，回避风险是一种相对较为消极的处理方式，我们还应该寻求更多的风险管理方法。

2. 风险自留（risk retention）

风险自留是经济单位或个人自己承担全部风险成本的一种风险管理方法，即对风险可能后果的自我承担。

较之其他的风险管理方法，风险自留对面临的风险不会有任何改变，既不改变风险事故的发生概率，也不改变风险事故潜在损失的严重性。

风险自留可以进一步分为主动自留和被动自留。

（1）主动自留。主动自留指在识别和衡量风险的基础上，明确风险的性质及其后果，风险管理者主动将自留风险作为处置全部或部分风险的最优选择，并筹划相应的财务准备。

主动自留的前提是风险标的致损可能及后果的可预见性，也就是风险的性质及其后果已经得到确认，可以对可能的损失额进行预测，在比较了各种风险管理方法的成本－收益及可行性后，理性地选择自留风险。实际上，主动自留是企业在风险管理中经常选择的方法。

对于一些风险事故发生概率小、可能的损失也小的风险，企业的财务能力足以承担由风险可能造成的最坏后果，一旦损失发生，企业可以将小额损失纳入生产经营成本，不会对企业的生产经营活动造成很大影响；如果风险损失未发生，则企业可以节省一笔资金。特意采取措施反而是不合算的。

保险公司经营保险业务是以获取盈利为目的。对于一些大型企业而言，由于规模大，涉及风险的标的物多，内部就可以建立一个风险分散机制，即提取意外损失补偿基金，建立专业的自保体系。这样的自保较之向外部购买保险可能在财务上更为合算。

（2）被动自留。被动自留指在未能识别和衡量风险及损失后果的情况下，被迫采取由自身承担后果的风险处置方式。与主动自留是理性选择的结果不同，被动自留是对风险认识不充分结果下的无意识的处置方式，往往造成严重的人身伤亡或财务损失后果。

【案例分析1-7】 淘宝卖家是否要自留风险

一年一度的“双十一”购物狂欢节让不少“剁手党”可能“元气大伤”，想想正在路上的一个个包裹，是不是还有点小激动？不过，这些包裹在抵达买家手里之前也会面临不少风险。据中国江西网报道，2015年11月13日，昌铜高速公路上一辆运快递的货车着火，随后火势被消防人员扑灭。民警勘查现场后，发现货车并无碰撞痕迹。驾驶员李某称，货车里装着4000多件价值近百万元的快递，从南昌出发正打算运往修水下货。凌晨5时20分时，李某透过后视镜发现后车厢有火苗，立即将车停靠在应急车道内，试图拿出灭火器灭火，可不到2分钟就已经燃起熊熊大火，他只好迅速逃离并拨打119等待救援。驾驶员李某等人并未受伤，只是汽车和车上的货物受损严重，损失估计约100余万元。

快递公司对寄递物品都有关于保价的规定。通行的做法是，寄件人如需对快件进行保价，应根据寄递物品的实际价值申报保价金额，并按保价金额的1%～3%支付保价费用，否则视为未保价。物品在寄送过程中可能被毁损或灭失，若保价，则按实际损失的价值在保价金额范围内进行赔偿；如果没有保价，则只能按照快递资费的3～5倍进行赔偿，具体事宜以快递合约上的条款为准。此外，按照我国现阶段的有关规定，快递如果在运输途中出现意外，买家不负担责任。

分析

假设你是淘宝卖家，请从风险管理的视角分析你在给买家寄递快件时是否会申请保价？为什么？

3. 风险预防（risk prevent）与控制（risk control）

预防是指在风险事故发生前，为了消除或减少可能引发损失的各种风险因素而采取的处理措施。

控制是指风险事故发生时或之后采取的各种防止损失扩大的措施。

风险的预防与控制一个在事前，一个在事后，具体指向的主要是各种风险因素，充分体现了人的主观能动性，是最为积极的风险管理方法。

还是以空难风险为例，航空公司对飞机进行定期检查，防止飞机发生机械故障；强化对飞行员的训练和管理，降低人为操作失误发生危险的可能性，都是属于预防，即防患于未然。飞机在飞行过程中遇到险情，机组成员与地面指挥密切配合，沉着应对；乘客了解必需的自救、逃生常识，在条件允许的情况下，利用各种救生工具，及时逃离遇险飞机，则属于控制。

2009 年 1 月 15 日，全美航空 1549 号航班在起飞后不久就因鸟击而导致两个引擎同时失去动力，在无法折返机场或前往其他机场作紧急降落的情况下，机长临危不乱，避开人烟稠密地区，以高超技术驾驶这架空客 A320 紧急降落在贯穿纽约市的哈德逊河上。飞机保持完整，所有乘客全部生还。疏散乘客时，机长两度检查机舱，确保没有乘客被困才最后一个离开飞机。显然，在风险事故已经发生的情况下，得力的控制能将损失降到最低。

4. 风险转移（risk transfer）

风险转移是指单位或个人为避免承担风险损失，有意识地将风险损失或与风险损失有关的财务后果转嫁给其他单位或个人承担的一种风险管理方法。

风险转移一般有两种方式：第一种方式是将可能因风险事故而遭受损失的财产活动转嫁出去。例如将地处低洼地带容易被水淹的房屋卖掉，将面临亏损风险的店铺转让他人等。第二种方式是将风险及其损失的财务结果转嫁出去，而不转移财产或活动本身，在进行风险转嫁的同时必须付出一定的代价。具体又可以分为非保险转移和保险型转移两种方式。

（1）非保险型转移。非保险型转移指由各种方式产生的赔偿责任以及因其导致的财务损失，通过合同条款从合同的一方转嫁给另一方。主要采用的方式有以下几种。

租赁：一方把自己的房屋、场地、运输工具、生产设备或生活用具以契约的方式出租给另一方使用，并收取用户的租赁费用，同时实现风险的转移。

承包：指按照发包单位的要求，承包单位以包工的方式完成契约中涉及的各种责任。原本由发包单位承担的风险随之转移给承包单位。

保证：在债权债务关系中，保证人与债权人达成协议，规定当债务人无法按期偿还其债务时，由保证人负责赔偿债权人的损失。原本由债权人承担的债务人违约风险因此转移给了保证人。

委托保管：委托人将其财产交由受托人代为保管并支付一定费用，受托人因此承担了与财产相关的风险。

（2）保险转移。作为最重要的风险转移方式，保险是以合同的方式建立保险关系，集合多数单位的风险，合理收取保险金，对特定的灾害事故造成的损失后果或人身伤亡给予保险金赔偿或给付的经济形式。投保人通过购买保险，将风险事故发生后可能的较大损失替换为保费支出这一确定损失。

从风险管理角度看，保险是一种风险管理的方法，或是一种风险转移的机制。这种风险转移机制不仅体现在将风险转移给保险公司，而且表现为通过保险，将众多的单位和个人结合起来，将个体对付风险变为大家共同对付风险，能起到分散风险、补偿损失的作用。

以 2015 年 2 月 4 日发生的台湾复兴航空公司 GE235 次航班空难为例，从台北飞往金门的飞机起飞后不久撞到高架桥，后坠落在基隆河水面。事故造成 43 人罹难或失联，15 人受伤。据台湾“金管会”随后表示，复兴航空机体险和责任保险，由八家保险公司共保，机体险金额 2000 万美元。伤亡者中有大陆游客 31 人，每人意外死残保额约合人民币 40 万元。再加上台籍旅客本身的旅平险等，估计本次空难理赔金约合人民币 1.4 亿元。尽管空难发生的概率很小，但一旦发生往往损失非常惨重。航空公司都会投保与航空运输相关的保险，保险标的包括飞机，机组人员，飞机承运的旅客、行李及其他货物，其他可能因为空难而遭受损害的第三者的人身及财产。如果发生保险责任事故，保险公司会根据保险合同的约定给予赔付。

【案例分析 1-8】 布鲁塞尔连环爆炸发生后各旅行机构启动应急预案

2016 年 3 月 22 日比利时布鲁塞尔连环爆炸发生后，国内各旅行机构均在第一时间做出反应。

神舟国旅及旗下北京中旅突发事件工作组第一时间连线前方欧洲团队，并排查单项委托客人信息。在未来一到两个月内，神舟国旅旗下北京中旅预计 3 月赴比利时共 3 个团，约 108 人，4 月共 13 个团，约 468 人。神舟国旅将密切关注机场动态，启动紧急预案，及时调整行程，以确保前方游客人身安全。

中旅总社第一时间与中国驻比利时大使馆、布鲁塞尔机场取得联系，了解情况，领队已协助比利时境内游客向国内家人报平安，并紧急提供免费 wifi，让游客与家人随时保持畅通联系。中旅总社作为中国最大的旅行社，曾多次在境外突发事件中完成国家交代的救援和撤离工作，具有良好的使馆关系、丰富的全球关系网络和经验丰富的专业人才，保证游客能够安心放心的旅游。

驴妈妈启动应急预案，排查所有在欧游客。驴妈妈出境事业部总经理倪佳丽表示，此次恐怖袭击会增加游客对于欧洲安全的担忧，短期内对欧洲游有较大影响。随着欧洲安全形势的恶化，中国旅游企业应开始考虑如何保障在欧游客安全。

众信旅游紧急启动应急预案。众信旅游与比利时列日机场开展合作，客人落地比利时列日机场，不经过爆炸发生地布鲁塞尔机场。

去哪儿网已紧急联系正在布鲁塞尔的旅客确认安全，并将持续关注布鲁塞尔机场航班动态，积极协助旅客与航空公司沟通调整行程，为旅客提供力所能及的帮助。与此同时，去哪儿网也提醒正在比利时旅行的旅客，务必注意相关的交通及安全信息。

? 分析

（1）请简要分析，这些旅游机构采取的措施及给游客提供的建议中，哪些属于回避？哪些属于预防？哪些属于控制？

（2）请同学们搜集更多资料，帮小赵和小孙分析一下欧洲蜜月旅行可能面临哪些风险？相关的风险因素有哪些？分别可以采取什么样的风险管理方法来加以应对？

（3）小赵和小孙如果确定要前往欧洲蜜月旅行，出行前可以选择购买哪些保险？

资料来源：据《环球旅游周刊》2016年3月23日报道（搜狐旅游，http：//travel. sohu. com/20160323）。

三、风险管理的基本程序

1. 风险识别

风险识别指经济单位或个人对所面临的以及潜在的风险加以判断、归类整理并对风险的性质进行鉴定的过程。

风险识别是风险管理的基础，要解决的主要问题其实就是认清风险因素、风险的性质及后果。

以企业的风险管理为例，企业的发展兴衰历程类似人的一生，要经历各种机会，同时也要遭遇各种风险。风险管理人员通过生产流程分析、实地调查、财务状况分析、投入产出分析等方法，对潜在的各种风险进行系统归类，并明确企业或项目面临的所有风险，为后续的风险管理工作奠定基础。

表1－2列示了企业所面临的主要风险种类。

表 1－2 企业风险管理面临的主要风险种类

类型	风险种类
直接的	火灾、爆炸、腐蚀、欺诈、战争
间接的	火灾后的利润损失，偷窃后的利润损失，团体间的相互依存，罢工
社会的	道德责任，消费者压力，经营环境变化
法律的	民事责任，法定责任，契约责任，竞争对手的恶意竞争行为，合作伙伴的履约资信问题
政治的	政府干预、制裁，外国政府的行动
财务的	对宏观经济形势的不适当预测，错误的营销决策

2. 风险评估

风险评估指在风险识别的基础上，通过对所收集的大量详细损失资料加以分析，运用概率论和数理统计，确定风险事故在一定时间内发生的可能性，即概率的大小；结合对可能造成损失的严重程度的预测，估计总体损失的大小。

根据对面临风险的评估和自身风险承受能力的比较，可以将风险分为不可忍受的风险、难以忍受的风险和相对不重要的风险等不同等级，进而为选择适当的风险管理技术提供依据。

3. 风险管理技术的选择

如上文所述，可供选择的风险管理技术包括风险规避、风险自留、预防与控制、风险转移。基于风险识别基础上的风险评估，依照风险发生的概率和损失程度两个基准，可以将风险分为四种类型（如表 1－3 所示），针对不同类型风险选择不同的风险管理技术，达到降低风险事故发生频率和减轻损失程度的目的。

表 1－3 与不同类型风险对应的风险管理技术选择

	风险事故发生概率低	风险事故发生概率高
损失程度低		
损失程度高		

对于风险事故发生概率低、事故发生造成的损失程度也低的风险，采取特别的应对措施没有太大的必要性，财务上可能也不合算，所以可以选择风险自留的管理方法。

对于风险事故发生概率高、事故发生造成的损失程度也高的风险，最佳的应对方法显然就是回避。

比如火灾风险，大量出现的是小额损失，造成特大损失的火灾发生的频率相对较低，现实中这类性质的风险数目居多。针对此类风险，预防与控制显得尤为重要，还可以通过保险等方式进行风险的转移。

2015年6月1日晚上，“东方之星”客轮在长江监利水域因遭遇极端天气倾覆，造成442人遇难。惨剧发生后，有业内人士回想起类似的客轮倾覆事件在20世纪80年代初期的珠江水系曾多次发生，5艘客轮先后因遭受强雷雨大风袭击而翻沉，共死亡663人，震惊中外。当时，交通部珠航局和各省（区）交通厅一致强调：雷雨大风在来临之前一般都有明显征兆，应注重采用锚泊、靠岸、抢滩等措施，以防为主，以躲为主。交通部珠航局专门印发宣传手册，尽早搁浅靠泊成为杜绝客轮遇风翻沉事故再发生的重要措施。此后，珠江水系船舶防抗雷雨大风的成果显著。请分析，船舶雷雨大风来临之前尽早搁浅靠泊属于什么风险管理方法？

【案例分析1-9】 三星 Note 7 深陷“召回门”

作为三星2016年度的旗舰手机，Galaxy Note 7 的经历可谓是“出师未捷”。8月份刚上市不久就连续出现了30多起电池爆炸事件，据调查是因为三星SDI生产的电池存在缺陷与隐患。三星不得不在全球范围启动了手机史上最大规模的召回计划，预计召回量250万部，此举将花费约1万亿韩元（9.04亿美元）成本，但三星电子拒绝对此产生的财务影响做出估算。

多国交通部门和多家航空公司禁止乘客在飞机上使用这款手机。9月14日，中国民航局也发出安全警示，提醒旅客不得在飞机上使用Note7或为其充电，不要将Note7放入托运行李中托运，不允许将Note7作为货物运输；各航空公司不得运输三星公司召回的Note7手机或其使用的锂电池。

三星品牌受到的伤害可能远远超过有形的产品召回成本。北京时间9月12日彭博报道，自9月9日以来三星股价已累计重挫11%，两天内市值损失220亿美元，创2008年以来的最大两天跌幅。

9月2日，三星电子声明，在中国市场内发售的国行版Note 7采用的电池供应商是来自中国的厂商ATL，不在此次更换范围内。就国行版Note 7“不存在爆炸风险”余音未落之际，9月18日、19日中国大陆地区接连发生两起Note7手机爆燃事件；20日，媒体又报道了Note7在香港的“首炸”。而三星的反馈意见称，这几起爆燃事件均系“人为”外来热源所致，与手机质量无关，三星因此被指区别对待中国与欧美消费者。9月29日，三星电子中国官网发布声明，表示公司在此事件上没有完全考虑消费者感受，进行了不充分的说明，对中国消费者表示最真诚的歉意，同时强调，在召回问题上并未对中国市场实施双重标准。

近年来，三星在中国国内的市场份额已下滑严重，据赛诺（Sino）发布的2016年上半年中国智能手机Top20品牌销量报告显示，排名第一的华为的销量近4400万部，三星销量仅为1300万部，排名第六，排名第三的苹果以2700万部的销量比三星高出一倍还多。三星在品牌市场营销方面投入重金，本希望借Note 7抢在iPhone 7发布之前俘获顾客的心，在“召回门”事件的影响下，显然已经失去了先机。

分析

（1）请分析，此次三星Note 7召回事件涉及哪些风险？风险程度大小如何？应该选择哪些风险管理技术？请同学们完成表1－3的内容。

（2）如果你要买新手机，在经济可以承受的前提下，是否会考虑三星？为什么？

（3）请对比分析自“召回门”发生后到现在，三星和苹果的手机销售状况及公司股价变动状况。你是否看好这两家公司股票后市走势？为什么？

4. 风险管理效果评价

风险管理效果评价是指分析、比较已实施的风险管理方法的结果与预期目标的契合程度，以此来评判管理方案的科学性、适应性和收益性。

随着时间的推移，风险可能会发生变化，有些风险可能会变小甚至消失，而有些以前不存在的风险可能会暴露，因此，风险管理需要形成一种动态反馈机制，风险评估结果就是对原有的风险管理方案进行调整的重要依据。

本章关键词

风险	风险因素	有形风险因素	无形风险因素	道德风险因素
行为风险因素	风险事故	损失	纯粹风险	投机风险
基本风险	特定风险	财产风险	人身风险	责任风险
信用风险	自然风险	社会风险	经济风险	技术风险

可保风险　风险管理　风险回避　风险自留　预防与控制
风险转移　风险识别　风险评估

思考与讨论

上海外滩踩踏事件

连续第四届举办的上海外滩灯光秀，一度被官方称为“全球有影响力的迎新活动”。早在2014年11月初的申报阶段，由于主管部门担心观看人数太多、超过负荷，继续举办会有安全风险，灯光秀的举办地由外滩改在数百米之外的外滩源，需购票入场。12月25日，上海本地媒体《新民晚报》《东方早报》等均刊发图文报道，预告将于外滩源举办跨年5D灯光秀。因“外滩源”与“外滩”名称相近，很多人都误以为灯光秀依然在外滩举办。

2014年12月31日跨年夜，蜂拥而至的游人来到了外滩，估计达到了30万。由于灯光秀的活动地点改在了外滩源，官方并没有在外滩组织活动，导致相关管理部门错估了形势，往年的交通限行改道、公交地铁甩站、不可上堤岸、分路段分割人流等疏导措施都没有做，现场警力安排不足，数以十万计的汹涌人流基本处于自由流动状态。23点32分，上海市公安局官方微博@警民直通车－上海还曾发布微博播报实时消息：“外滩迎新场面壮观，虽然人多，但秩序还算有序，希望在现场的童鞋们配合民警和武警蜀黍的指挥，平安跨新年，外滩已近饱和，蜀黍建议择地前往跨年。”仅仅数分钟后，惨剧就发生了。

踩踏事件的直接起因可能是陈毅观景台下面的人想登台，而上面的人则想下台，在狭窄的台阶处形成激烈的人流对冲，有人倒下诱发了恐慌性的踩踏和拥挤。人群中顿时迸发出了惨烈的惊叫声、呼救声和痛哭声。事情发生和持续的时间并不长，现场经疏导很快恢复了秩序，伤员被送走医治。据官方事后发布的统计数据，事故致36人死亡，47人受伤。遇难者大多为女性，年龄多在19～36岁之间，平均年龄仅22岁，最小仅12岁。

一位老上海告诉记者，作为老人和上海本地人，他们一般不会在这种人多的节假日来外滩“轧闹猛”的，太危险了！2015年1月1日开始，陆续有上海市民自发来到陈毅广场献花默哀。上海取消了所有的跨年活动。当晚，上海黄浦江两岸标志性建筑景观灯熄灭，向遇难者表达哀思。

问题

(1) 什么是风险、风险因素、风险事故？它们之间存在什么样的关系？

（2）请根据对此事件的更多了解，分类列举至少5种以上与外滩踩踏惨剧有关的风险因素？

（3）搜集更多资料了解在群体聚集发生危机时的自保自救措施，分类分析可以采取哪些风险管理措施来应对群体集聚时发生踩踏的风险？

（4）基于你现在对保险的了解，请大致列举与此类事件相关的保险险种。

与空难相关的风险因素

尽管空难发生的概率非常低，但考虑到损失的严重程度，对空难风险还是不可小觑。

2014年被媒体称为世界航空史上最黑暗一年之一，发生的主要空难包括：

——3月8日，从吉隆坡飞往北京的马航MH370航班失踪。机上共载有239人，其中包含12名机组人员。227名乘客来自13个不同国家，其中有154名中国人。MH370至今仍旧下落不明。

——7月17日晚，一架从阿姆斯特丹飞往吉隆坡的MH17航班失联并坠毁，机上298人全部遇难。据报道，该坠毁的航班是在乌克兰东部大约1万米高空遭击落的。

——7月23日，台湾复兴航空公司编号B—22810的ATR 72型飞机，由台湾高雄小港机场飞往澎湖马公机场。在抵达目的机场后未能顺利降落，坠毁于机场旁的西溪村。事故造成机上乘客与机组人员48人死亡，10人受伤。意外还波及西溪村的民宅，导致地面上5人受伤。

——7月24日，阿尔及利亚航空原定从布基纳法索首都瓦加杜古飞往阿尔及利亚首都阿尔及尔的AH5017航班在邻国马里坠毁，116人遇难。

——12月28日中午，由印尼泗水飞往新加坡的亚航QZ8501航班与雅加达空管塔台失去联系后被发现坠毁，机上有155名乘客和7名机组人员。

梳理大大小小各种空难，可以发现导致空难的风险因素是多方面的，大到战争、恐怖袭击，小到高空飞行中被卷入发动机的鸟、机场跑道上的碎石，都有可能导致机毁人亡的惨剧。

气候是导致空难发生的重要风险因素，具体又包括风切变、雷雨、结冰、台风、浓雾等。恶劣的气候条件可能导致飞机产生剧烈颠簸、失速和难以操纵，机身负荷加大而变形甚至折断等严重后果。飞机本身的故障，如设计缺陷、发动机、起落架等机械故障等也都是重要的风险因素。但随着科学技术的快速进步，飞机本身出现问题的几率越来越小，而“人为因素”却越来越明显。“9.11”事件中的恐怖分子劫机并撞击双子塔和五角大楼的极端行为令人不寒而栗；因国际争端而发射导弹攻击民航客机的事件亦多次发生。另据不完全统计，自 1950 年以来，全球 57.7% 的空难都因驾驶员操作失误造成。飞行员操作失误可能是因为受天气、机械故障等因素影响，也可能是与塔台沟通不畅；还有可能是由于缺乏应对紧急情况的训练，导致飞行员对紧急情况的认识与处理不当，甚至就是因为疏忽大意或疲劳驾驶所致。

令人欣慰的是，航空业的安全形势并没有持续恶化。实际上，在过去的 20 年里，致命事故的发生率降到了原来的 1/8 左右，机体全毁发生率降到了原来的 1/3 左右。同时期内流量上升了 86% 以上。这表明航空运输系统在向改善安全性的正确方向发展。在 2015 年，除去蓄意破坏、军事行动、恐怖主义、自杀行为和其他类似情况，仅发生了 1 次致命事故。①2015 年因此成为以致命事故数统计下最安全的一年！

问题

（1）在与空难相关的风险因素中，哪些属于有形风险因素？哪些属于无形风险因素？

（2）在无形风险因素中，哪些属于道德风险因素，哪些属于行为风险因素？

（3）针对与空难相关的风险因素，可以采取哪些相应的风险管理措施？

（4）据 2016 年 8 月 29 日《北京晚报》报道，春秋航空公司要求，70 周岁以上老人订购机票需要提供 180 天内乘机证明或者提供 180 天内医院开具的医院体检报告（包括心电图、心率、血压、胸透等）。奥凯航空公司也有类似规定，老人需要带着体检结果去办乘机手续，各项检查指标在正常范围内才会被允许乘机。《中国民用航空旅客、行李国际运输规则》当中并没有对老年人乘机做出特殊要求，只是要求重病旅客购票应持有医疗单位出具适于乘机的证明。有人认为这些规定涉嫌“年龄歧视”，你是否认可？从风险管理的角度，你如何评价春秋和奥凯航空针对老人乘机的特殊规定？

夺命爆炸折射的企业风险管理“短板”

2014 年 8 月 2 日 7 时 34 分，位于江苏省昆山市昆山经济技术开发区的昆山中荣金属制品有限公司抛光二车间发生特别重大铝粉尘爆炸事故。爆炸事故的原因初步认定为系粉尘浓度超标，遇到火源发生爆炸。当天造成 75 人死亡、185 人受伤。依照《生产安全事故报告和

---

① 李尧编译：“1958～2015 年商业航空事故的统计数据分析”，空勤圈（微信公号 cykongqinquan），2016 年 6 月 21 日。

调查处理条例》规定的事故发生后30日报告期，共有97人死亡、163人受伤（事故报告期后，经全力抢救医治无效陆续死亡49人，尚有95名伤员在医院治疗，病情基本稳定），直接经济损失3.51亿元。

昆山中荣厂房没有按照二类危险品场所进行设计和建设，生产工艺路线过于密集，车间内所有电器设备没有按照防爆要求配置。事发的抛光车间工序主要是给汽车轮毂毛坯打磨、抛光，车间内噪音、粉尘很大，温度高，虽然备有大功率除尘设备，但粉尘仍然很多。该厂粉尘严重的问题在2010年就暴露过，当时还有工人因粉尘造成尘肺病，在厂外大门拉了“造成肺病拒不负责，天理难容”的横幅。

该厂没有防静电的劳保用品，超时组织作业（事发在周六清晨七点多）等，反映出企业内部管理混乱，同时暴露了该台企违反劳动法规的事实。

此外，相关主管部门都自称对企业进行了监管，但是相互之间的监管权限形成冲突，导致出现“九龙治水”的局面，也折射出当地主管部门对企业内外监管不足。

2014年12月30日，国务院对爆炸事故调查报告作出批复，认定这是一起生产安全责任事故，依照有关法律法规，对涉嫌犯罪的18名责任人已移送司法机关采取措施，对其他35名地方党委政府及其有关部门工作人员分别给予相应的党纪、政纪处分。

问题

（1）对类似昆山中荣金属制品有限公司这样的企业而言，面临哪些风险？

（2）这些风险分别属于表1.1中哪种类型的风险？分别可以采取什么样的风险管理方法来加以应对？

（3）基于你现在对保险的了解，请大致列举与此类事件相关的保险险种。

第 2 章 保险概述

>> 本章要点

- 保险的起源与发展
- 保险的内涵与本质
- 保险的一般分类
- 中国保险业概况

小赵和小孙准备为蜜月旅行购买保险。不过，市面上有那么多的保险公司，提供的保险产品五花八门，令此前对保险了解不多的小赵和小孙眼花缭乱，得到的信息越多，反而感觉越难以定夺。

小赵的父亲老赵见小两口一有空就查阅和保险有关的信息，就给他们聊起他两位同事买保险的事。有一位同事，风险意识特别强，十几年前就买了医疗、意外各种保险，这么多年下来，除了偶尔伤风感冒或者跑步时扭伤脚之类的小病小伤，从来没有生过需要住院的大病或者严重的意外伤害，身体倍棒，年年给保险公司交保费，一分钱赔款也没有从保险公司拿回来过，有人觉得他买这十几年的保险亏了。还有一位同事，去年刚刚在一位做保险代理人的朋友的劝说下买了重大疾病险，今年年初体检查出得了胃癌，从保险公司拿到好几万的保险金，不过和高昂的治疗费用比起来还是差了一大截。他很后悔没有多投保几份，那样的话就能从保险公司得到更多的保险金赔付。

小赵和小孙立马想到，出远门旅行要乘坐飞机，在网上订机票的时候一般都会被询问是否要购买航空旅客人身意外伤害，20 元一份，对应 40 万元的保险金赔付。一旦平安抵达目的地，走下飞机，这份航空意外险保单就成了废纸。那么作为投保人，在为平安结束航程感到开心的同时，是否会有人为“白白打了水漂”的20元保险费感到后悔呢？

保险是什么？保险的本质又是什么？花钱买保险，究竟买到的是什么？通过本章的学习，希望能帮助大家对保险的基本内容有所了解。

第1节 保险的起源与发展

一、保险思想的萌芽

人类社会从产生伊始就面临自然灾害和意外事故的侵扰，在与大自然抗争的过程中，古代人们萌生了对付灾害事故的保险思想和原始形态的保险方法。

1. 中国古代保险思想的萌芽①

中国大陆的地理特征决定了在气候、水资源方面具有高度的不确定性。几千年来，作为生存基础的农业，始终承受着频繁的自然灾害的困扰。很多古老传说都反映了古人们与自然灾害的抗争，如夸父逐日、后羿射日、大禹治水等等。如果缺乏得力的应对措施，重大自然灾害就会导致生存危机，从而对社会政治经济造成重大影响。

（1）“荒政”思想和制度。

“荒政”即我国古代救济饥荒的政策、法令与制度。“荒政”思想和制度是中国古代社会风险保障体系的重要支柱之一。

据《逸周书·文传》记载，早在夏朝后期，人们已认识到自然灾害的发生是难以预料的事情，需随时储粮备荒。公元前11世纪的西周时期，人们就认识到储存物资以备将来不时之用，是立国安邦之本。春秋时期，孔子提出“耕三余一”的思想，每年如能将收获粮食的1/3积储起来，连续积储三年，便可存足一年的粮食。汉代中后期，经学把君臣关系和宗教伦理紧密结合起来，“迫使”皇帝对荒政更加重视。荒政逐渐成为汉王朝的定制，甚至还具有了一定的法律保证的色彩。

南宋董煟的《救荒活民书》是中国历史上第一部荒政学专著，其上卷考察了古代荒政，中卷陈述当朝救荒之策，下卷详备本朝名臣贤士的见解。董煟主张“厚下”恤民、“仁政”减灾，提出了一个完整的救荒思想体系，主要包括粮食储备制度、赈济策略、流通与物价管

① 王凯：《非正式保险制度研究》，西南财经大学出版社2006年版。

理三大部分。宋代的仓储已发展有常平仓、义仓、广惠仓、惠民仓、丰储仓等，基本功能包括平抑物价和赈贷两大类。此后，元、明、清各时期的荒政著作大多以《救荒活民书》为范本。

明代是中国历史上灾害发生最频繁的时期，在 276 年里，灾害竟达 1011 次。进入明中叶以后，几乎是“无岁不告灾伤，一灾动连数省”。荒政制度此时已逐渐完备，救荒政策包括安辑流民、调剂民食、蠲赈、养恤等方面。救荒的目的不仅在于尽快恢复被自然灾害紊乱了的社会秩序，更重要的是采取措施恢复生产，发展经济。

（2）家庭的风险分担功能。

儒家经典《礼记·礼运·大同篇》提出：“大道之行也，天下为公，选贤与能，讲信修睦。故人不独亲其亲，不独子其子，使老有所终，壮有所用，幼有所长，鳏寡孤独废疾者皆有所养。”这可以看作是最古老的社会保险思想。但这样的理想在古代中国，主要是依托家庭来实现的。

家庭在中国传统社会具有一种超稳定的结构，承担了各种各样的社会功能。在家庭承担的诸项功能中，对家族成员的社会风险保障是其中的重要一项。当家庭成员遭受老、病、死、残疾等风险时，通过家族内部的互助共济，使其或家属度过暂时的困难和危机，不仅保障了个别成员，实际上也实现了家族整体的稳定。

古代中国，通过人情、礼仪往来结成亲朋网络关系，礼仪往来的主要项目就是生、老、病、死和各种灾害。家族与亲属网络内形成的“互惠”人情观与礼物流转制度是家族内风险分散借助的重要形式，这种机制背后内涵了风险分担这一保险机制的内核。

（3）运输保险的萌芽。

中国古代城市大多依水而建，足以说明水运是中国古代经济必不可少的组成部分。早在 4500 年前，中国就能制造舟楫，商代即已有帆船；夏、商、周时，黄河已成重要运粮干线。春秋战国时代开凿了鸿沟、邗沟，秦代修通了灵渠，至隋代开通了南北大运河，从而形成中国古代水运的兴盛时期。古代商人通过水路运货时，采用将货物分散于不同船只的方法来分散危险；还有的把同乡船户组织起来，每户交纳一定的会费，由同乡船会储存生利，在船只遇难时给予适当救济。

明、清时期出现的镖局制度则是陆路运输保险的萌芽。随着明清之际商品经济的发展，大量商品需要获得安全保障并准时运抵目的地。大约在 17 世纪前后，镖局应运而生。镖局是一种民间安全保卫组织，其主营业务之一是承运货物。商人交镖局承运货物，俗称“镖码”（相当于保险标的）。货物经镖局检验，按贵贱分级确定“镖力”（相当于保险费率），据此收费签发“镖单”（相当于保险单）。货到目的地，收货人按镖单验收，签注日期，加盖印章，交护送人带回，完成手续。镖局的这些手续与现代保险的承保手续非常相似。不仅商人运送货物，甚至地方官运饷银和各种款项都委托镖局随同保护。一些大型镖局信誉好，在各地设立有分号，走镖时顺带提供汇款服务，一般是“逢百抽五”，也就是收取5%的保镖费。如果护送的财物有损失，则按原价赔偿；如不能按期送到，镖局也要依照约定受到相应处罚。清朝晚期，火车、轮船等近代运输业得到发展，对保镖的需求越来越少，镖局这一古老的特殊行业才逐渐消失。①

2. 外国古代保险思想

（1）远古及中世纪以前。

保险思想发源于经济贸易往来频繁的地中海沿岸诸文明古国（古巴比伦、古埃及、古希腊、古罗马）。早在数千年前，很多国家或地区就有分摊损失、分散风险的做法。

公元前20世纪的古巴比伦时代，国王曾命令僧侣、法官及市长等对其所辖镜内居民征收赋金，以备救济火灾及其他天灾损失之用；在古巴比伦第六代国王汉谟拉比时代，商业繁荣，为了援助商业及保护商队的骡马和货物损失补偿，《汉谟拉比法典》中规定了共同分摊补偿损失之条款，凡是沙漠商队运输货物途中，如果马匹死亡、货物被劫或发生其他损失，经当事人宣誓并被证实无纵容或过失行为后，可免除其个人的责任，由商队全体给予补偿。

公元前10世纪，以色列王所罗门对其国民从事海外贸易者，课征税金，作为补偿遭遇海难者所受损失之用。

在古罗马，有过类似于现代养老保险的丧葬互助会组织“拉努维莫”，以参加者按规定交纳的摊款，支付会员死亡后的丧葬费用。古埃及的石匠曾采取集体扶助办法，帮助石匠及其亲属解决生活困难。

在古希腊，也有由宗教信仰相同的人或同行业的工匠组织起来，救济受难者的方法。

这些为个体和群体利益所采取的救灾和补偿损失方法，孕育了后来保险制度的胚胎。

（2）中世纪以后。

在西欧进入封建社会后，农奴为封建主劳作，封建主则为农奴提供衣、食、住所等基本生活保障。

中世纪末，连年战乱和天灾、瘟疫造成了农村人口的大迁移，农奴对封建主的人身依附关系开始解体，教会组织的慈善活动对弱势人群的保护作用日益加强。此后，伴随着工业革命的来临与进展，慈善性和非慈善性的救助活动与人口流动范围一起扩大，由教区突破到市

① 孔祥毅：“镖局、标期、标利与中国北方社会信用”，《金融研究》，2004年第1期，第117～125页；谷继建：“镖局变迁与职业革命：一个新制度经济学的解说”，《云南财经大学学报》，2009年第4期，第52～57页。

镇，然后扩展到更多地区，乃至整个主权国家。

在中世纪的欧洲，行会除按其成立的目的进行活动外，大都具有互助的性质。其扶助的范围，涉及死亡、贫困、疾病、火灾、船舶沉没以及其他人身事故和财产事故。作为欧洲城市复兴的主要推动力量，商业活动和城市生活较之以往的农业生产面临更多更复杂的风险，单个商人难以承受，于是有了对风险防范方式创新的需要。最初进入城市的手工业者和商人具有平等或相似的权利和地位，在行会最初设定的功能和实现过程中，他们共同推举管理者和裁判人，这是一个充分民主的过程；行会的广泛存在为各行各业的城市居民搭建了互助共济的平台。行会承担的风险抵御功能的范畴很广，从最初的保护城市财产人身安全和保障商路畅通，到后来的限制和抵御同业和外来市场竞争，还要时刻与封建领主和教会势力作斗争。虽然行业内的互助共济只是行会功能的很小的组成部分，但却为后来社会保障制度及保险制度的发展做出了有益探索。

二、海上保险的起源与发展

1. 海上保险（marine insurance）的起源

历史学家发现，早在公元前9世纪，在航海者中就存在某种共同分担损失的做法。

早在公元前2000年，地中海一带就有了较为广泛的海上贸易活动。限于当时的生产力水平，用于运载货物的船舶构造非常简陋，难于抵御海上狂风巨浪的冲击，海上贸易的获利与风险并存。要使船舶在遭风浪时不致沉没，最有效的一种应急措施是抛弃货物，以便减轻船舶的载重。显然，任何一方都不愿将自己的财产为他人的利益而牺牲。当时在地中海航海的商人中形成了一种习惯，即为船货安全而抛弃所引起的损失由获益的全体船货各方共同分摊，即所谓“一人为众，众为一人”。

公元前916年，地中海中的罗德岛国王在制定《罗地安海商法》时吸收了该原则，规定：“凡因减轻船舶载重而投弃入海的货物，如为全体利益而损失的，须由全体分摊归还。”这就是著名的共同海损分摊原则。因为共同海损分摊原则体现了损失分担这一保险的基本原理，因而被公认为海上保险的萌芽。

2. 现代海上保险的早期形式

现代海上保险发源于意大利。早在11世纪末，在经济繁荣的意大利北部城市，就已经出现类似现代形式的海上保险，英文中的“保险单”（policy）一词就是源于意大利文“Polizza”。意大利北部地中海沿岸各城市伦巴第、热那亚、佛罗伦萨、比萨、威尼斯等，成为海上贸易要冲，海上保险便首先在这些地区得到发展，并形成了海难救助、船舶抵押借款、船货抵押借款等海上保险形式。

（1）船货抵押借贷制度。

船货抵押借贷制度的基本做法是：船东以船舶或货物作抵押向高利贷者取得抵押借款，以解决航海所需资金或海运途中的急需资金，并规定资金的归还期为船舶到达既定目的以后。如果船在航行途中不幸遭受损失，船东可根据损害程度免除一部分或全部债务，债权人承担船货损失的风险。如果船货平安到达目的地，船东则必须归还本金，并且支付高昂的利息。

船货抵押借款制度具有保险的性质和特征，债权人相当于海上保险人，借款的船东相当于被保险人，船东向高利贷者借款的同时等于购买了保险，其支付的利息中高出正常利息的部分叫做“溢价”（premium），相当于保险费。如果船货中途遇难，借款就等于预先支付的赔款。

533 年，罗马皇帝下令在有关法典中对这一制度的利率作了具体规定，规定利率为 12%，比一般借贷利率高一倍，从法律上承认了利息中包含保险费的成分。

船货抵押借贷制度除了利率较高外，还有一些附加规定，如船舶航行不得无故延迟、绕航以及到达目的港卸货前必须清偿债务等，这实际上是现代商业保险中保证条款的前身。因其具备了保险的一些基本要素，因而被公认为海上保险的最早形式之一。

（2）无偿借贷制度。

因利息过高，船货抵押借贷制度后来被禁止。由于航海对补偿制度的客观需要，又出现了无偿借贷制度。

无偿借贷制度的基本做法是：在船货航海之前，由“资本主”以借款人的地位，从航海商那里借一笔钱，相当于收取保险费。若船货安全抵达目的港，则“资本主”不再偿还借款；反之，如船货中途遇难，则“资本主”有偿还借款的责任，且偿还数额远高于借款额。

这种无偿借贷的制度后来进一步演变成了“空买卖契约”。这种合同类似虚设的借款，以风险损害是否发生为条件，船货安全抵达目的地，合同无效；若中途受损，合同成立，资本主（合同中以购买船货者出现）相当于保险人，支付一定赔偿金额（相当于损失的船货价值）。在订立合同时，贸易商必须支付定金给资本主，该定金实质上就是保险费。“空买卖契约”与现代保险合同已十分接近，保险逐渐脱离资金借贷形式的外壳，成为独立的市场概念和行为。

随着海上保险业务的发展，出现了以商人之间的交易习惯的发展和完善作为基础的保险契约或保险单，在地中海一带城市开始有了从事撰写保险契约的专业人员。

迄今发现的最古老的保险单签发于 1347 年 10 月 23 日，意大利商船“圣·科勒拉”号要运送一批贵重的货物由热那亚到马乔卡。货物船东与热那亚商人乔治·勒克维伦达成协议：船东先将一笔钱存入勒克维伦那里，如果6个月内“圣·科勒拉”号顺利抵达马乔卡，那么这笔钱就归勒克维伦所有，否则勒克维伦将承担船上货物的损失。

1384年，在佛罗伦萨诞生了世界上第一份具有现代意义的保险单。这张保单承保一批货物从法国南部阿尔兹安全运抵意大利的比萨，保单中有明确的保险标的和保险责任，如“海难事故，其中包括船舶破损、搁浅、火灾或沉没造成的损失或伤害事故”。在其他责任方面，列明了“海盗、抛弃、捕捉、报复、突袭”等所带来的船舶及货物的损失。当时意大利的伦巴第商人主要经营海上贸易、金融和保险业务，他们按照商业惯例仲裁保险纠纷，逐渐形成了广泛认可的海商法条文。由于海上保险的国际性，后来成为西方各国海商法的基础。

3. 现代海上保险的发展成熟

海上保险发源于意大利，但现代海上保险形成于英国。15世纪以后，海上保险随着海上贸易中心的转移而从地中海区域转移至大西洋彼岸，意大利北部的伦巴第商人将为海上贸易配套的金融和保险服务的经验和技术带到了英国。17世纪开始，英国成为世界海上贸易和经济发展中心的同时，也成为海上保险的中心。

海上保险业在英国获得了最大程度的发展和完善。第一家皇家交易所的开设，为海上保险提供了交易场所；人们要求对海上保险的规章必须趋于规范化，因此成立了英国保险商会，每张保险单都办理了登记。英国保险商会采用了标准保险单格式，这种保险单格式几乎毫无变动地沿用到今天，使得海上保险得到前所未有的正规化和持久性发展。1601年成立了仲裁法庭，解决有关海上保险单项下的一些争议事项。仲裁法庭就设在保险商会内。

1720年，伦敦保险公司（London Assurance Corporation）和英国皇家交易保险公司（The Royal Exchange Assurance Corporation）获得经营海上保险的皇家特许证。鲍勃法令（Bubble Act）规定，只能由这两家公司或个人经营海上保险业务，这两家公司因此获得了垄断权。直到1824年，一家联合水上保险公司申请经营海上保险业务，并得到批准，这两家公司的垄断才被打破。

17世纪，船舶和货物的保险通常是由商人们承保的，他们愿意承担一段航程的一部分风险，换取一部分保险费。愿意经营保险的人在伦敦的咖啡馆里相会。个人保险业者深感有设立保险交易中心的必要，于是由私人保险商组成的劳合德保险社（Lloyd's）组织崛起进而成为伦敦海上保险业集中活动的总会。1871年英国议会通过了《劳合社法》。劳合社（The Corporation of Lloyd's）向政府注册，取得法人资格，并选举产生管理委员会。劳合社已发展成英国海上保险的中心，也成为国际保险业历史悠久和最有影响的保险组织。

从1756开始，英国大法官曼斯菲尔德爵士牵头率领其弟子，前后耗费100多年的时间，完成欧洲各国海事判例的搜集和整理编纂，汇编了约2000个案例，形成了著名的《1906年海上保险法》。该法成为后世各国海上保险法律规制的范本和基础，直到今天仍作为经营海上保险业务的依据，更使英国真正成为世界海上保险的中心，占据了海上保险的统治地位。

现代商业保险的一些重要的基础制度，其源头几乎都可以追溯到海上保险，例如，最大诚信原则中的告知和保证、保险利益原则、损失补偿原则及其派生原则、追究事故原因与保险责任关系的近因原则等等，无不来自海上保险的实践。

【专栏2-1】 劳合社：从富商云集的咖啡馆到首屈一指的保险交易中心

劳合社的演变史可谓是英国海上保险发展的一个缩影。

1688年，爱德华·劳合德先生在靠近泰晤士河的伦敦塔街附近开设了以自己名字命名的咖啡馆。伦敦是当时世界级的航运中心，商人、船主及与航海业有关的人成为咖啡馆的常客，咖啡馆因此逐渐成了航讯消息发布中心。1696年，劳合德先生出版了名为《劳合氏消息》的报纸，这是伦敦最古老的一份报纸。

海上保险需求也集中在咖啡馆。保险经纪人会将承保便条递给每一个来喝咖啡的保险商，便条上注明投保的船舶或货物，以及投保金额。承保人在承保条上注明自己承保的份额并签名，直至该承保条的金额被100%承保。这种原始而直接的承保方式给后来劳合社的运作模式奠定了基础。劳合德鼓励商人和承保人在咖啡馆里从事这些活动，他们的活动给咖啡馆带来了额外的收入。

随着保险业务的发展，商人们开始寻找更大的办公地点。咖啡馆的79名商人每人出资100英镑，于1774年租赁皇家交易所的房屋，在劳合德咖啡馆原业务的基础上成立了劳合社，劳合德的业务经营从咖啡馆业主手中转交给了保险互保会。

1871年，英国议会正式通过一项法案，批准劳合社成为一个社团组织，劳合社通过向政府注册取得了法人资格，但劳合社的成员只能限于经营海上保险业务。直至1911年，英国议会取消了这个限制，批准劳合社成员可以经营包括水险在内的一切保险业务。

劳合社不是一个保险公司，而是一个会员组织，为其成员提供交易场所。劳合社不直接接受保险业务或出具保险单，所有的保险业务都通过劳合社的会员，即劳合社承保人单独进行交易。劳合社的宗旨是："敢冒最大的风险，去赚最多的钱。"在打破了只能经营海上保险业务的限制后，劳合社进行了很多业务方面的创新，除传统的财产险、人身险和再保险外，还包括能源险、汽车险、航空险以及各种复杂和特殊风险，是计算机、石油能源保险和卫星保险等新兴业务的先驱。

劳合社会员传统上一直以承担无限责任著称，即会员的全部财产都是履行保险协议的抵押品，一旦发生某一会员无法履行协议的情况，劳合社将以它约 3 亿英镑的财产承担责任。在自然灾害、意外事故频繁发生的情况下，劳合社就会亏损严重。1993 年 11 月，12000 名会员投票赞成一系列改革措施，其中包括结束劳合社 306 年历史的无限责任赔偿政策，改为有限责任赔偿。以前劳合社的承保人都是自然人，1994 年之后，劳合社开始允许公司资本进入该市场。

劳合社于 2000 年在北京成立代表处，于 2007 年在上海成立劳合社保险（中国）有限公司，2015 年 3 月 16 日劳合社（中国）北京分公司正式开业，据公开报道，劳合社（中国）平台上辛迪加承保部的数量已经有 22 家。值得一提的是，2013 年 7 月，平安集团出资 2.6 亿英镑买下劳合社大楼，成为我国险企海外投资的标志性事件。

三、火灾保险的起源与发展

最早出现的陆上保险项目是火灾保险。当人们在城市的居住越来越集中，城市化达到一定程度时，城市的人口和财富得到了越来越高的集中，随之而来的是各种风险被累积。当火灾风险对人类的威胁逐渐变得越发严重时，现代意义上的火灾保险应运而生。

1. 1666 年伦敦大火催生火灾保险

现代火灾保险的起源可追溯至 1118 年冰岛设立的“黑瑞甫（Hrepps）”社，黑瑞甫制是一种对火灾损失互相负责赔偿的制度。德国北部在 17 世纪曾盛行基尔特制度，成立了很多互助性质的火灾救灾协会，会员之间实行火灾相互救济。1676 年由 46 个协会合并宣告成立了“汉堡火灾保险局”，开创了公营火灾保险的先河。不过，真正意义上的火灾保险是在 1666 年的伦敦大火之后发展起来的。

17 世纪的黑死病瘟疫大流行让医疗条件落后的伦敦人口急剧减少。每三个人中，就有一人死于瘟疫，包括国王、贵族在内的不少人，举家逃离“死亡之城”伦敦。城市建设和各种商业活动几乎陷入停滞状态，整座城市透露着一片死灰般的沉寂。

真可谓“福无双至，祸不单行”，当瘟疫的死亡阴影依旧笼罩在伦敦上空时，另一场灾难不期而至。1666 年 9 月 2 日凌晨，伦敦普丁巷的一间面包铺突然失火。那个季节的伦敦气候正好多风，城市空间狭窄和建筑多为木质结构因素叠加，大火迅速蔓延全城。包括圣保罗大教堂在内的 87 间教堂、44 家公司和 13200 多间民房被毁，80 万伦敦居民有 70 万流离失所，无家可归。

大火吞噬了过去的伦敦，也杀死了瘟疫病菌。火灾后的重建给了这座古老城市一个新生的机会。伦敦工商业凭借重建，获得了一次颇为意外的发展。建筑师雷恩爵士向政府提出了关于伦敦灾后修复的详尽方案。英国国王查理二世下令，所有在伦敦建造的房屋必须一律使用石头和砖瓦。丹尼尔·笛福说过，如果没有那场大火，伦敦乃至于整个英国经济日后不会有那么快的起色。①

伦敦大火之后，保险思想深入人心，现代形式的火灾保险也从此逐渐发展起来。

1667 年，牙科医生尼古拉·巴蓬独资开办了一家专门经营房产火灾保险的商行，开创了私营火灾保险公司的先例。1680 年，他又会同他人共集资 4 万英镑，成立了合伙性质的英国火灾事务所（Fire Office），被公认为第一家火灾保险公司。1705 年，公司更名为菲尼克斯，即凤凰火灾保险公司（Phen. x）。凤凰是这家公司承保火灾保险的标志，通常由金属制成，作为识别符号，钉在保户房屋外墙上，一是作为广告宣传，二是向消防队指明自己是投保了的。那时的消防队主要由保险公司控制，且各消防队独立经营。火灾发生后，消防队首先要扑救的是本公司承保的房屋。直到 1832 年，伦敦各火灾保险公司才组成一支共同的消防队，不再各自为政。

在收费标准上，巴蓬的火灾保险公司根据房屋租金计算保险费，并按房屋危险情况实行差别费率，规定木结构的房屋比砖瓦结构房屋保费增加一倍。这是现代火灾保险差别费率的起源，从而使巴蓬享有了“现代保险之父”之誉。

2. 工业生产的蓬勃发展带动火灾保险的发展

1861 年 6 月 22 日发生的伦敦多莱街大火是火灾保险发展史上的一个里程碑。这起靠近伦敦中心泰晤士河沿岸的码头和仓库大火，使保险公司损失达 100 万英镑，随即导致此类财产的保险费率迅速大幅度上涨。由于城市商人的抗议，保险商不得不对保险费率又作了调整。首先，码头、仓库该收多少保险费，均由一个新的委员会——伦敦码头、仓库委员会办理。其次，针对不同保险标的采取不同收费标准，鼓励货主考虑预防火灾措施。再次，加强消防力量，根据 1865 年市政消防法建立伦敦市消防队。

大火后，成立了新公司承保相关业务，一是英国商业联合公司，另一家是英国商业保险公司，以后又成立了一家北英和商业保险公司。

19 世纪后，与工业资本主义的飞速发展相应，欧美出现大量火灾保险公司，承保能力大幅度提高。1871 年 10 月 8 日，美国重要城市芝加哥发生了一场震惊世界的火灾。据官方统计，这次大火使 10 万人无家可归，300 人丧命，死伤牲畜不计其数，间接损失更无法估算。

① 孙骁骥：《致穷：1720 年南海金融泡沫》，中国商业出版社 2012 年版。

大火造成 1.5 亿美元损失，保险公司的赔付达到 1 亿美元，可见当时火灾保险的承保面之广。

3. 火灾保险承保风险的扩展

随着火灾保险业务的发展，人们越来越意识到火灾保险单上有必要增加更多的附加保险。除房屋建筑这样的不动产外，动产逐渐被接受成为保险标的，盗窃被列入保险责任。到 19 世纪末期，火灾保险和偷窃保险继续发展，产生了一切险的承保，保障范围很广，除某些除外责任外，几乎承保任何原因所造成的财产的灭失或损毁，包括火灾、偷窃及其他各种意外事故的损害。

火灾保险承保风险得到扩展，逐渐分为主险和附加险。主险的责任范围包括：任何一个投保人都必须面对的雷电、失火等引起的火灾以及延烧或因施救、抢救而造成的财产损失或支付的合理费用。附加的保险种类涉及范围极广泛，包括：水灾险，风灾险，爆炸险，碰撞险，地震、地陷、火山爆发险，冰凌、泥石流险，外来恶意行为险，罢工、暴动、民众骚乱险，等等。

四、人寿保险的产生与发展

1. 早期的人寿保险

15 世纪后期，欧洲的奴隶贩子将运往美洲的非洲奴隶当作货物进行投保，后来船上的船员和乘客也可投保。如遇到意外伤害，由保险人给予经济补偿，这些是人身保险的早期形式。

公典制度流行于 15 世纪后半期的意大利北部及中部城市，是一种慈善性质的金融机构，在这里存款，最初一定时期内不计利息，经一定期间后，存款者可以取得数倍于存款金额的资金。年金制度于十六七世纪出现在英国，在荷兰尤为盛行。这些被视为人身保险的较早形式，尤其是年金制度，将资本、利息与生存死亡相结合，已十分接近现代的人寿保险。

英国“友爱社”最早产生于中世纪中叶，到 16 ~ 18 世纪有了较快发展，入社的会员须交纳一定数额的互助金，当其成员面临疾病、老年死亡时可以获得一笔保险补助。这类互助机构在章程内容、管理形式和保险项目等方面存在一些差异，但基本宗旨都是当其成员遭遇不幸时相互支援。18 世纪末，在英国友爱社有 7200 个，成员总数约为 65 万人，到 19 世纪末，友爱社成员总数已达 450 万人，接近成年男性人口的 1/2。

英国曾经发现一份 1583 年 6 月 18 日签发的人寿保险保单，被保险人为威廉・吉本斯（William Gibbons），保险金额为 382.33 英镑，合同期限为 12 个月。保单显示，如果吉本斯在一年内死亡，就可以获得赔款。吉本斯在 1854 年 5 月 8 日去世，得到了赔款。这种短期保险单是那时所签发的保险的典型例子，它提供的人寿保险几乎毫无变动地延续到 17 世纪。

它是一种联合互保的形式，与古代丧葬会社性质相似，由各入会会员交款形成共同基金，遇到会员死亡时，从基金中取款支付。

17 世纪中叶，意大利银行家洛伦佐·佟蒂（Lorenzo de Tonti）提出一项联合养老办法，即所谓的“佟蒂法”。这种类型的养老基金能让最初出资的认购人都享有收益权，共同分得所缴资金的利息。当所有的认购人都逐渐死去，只剩下最后一个幸存者时，此人就能得到所有的基金数额。

1689 年，法国国王路易十四为解决财政困难，采用了“佟蒂法”。规定参与者每人出资，筹集起总额 140 万法郎的资金，一定年限后开始支付利息，每年支付 10%，并按年龄把认购人分成若干群体，对年高者多付息。利息只付给该群体的生存者，如该群体成员全部死亡，则停止给付。

【专栏 2-2】 苏格兰遗孀基金

1744 年，亚历山大·韦伯斯特和罗伯特·华莱士这两位苏格兰长老会教士打算成立一个寿险基金，为神职人员的遗孀和孤儿提供补助。他们建议教会的每一位牧师都将收入拨一部分进入基金，基金用这笔钱从事投资。如果牧师过世，遗孀就能从基金的获利中取得分红，她的余生也有了保障。然而，他们必须先知道基金规模多大才足够完成这种目标。韦伯斯特和华莱士需要预测每年大约会有多少牧师过世、留下几位孤儿寡母，以及这些寡妇在丈夫过世后还会活几年。

这两位教士联络了爱丁堡大学的数学教授科林·麦克劳林一起进行这项工作。这些计算要归功于当时不久前在统计与概率等领域的几项突破，其中之一是雅各布·伯努利的大数法则。伯努利认为，虽然某些单一事件（例如某个人死亡）难以准确预测，但只要有了许多类似事件，用平均结果来预测就能相去不远。埃德蒙·哈雷在 50 年前就已经发表相关统计表，正好派上用场。哈雷分析了德国布雷斯劳市的 1238 份出生、1174 份死亡记录，由此可以推知，某个 20 岁的人死在某一年的概率是1∶100，而 50 岁的人则是1∶39。

韦伯斯特和华莱士得出结论：平均而言，苏格兰通常有 930 位长老教会牧师，每年过世 27 位，其中有 18 位会留下遗孀；在没有留下遗孀的几位中，有 5 位会留下孤儿，至于有遗孀的，也有 2 位可能有不到 16 岁的孩子。他们还计算出遗孀有可能在多久之后过世或再婚（这种时候便停止补助）。根据这些数据，韦伯斯特和华莱士就能判断加入基金的牧师每人该付多少钱。当时，如果牧师年缴 2 英镑 12 先令又 2 便士，她的遗孀便能一年得到 10 英镑。这在当时可是一大笔钱。而如果他认为还不够，可以选择年缴 6 英镑 11 先令 3 便士，遗孀一年就能得到 25 英镑，生活更为优渥。

根据他们的计算，到了 1765 年，这个“苏格兰教会牧师遗孀及孩童抚恤基金”总资本会有 58348 英镑。到了这一年，基金总资本为 58347 英镑，只比预测少了 1 英镑，精确到有些不可思议。时至今日，他们的基金简称为苏格兰遗孀基金，是全球最大的退休金和保险公司之一，总值高达 1000 亿英镑，现在任何人都能够购买其保单，而不只保障苏格兰神职人员的遗孀。

这两位苏格兰神职人员所用的概率计算，后来不仅成了精算学的基础（退休金和保险业务的核心），也成了人口统计学的重要概念（人口统计学是由圣公会牧师罗伯特·马尔萨斯所建立）。这样的概率模型已经成了经济学、社会学、心理学、政治学和其他社会科学及自然科学的基础。

资料来源：［以色列］尤瓦尔·赫拉利：《人类简史：从动物到上帝》，中信出版社 2014 年版。

2. 生命表及人寿保险的发展

1693 年，著名的数学家和天文学家埃德蒙·哈雷（Edmund. Hally）以德国西里西亚布雷斯劳市居民 1687 ~ 1691 年按年龄分类的死亡统计资料为依据，编制了世界上第一张生命表。他精确标示了每个年龄的人的死亡率，提供了寿险计算的依据。生命表被首次用于计算人寿保险费率，为现代人寿保险奠定了数理基础，成为人寿保险发展史上的一个里程碑。

18 世纪 40 ~ 50 年代，托马斯·辛普森（Thomas Simpsong）根据哈雷的生命表，做成依死亡率增加而递增的费率。之后，詹姆斯·多得森（James Dodson）依照年龄差等计算保费，并提出了“均衡保险费”的理论。1756 年，46 岁的多得森要求参加协和保险社，却被拒保了。于是，他“决定在保险方面组成一个新的协会，采用比友好会社更公平合理的条件，后者对所有年龄都收同样的保险费”。英国公平人寿保险公司（Equitable life）于 1762 年成立，公司采用均衡保费的理论来计算收取保险费，是真正根据保险技术基础而设立的人身保险组织。

早期火车都不大安全，经常发生意外事故。1848 年，铁路旅客保险公司开始办理保险业务，对意外事故提供赔偿，人身意外保险的想法得以发展。1850 年，又有意外死亡赔偿公司签发保单，在收取 1 英镑的保险费后，对无论什么原因所引起的死亡，均付给 1000 英镑。这家公司更进一步对非致命性的意外事故也提供赔偿，同时还提供任何致残时期的医疗费保障。

1885 年，爱丁堡一家名为疾病和意外保险公会的机构开始办理保险，对患有指定的几种疾病给予赔偿，开始了疾病保险的有益尝试。

1774 年，英国《人寿保险法》通过，该法明确规定投保人对保险标的必须具有保险利益，否则合同无效。19 世纪上半叶是英国保险业的兴盛期，各类保险公司纷纷设立，但保险公司倒闭数量也在增多。寿险业在经营上失败的严重性后果，引起了当局的注意，1870 年，英国制定了《人寿保险公司法》，对寿险公司的保证金、财产账户、兼并、清算都作出了规定。该法案确立了“只要作了说明就有完全自由”的原则，核心就是强制保险公司向管理当局、保单持有人提供足够的信息，以便能合理估计公司的财务状况。

第 2 节　保险的内涵与本质

一、国外主要保险学说

由于现代保险制度起源于西方，所以研究保险制度的理论、模式和概念也大多是西方的。关于保险本质的学说，国内外学界存在很大的争议，主要分歧在于财产保险与人身保险是否具有共同性质。日本学者园乾治教授以此为界，把近现代保险学理论归纳为“损失说”“非损失说”和介于两者之间的“二元说”①。

1. 损失说

损失说是以处理保险事故所导致的损失作为保险核心内容的学说。

从人类社会产生伊始，就与各种风险相伴相随。风险事故一旦发生，将导致或多或少的损失。风险的客观存在，使得人们产生了在损失发生后获得补偿的需求，而保险产生的最初目的，就是要解决风险事故发生后的物质损害补偿问题。从这个角度看，灾难是保险公司的“生身父母”。

（1）损失补偿说。

损失赔偿说产生于英国，是基于海上保险的运营逐渐形成的一种学说，代表人物是英国的马歇尔（M. Marshall）和德国的马修斯（E. A. Masius）。这一学说认为，保险的目的在于补偿人们在日常生活中因各种偶然事件发生所导致的损失，保险是一种损失赔偿合同。

保险人与被保险人之间是一种合同关系，保险人根据合同约定收取保费，在被保险人遭受合同规定范围以内的损失时，保险人立即给予补偿。

就财产保险而言，损失补偿说的观点是正确的，但对很多并没有损失发生的人寿保险，

① ［日］园乾治：《保险总论》，中国金融出版社 1983 年版。

如养老保险而言，这一观点就显得解释力不足了。

（2）损失分担说。

最早提出损失分担说的是德国的华格纳（A. Wage），该学说着眼于风险事故发生之后的损失。

表面上看，似乎是保险人在损失发生后支付赔偿金，承担了被保险人的损失，但保险业务实际上是多数人互助合作、共同分担损失。华格纳主张："从经济意义上说，保险是把个别人由于未来特定的、偶然的、不可预测的事故在财产上所受的不利结果，使处于同一危险之中但未遭遇事故的多数人予以分担，以排除或减轻灾害的一种经济补偿制度。"；华格纳还强调："所有的保险都是损害保险。""这个定义既能适用于任何组织、任何险种、任何部门的保险，同时也可适用于财产保险、人身保险，甚至还可适用于自保。"

譬如前文提及的航空旅客人身意外伤害险。2014 年 3 月 8 日，从马来西亚吉隆坡飞往中国北京的马航 370 航班客机失踪，机上载有 239 人。2015 年 1 月 29 日，马来西亚民航局宣布该航班客机失事，并推定机上所有人员遇难。保险公司对购买了保险的死亡乘客的保险金赔付实际上来自于千千万万同样购买航意险的乘客所交纳的保险费。是同样面临空难风险的广大航意险投保人共同分担了对少数遇难被保险人的经济补偿。

损失分担说从经济角度阐明保险，指出保险是多数被保险人之间的相互关系，即分担损失赔偿，是其独到之处，实际上已经触及了保险的本质。

（3）风险转嫁说。

风险转嫁说着眼于风险事故发生之前的风险，从风险管理的角度来阐述保险本质，代表人物是美国保险学者威尔特（A. H. Willet）和克劳斯塔（B. Krosta）。

风险转嫁说认为保险是一种风险转嫁机制，个人或企业可以以支付一定的代价为条件将日常生活和经济活动中可能遭遇到的各种风险转嫁出去。而保险人之所以愿意并有能力接受被保险人转嫁来的风险，则借助于聚集保费、均摊风险的技术手段。保险人基于对风险发生概率和损失的估测确定保险费率，收取的保费足以在支付损失赔偿后还能有所盈余。

威尔特说："保险是为了资本的不确定损失而积累资金的一种社会制度，它是依靠把多数人的个人风险转嫁给他人或团体来进行的。"

克劳斯塔则从保险人集散风险的功能进一步阐明保险的性质。他说："被保险人转嫁给保险人的仅仅是风险，也就是损失发生的可能性，所以是可以承保的，保险人把这种共同性质的风险，大量汇集起来，就能将风险进行分摊。"克劳斯塔认为，在风险转嫁的同时，也就实现了风险的均摊，他给保险所下的定义是："保险是以收受等价，实现均摊为目的而进行的风险汇集。"

转嫁风险是为了分担损失，最终必然归结为保险人对受损被保险人的经济补偿。由此可见，风险转嫁说是由损失分但说蜕化而来，与损失补偿说同出一辙。风险转嫁说同样不能兼顾财产保险和人寿保险，无法刻画人寿保险的本质。

2. 非损失说

既然损失说不能全面概括保险的属性，有学者便认为应摆脱损失的概念，从其他角度解释保险。非损失说就是不以处理损失作为保险核心内容的学说。

（1）技术说。

技术说强调保险的计算基础，特别是保险在技术方面的特性。意大利学者费芳德（C. Vivanta）是这一学说的代表。

费芳德认为，保险不能没有保险基金，在计算这种保险基金时，一定要使保险人在事故发生时实际支出的保险金总额和全体被保险人交纳的净保险费总额相等。也就是说，保险人把可能遭受同样事故的多数人组织起来，测定事故发生的概率，按照这个比例进行分摊，确定保险费收取的标准，建立保险基金，保持保险费和保险价值的平衡。技术说认为，保险的特性就在于采用这种特殊技术，科学地建立保险基金。而这种特殊技术是人身保险或财产保险的共同特征。

不过，这种技术仅仅针对的是保险产品定价问题，用于解释保险的本质未免有以偏概全之嫌。

（2）欲望满足说。

欲望满足说是从经济学的效用角度来探索保险性质，以保险能满足经济需要和金钱欲望来解释保险的性质。此说的倡导者是拉扎路斯（Lazarus）。他说："保险是以赔偿和满足经济需要为其性质的，是当意外事故发生时，以最少的费用满足该偶发欲望所需要的资金，并予以充分可靠的经济保障。"

欲望满足说实际上是由损失补偿说发展而来，只不过是以需要代替损失，以满足代替补偿。还是以空难为例，当事故发生后，航空公司会因飞机损毁遭受财务上的损失，需要巨额资金补偿才有可能购买新的飞机，恢复到与事故发生前相当的状态；死于空难的被保险人不会因为保险的存在而复生，人寿保险保障的死亡风险，主要针对的实际上是对原本"不该死亡的人"由于其死亡给家庭其他成员或企业带来的收入来源的丧失或经济损失的补偿。欲望满足说就是强调了对这些资金的需求。

正如支持欲望满足说的学者威尔纳（G. Worner）所表述的："保险是处于同样经济不安定的情况下，许多企业经营单位把偶发的且能计算出来的财产上的欲望，根据互助原则予以保障的经济手段。”后来他将“财产上的欲望”改成“金钱上的欲望”，并作了最广义的解释，包括直接损失、利益丧失、储蓄能力停止、施救费用以及其他不得已的开支等，存在于与货币价值有关的一切场合。

（3）共同财产准备说。

共同财产准备说是从保险基金机能上来解释保险性质。

如前文所述，意外事故在每个具体的标的上虽然是偶然的，但在不特定的大数量标的中，就成为必然的情况，这正是保险存在的基础。日本学者小岛昌太郎就主张，保险是为了安定经济生活，将多数经营单位组织起来，根据大数法则化偶然为必然，积聚经济上的财富并留为共同准备。该学说的代表人物还包括日本学者近藤文二。

（4）相互金融说。

相互金融说认为，保险与银行和信用社一样，是一种互助合作基础上的金融机构，起着融通资金的功能。在货币经济条件下，所有的经济活动都是用货币的收支来实现。因此，保险作为应对经济不安定的善后措施，需要以调整货币的收支为目的，所以，保险是以发生偶然性事实为条件的相互金融机构。

该学说的代表人物是日本学者米谷隆三和酒井正三朗。米谷隆三认为保险费的积累，在经济上是投保人的共同基金，保险的性质不在于财产的准备，而在于集体成员为相互通融资金而结成多数人的联系，进而强调保险不只是准金融机关和辅助金融机关，而是真正的金融机关。

3. 二元说

持二元说观点的学者认为，财产保险与人身保险具有不同的性质，前者以经济补偿为目的，后者以给付一定金额为目的，人身保险是非损失保险，所以应该分开来加以界定。

（1）否定人身保险说。

有很多学者认为，人身保险并不体现保险的性质，它是和保险不相同的另外一种合同。

例如经济学家科恩（G. Cohn）认为，“因为在人身保险中，损失赔偿的性质极少，它不是真正的保险而是混合性质的保险。”而埃斯特（L. Elster）则提出：“在人身保险中完全没有损失赔偿的性质，从国民经济来看，人身保险不过是储蓄而已。”威特（J. D. Witt）也持相似观点，认为：“人身保险不是保险而是一种投资。”埃斯特和威特都是从人身保险中的储蓄成分来否定人身保险的保险性质。

只要具体研究一下人寿保险的承保责任就会发现，人寿保险是“储蓄性保险”及“保障性险种”的结合，否认人身保险是保险未免失于偏颇。

（2）择一说。

择一说承认人身保险是真正的保险。财产保险合同是以损失赔偿为目的的合同，人身保险合同是以给付保险金为目的的合同，财产保险与人身保险不应作统一解释。

德国法学家爱伦伯格（V. Ehrenberg）给保险合同下了个综合性定义："保险合同不是损失赔偿的合同，就是以给付一定金额为目的的合同"，二者只能择一。此观点为包括中国在内的许多国家的保险法所采纳。

【专栏2-3】 巨灾保险

巨灾是指可能造成巨大财产损失和严重人员伤亡的风险。巨灾的特点是发生的频率很低，但一旦发生，其影响范围广、损失程度巨大，由此累计造成的损失往往超过了承受主体的实际承受能力。巨灾主要包括：地震、海啸、特大洪水、特大风暴潮等。

据民政部通报，2016年，我国自然灾害以洪涝、风雹和地质灾害为主，台风、地震、低温冷冻、旱灾、雪灾和森林火灾等也有不同程度的发生。截至7月26日，各类灾害共造成全国1.37亿人次受灾，1074人死亡，270人失踪，624万人次紧急转移安置；40万间房屋倒塌，225万间房屋不同程度损坏，直接经济损失2983亿元。与近年同期相比，灾情明显偏重。河北、湖北、江苏、福建、安徽、江西、贵州等省灾情最为突出。

巨灾不可避免，巨灾造成的损失也同样不可避免。单纯的商业保险难以应对巨灾的损失，针对巨灾的专门补偿机制也就显得尤为重要，巨灾保险再度成为关注焦点。作为世界上遭受自然灾害比较严重的国家之一，中国发展巨灾保险的任务非常紧迫。但我国巨灾保险制度建设与国际发达保险市场相比仍有较大差距。根据民政部数据，近8年来，我国因自然灾害造成的直接经济损失接近4万亿元，但后期的保险赔款所占比例却一直很低。以2008年的汶川地震为例，其直接经济损失为8451亿元，保险赔款为20多亿元，占比仅为0.2%左右。巨灾保险长期缺位，缺乏市场化的应对机制，政府不得不承担较大的灾害补偿责任。

巨灾保险在我国之所以举步维艰，一是因为关于巨灾风险发生频率及相关损失的大数据不完备；二是巨灾造成的损失太大，风险事故一旦发生，可能导致承保的特定商业保险公司经营困难甚至破产。

从全球范围来看，推动巨灾保险立法是一项基本工作。美国、英国、澳大利亚等国都在保险法规中明确了巨灾保险的发展模式，将各方权利义务以法律契约的形式固定下来。美国的巨灾保险体系实质上是一种带有部分强制性的非营利巨灾保险计划，采取多层次的风险分担与资产证券化等手段，甚至还有收入免税等优惠政策。在英国和日本，巨灾保险主要由商业保险公司提供，并通过再保险等融资渠道将风险分散出去。这些思路值得中国在进行巨灾保险制度设计时借鉴。

十八届三中全会《中共中央关于全面深化改革若干重大问题的决定》明确提出“完善保险经济补偿机制，建立巨灾保险制度”，《国务院关于加快发展现代保险服务业的若干意见》（国发〔2014〕29 号）提出“建立巨灾保险制度”；2016 年 5 月，保监会、财政部发布《建立城乡居民住宅地震巨灾保险制度实施方案》，结合我国国情，以地震巨灾保险为突破口，探索建立专项巨灾保险制度。

2016 年 7 月 1 日，中国城乡居民住宅地震巨灾保险开始销售，标志着我国首款巨灾险正式推出，弥补了中国财产保险市场地震保险的空缺。在这之前，地震、洪水等巨灾责任一般被保险公司排除在保险责任范围之外。住宅地震巨灾保险产品设计在保障对象、保险责任、保险金额、条款费率及保险理赔等 5 大方面均作了明确规定，如保险金额，城乡区别实施，城镇、农村居民住宅基本保额每户分别为 5 万元、2 万元，运行初期最高不超过 100 万元；保险理赔则根据破坏等级分 3 档理赔。为了提高承保能力，由 45 家财产保险公司组成的中国城乡居民住宅地震巨灾保险共同体将共同参与损失分担，并基于“风险共担、分层负担”的原则，设定总体限额和分层机制。

我国政府已在加紧落实巨灾保险立法工作，争取在 2017 年底前完成巨灾保险的立法工作，在 2017～2020 年进入全面实施阶段，并将巨灾保险制度纳入到国家综合防灾减灾体系中。

二、保险的定义与特征

1. 保险的定义

（1）保险的法律定义。

《中华人民共和国保险法》第二条规定：“本法所称保险，是指投保人根据合同约定，向保险人支付保险费，保险人对于合同约定的可能发生的事故因其发生所造成的财产损失承担赔偿保险金责任，或者当被保险人死亡、伤残、疾病或者达到合同约定的年龄、期限等条件时承担给付保险金责任的商业保险行为。”

（2）保险的经济定义。

从经济角度看，保险是分摊意外事故损失和提供经济保障的一种非常有效的财务安排。通过交纳保险费购买保险，将不确定的大额损失转变为确定性的小额支出（保费），或者将未来大额的或持续的支出（如养老、医疗费用）转变成目前固定的或一次性的支出（保费），从而有利于降低财务收支上的不确定性，提高投保人的资金效益。因此，我们可以给出保险的经济定义：保险是一种经济补偿制度。通过对可能发生的不确定性事件的数理预测和收取保费的方法建立保险基金；以合同的形式将风险从被保险人转移到保险人，由大多数人来承担少数人的损失。

因为人寿保险还具有储蓄和投资的作用，保险作为一种财务安排的特性表现得尤为明显，具有理财的特征。保险公司属于金融机构，保险业是金融业的重要组成部分。

2. 保险的特征

（1）互助性。保险具有“一人为众，众为一人”的互助特性。保险人用多数投保人交纳的保险费建立保险基金，对少数遭受损失的被保险人提供补偿或给付，分担了单位和个人所不能承担的风险，从而形成了一种经济互助关系。

（2）契约性。从法律角度看，保险是一种合同行为，也是一种法律关系。投保人购买保险、保险人出售保险，实际上双方在法律地位平等的基础上，经过要约与承诺的过程，达成一致意见并签订合同，确立保险人与投保人之间的民事权利义务关系，即一方支付保费，一方承担风险损失赔偿或给付责任。

（3）经济性。保险是通过保险补偿或给付而实现的一种经济保障活动。其保障对象财产和人身都直接或间接属于社会再生产中的生产资料和劳动力两大经济要素；其实现保障的手段，大多最终都必须采取支付货币的形式进行补偿或给付；其保障的根本目的，无论从宏观的角度还是微观的角度，都是与社会经济发展相关的。

（4）商品性。保险体现了一种对价交换的经济关系，也就是商品经济关系。这种商品经济关系直接表现为个别保险人与个别投保人之间的交换关系；间接表现为在一定时期内全部保险人与全部投保人之间的交换关系，即保险人销售保险产品，投保人购买保险产品的关系；具体表现为保险人通过提供保险的补偿或给付，保障社会生产的正常进行和人们生活的安定。

（5）科学性。保险是处理风险的科学有效措施。现代保险经营以概率论和大数法则等科学的数理理论为基础，保险费率的厘定、保险准备金的提存等都是以科学的数理计算为依据的。

【专栏2-4】 农作物天气指数保险发展面临两大瓶颈

2016年，我国多地遭遇暴雨洪灾侵袭，中国保监会发布提示，要积极运用保险工具提高风险保障水平，便于灾后及时恢复生产生活，建议重点关注农业保险等险种。在农业险当中，天气指数保险是一个重要分支，也是保险业新“国十条”提倡大力发展的险种。

农作物天气指数保险是一种以气象数据为依据计算赔偿金额的一种新型农业保险产品，基本方法是把一个或几个气候条件（如气温、降水、风速等）对农作物的损害程度指数化，使每个指数都有对应的农作物产量损益。保险合同以特定指数为基础，当指数达到一定水平并造成一定影响时，即向投保人给予相应标准的赔付。

不少财产险公司已经在这方面进行了探索。例如，中国人寿财险公司已着手开发福建海产养殖风灾指数保险产品、广东香蕉风灾气象指数保险产品；太保产险开发了农作物风力指数保险、茶叶低温指数保险、大闸蟹气温指数保险等产品。以太平洋产险宁波分公司签发的杨梅采摘期降水指数保单为例，当杨梅在采摘期内遭遇连续降雨天气，观测站实测日降水量达到 10 毫米（含）连续 2 天及以上时，即可触发理赔，最高保险理赔可达 2000 元/亩。

不过，农作物天气指数保险的发展面临两大瓶颈问题。

其一，存在基差风险。造成保险标的损失的因素可能是天气因素以外的其他因素，有的地区达到指数要求却并未受灾，有的地区指数虽未达标但遭受灾害，却无法获得保险理赔。此外，不同农户适用相同的赔付标准，可能产生损失和赔付不一致的现象。

其二，数据缺失且难成体系。天气指数保险产品的设计对气象数据和天气监测的要求比较严格，需要 30 年左右较长周期的历史数据及在该期限内峰值灾害与气象关联的损失。数据不仅搜集难度大，处理难度也大，天气指数和实际损失的相关关系综合性模型构建困难，计算不准确可能导致较大偏误。为降低复杂度，不少天气指数保险只针对降雨量、温度、风力等某一项特定指标，难以反映多种灾害的复杂情况。因此，相关研究迫切需要得到加强。

资料来源：冷翠华：“天气指数保险发展面临两大瓶颈　数据采集存在缺失”，《证券日报》，2016 年 7 月 14 日。

三、保险的职能

1. 基本职能

（1）补偿职能。保险人在保险合同约定的特定灾害事故发生后，在保险合同约定的责任范围以及保险金额限度内，按被保险人的实际损失金额给予补偿。通过补偿使得已经存在的社会财富因灾害事故所致的实际损失在价值上得到补偿，在使用价值上得以恢复，从而使社会再生产过程能得以继续进行。

保险的这种补偿既包括对被保险人因自然灾害或意外事故造成的经济损失的补偿，也包括对被保险人依法应对第三者承担的经济赔偿责任的经济补偿，还包括对商业信用中违约行为造成的经济损失的补偿。

（2）给付职能。人身保险与财产保险是性质完全不同的两种保险。由于人的生命价值不能用货币来计价，所以，人身保险的保险金额是由投保人根据被保险人对人身保险的需要程度和投保人的交费能力，在法律允许的范围与条件下，与保险人协商约定后确定的。在保险合同约定的保险事故发生或者约定的年龄到达或者约定的期限届满时，保险人按照合同约定对被保险人或受益人进行保险金给付。

【专栏2-5】 江苏盐城“6·23”龙卷风特别重大灾害保险业快速理赔

2016年6月23日下午14点30左右，江苏省盐城市阜宁、射阳部分地区出现强雷电、短时降雨、冰雹、雷雨大风等强对流天气，后经气象专家组确认，此次龙卷风为EF4级，风力超17级。截至25日，灾害已造成99人死亡，846人受伤；财产损失也非常惨重，大量房屋倒塌、道路受阻、设施农业受损。

截至6月30日上午9时，江苏盐城“6·23”龙卷风保险报案数量1570件，估损金额5799.13万元，已支付赔款2119.94万元。

人保财险江苏分公司承保的电力设施损害严重，向国家电网预付赔款800万元。

人保财险盐城市分公司在阜宁、射阳两地多个乡镇设理赔点进行集中兑付，拿到赔款的老百姓激动地对记者说：“只交30块钱农房保险，在家门口就能拿到几千上万的赔款。”射阳县陈洋镇有148户居民在1994年投保了人保财险“长效还本家庭财产保险”，保险费为62.5元。虽然很多居民已经忘记了这份保险，但人保财险射阳支公司主动排查，最终核实了148张老保单，并向受损的家庭集中兑付了近30万元的赔款。

天安财险江苏分公司抽调各县区查勘人员在灾区村里设立流动理赔点，便利村民理赔。受灾客户周玉华家的房屋被龙卷风吹走了房梁，流动理赔点在微信群中将现场情况报工作组审批，及时进行了全额赔偿。

截至6月30日，平安人寿、人保寿险、华夏人寿、阳光财险、紫金财险、泰山财险、渤海财险、君康人寿等公司已经完成了盐城“6·23”龙卷风特别重大灾害的理赔工作。

资料来源：王峰：“为了一张保单的承诺”，《金融时报》，2016年7月6日。

2. 派生职能

（1）防灾防损。保险的防灾防损是指保险人与被保险人对所承保的保险标的采取措施，减少或消除风险发生的因素，防止或减少灾害事故所造成的损失，从而降低保险成本，增加经济效益的一种经营活动。

防灾防损可以通过国家颁布有关的法律来加以实施。

《保险法》第五十一条规定："被保险人应当遵守国家有关消防、安全、生产操作、劳动保护等方面的规定，维护保险标的的安全。保险人可以按照合同约定对保险标的的安全状况进行检查，及时向投保人、被保险人提出消除不安全因素和隐患的书面建议。投保人、被保险人未按照约定履行其对保险标的的安全应尽责任的，保险人有权要求增加保险费或者解除合同。保险人为维护保险标的的安全，经被保险人同意，可以采取安全预防措施。"

保险人在承保时，通常根据投保人采取的防灾措施情况而决定保险费率的高低，对防灾措施到位的投保人给予保费优惠，对防灾措施不完善、经常出险的投保人则适用较高的费率，通过鼓励和惩戒并举的费率设定影响投保人的行为，达到用经济手段实施保险防灾防损的目的。

一些保险企业还专门设立防灾技术研究部门，对防灾进行有关的技术研究：积累灾情资料，提供防灾技术服务；加强同各防灾部门的联系与合作；进行防灾宣传和检查；及时处理不安全因素和事故隐患；提取防灾费用，建立防灾基金。

【案例分析 2-1】　太平洋保险提前部署积极迎战"尼伯特"台风

2016 年 7 月上旬，第 1 号台风"尼伯特"步步逼近，针对强台风可能造成的影响，太平洋保险提前做好应对准备，进一步加强应急值守，安排专人密切关注台风移动路径，及时向沿线分公司及重点防汛企业、客户发布预警预报信息，认真落实台风理赔工作各项保障措施，全面做好灾害应急理赔准备工作。

目前，"尼伯特"台风路径上各相关机构已严阵以待。在福建、浙江、上海、江苏、安徽、江西等地，太平洋产险全体理赔人员将取消周末休假，做好迎战准备；以各种形式通知客户将车尽可能停到地势高处，不要强行涉水行车；关注当地重点防汛企业及地势低洼地带标的，对被保险人提示到位；落实专人与"95500"电话中心对接，第一时间掌握灾情信息；提前联系施救车辆，落实车辆停放场地，联系合作修理厂做好准备。

后续，针对"尼伯特"可能造成的影响，太平洋产险各相关机构将适时启动应急预案，做好大灾理赔服务，对水淹车辆实施快速定损理赔，相关理赔专家也已做好准备，随时奔赴灾害现场支援。

分析

从风险管理的角度看，太平洋产险在"尼伯特"台风登陆之前采取了哪些风险管理方法？保险的职能在台风登陆前后是如何得到体现的？

资料来源：纪旭："太平洋保险提前部署积极迎战'尼伯特'台风"，中国保险网，2016 年 7 月 11 日。

（2）融通资金。融通资金功能是指保险公司将保险资金中的闲置部分重新投入到社会再生产过程，发挥金融中介的作用。保险人为了使保险经营稳定，必须积累足以满足约定的保险事项发生后赔偿或给付需要的保险基金，并保证保险基金的保值与增值。这就要求保险人对保险基金合理地加以管理和运用。

一方面，由于保险保费收入与保险金赔付支出之间存在时间差，为保险人进行保险资金的融通提供了可能；另一方面，保险事故的发生并非同时的，保险人收取的保险费不可能一次性全部赔偿出去，也就是保险人收取的保险费与保险金的赔付支出之间存在着数量差。这两点都为保险人进行保险资金的融通提供了可能。

对于保险资金的运用对象，各国法律有不同的规定，但一般都要求确保合法性、安全性、流动性和效益性的基本原则。

保险资金的运用不仅有其必要性，而且也具有可能性。但是，保险资金的融通应以保证保险的赔偿或给付为前提。关于保险投资的具体内容，将在第 8 章中做较为详尽的介绍。

四、保险与其他经济活动的比较

1. 保险与赌博的比较

赌博，即用财物作注、以一定方式争输赢的游戏。作为一项古老的消遣娱乐活动，赌博的历史可以追溯到原始社会。17 世纪以后，伴随着商业社会的兴起，赌博得到了前所未有的普及。财富和社会资本转化随着经济形态的剧变而愈发不稳定，投机成为很多人的一种发泄，在机会游戏中的投机和风险成为经济生活中投机和风险的反映。赌博甚至还激发了概率统计等数学理论的重要发展。

之所以要将保险与赌博进行比较，首要的原因在于保险与赌博存在很多相似之处，二者都是以随机事件为基础，都可能以较小的支出获得较大的回报。在人身保险兴起初期，投保人可以以与自己毫无关系的人作为被保险人投保人身保险，本身就带有很强的赌博性，导致了严重的道德风险。1774 年，英国通过《人身保险法》规定了保险利益原则，才推动人身保险业的发展走上正轨。

事实上，保险与赌博存在本质的区别。

首先，从参与者对风险的态度看，投保人属于风险厌恶者，购买保险是为了转移自己所面临的未知的风险，他愿意为未来的不确定性风险支付确定的成本（保费）。对于个人而言，保险的核心价值在于抵御风险，不存在通过保险获利的可能。赌博则恰恰相反，赌博参与者是风险偏好者，他主动选择了风险，将确定的成本（赌本）变成了不确定的收益，是期望以小支出博大收益。

其次，从社会学角度看，保险体现了人们的互助精神，把原来不稳定的风险转化为稳定的因素，从而保障社会健康发展；而赌博则是一种投机行为，它把原本稳定的收入转化为不稳定的风险，会给社会、家庭带来不稳定因素。

虽然保险利益原则已经成为公认的保险基本原则，但时至今日，带有赌博性质的保险产品还是会以各种“灰色”的面目出现。2014 年 6 月 26 日发布的《中国保监会关于规范财产保险公司保险产品开发销售有关问题的紧急通知》（保监产险〔2014〕88 号）就要求开发的保险产品应当尊重社会公德，严禁开发带有赌博或博彩性质的保险产品。

【案例分析 2-2】　“中秋赏月险”是赌博吗

2013 年，安联财险与阿里小微金融服务集团旗下淘宝保险共同合作推出“中秋赏月险”。其主险责任是：中秋节当日，被保险人因遭受意外伤害事故导致身故、残疾或烧烫伤，保额最高为 10 万元；附加保险责任为中秋节当日 20：00～24：00，如果被保险人指定的赏月城市由于阴或雨导致被保险人不便赏月，则保险人向被保险人支付赏月不便津贴。

“赏月险”的保费分为两档，其中一档保险费为 20 元，若被保险人在上海、广州或深圳三个城市由于天气原因看不到月亮，可获保险理赔 50 元；第二档保险费为 99 元，赏月城市增加到北京、西安、乌鲁木齐等 41 个城市，可能获得的保险理赔是 188 元。理赔标准将依据 2013 年 9 月 19 日中秋节当天 20：00～24：00 中国天气网的天气播报进行评判，如果天气播报为阴天或雨天，则界定为未能看到月亮，可获得理赔。

分析

（1）请思考并分析，该“中秋赏月险”中的附加保险保险责任是否带有赌博性质？

（2）你和你的小伙伴们是否会愿意选择购买这样的保险？为什么？

2. 保险与储蓄

保险与储蓄都是以现在的剩余资金为将来的经济需要进行资金积累的一种形式，都体现一种未雨绸缪、有备无患的思想。人身保险的生存保险及两全保险的生存部分，本身就具有很强的储蓄型。

不过，保险与储蓄属于不同的经济范畴，存在着一些明显的差异。

第一，参与者的行为性质不同。保险是用全部投保人交纳的保险费建立的保险基金对被保险人或受益人提供补偿或给付，属于互助行为；而储蓄是储蓄者留出一部分财产做将来的财务准备，完全是一种自助行为。

第二，技术要求不同。保险集合多数面临同质风险的单位和个人，分摊少数单位和个人的损失，需要运用大数法则等计算技术；而储蓄则是使用本金加利息的计算公式，无须特殊的分摊计算技术。

第三，受益情况不同。在保险合同的有效期间，发生保险责任范围之内的事故，被保险人或受益人可以在预定的保险金额内得到保险赔付，其数额可能是此前交纳的保险费的多倍；而储蓄者在达到了一定的期限后，可以得到的是储存的本金及利息。

第四，目的不同。保险的主要目的是以固定的保费支出消除未来风险损失或支出的不确定性；而储蓄的主要目的是为了获得与一定预期利率相对应的利息收入。

【案例分析 2-3】　“存单变保单”是怎么回事

小赵的爷爷七十多岁了，身体健康，每天出门锻炼、买菜，生活完全自理。小赵和小孙结婚的消息令赵爷爷非常高兴，他一定要给小两口一个大红包，表达作为老一辈人的心意。两年前，赵爷爷曾经去某银行存了一笔定期，他决定把这笔钱取出来给小赵。赵爷爷找出存单，小赵一看，惊诧地发现这并非银行定期存单，而是某保险公司签发的分红保险的保险单，期限长达十年。小赵忙问爷爷是怎么回事？爷爷依稀记得，那天他去银行要把到期的定期存款再转存新的定期，银行里有人告诉爷爷定期存款的利息收益水平太低了，他们推荐了一款产品，和银行存款一样安全，但比银行定期存款收益更高。爷爷搞不清各种金融产品的差异，出于对银行工作人员的信任，听从了那人的建议，拿到单子签了字也没有细看就回家收到柜子里去了。

去银行存钱，存单却莫名变保单，这是很多人曾经的遭遇。约 10 年前，银行出于对中间业务收入的需要，开始允许保险公司工作人员在银行蹲点销售保险产品。一些工作人员为了更多地销售保险产品，获得提成，片面夸大产品收益，少谈投保风险、退保期限及损失。很多银行客户，尤其是文化程度不高的老年客户被误导，购买了分红型保险产品。一段时间后才发现，非但没有收到当初承诺的高额收益，甚至连本金都打了折，去取钱又被告知属于提前退保，扣除各种费用后损失很大。银行存单变保单乱象一度成为银保渠道投诉的“重灾区”。

2010 年 11 月，中国银监会以“特急文件”方式叫停保险公司工作人员在银行网点“驻点销售”。2014 年 4 月 1 日，保监会和银监会联合发布的《关于进一步规范商业银行代理保险业务销售行为的通知》正式实施，在杜绝银保渠道销售误导等方面强化了监管力度。为避免老年人上当受骗，新规规定银行向 65 周岁以上老人销售保险时，不能现场出单，必须由保险公司人工审核之后方可出单；为保障投保人知情权，新规要求保险公司在划扣首期保费24小时内，要以保险公司的名义，向投保人的手机发送提示短信，内容至少包括保险公司名称、保险产品名称、犹豫期起止时间等；新规还将银保渠道保险产品的“犹豫期”从10天延长到了15天。

分析

赵爷爷两年前在某银行被误导购买了银行代销的分红型保险产品，他该如何维护自己的正当权益？请搜集更多资料，给赵爷爷提供建议。

3. 保险与救济

保险与救济都是对灾害事故进行补偿的行为，都能减轻灾害事故给人们造成的损失，但二者之间存在显著差别。我们先看一条新闻报道。

【专栏2-6】 肥城天公不作美 人保财险保险救济桃农

山东省肥城市栽培肥桃（又称佛桃）迄今已有1100多年历史，肥桃因个大、味美自明朝起即为皇室贡品。如今，在各级政府的大力推动下，肥城的肥桃栽培面积发展到10万亩，被列入世界吉尼斯纪录，荣获“世界最大桃园”的美称。

从2015年开始，人保财险肥城市支公司在全市范围内尝试开办了政府补贴、广覆盖、低保费的肥桃政策性保险。每亩保费75元，个人和政府各承担50%，保额约为1500元/亩。在保险期内，由于低温冻害、雹灾、风灾及涝灾造成肥桃的损失，保险公司按合同约定承担赔偿责任。

2016年6月13日、14日连续两天的暴雨加冰雹，导致已经坐果的两万多亩桃园不同程度受灾，其中1774亩桃园几近绝产。灾害发生后，人保财险肥城市支公司迅速启动大灾应急预案，出动大批工作人员逐村逐户实地查勘定损，并着手制作理赔预案报上级公司审批，准备在8月底前赔付完毕。

“需要赔付的抓紧兑现，这样，会让受灾农民心里安稳一点，真正感受到保险的救济作用。”人保财险肥城市支公司经理王开阳告诉记者，“肥城市支公司是泰安人保财险系统农险占比较高的支公司，除了当地政府的支持，老百姓逐步认识到保险的好处和作用也是非常重要的，所以，我们必须抢时间、保效率地把灾后理赔工作做好，让政府放心，让老百姓满意。”

资料来源：姚慧：“肥城天公不作美 人保财险保险救济桃农”，《中国保险报》，2016年8月1日。

我们不妨对保险与救济的差异作进一步的区分。

首先，提供保障的主体不同。保险保障由商业保险公司提供，是一种盈利性的商业行为；救济包括由个人或单位提供的民间救济和政府救济，均不以盈利为目的。

其次，双方当事人的权利与义务不同。保险双方当事人的权利和义务是对等的，双方都要受保险合同的约束，任何一方违约都会受到惩罚；而救济是一种单方面的、无偿的授予行为。对于救济人而言，是否救济、救济多少均由自己决定，救济者为被救济者提供的是无偿援助，被救济者无须为获得救济而承担任何义务。

再次，提供保障的资金来源不同。保险保障以保险基金为基础，主要来源于投保人交纳的保险费，其形成有科学的数理依据；而救济的资金的多少取决于救济方的财力。

最后，提供的保障水平不同。保险保障的水平取决于投保的保险金额或保险标的在保险责任范围内的实际损失，与投保人的交费水平有直接关系；而救济是单方面的行为，救济水平并不取决于被救济方的实际损失，而是取决于救济方的心愿和能力。

让我们再读读这则来自中保网关于肥桃保险的报道，同学们是否已经发现其中的问题？报道混淆了保险与救济，标题中的“人保财险保险救济桃农”、文中人保财险肥城市支公司经理王开阳提到让受灾农民“真正感受到保险的救济作用”，对“救济”一词的使用都是不准确的。

4. 保险与自保

自保指公众团体或工业大企业不向商业保险市场办理保险，而是另拨一笔基金，应付可能的损失，或自行承担损失的一部分，将其余部分向商业保险市场办理保险。

保险与自保都是事故前聚集资金用于事故后的补偿或给付。“自保”不同于“不保”。自保能清楚地认识所面临的风险，并提取一笔应对可能损失的准备金，不保则是面对风险完全无所作为，既没有自觉作出风险管理决策，也没有建立基金。比较常见的自保除了大型企业的自保外，还有特定行业内部组织的自保。

自保的优点在于：通过自保可以节省原本需要支付给保险人的行政费用和利润，降低被保险人的保险成本；自保公司承保业务的伸缩性较大，对于传统保险市场所不愿承保的风险，也可予以承保，以解决母公司风险管理上的困难；很多自保公司设立的重要动机，在于获得减轻税负的利益；建立自保公司后，母公司会更加主动的监督其风险管理方案，可以降低商业企业保险引起的道德风险。

自保也存在不少的缺点，主要包括：业务能量有限，其大部分业务仍以母公司为主要来源，使大数法则难以发挥功能；风险品质较差，易于导致风险的过分集中，且责任保险的风险品质较差，增加了业务经营的困难；自保公司通常因规模较小，组织较为简陋，不易招罗保险专业人才，无法采用各种损失预防或财产维护的措施，难以创造良好的业绩；自保公司设立资本较小，财务基础较脆弱，加上外来业务少，不易分散经营的风险。

【专栏2-7】　　适应经济新常态　大型企业须做好自保这道必选题

由于传统保险市场无法满足企业对特定风险的覆盖需求，自保应运而生。截至2014年末，全球共有90多个国家和地区允许设立自保公司，自保公司数量达6876家，全球自保保费收入超过890亿美元，80%的自保公司为由一家企业独立拥有。

据统计，自保运用最多的五个行业分别为医疗业、金融业、职业服务业、运输业和建筑业。自保公司主要承保的产品包括一般责任险、劳工补偿险、财产/意外险、职业责任/伤害保险、医疗过失险、海运/航空险、寿险、营业中断险、车险和其他产品。国际自保以财产险和责任险业务为主，财产险中以各类特殊风险为主。

随着世界经济步入“大调整”、我国经济进入新常态时期，大型企业在经营管理中所面临的风险也逐渐增大。作为国际普遍认可的实现战略、财务和经营收益的重要工具，成立自保公司来提升风险保障能力，进而主动适应经济新常态日益成为摆在我国大型企业面前的一道必选题。

中国保监会副主席王祖继曾表示，发展自保公司有利于丰富保险市场的组织形式，也有利于拓宽保险服务领域、增强专业服务能力、推进产品服务创新。

《关于自保公司监管有关问题的通知》（保监发〔2013〕95号）是中国第一个专门针对自保公司监管的规范性文件。对自保公司而言，母公司既是投资人，又是其保险业务的服务对象。《通知》规定，自保公司的投资人应为主营业务突出、盈利状况良好的大型工商企业，且资产总额不低于人民币1000亿元；投资人所处行业应具有风险集中度高、地域分布广、风险转移难等特征，且具有稳定的保险保障需求和较强的风险管控能力。自保公司的业务范围为母公司及其控股子公司的财产保险和员工的短期健康保险、短期意外伤害保险业务。

目前，我国境内有中石油专属财险和中国铁路自保公司两家自保公司，境外还有在香港成立的中海油自保公司、中石化自保公司和中广核自保公司，以及在新加坡成立的联想自保公司。以中石油专属财险公司为例，该公司2015年实现保费收入5.56亿元，同比大幅增长257%，占集团总保费的比例由2014年的7.81%增至29%，并首次担任5个统保险种的首席承保人，承接了14个国家、22个项目的海外业务，与54家再保险公司开展了业务合作，基本具备了承接能源险全险种的服务能力。

资料来源：刘小微：“适应经济新常态　大型企业须做好自保这道必选题”，《金融时报》，2016年2月22日。

第3节 保险的一般分类

一、按照实施方式分类

按实施方式分类，保险可分为强制保险和自愿保险。

1. 强制保险（mandatory insurance）

强制保险是指根据国家颁布的有关法律和法规，凡是在规定范围内的单位或个人，不管愿意与否都必须参加的保险。强制保险的保险关系虽然也是产生于投保人与保险人之间的合同行为，但合同的订立受制于国家或政府的法律规定。

由于强制保险在某种意义上表现为国家对个人意愿的干预，所以强制保险的范围是受严格限制的。我国《保险法》规定，除法律、行政法规规定必须保险的以外，保险公司和其他任何单位不得强制他人订立保险合同。

强制保险根据立法部门的不同可以分为全国范围内实施的强制保险、在地方范围内实施的强制保险和在特定行业内实施的强制保险。通过法律制度安排，规定特定的主体必须依法参加强制保险，目的在于使得一些高风险行业和领域有充足的保险保障，更好地发挥保险的经济补偿和社会管理功能，维护社会稳定。

强制保险的实施方式有两种选择：一是保险标的与保险人均由法律限定，投保人只能依法依规参保，没有选择的自由，如社会保险；二是保险标的由法律限定，但投保人可以自由选择保险人，如机动车交通事故责任强制保险。

【案例分析2-4】 机动车第三者责任险与承运人责任险

2013年6月7日18时20分许，厦门市思林区金山街道一辆BRT公交车在行驶过程中突然起火，造成47人遇难，另有34人因伤住院。厦门市政府新闻办确认，犯罪嫌疑人陈水总利用汽油实施了放火案。经过DNA技术鉴定比对，证实陈水总本人被当场烧死。

2016年6月26日上午10：20左右，一辆车牌号为湘D94396的大巴车在宜凤高速长村东溪大桥附近碰撞隔离带和护栏后起火。车上57名司乘人员中，35人遇难，13人受伤。乘客多来自衡阳耒阳，由一个户外组织发起，经旅行社组团前往郴州宜章风景秀丽的莽山参加一日游。事故车辆核定55座，保险、审验、等级评定均在有效期内，具备旅游客运资质。该车购买了每座 100 万元的平安险。

旅客、货主乘坐或使用道路运输车辆面临发生各种意外事故的风险。一旦事故发生，造成车上或车外人身及财产损失，就会涉及受害人的损害赔偿问题。世界各国一般都将第三者责任保险和机动车承运人责任险规定为强制保险的险种。我国也不例外。

根据 2004 年开始实施的《机动车交通事故责任强制保险条例》规定：交强险是由保险公司对被保险机动车发生道路交通事故造成受害人（不包括本车人员和被保险人）的人身伤亡、财产损失，在责任限额内予以赔偿的强制性责任保险。

2004 年开始施行的《中华人民共和国道路运输条例》第三十六条规定，客运经营者、危险货物运输经营者应当分别为旅客或危险货物投保承运人责任险。条例颁布后，各地运管机构开始推行客运企业投保道路客运承运人责任险。当客运经营者或危险货物运输经营者在运输过程中发生交通事故或者其他事故，致使旅客遭受人身伤亡和直接财产损失或者危险货物遭受损失，依法应当由被保险人对旅客或者危险货物货主承担的赔偿责任，将由保险公司在保险责任限额内给予赔偿。这是国家为了保护道路运输受害人能够得到及时救助或赔偿而采取的一项强制保险制度。

分析

（1）车上人员（乘客、驾驶员、驾驶员助手、跟车售票员、服务员、跟车导游等）的人身伤亡和财产损失属于交强险的除外责任。在上述两起事故中，车上严重的人员伤亡能否得到交强险的赔付？

（2）承运人责任险较之交强险，发挥的是什么作用？

2. 自愿保险（voluntary insurance）

自愿保险是投保人与保险人在平等互利、等价有偿的原则基础上，通过协商一致，双方完全自愿通过订立保险合同而建立的保险关系。普通商业保险一般都属于自愿保险。

自愿保险的保险关系，是当事人之间在地位平等、选择自由基础上所建立的合同关系。投保人可以自由决定是否投保、向谁投保、中途退保等，也可以自由选择保险金额、保障范围、保障程度和保险期限等。保险人也可以根据情况自愿决定是否承保、怎样承保等。

二、按照保险标的分类

按照保险标的分类，可将保险分为财产保险与人身保险。具体内容将分别在第四章和第五章加以解释。

1. 财产保险（property insurance）

财产保险是以财产及其有关利益为保险标的的保险，包括财产损失保险、责任保险、信用保险等保险业务。

（1）财产损失保险。财产损失保险是以各类有形财产为保险标的的保险。其主要包括的业务种类有：企业财产保险、家庭财产保险、运输工具保险、货物运输保险、工程保险、特殊风险保险和农业保险等。

（2）责任保险。责任保险是指以被保险人对第三者的财产损失或人身伤害依照法律应负的赔偿责任为保险标的的保险。其主要业务种类有：公众责任保险、产品责任保险、雇主责任保险和职业责任保险等。

（3）信用保险。信用保险是以各种信用行为为保险标的的保险。其主要业务种类有：一般商业信用保险、出口信用保险、合同保证保险、产品保证保险和忠诚保证保险等。

2. 人身保险（personal insurance）

人身保险是以人的寿命和身体为保险标的的保险，包括人寿保险、意外伤害保险、健康保险等保险业务。

（1）人寿保险。人寿保险是以被保险人的寿命作为保险标的，以被保险人的生存或死亡为给付保险金条件的一种保险。其主要业务种类有：定期寿险、终身寿险、两全寿险、年金保险、投资连结保险、分红寿险和万能寿险等。

（2）意外伤害保险。意外伤害保险是指以被保险人的身体为保险标的，以意外伤害而致被保险人身故或残疾为给付保险金条件的一种人身保险。

（3）健康保险。健康保险是以被保险人的身体为保险标的，使被保险人在疾病或意外事故所致伤害时发生的费用或损失获得补偿的一种人身保险业务。主要包括：医疗保险、疾病保险和收入补偿保险等。

三、按照承保方式分类

按承保方式分类，可将保险分为原保险、再保险、共同保险和相互保险（见图 2－1）。

1. 原保险（primary insurance）

原保险是保险人与投保人之间直接签订保险合同而建立保险关系的一种保险。

在原保险关系中，保险需求者将其风险转嫁给保险人，当保险标的遭受保险责任范围内的损失时，保险人直接对被保险人承担赔偿或给付责任。

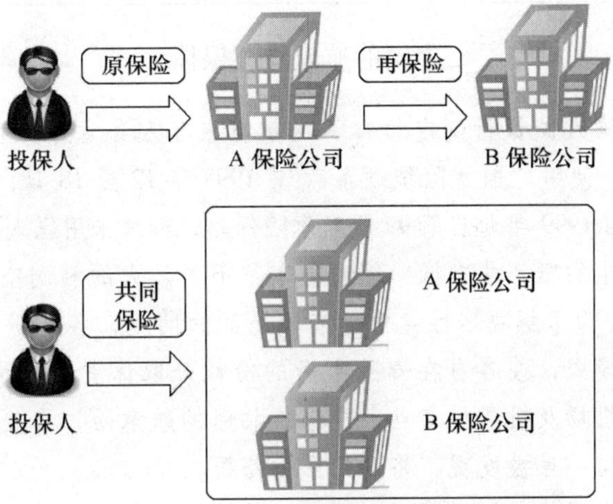

图 2－1　原保险、再保险和共同保险示意图

2. 再保险（reinsurance）

再保险，也称“分保”，是保险人将其所承保的风险和责任的一部分或全部转移给其他保险人的一种保险。分出业务的是再保险分出人，接受分保业务的是再保险接受人。

再保险的基础是原保险，再保险的产生，正是基于原保险人经营中分散风险的需要。因此，原保险和再保险是相辅相成的，它们都是对风险的承担与分散。再保险是保险的进一步延续，也是保险业务的组成部分。

3. 共同保险（co-insurance）

共同保险是由两个或两个以上保险人共同承保同一标的的同一危险、同一保险事故。共同保险的各保险人承保金额的总和不超过保险标的的保险价值。

在保险实务中，可能是多个保险人分别与投保人签订保险合同，也可能是多个保险人以某一保险人的名义签发一份保险合同。共保人的保险责任期限、承保的标的和责任范围都是相同的。

前文中曾提到，中国城乡居民住宅地震巨灾保险从 2016 年 7 月 1 日开始销售。为了提高承保能力，该险种是由 45 家财产保险公司组成的中国城乡居民住宅地震巨灾保险共保体来提供的。

共同保险与再保险均具有分散风险、扩大承保能力、稳定经营成果的功效。但是，二者又有明显的区别。共同保险仍然属于直接保险，是直接保险的特殊形式，是风险的第一次分散，因此，各共同保险人仍然可以实施再保险。再保险是在原保险基础上进一步分散风险，是风险的第二次分散，可通过转分保使风险分散更加细化。

【专栏2-8】 中国的航意险共保体

1998年7月，中国人民银行制定颁布了《航空旅客人身意外伤害保险条款》，全国自1998年8月1日起统一使用"航意险统颁条款"。1998年12月18日，中国保监会成立后发布第一号公告，规定自1999年起启用99版航意险保单，继续采用原人民银行的统颁条款。

由于航空意外发生的概率非常低，统颁费率留下了较大的利润空间，各保险公司为抢占市场各显"神通"。为了解决恶性竞争、市场混乱的问题，各地纷纷开始对航意险采用多家保险公司共保的模式，按各自在寿险市场的份额分取保费，并承担相应比例的责任。有些地方甚至规定，机场及机票代售点只能销售共保的航意险，那些试图私自出售自家航意险替代品的保险公司一旦被发现，将受到严厉处罚。

航意险共保体的出现像一把双刃剑，一方面使保险公司经营风险大大降低，减少了代理人撕单、埋单、假保单等问题，客户利益得到保障；另一方面，这种带有"大锅饭"性质的共保销售，弱化了市场竞争，导致各家保险公司专注于份额分割，缺乏改善产品和服务的主动性。共保体的存在本身，也限制了其他保险公司的产品创新，并因此受到了"垄断"的指责。

2002年10月28日《保险法》修订办法出台后，保险监管机构不再制定保险条款，航意险统颁条款失去了存在的法律基础。保监会在2002年12月30日发布《关于加强航空意外保险管理有关问题的通知》，正式启动航意险改革，鼓励保险公司自主开发、销售含有航空意外责任的航意险替代产品。2003年1月10日，保监会发出《关于航空旅客意外伤害保险行业指导性条款的公告》，公布其认可的第一款航意险行业指导性条款，航意险的费率由"20元保20万"降为"20元保40万"。此后，大量替代产品进入市场，共保销售的份额和市场影响力逐渐降低。

包括国寿、平安、太平洋、新华等成员的北京航意险共保"联盟"在失去首都机场销售航意险的渠道优势后于2004年10月正式解散。杭州、南京等地也先后解散了航意险共保体。航空旅客在购买航意险时可以"货比三家"，有了更多的选择。

有的保险公司甚至将航意险作为免费险赠送。例如泰康人寿2014年4月推出的"飞常保"，客户只要输入姓名、身份证号、手机号码、邮箱信息后，即可领取一份年保额为100万元的航意险。被保险人只要在每次乘坐飞机时登记航班号和出行日期，即可获得相应保障。业内人士指出，保险公司此举的目的在于锁定有需求的被保险人甚至是高收入人群，攫取客户资源进行精准客户定位。

小赵和小孙的蜜月旅行要乘坐飞机，肯定需要购买航意险。请帮助他们比较各家保险公司提供的航意险信息，给出一个性价比高的投保方案。

4. 相互保险（mutual insurance）

相互保险是指具有同质风险保障需求的单位或个人，通过订立合同成为会员，并交纳保费形成互助基金，由该基金对合同约定的事故发生所造成的损失承担赔偿责任，或者当被保险人死亡、伤残、疾病或者达到合同约定的年龄、期限等条件时承担给付保险金责任的保险活动。

简而言之，相互保险是指由一些对同一危险有某种保障要求的人所组成的组织，以相互帮助为目的，实行“共享收益，共摊风险”。公司会员是保险人和被保险人的统一体。

相互保险主要有相互保险社、保险合作社、交互保险社和相互保险公司四种形式。其中，发展最成熟的是相互保险公司——所有参加保险的人为自己办理保险而合作成立的法人组织。

相互制保险公司在所有制和治理方式方面均与股份制保险公司存在差异。一般来说，股份制公司是股东拥有，公司要为股东谋取最大的利益。而相互保险公司由保单持有人拥有，公司要为保单持有人谋取最大利益。此外，不同于股份制公司的“大而全”，相互保险要找到有同类风险保障需求的会员，根据会员的需求设计产品，因此相互保险需要精准的定位，“小而专、小而精”，具有更大的经营灵活性。

2014 年全球相互保险保费收入 1.3 万亿美元，覆盖人群超过 9 亿人，总资产超过 7.8 万亿美元。2014 年全球相互保险占总体市场份额的 27.0%，而中国的市场份额仅为 0.3% 左右。相互保险在国内发展较为缓慢，真正以组织形式出现的仅有 2005 年成立的阳光农业互助保险。随着市场经济发展和人们的风险防范需求增加，各类社会主体发展相互保险的愿望愈发强烈，特别是互联网技术的发展使相互保险面临新的发展机遇。2014 年 8 月，保险业新“国十条”提出“鼓励开展多种形式的互助合作保险”；2015 年 1 月，保监会制定出台《相互保险组织监管试行办法》，鼓励探索相互保险的发展；2016 年 4 月，国务院正式批准同意开展相互保险社试点并进行工商登记注册。众惠财产相互保险社、汇友建工财产相互保险社和信美相互保险三家相互保险社被纳入首批试点，同时还有超过 30 家组织正在保监会排队申请相互保险牌照。①

---

① 陆彦婷：“全球相互保险市场分析及对我国相互保险市场的展望”，《中国保险报》，2016 年 5 月 27 日。

第 4 节 中国保险业发展概况

一、1949 年前的中国保险业：引进与发展

1. 近代保险的传入

虽然很早就有了保险的萌芽，但中国并没有自发孕育出现代意义上的保险来。中国的保险业是随着欧美资本主义国家对中国的通商贸易和经济侵略而来的。[①]

19 世纪初，外国商人的对华贸易面临变幻莫测的战争、海盗等诸多风险，需要保险的保障。1805 年，英国商人在广州成立谏当保险行（亦被译为谏当保安行、广东保险会社等），1836 年，该公司被怡和洋行收买并更名为“广东保险公司”。这是外商在中国开设的第一家保险机构，也是近代中国出现的第一家保险公司。

鸦片战争后，随着航运业的繁荣和外商洋行数量的增加，保险业发展更加迅速。据记载，19 世纪 40 ~ 50 年代，保险业已经成为上海最活跃的行业之一。60 年代后，保险业逐渐摆脱洋行母体，成为单独的行业。

继英国之后，美国、法国、德国、瑞士、日本等国的保险公司也相继来华设立分公司或代理机构，经营保险业务。外国保险公司基本上控制了近代中国的保险市场。截至 1875 年，在华建立的有影响力的外商保险公司就有 7 家，包括于仁洋面保安行、谏当保险行、扬子保险公司、保家行、保宁保险公司、香港火烛保险公司、宝裕保洋险公司（中日水险公司）等，实付资本达 57 万英镑。

2. 中国民族保险业的产生与发展

为了让国人接受保险，外商在中国利用书籍、报刊、传单等宣传保险知识。大批国内知识分子及商人逐渐意识到了保险业的重要性，为民族保险业的开创和发展提供了思想、舆论上的准备。魏源是第一位著文介绍西方保险的中国人，他的保险思想完全来自于德国传教士郭实腊所撰写的《贸易通志》；洪仁轩在太平天国的《资政新篇》中也提出了建立保险制度的构想。

1865 年 5 月 25 日，上海义和公司保险行成立，这是我国第一家民族保险企业。它的成

① 罗艳：“近代保险的传入和中国民族保险业的产生”，《清史研究》2005 年第 11 期，第 110 ~ 114 页。

立，打破了外国保险公司对中国保险市场的垄断局面。

特别值得一提的是，招商局在中国民族保险业发展过程中所起的关键作用。轮船招商局是晚清洋务运动中最大的经济实体，收买了当时东亚最大的商业船队——美商旗昌轮船公司，控制了长江航运、沿海航运的大部分经营权，奠定了中国近代航运业的基础。1875 年以前，招商局的船只货物只能向外商设在中国的保险公司投保，船舶险费率竟高达 10%，不仅巨额利润被外商赚去，还屡屡遭受外商的联手排挤打击。为了摆脱外商独占保险市场的困境，受李鸿章委任主持招商局事务的徐润（会办）及唐廷枢（总办）联手，于 1875 年仿照外国保险公司的做法试办“保险招商局”。此后，由于航运发展，保险业务从水险到火险不断扩展，又于 1876 年集资 25 万两，创设“仁和水险公司”，公司同时承保招商局和外商的船货，生意兴旺，获利丰厚。1878 年 3 月招股 20 万两，再成立“济和船栈保险局”，不久增资为 50 万两，扩办为“济和水火险公司”。1886 年，仁和与济和两家保险公司合并成“仁济和水火险公司”，资本为 100 万两。

以 1875 年保险招商局的创办为契机，以后又相继成立了 20 多家民族资本的水火险公司，并在 19 世纪末到 20 世纪初民族资本主义工商业的大发展中得以迅速壮大。从 1912 年到 1927 年经北洋政府批准成立的民族资本的保险公司有 31 家，资本总额达到银元 1000 万两。到 1937 年，全国的华商保险公司有 49 家，资本总额为 3807 万元法币。这期间，诞生了在近代中国保险市场上有重要影响的中国保险公司、太平洋保险公司和中央信托局保险部等保险机构。

抗日战争时期，国民政府迁都重庆，中国保险业的中心由上海随之转移到重庆，1945 年在重庆一地就有 50 余家保险公司。1939 年中央信托局保险部为配合抗日战争开办的战时陆地兵险和战时运输兵险两项特殊险种，可谓是中国人在保险史上的一项创举。

抗战胜利后，保险业中心复移上海。集中在上海的大量游资再度竞相投资保险业，保险机构猛增，呈现表面繁荣的景象，形成了民族保险业发展的第三次高潮。全国重新登记和注册的华商保险公司有 507 家。仅上海一地，截至 1949 年 5 月就有 262 家保险公司，其中外商 63 家，属于官僚资本控制的有 175 家。

3. 中国早期的保险业立法

随着保险实业的发展，保险立法亦为政府和社会人士所重视。清光绪三十三年（1907 年）至宣统三年（1911 年），先后拟订了《保险业章程草案》《海船法草案》和《商律草案》。

北洋政府时期，曾聘请法国顾问爱斯嘉拟订了《保险契约法草案》。1917 年，北洋政府农商部拟订了《保险法草案》。

1929 年 12 月 30 日，国民党政府公布了我国保险史上第一部专门法律——《中华民国保险法》，界定了各种财产保险、人身保险、复保险、再保险等契约签订、存续、中止、恢复、失效等方面的有关规定以及保险双方的权利与义务关系。1935 年 5 月和 9 月，分别公布了《简易人寿险法》和《简易人寿保险章程》。1937 年 1 月，国民政府公布了修改后的《保险法》，同时公布《保险业法》和《保险业法实施法》，规定同一保险业不得兼营损失保险与人身保险。

二、1949～1978 年的中国保险业：整顿与萎缩

1. 对保险市场的整顿

1949 年 10 月 20 日，中国人民保险公司在北京成立，宣告了中华人民共和国成立后第一家全国性大型综合国有保险公司的诞生。1950 年 1 月 4 日，《中国人民保险公司组织条例》正式公布。5 月，全国保险公司保费收入的比例为国营公司占 70%，华商公司占 8%，外商公司占 22%，标志着国营公司领导地位的确定。

1949 年 5 月上海解放后，根据上海市军管会发布的训令，包括太平保险公司在内的 64 家华商保险公司和 42 家外商保险公司获准恢复营业。基于政府对私营保险公司“限制、利用、改造”的政策，1951 年下半年，上海 25 家私营华商产物保险公司及天津的 3 家私营保险公司通过合并，分别组成公私合营的太平和新丰两家保险公司，由中国人民保险公司占据股份的大头，走上了国家资本主义的道路。

1950 年 5 月，全国尚有外商保险公司 61 家，政府采取限制和利用并重的政策。随着国有保险公司业务迅速增长，外商保险公司不仅失去依靠政府特权获取的高额利润，也失去了为数很大的分保收入。到 1952 年底，外国在华保险公司陆续申请停业，撤出中国保险市场。

为配合国民经济的恢复和发展，中国人民保险公司积极开展各项业务。依据国务院 1951 年发布的《关于实行国家机关、国营企业、合作社财产强制保险及旅客强制保险的决定》，重点承办了国营企业、县以上供销合作社及国家机关财产和铁路、轮船、飞机旅客的强制保险。在城市，开办了火险、运输险、团体与个人寿险、汽车险、旅客意外险、邮包险、航空运输险、金钞险、船舶险等。在农村，积极试办牲畜保险、棉花保险和渔业保险。为摆脱西方国家对中国保险市场的控制，还致力于发展国外业务，与许多友好国家建立了再保险关系。

2. 保险业务萎缩阶段

由于“左”的错误思想影响，在计划经济体制下，保险发挥作用的空间不断萎缩。1955 年完全废除保险经纪人制度。1958 年 10 月，全国财贸工作会议提出：人民公社化

后，保险工作的作用已经消失，除国外保险业务必须继续办理外，国内保险业务应立即停办。同年 12 月，全国财政会议正式作出“立即停办国内保险业务”的决定。自 1959 年 5 月起，全国除个别城市外，中国人民保险公司全面停办了国内业务，只保留涉外保险业务继续经营。

1966 ~ 1976 年的十年间，中国国内保险业务更是彻底停办，还停止了多年发展起来的与西方保险市场的分保往来。中国人民保险公司改为中国人民银行总行国外局下属的专营涉外保险业务的一个处级机构，最少时仅剩 9 人。

三、1978 年后的中国保险业：恢复与开放

1. 保险市场主体多元化

1979 年 2 月，中国人民银行全国分行行长会议做出了恢复国内保险业务的重大决策，停办 20 多年的国内保险业务开始复业。到 1980 年 12 月，28 个省、自治区、直辖市已恢复人民保险公司分支机构。1981 年 4 月 13 日，中国人民保险公司行政建制改为专业公司，实行独立核算。各级保险公司受同级人民银行和总公司双重领导。1982 年 12 月 27 日，国务院批准了《中国人民保险公司章程》和批准成立中国人民保险公司董事会、监事会。

自 1956 年新丰、太平两家保险公司从国内保险市场撤出后，中国人民保险公司一直独家垄断中国保险市场。国内保险业务恢复后，中国保险市场也仍然由中国人民保险公司一统天下。随着社会主义市场经济的迅猛发展，与市场经济规律相悖的垄断经营体制的固有弊端逐步暴露出来，窒息了价值规律的作用，剥夺了被保险人选择保险人的权利，导致保险费率居高不下，保险服务水平低下，保险市场开拓力萎缩。改变中国人民保险公司一统天下的保险体制已成为迫切需要解决的问题，当时保险业的主管机构中国人民银行批设了一批新的保险公司，丰富了保险市场的参与主体。

1986 年 7 月 15 日，新疆生产建设兵团农牧业生产保险公司成立，1992 年更名为新疆兵团保险公司。1988 年 3 月 21 日，中国第一家股份制保险公司——深圳平安保险公司被批准设立。1991 年 4 月 26 日，交通银行在其保险业务部的基础上组建中国太平洋保险公司，这是继中国人民保险公司成立后的第二家全国性商业综合性保险公司。1992 年 6 月，平安保险公司更名为中国平安保险公司。中国人民保险公司、太平洋保险和平安保险三足鼎立的局面开始形成。

此后数年间，大批保险公司不断涌现，天安保险股份有限公司、大众保险股份有限公司、华泰财产保险股份有限公司、泰康人寿保险股份有限公司、永安保险股份有限公司、华安保险股份有限公司等相继在上海、北京、西安等地成立。

1995年10月，经国务院批准，中国人民保险公司开始机构体制改革，成立中国人民保险（集团）公司，下设中保财产保险有限公司、中保人寿保险有限公司和中保再保险有限公司三个子公司。

2. 保险市场对外开放的尝试

1992年，美国国际集团（AIG）被获准在上海经营寿险及非寿险业务，成为改革开放后第一家进入中国保险市场的外资保险企业。随后，东京海上在上海成立了分公司，成为第二家在中国获准营业的外国保险公司。1995年12月，瑞士丰泰保险集团在上海设立分公司，经营普通财产保险业务，是第一家获准在中国开业的欧洲保险公司。1998年10月8日，英国皇家太阳联合保险公司上海分公司开业，这是首家在中国开业的英国保险公司。

除了外资保险公司通过设立分公司在华开展业务，一些中外合资的保险公司也陆续成立。1996年11月，加拿大宏利人寿保险公司与外经贸信托在上海合资设立中宏人寿保险有限公司，这是我国保险市场对外开放以来批准设立的第一家中外合资的寿险公司。1997年5月，法国安盛－巴黎联合保险集团获准在上海建立一家合资的人寿保险公司。1998年10月16日，首家中美合资保险企业——太平洋安泰人寿保险公司在上海开业。1999年6月，中国人寿和澳大利亚康联金融集团的合资公司——中保康联人寿保险有限公司在上海开业。

截至2005年，在进入《财富》杂志世界500强的46家保险公司中，已有27家在华设立了营业机构。

3. 保险管理法规不断完善

1983年9月1日，国务院颁布《中华人民共和国财产保险合同条例》，这是新中国成立后第一部财产保险合同方面的规范性法规。1984年11月3日，国务院批转中国人民保险公司《关于加快发展我国保险事业的报告的通知》。1985年3月3日，国务院颁布《保险企业管理暂行条例》，此条例是新中国成立后第一部保险业的法律文件。

1989年2月16日，国务院办公厅发出《关于加强保险事业管理的通知》（国办发〔1989〕11号文件），肯定了中国人民保险公司在我国保险事业中的主渠道作用，要求按照国务院颁布的《保险企业管理暂行条例》的规定整顿保险市场。

1995年6月30日，八届人大十四次会议通过了《中华人民共和国保险法》，自10月1日起施行。7月25日中国人民银行颁布《保险管理暂行规定》，这是《保险法》颁布实施后的第一个配套文件。1997年11月，中国人民银行修订并公布了《保险代理人管理规定（试行）》，同年2月中国人民银行公布了《保险经纪人管理规定（试行）》等。

四、2000 年后的中国保险业：完善与创新

1. 保险业务持续快速发展

2001 年 12 月 11 日，中国正式加入世界贸易组织（WTO），对保险业做出了“高水平、宽领域、分阶段开放”的承诺，中国保险业进入高速发展阶段，成为国民经济中增长最快的行业之一。

数十年来，中国保险业保费收入及行业资产均实现了快速增长，年平均增长速度都远远高于同期 GDP 的年均增长速度。1980 ~2015 年中国保险业保费收入如图 2 - 2 所示。1980 年全国保费收入仅 4. 6 亿元，1995 年为 615. 7 亿元，2000 年为 1595. 9 亿元。此后，中国保险业保费保持了高速增长的势头。2009 年超过 10000 亿，达到 11137 亿元；2014 年超过 20000 亿，达 20200 亿元。2010 ~2015 年全国保费收入年均增长 13. 4%。

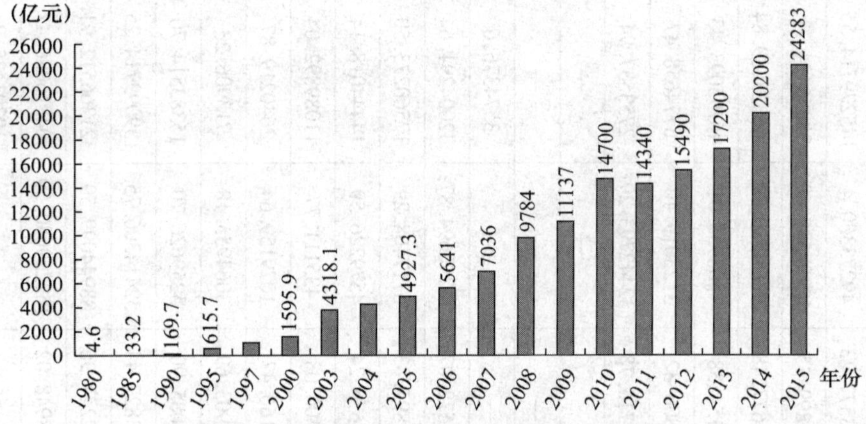

图 2 - 2　1980 ~2015 年中国保险业保费收入

2010 ~2016 年保险业经营数据如表 2 - 1 所示。从表中数据可见，各项保费的收入，无论是从总量还是分类的角度来看，一直呈上涨趋势；从业务结构来看，寿险业务一直占较大比重。2015 年的原保险保费收入为 24282. 52 亿元，同比增长 20%，发展速度创近 7 年最高。其中，财产险保费收入 7995 亿元，同比增长 11%；人身险保费收入 1. 6 万亿元，同比增长 25%。为全社会提供风险保障 1718 万亿元，赔款与给付 8674. 1 亿元，同比增长 20. 2%。经营效益大幅提升。保险公司利润约为 2823 亿元，同比增长 38%；保险资金运用实现收益 7803. 6 亿元，同比增长 45. 6%，平均投资收益率 7. 56%。2016 年 1 ~6 月原保险保费收入已达 18812. 81 亿元，全年保费收入 3. 1 万亿元，较 2015 年再度实现高速增长。

在金融同业当中，保险行业属于发展较快的行业，保险资产 2015 年达到 123597. 76 亿元，较 2015 年初增长 21. 7%。但在整个金融行业的资产总规模中仅占 5. 39%，而银行业占

表 2-1　　**2010~2016 年保险业经营数据**　　单位：万元

项目 \ 年份	2000	2005	2010	2013	2015	2016 年 1~6 月
原保险保费收入	15958577. 23	49273350. 4	145279714. 55	172222375. 23	242825194. 63	188128166. 51
1. 财产险	5983899. 75	12298599. 69	38956424. 71	62122577. 83	79949687. 36	43019660. 02
2. 人身险	9974677. 48	36974750. 70	106323289. 84	110099797. 40	162875507. 27	145108506. 49
（1）寿险	808154. 38	1408938. 01	96795093. 43	94251414. 16	132415207. 17	117610249. 26
（2）健康险	654806. 32	3123019. 40	6774658. 47	11234960. 47	24104715. 15	23593324. 63
（3）人身意外伤害险	8511716. 78	32442793. 29	2753537. 94	4613422. 77	6355584. 95	3904932. 60
人身保险公司保户投资款新增交费	—	—	—	32123183. 65	76465639. 86	81032356. 51
人身保险公司投连险独立账户新增交费	—	—	—	831751. 31	6778832. 75	5452215. 04
养老保险公司企业年金缴费	—	—	3574376. 6	5887621. 45	8742036. 99	—
原保险赔付支出	5273572. 07	11296694. 87	32004291. 64	62129030. 29	86741397. 49	52623695. 95
1. 财产险	3058895. 83	6717468. 29	17560273. 50	34391379. 13	41941665. 57	21655509. 54
2. 人身险	2214676. 24	4579226. 59	14444018. 14	27737651. 16	44799731. 92	30968186. 41
（1）寿险	323606. 08	435111. 77	11089892. 04	22531329. 39	35651680. 05	25742741. 37
（2）健康险	129166. 47	1079159. 64	2640219. 87	4111271. 11	7629656. 85	4375590. 67
（3）人身意外伤害险	1761903. 69	3064955. 18	713906. 23	1095050. 66	1518395. 01	849854. 37
业务及管理费	2166085. 90	5259626. 70	15383514. 70	24595864. 37	33367214. 98	17687901. 84
银行存款	12353827. 44	52414306. 75	139099714. 25	226409772. 33	243496744. 97	236052312. 16
投资	13032247. 96	88944099. 59	321366512. 91	542324291. 55	874458120. 40	1020240680. 25
资产总额	33738948. 02	152259680. 59	504816086. 47	828869456. 04	1235977649. 28	1426607548. 51
养老保险公司企业年金受托管理资产	—	—	10391435. 9	24953391. 99	41687972. 86	—
养老保险公司企业年金投资管理资产	—	—	7089593. 6	21675214. 21	35255111. 75	—

资料来源：中国保险监督管理委员会－统计数据－保险业经营情况，http：//www. circ. gov. cn/web/site0/tab5201/module14497/page2. htm。

84.7%，存在不小差距。

2. 保险密度与保险深度的提升

衡量一个国家或地区保险市场潜力的常用指标有两个，即保险密度和保险深度。保险密度是指按照一个国家的全国人口计算的人均保费收入（保费收入/总人口），它反映了一个国家保险的普及程度和保险业的发展水平。保险深度是指保费收入占国内生产总值的比例（保费收入/国内生产总值），它是反映一个国家的保险业在其国民经济中的地位的一个重要指标。

历年来，我国的人口和国内生产总值一直呈上升趋势，而保险密度和保险深度也随着保险业的快速发展实现了较大幅度的提升。根据瑞士再保险 Sigma 的统计，1994 年，中国的保费收入在全球仅排第 25 位，只占全球市场份额的 0.25%，1994 年中国的保险密度只有 4.1 美元/人，保险深度只有 0.97%。截至 2015 年底，中国在保险市场的全球排名中已经升至第 3 位，对国际保险市场增长的贡献度达 26%，居全球首位。2015 年中国的保险密度为 271.77 美元/人（1766.49 元/人），同比增长 19.44%，保险深度为 3.59%，同比增长 0.41 个百分比。

瑞再 sigma 报告数据显示，2015 年，全球市场人均保险支出为 662 美元，发达市场人均保险支出为 3666 美元。美国、日本、英国和法国 2014 年的保险密度分别为 4017 美元/人、4207 美元/人、4823 美元/人和 3902 美元/人，保险深度分别为 7.3%、10.8%、10.6%、9.1%。2014 年 8 月 10 日发布的《国务院关于加快发展现代保险服务业的若干意见》提出，到 2020 年，保险密度达到 3500 元（人民币）/人，保险深度达到 5%。但与世界主要保险大国相比，仍有显著差距及较大的提升空间。

3. 保险市场竞争格局形成

中国加入 WTO 后，对保险市场的开放做出了一系列承诺。2004 年 12 月 11 日，加入世贸的过渡期结束，保险业进入全面对外开放的新时期。外资财产险公司可以经营除法定保险业务以外的全部非寿险业务，寿险经营领域也将进一步对外开放。

在这一阶段，中国保险市场主体不断增加，公平竞争的市场格局逐渐形成。截至 2015 年 6 月末，全国共有保险机构 188 家，其中，保险集团公司 10 家，保险公司 153 家，保险资产管理公司 22 家，其他公司 3 家。按照公司业务类别，有产险公司 69 家，寿险公司 75 家，再保险公司 9 家。

表 2-2 列示的是 2015 年中国十大寿险公司和十大财产保险公司的排名、原保险保费收入及市场份额状况。

表 2－2　2015 年中国十大人寿及财产保险公司排名

排名	寿险公司	原保险保费收入（万元）	市场份额	财险公司	原保险保费收入（万元）	市场份额
1	中国人寿	36405442.37	23.00%	中国人保财险	28101000.13	33.36%
2	平安人寿	20844762.96	13.17%	平安财产保险	16364086.99	19.43%
3	新华人寿	11185858.53	7.07%	太平洋财产保险	9443884.33	11.21%
4	太平洋人寿	10858930.52	6.86%	中国人寿财产保险	5036918.16	5.98%
5	人保寿险	8943062.96	5.65%	中华联合财产保险	3936990.06	4.67%
6	太平人寿	7992272.48	同其他寿险公司一起占44.25%	大地财产保险	2658874.26	同其他财险公司一起占25.35%
7	生命人寿	7899826.69		阳光财产保险	2581660.93	
8	泰康人寿	7602935.85		中国出口信用保险	1648748.72	
9	安邦人寿	5452722.49		太平财产保险	1561498.80	
10	阳光人寿	3104998.55		天安保险	1309647.96	

随着金融改革步伐加快，金融同业间分业经营的壁垒逐渐被打破，陆续有银行、证券公司等金融机构凭借资本或渠道优势，通过成立保险子公司等方式摘得保险牌照，比如建信人寿、农银人寿、工银安盛、中邮人寿等，必将进一步加剧保险市场的竞争，对现有保险公司提出严峻的挑战。

除保险公司之外，保险专业中介机构也不断发展，保险中介市场格局初步形成。截至2014 年末，全国共有保险专业中介机构 2546 家，同比增加 21 家。其中，保险专业代理机构1764 家，保险经纪机构 445 家，保险公估机构 337 家。全国保险专业中介机构注册资本261.6 亿元，同比增长 16.8%。保险专业中介渠道实现保费收入 1472.4 亿元，占 2014 年全国总保费收入的 7.3%，同比增长 28.2%。不过，较之欧美发达国家近 80% 的保费收入通过保险中介机构实现还存在相当大的差距。

保险市场主体的多元化，有力地促进了保险公司经营观念的转变，使之逐步确立了服务意识、竞争意识、效益意识和发展意识，保险产品种类不断丰富，服务领域不断拓宽。保险市场开始由量的扩张走向质的提高。

4. 保险监管强化创新

1998 年 11 月，中国保险监督管理委员会成立，以顺应金融业“分业经营，分业监管”的需要，标志着中国保险进入到规范化发展阶段。2000 年 11 月，中国保险业的全国性自律组织——中国保险行业协会在北京宣告成立，根据《中华人民共和国保险法》第一百八十二条规定“保险公司应当加入保险行业协会。保险代理人、保险经纪人、保险公估机构可以加入保险行业协会”，标志着我国保险业开始走上政府监管下的自我约束、相互监督、携手共进的自律性管理发展轨道。

为了适应国民经济快速发展以及法律环境的改变，对《保险法》先后进行了三次修订。2002 年，针对我国加入世贸组织对保险业的新要求，对《保险法》进行了首次修改，并于 2003 年 1 月 1 日起正式实施；第二次修改的《保险法》于 2009 年 10 月 1 日开始实施，修改后的《保险法》进一步加强了对投保人和被保险人权益的保护，突出了有关偿付能力监管的规定。第三次对《保险法》的修订是 2015 年，主要对有关行政审批、工商登记前置审批等事项作出修改。保险法的具体内容将贯穿本教材后续各章节。

“十五”期间，保监会共起草法律 1 部、行政法规 2 部、部门规章 40 余部，具普遍约束力的规范性文件近 400 件。通过引入保险公司治理监管制度，形成了偿付能力、公司治理和市场行为监管为支柱的现代保险监管框架，形成了以《保险法》为核心、以行政法规和部门规章为主体、以规范性文件为补充，基本覆盖保险经营和保险监管主要领域的制度体系。

近年来，保险业信用体系建设取得积极进展和成效。

一是实施了《保险从业人员行为准则》《保险监管人员行为准则》《保险营销员诚信记录管理办法》等监管规定和办法，保险业信用建设制度体系基本形成。

二是建立了保险机构和高管人员管理系统、保险中介监管信息系统、全国车险信息共享平台、财产险承保理赔信息客户自助查询平台等监管信息系统，保险业信用记录共享平台初步搭建。

三是综合治理销售误导和理赔难，系统整治和规范市场秩序，对违规失信行为保持高压态势，保险经营行为不断规范，行业形象和社会信誉明显好转。

四是积极开展保险诚信教育，推动保险诚信文化建设，加强行业自律，广大从业人员和消费者的诚信意识不断增强。

2015 年 1 月，中国保监会、国家发展改革委联合印发《中国保险业信用体系建设规划(2015～2020 年)》。文件规定，到 2020 年，保险业信用体系建设要达到三个方面的总体目标：其一，保险业信用制度体系、信用评价基本规则和标准体系基本建立，保险业统一开放的信用信息系统和覆盖全行业的征信系统基本建成，保险信用服务体系比较完善，守信激励和失信惩戒机制全面发挥作用。其二，保险服务明显改善，市场秩序显著好转，保险商务诚信、保险政务诚信建设取得明显进展，消费者和社会满意度大幅提高。其三，行业诚信意识普遍增强，诚信文化建设扎实推进，保险信用环境明显改善。

现行保险业相关政策法规，包括法律、行政法规、部门规章、规范性文件、其他法规和政策解读等均可在中国保监会的官网上查询到。

5. 上海保险交易所

保险交易所是为保险人、再保险人、经纪人、投资者等进行原保险、再保险、保单转让、保险衍生品等交易提供一个完善高效的交易平台。现实中，存在或曾经存在过的保险交易所只有三所：英国的劳合社、美国的纽约保险交易所以及纽约巨灾风险交易所。

2016 年 6 月 12 日，上海保险交易所揭牌，上海金融市场实现了股票、债券、期货、货币、外汇、保险等要素市场全覆盖。

上海保交所的功能定位是：为保险、再保险、保险资产管理及相关产品的交易提供场所、设施和服务，制定并实施相关业务规则；对保险单证（含电子保险单证）实施登记、托管和验证；协助委托人选择保险经纪公司、保险公司、再保险公司等保险机构及办理相关手续；代理销售保险、再保险及相关产品并代理收取费用等。上海保交所实现的保险场内交易，有望推动保险业进一步规范经营，有助于解决市场中高手续费、私下交易等不规范的现状。

作为全国第一个国家级（获国务院批准）创新型保险要素市场，上海保交所按照“公司化、市场化、专业化”原则组建，首期注册资本 22.35 亿元，由 91 家发起人发起设立。发起人不仅包括保险公司，还包括保险经纪公司、非保险公司、上海保险同业公会等机构，股权结构较为分散。

在公司组织结构上，上海保交所拟采用双层组织架构，围绕保险产业链，针对保险、再保险、保险资管以及保险衍生品等各类业务，以事业部或子平台公司的形式设置各自独立的业务板块，保交所作为控股平台和管理总部，对各业务板块进行统一管理、提供基础服务设施并实行数据信息的集中与互联互通。

按照相关规划，上海保交所将着重探索和发挥助力盘活保险存量、支持用好保险增量两方面作用，按照夯实基础、逐步完善、形成服务体系三个阶段，重点搭建国际再保险、国际航运保险、大宗保险项目招投标、特种风险分散的“3+1”业务平台，持续探索更为丰富的交易内容，实现产品更加透明、信息披露更加充分、服务更加便捷、功能更加完备，并切实做到资源优化、风险可控，努力建成“立足上海、面向全国、辐射全球”的保险综合服务平台。

本章关键词

荒政	海上保险	劳合社	火灾保险	人寿保险
生命表	损失说	非损失说	二元说	补偿性

给付性	赌博	储蓄	救济	自保
强制保险	自愿保险	财产保险	人身保险	原保险
再保险	共同保险	相互保险	保险密度	保险深度

思考与讨论

强制还是自愿?《煤炭法》《建筑法》修改经济账[①]

矿难是指在采矿过程中发生的事故，包括瓦斯爆炸、煤尘爆炸、瓦斯突出、透水事故、矿井失火、顶板塌方等，造成伤亡的危险性极大。在 2003 年，中国生产了世界约 35% 的煤，但在煤矿事故死亡人数上却占约 80%。伤亡惨重的事故层出不穷，例如 2004 年 10 月 20 日，河南省郑州煤业集团公司大平煤矿特别重大瓦斯爆炸事故造成 148 人死亡；2004 年 11 月 28 日，陕西陈家山煤矿特大瓦斯爆炸事故共造成 166 名矿工遇难；2005 年 2 月 14 日，辽宁省阜新矿业（集团）孙家湾煤矿海州立井瓦斯爆炸事故造成 214 人死亡。

2005 年 3 月，在历经了一系列的矿难阵痛后，有关部门终于启动了对当时正在实施的《煤炭法》的修订工作。其中“死者合理赔偿、矿产资源有序开采”的原则，历经六年多的时间才得以明确。2011 年 4 月 20 日，全国人大常委会审议了修改《煤炭法》的个别条款。社会各界对审议条款中“煤炭企业是否被强制参加井下意外伤害保险”存在较大争议。

修订前的《煤炭法》第四十四条规定，“煤矿企业必须为煤矿井下作业职工办理意外伤害保险，支付保险费”，拟修改为，“煤炭企业在保证职工依法参加保险的基础上，可以为井下作业职工办理意外伤害保险，支付保险费”。“必须”意味着煤矿井下作业职工的意外伤害保险属于强制保险，“可以”则意味着煤矿企业可以自由决定是否为矿工投保意外伤害险，成了自愿保险。

《煤炭法》于 1996 年实行时，工伤保险尚未推行，因此采用了强制性的意外伤害保险。2004 年 1 月 1 日，《工伤保险条例》生效实施，规定企业必须为职工投保工伤保险。按相应的赔偿标准，一次煤矿死亡事故，死者家属能获得 60 万元左右的工伤赔偿。在已经有强制的工伤保险的前提下，如果再将意外伤害保险维持为“必须”，煤矿事故死者家属将获得总数更高额度的赔偿。

意外伤害保险属于商业保险范畴，保险费率高出作为社会保险的工伤保险费率好几倍。

① 温淑萍、席斯：“《煤炭法》修改经济账”，《经济观察报》，2011 年 4 月 22 日。

按每人投保20万元意外伤害保险需要交纳保险费300元计算，中国有大约560万矿工，需要保费近17亿元。有业内人士认为，从煤炭全行业考虑，在已经有了强制性的工伤保险的前提下，再强制要求参保商业性的意外伤害险是不合算的；交纳高额的保费可能会压缩企业原本投向安全生产的资金，反而不利于安全生产。

1997年通过的《建筑法》第四十八条规定："建筑施工企业必须为从事危险作业的职工办理意外伤害保险，支付保险费。"面临的情况和《煤炭法》完全一致。除《工伤保险条例》外，《社会保险法》也于2011年7月1日施行。国家立法机关认为，为保持法律之间的协调衔接，避免出现煤矿企业、建筑施工企业同时参加两项保障内容相同的强制保险的情况，需对上述规定进行相应修改。十一届全国人大常委会第二十次会议通过了关于修改《煤炭法》和《建筑法》个别条款的决定。《煤炭法》第四十四条修改为："煤矿企业在保证职工依法参加工伤保险的基础上，可以为井下作业职工办理意外伤害保险，支付保险费。"《建筑法》第四十八条修改为："建筑施工企业在保证职工参加工伤保险的基础上，可以为从事危险作业的职工办理意外伤害保险，支付保险费。"

问题

你是否赞同将为井下作业职工办理意外伤害保险和为建筑行业从事危险作业的职工办理的意外伤害保险由强制保险改为自愿保险，为什么？

2015年全球灾害致保险损失370亿美元①

2016年7月，瑞士再保险最新一期sigma报告（www. swissre. com/sigma）发布。

根据sigma标准，2015年共发生353起灾害事故，较2014年的339起有所增加。其中，198起为自然灾害，是有记录以来自然灾害数量最多的一年，另有155起人为灾难。

26000多人因自然灾害或人为灾难而丧生或失踪，遇难人数超过2014年的一倍以上，但是远低于1990年以来约66000人的年平均水平。19000多人在自然灾害中丧生或失踪，其中大部分是在4月份的尼泊尔的毁灭性大地震中遇难。热浪和其他恶劣天气事件也导致很多人丧生。近7000人在人为灾难中遇难，2014年这个数字为5900人左右。2015年4月19日，利比亚沿海一艘搭载难民的船只沉没，导致800多人丧生，是sigma记录中在地中海遇难人数最多的单一事件。其他遇难人数较多的人为灾难包括沙特年度麦加朝圣时的一次踩踏事

① 袁婉珺："2015年全球灾害致保险损失370亿美元"，《中国保险报》，2016年7月20日。

件，政府信息来源称，769人丧生。2015年有685人在航空灾难中遇难，较2014年的960人有所减少。

2015年全球因自然灾害与人为灾难造成的经济损失总额约为920亿美元。较2014年的1130亿美元有所减少，并远低于10年平均水平1920亿美元（经通胀调整后）。2015年的灾害损失相当于全球国内生产总值（GDP）的0.12%，低于0.28%的10年平均水平。其中，自然灾害相关损失约800亿美元，主要是亚洲、北美洲和欧洲的地震、热带气候、其他强风暴和干旱造成的。

2015年，全球保险业承担了近370亿美元的自然灾害和人为灾难损失，远低于10年平均水平620亿美元（经通胀调整后）。其中，280亿美元是自然灾害造成的（与2014年相当），90亿美元是人为灾难事件导致的（2014年为70亿美元）。最大的保险损失是8月份中国天津港发生的大爆炸，估计财产损失在25亿美元至35亿美元之间，使之成为亚洲有记录以来保险损失最大的人为灾难。排名第二的是2月份在美国发生的冬季风暴，保险损失20亿美元。2015年有7起灾害导致10亿美元或以上的保险索赔额。

问题

（1）阅读材料中所提及的哪些风险属于可保风险？哪些不属于可保风险？

（2）2015年全球因自然灾害与人为灾难造成的经济损失总额远低于10年平均水平，对保险公司的经营而言意味着什么？

（3）对于诸如天津港大爆炸、美国冬季风暴这样的巨灾，保险公司应如何安排自身的风险管理？

第 3 章 保险的基本原则

>> 本章要点

- 最大诚信原则的含义及主要规定
- 保险利益原则的含义及在各险种中的具体运用
- 近因原则的含义、认定方法及实务中的运用
- 损失补偿原则及其派生原则的含义及主要规定

小赵和小孙一起去看望父母。老赵告诉小两口一个消息，他那位买保险后小半年就查出胃癌的同事遇到麻烦了。保险公司不知道从哪儿得到的消息，说是那位同事是个老胃病，以前就因为胃溃疡之类的病住院治疗过，他们派人到医院调取病历等资料证实了。在投保的时候，这些信息没有如实告知保险公司，所以保险公司说他投保的时候欺骗了保险公司，不仅要求他退回保险金，据说还可能要进一步追究骗保责任。那位同事说保险合同厚厚的一沓，那么多的条款，没有仔细看，也看不懂，只是听了代理人朋友的介绍，填表之类的手续也是代理人包办的，最后代理人让他在哪里签名他就在哪里签名了事。老赵感叹这位同事真是很倒霉，得了癌症已经很让人伤心了，本来这几万元的保险金赔付可以贴补高额的治疗费用，谁知又闹出这档事来，真是雪上加霜。

我们已经知道，保险是一种合同行为，保险合同是复杂的法律文书，对保险人与投保人之间的民事权利义务关系有严格的规定。在保险活动中，保险人与投保人、被保险人各方都必须要共同遵守一些基本的准则。老赵的这位同事之所以会在不幸患病之后摊上理赔纠纷，就是因为他对保险的基本原则不了解，在不知不觉之间“犯规”了。那么，这位同事是否就只能自认倒霉呢？有没有挽回的余地呢？先给大家留个悬念，在学习完第 1 节内容后再来讨论。

第 1 节　最大诚信原则

一、最大诚信原则概述

1. 最大诚信原则的含义

最大诚信（utmost good faith）原则的含义是：保险各方当事人在签订和履行保险合同时，应该自愿地向对方充分而准确地告知有关保险的所有重要事实，遵守合同承诺，不得有任何欺骗、隐瞒行为。

最大诚信原则是保险合同成立的牢固基础。《中华人民共和国保险法》第五条规定："保险活动当事人行使权利、履行义务应当遵循诚实信用原则。"

众所周知，诚信是做人立身之本，从事任何一个行业都应该坚持诚信原则，但唯有保险业在诚信前面还加上了"最大"两字，足以凸显保险经济活动的特殊性对双方当事人诚信行为要求的特殊性。

保险是特殊的民事活动，在保险法律关系中，保险当事人之间存在严重的信息不对称，要求当事人具有较一般民事活动更为严格的诚信程度。

2. 规定最大诚信原则的原因

最大诚信原则起源于早期的海上保险。在海上保险中，投保人投保时作为保险标的的船舶或者货物经常是已在海上或在其他港口，真实情况究竟如何，在当时的条件下，保险人无从实际进行考察，只能依赖于投保人的告知。保险人根据投保人的告知估算保险风险、决定是否承保及确定保险费率。因此，投保人或被保险人告知的真实性对保险人来说有重大的影响。从投保人的角度看，其对保险人的信息了解也是有限的，并不能确定在发生保险事故后能否得到保险人的赔偿。因此，只有双方都怀着对对方恪守诚信原则的信心，才能达成交易。

到 19 世纪的英国，已经有许多法官的判例中运用最大诚信原则。英国《1906 年海上保险法》第十七条规定："海上保险合同为基于最大诚信的契约合同，如果一方不恪守诚信原则，另一方可宣布契约无效。"

对如今的保险业而言，规定最大诚信原则的原因具体来说有以下几点。

（1）有关保险标的信息不对称。保险标的始终控制在投保人或被保险人手中，投保人对保险标的的价值及风险状况最为了解。保险标的的风险就是保险人要承接的风险，直接影响保险人的利润。为了保障保险经营活动正常进行，要求投保人在合同签订与履行过程中将保险标的的情况如实告知保险人。

（2）有关保险合同条款的信息不对称。保险合同一般由保险人事先拟定或由管理机关制定，具有较强的专业性和技术性。条款中包含很多专业术语，被保险人不具有相关知识，很难准确全面理解其中的含义。所以保险人在签订和履行保险合同的时候也应遵循最大诚信原则，将保险合同的主要内容告知投保人和被保险人。

（3）保险赔付金额与保险费支出存在巨大反差。保险本身是射幸行为，这种以不确定性为基础的风险分散机制的客观效果是少数遭受保险事故的人，获得远远高于保费支出的保险赔付，这本身就是一种诱使人们放弃“诚信”的因素。

（4）在保险合同的履行过程中需要双方本着诚信的态度履行各自义务。保险合同签订后，被保险方要履行保证义务，包括维护标的风险状况、出险施救、事故通知、协助追偿等。保险方则要承担施救费用、风险原因判定等义务。

最大诚信原则逐步得到世界各国保险理论与实践部门的重视。伴随着保险业的发展，不断实现规则的具体化和可操作性，现在已经包括告知、保证、弃权与禁止反言等内容。围绕这些具体规则，形成了一整套可操作的法律条文和规定。

【专栏3-1】　保险合同告别天书式　保单改走通俗路线

早在2004年，中国保监会颁布的《保险公司管理规定》首次将保险条款的通俗化写入法规，向全国保险行业发出了条款通俗化的倡议。2005年，平安人寿曾在国内率先推出“白话保单”。但在近期平安寿险进行的客户调研结果中，仍有部分客户反应条款不易看懂。2014年8月，国务院颁布“保险业新国十条”，再次提出将大力推进条款通俗化。2014年8月开始，平安寿险开启了新一轮保单通俗化进程，通过反复调研、修订、优化，最终确定了新版通俗化条款。

与之前保险条款相比，平安人寿此次的新版条款在五个方面进行了改善：站在客户的角度写条款，根据客户关注程度和阅读习惯，调整了条目顺序，把客户关注的条目放到前面；首页阅读指引增加案例；条款表述通俗化；引入二维码，展示保险法冗长条文；对复杂保险术语增加了解释，降低阅读难度等。通俗化后的新版保险条款，在逻辑清晰、表述准确的前提下，能让客户快速地了解到该保险的保险责任、免除责任和如何退保等重要信息，从而让保险条款更易懂，方便客户做出投保决策。

此次新版通俗化条款将从 2015 年 4 月起首先应用于平安附加护身福提前给付重大疾病保险（2015）等五款产品。与此同时，2015 年，中国平安亦将提升客户体验定为集团未来战略发展核心之一，并引入提升客户净推荐值工作计划，旨在提升客户满意度，增加客户的忠诚度，增加客户的重复购买，实现客户推荐客户。

资料来源：魏京婷：“保险合同告别天书式　保单改走通俗路线”，中国经济网，2015 年 4 月 8 日。

二、告知

如实告知义务又称据实说明义务、如实披露义务。告知义务要求，在保险合同订立之前、之时和执行过程中，投保人和被保险人将与风险和标的有关的实质性重要事实向保险方作口头或书面的申报，保险方也应将与投保方利益相关的实质性重要事实如实地通告投保方。

1. 投保人对保险人的告知

《中华人民共和国保险法》第十六条规定：订立保险合同，保险人就保险标的或者被保险人的有关情况提出询问的，投保人应当如实告知。

（1）重要事实（material fact）。

与保险合同相关的事项非常多，告知义务要求投保人告知的是“重要事实”，即那些影响到保险人决定是否接受承保，或者据以确定保险费率，或者决定是否在保险合同中增加特别约定条款的事实。

请大家思考，在下列与被保险人相关的要素中，哪些可能是属于人身险的重要事实？

A 年龄，B 性别，C 既往病史，D 职业，E 抽烟、喝酒等日常生活习惯

对照重要事实定义中的三项要点可知，以上所示选项均是人身险需要告知的重要事实。

A 年龄：根据生命表，不同年龄的人死亡率不同，低龄儿童死亡率较高，年轻人的死亡率相对较低，中年以后，死亡率随年龄的提升而增加。因此，年龄是保险人确定保险费率依据的基本要素。

B 性别：根据大样本统计资料，女性平均寿命比男性长，所以，男女可能会适用不同的费率。

C 既往病史：对寿险及健康保险而言，被保险人的身体状况相当于保险标的的状况，是保险人承担主要责任的事实，保险人需要基于对被保险人身体健康状况的评估确定风险大小，从而决定是否承保及以什么条件承保，自然属于重要事实。

D 职业：不同类型的职业对被保险人的健康状况或安全状况会有不同影响。例如，井下矿工就面临很高的罹患尘肺病及遭遇人身伤害致伤、致残、致死的风险。职业风险高的被保

险人，患病和意外的风险都相对较大，死亡率也会相对较高。因此，被保险人的职业对保险人决定是否承保及确定保险费率高低等至关重要。

E 抽烟、喝酒等日常生活习惯：这些日常生活习惯与被保险人的身体健康状况息息相关，因此也是在投保寿险及健康保险时保险人需要知晓的重要事实。

当然，人身保险需要告知的重要事实还远不止这些。请同学登陆某家保险公司的网站，下载一份人身保险的投保单，看看保险公司的完整询问事项究竟涵盖了哪些方面的内容。

投保人需要告知保险人的重要事实大致如下：保险人所负责任较大的事实；有关投保人本人情况的事实；合同有效期内风险加大的情况；超出事物正常状态的事实/被保险危险特殊性质的事实；有关道德风险的情况；为特殊动机而投保的，有关这种动机的事实。

具体到每份保险合同，重要事实的范围又会依其保险种类的不同而各异。

【案例分析 3－1】 未如实告知一定不能获赔吗

2006 年，张女士因车祸负伤，住院治疗了 156 天。住院期间，她向某保险公司投保了一份重大疾病保险。

投保后几年，张女士被诊断出罹患食管中段癌。在阶段性治疗结束后，张女士找到保险公司索赔，没想到却被拒绝了。保险公司在理赔调查时发现，张女士在投保时对当时正在住院的情况只字未提。根据《保险法》和保险合同条款，保险公司认为张女士的行为属于未如实告知，违反了最大诚信原则，所以做出拒赔及解除合同的处理决定。

张女士认为，是否车祸住院并不影响她此次的赔偿。双方相持不下，张女士将保险公司告上法庭。最终，法院判决原告胜诉，要求保险公司给张女士支付保险金 5 万元。

法院判决保险公司败诉，理由有二：

一是保险合同的签订时间是张女士车祸住院期间，且保险合同有张女士本人的签名。与张女士商谈办理投保事宜的保险代理人显然知道车祸及住院的事实，保险代理人已知的信息视同保险人已知，以此推定保险公司知悉该事实。

二是，张女士投保的是重大疾病保险，而车祸属于意外，因车祸导致住院及手术与她此后是否会患上重大疾病不具有因果关系。即便保险公司知道当时张女士住院的事实，也不会影响到对承保风险的测评及保险费率的选择。所以，不应认定张女士故意隐瞒重要事实。

分析

你是否认可法院判决，为什么？

资料来源：张安立：“是否‘如实告知’应区分对待”，《理财周刊》，2011 年 4 月 15 日。

由这一案例可见，虽然如实告知是投保人的义务，目的在于维护保险公司权益，但也不能被滥用。即便存在不如实告知的情形，也并非必然导致保险公司免除赔付责任。投保人、被保险人未如实告知的情形必须与承保条件、保险费率、保险事故、损害后果有明确的因果关系，才能导致保险公司不承担责任。如果被保险人未陈述的事实与保险合同签订、保费厘定没有因果关系，那么保险公司就无权以未如实告知为由拒绝赔偿。

（2）无需告知的事实。

与重要事实相对应，还有一些事实属于无需告知的事实，如：降低风险的任何情况；保险人知道或推定应该知道的情况；保险人表示不需要知道的情况；根据保险合同明示保证条款，无需申报的事实。

（3）告知形式——询问告知。

对投保人来说，对保险公司的告知有两种形式：一种是无限告知，也就是要将保险公司需要知道的重要事实主动告诉保险公司，知无不言，言无不尽；第二种方式是询问告知，即保险公司需要知道什么信息需要主动向投保人提出询问，投保人需如实回答保险公司的询问。保险公司没有问到的，就视同保险公司无需知道的事实。

哪种方式对投保人而言较为合理呢？显然是询问告知。保险是非常专业化的活动，保险合同又是保险人单方面拟定条款的格式合同，需要了解哪些信息只有保险人自己最清楚，由保险人提出询问，投保人如实回答是可行的，也是合理的。

【案例分析3-2】　体检是否能免除如实告知义务

王某投保某公司人寿保险，保险金额1万元，附加住院医疗保险1万元。填写投保单时，王某在健康告知“目前是否生病或有自觉不适症状”栏填写了“无”。由于王某投保时年龄已超过50岁，保险公司要求其在定点医院作了普通体检，体检未发现异常，保险公司依照标准条件予以承保。

后王某因头晕而住院，诊断为颈椎病。保险公司调查发现，在王某的病历中，有多处头晕且曾经晕倒的记载，时间跨度长达十余年。保险公司认为王某在投保时故意隐瞒了上述病症，以未如实告知、违反最大诚信原则为由，作出拒赔决定。王某向法院起诉。

分析

本案争议的焦点是被保险人体检合格是否能免除其如实告知义务。你认为本案应如何处理？

对人身保险而言，需要告知的重要事实多与被保险人的健康状况有关。体检是保险公司为维护自身利益采取的一种事前风险预防。在被保险人年龄超过一定限度，或保险金额达到一定额度时，保险公司一般会安排被保险人进行体检。因此，有人认为投保人所告知的重要事实的范围因为体检而缩小甚至免除，保险公司应该承担体检没有查出被保险人所患的疾病的后果。你是否认可这一观点呢？

首先，体检项目是保险人根据投保人、被保险人的告知以及被保险人的年龄及投保额列出的，保险人不可能列出囊括身体所有器官部位的体验项目；其次，体检医师出具的检查结果只是对体检的项目及体检时得到的检查样本负责；再次，体检结果可能因为各种因素作用而存在误差，不能百分百保证准确无误。所以，即便安排了体检，投保人对关于被保险人健康状况的重要事实还是应该如实告知，体检不能缩小或免除如实告知义务。

最高人民法院《关于适用〈中华人民共和国保险法〉若干问题的解释（三）》［法释〔2015〕21 号］第五条规定："保险合同订立时，被保险人根据保险人的要求在指定医疗服务机构进行体检，当事人主张投保人如实告知义务免除的，人民法院不予支持。"

因此，本案的判决应该不存在什么争议。王某在投保时故意隐瞒过去十年多次头晕的患病事实，未履行如实告知义务，法院应该驳回王某要求保险公司赔付保险金的诉讼请求。

2. 保险人对投保人的告知

告知不仅是对投保人的义务要求，同时也是对保险人的义务要求。

（1）重要事实。

针对保险人对投保人的告知，重要事实指有关保险条款、费率以及其他条件等可能会影响其做出投保决定的事实。

（2）告知形式——明确说明。

保险人的说明义务是法定义务。保险人对投保人的告知有两种形式，一是明确列明，也就是以书面形式列明相关重要事实，由投保人自行阅读；二是明确说明，我国《保险法》为保险公司设定的就是"明确说明"义务，保险人有义务在订立保险合同前向投保人详细说明保险合同的各项条款，并针对投保人有关保险合同的疑问进行正确的解释。其目的在于保障投保人、被保险人的知情权。

实践中遇到纠纷最多的就是关于保险公司的"免责条款"。很多保险公司在设计合同条款时，写了很多免除自身赔付责任的情形。如果保险公司不对投保人做特别提示，这些条款很容易被投保人所忽视，不利于保护投保人和被保险人的利益。因此，《保险法》和《合同法》都规定，仅仅在合同条款中写上免责条款是不够的，保险公司必须在履行了明确说明义务的前提下，这些免责条款才是有效的。投保人在签订合同之前有权利清楚地知晓哪些情形保险公司不赔偿、哪些情形少赔偿，才能做出接受与否的投保决策。具体法规内容如下。

《保险法》第十七条规定，“订立保险合同，采用保险人提供的格式条款的，保险人向投保人提供的投保单应当附格式条款，保险人应当向投保人说明合同的内容。

对保险合同中免除保险人责任的条款，保险人在订立合同时应当在投保单、保险单或者其他保险凭证上作出足以引起投保人注意的提示，并对该条款的内容以书面或者口头形式向投保人作出明确说明；未作提示或者明确说明的，该条款不产生效力。”

《合同法》第三十九条规定，“采取格式合同订立合同的，提供格式合同的一方应当遵循公平原则确定当事人之间的权利和义务，并采取合理的方式提请对方注意免除或者限制其责任的条款，按照对方的要求，对该条款予以说明。”

（3）最高人民法院关于保险人告知义务的解释。

最高人民法院《关于适用〈中华人民共和国保险法〉若干问题的解释（二）》［法释〔2013〕14 号］中对保险人的告知义务有更为详尽的规定。

第十一条规定，“保险合同订立时，保险人在投保单或者保险单等其他保险凭证上，对保险合同中免除保险人责任的条款，以足以引起投保人注意的文字、字体、符号或者其他明显标志作出提示的，人民法院应当认定其履行了《保险法》第十七条第二款规定的提示义务。

保险人对保险合同中有关免除保险人责任条款的概念、内容及其法律后果以书面或者口头形式向投保人作出常人能够理解的解释说明的，人民法院应当认定保险人履行了保险法第十七条第二款规定的明确说明义务。”

第十二条规定，“通过网络、电话等方式订立的保险合同，保险人以网页、音频、视频等形式对免除保险人责任条款予以提示和明确说明的，人民法院可以认定其履行了提示和明确说明义务。”

第十三条规定，“保险人对其履行了明确说明义务负举证责任。

投保人对保险人履行了符合本解释第十一条第二款要求的明确说明义务在相关文书上签字、盖章或者以其他形式予以确认的，应当认定保险人履行了该项义务。但另有证据证明保险人未履行明确说明义务的除外。”

3. 违反告知义务的法律后果

在保险实践中，经常会出现违反告知义务的情况，原因不外乎如下几点。

（1）投保人不清楚需要告知哪些重要事实，并非故意隐瞒。

（2）投保人为获得保险保障，通过核保关，故意隐瞒以往的出险情况或病史，不如实告知。

（3）在投保人已将重要事实口头告之保险业务员的情况下，个别业务员为了能做成业务，提升个人业绩，将投保人的告知内容对保险公司加以隐瞒。

对这些情况的后果，《保险法》第十六条有明确规定：

"订立保险合同，保险人就保险标的或者被保险人的有关情况提出询问的，投保人应当如实告知。

投保人故意或者因重大过失未履行前款规定的如实告知义务，足以影响保险人决定是否同意承保或者提高保险费率的，保险人有权解除合同。

投保人故意不履行如实告知义务的，保险人对于合同解除前发生的保险事故，不承担赔偿或者给付保险金的责任，并不退还保险费。

投保人因重大过失未履行如实告知义务，对保险事故的发生有严重影响的，保险人对于合同解除前发生的保险事故，不承担赔偿或者给付保险金的责任，但应当退还保险费。

保险人在合同订立时已经知道投保人未如实告知的情况的，保险人不得解除合同；发生保险事故的，保险人应当承担赔偿或者给付保险金的责任。"

【案例分析3-3】 投保时未告知病情是否违反如实告知义务

2009年6月8日，刘某为丈夫李某在某保险公司投保了终身寿险，保险金额5万元。2011年10月28日，李某因"帕金森氏综合征"死亡，刘某携带保险单、被保险人死亡证明等相关材料向保险公司提出索赔申请，要求给付身故保险金5万元。

保险公司对李某的死亡原因进行了调查，发现被保险人李某早在2004年7月至投保日前曾5次因帕金森氏综合征和脑动脉硬化症等多种疾病住院治疗，但在投保单关于"最近健康状况及过去10年内是否患有下列疾病"的询问栏内全部填"否"，没有如实告知被保险人李某投保前患病住院的事实。保险公司以投保人故意未履行告知义务为由，做出了解除保险合同、不给付保险金的决定。刘某不服，诉至法院。

刘某诉称，在保险代理人登门承揽业务时，其已经向该代理人如实告知了被保险人以前患过"脑动脉硬化症"的情况，但他说"没事，不影响承保"，并积极帮刘某填好投保单，交由刘某签字。鉴于保险代理人是接受保险公司的委托从事保险业务活动，投保人口头告知保险代理人，已经履行了告知义务。在保险责任期间发生事故，后果理应由保险公司承担，保险公司应该赔偿。同时，按照2009年修订的《保险法》第30条的规定，采用保险人提供的格式条款订立的保险合同，保险人与投保人、被保险人或者受益人对合同条款有争议的，应当按照通常理解予以解释。对合同条款有两种以上解释的，人民法院或者仲裁机构应当作出有利于被保险人和受益人的解释。

分析

此案应如何处理？

本案中的关键点在于，刘某作为投保人将被保险人李某的身体状况以口头告知的形式告诉了保险代理人，这样是否意味着刘某已经履行了告知义务呢？

在本案中，保险人在投保单中是采用书面形式进行的询问，投保人履行告知义务也应以书面填写的内容为准。投保人刘某当时 35 岁，系某公司职员，是一个具有完全民事行为能力的人。虽然投保单是保险代理人代为填写，但填写的内容经过了投保人的亲笔签名确认，这一行为就是对投保单上告知事项的肯定，由此引发的后果理应由其承担。因此，投保人违反如实告知义务是毫无疑问的。

那么，保险公司是不是就无需承担赔付责任了呢？

本案并未就此终结，我们还需要继续往下分析。请同学们比较一下 2009 年修订后的《保险法》第十六条较修订前的《保险法》有什么区别？

2009 年修订后的《保险法》第十六条较修订前增加了加下划线部分的条款：

“投保人故意或者因重大过失未履行前款规定的如实告知义务，足以影响保险人决定是否同意承保或者提高保险费率的，保险人有权解除合同。

前款规定的合同解除权，自保险人知道有解除事由之日起，超过三十日不行使而消灭。自合同成立之日起超过二年的，保险人不得解除合同；发生保险事故的，保险人应当承担赔偿或者给付保险金的责任。”

由此可见，2009 年修订前的《保险法》规定投保人违反如实告知义务的，保险人可以解除保险合同，并没有时间限制要求。如果《保险法》没有做修订，上述案例诉至法院，最终判决应该保险公司不承担给付保险金的责任。本案中被保险人李某的死亡发生于 2011 年 10 月 28 日，距离 2009 年 6 月 8 日签订保险合同已经超过 2 年。根据 2010 年 10 月 1 日实施的修订后的《保险法》，即使客户理赔时保险公司发现其存在投保未如实告知情形，但两年后也不得解除合同。所以，此时法院的判决应该是支持原告刘某的诉讼请求，要求保险公司履行依照保险合同赔付保险金的责任。

如果李某的死亡发生在 2011 年 5 月，那么保险公司是否需要承担给付保险金的责任？为什么？请大家更进一步思考，《保险法》的修订为什么要增加这样的条款，规定合同成立之日起超过两年，即便投保人未如实告知，保险公司也不得解除合同，还要承担保险事故发生后赔偿或给付保险金的责任？这样的规定是否会助长投保人的不诚信，损害保险公司的利益？

三、保证

1. 保证的内涵

最大诚信原则的第二项内容是保证。

保证（warranty）是指投保人或被保险人对在保险期限内的特定事项作为或不作为向保险人所做的担保或承诺。

保证义务起源于英美保险法。英国《1906 年海上保险法》第三十三条对“保证”的定义是：保证是指承诺性保证，即被保险人保证为或不为特定事项，或履行某些条件，或肯定或否定某些事实的特定状态。无论保证对风险是否有实质性影响，都必须遵守。当被保险人违反保证时，保险人可以根据保险单中明示的约定，从被保险人违反保证之日起免除责任，但对违反保证前所发生的损失保险人仍应负责。

由此可见，保险合同法中的“保证”具有如下特征：第一，保证是一项声明或承诺；第二，遵守保证是保险人承担保险金赔付责任的前提。第三，保证必须要严格遵守，一旦违反，保险人将自保证被违反之日起免除责任。[①]

一般认为，在英美保险法中，投保方的保证义务最早是由 18 世纪英国著名法官曼斯菲尔德勋爵在 *De Hahn V. Hartley* 这一判例中确立的。在该案中，投保人为一艘即将驶离利物浦前往西印度群岛的船投保，在保单中保证船上海员人数有 50 人之多。事实上，船驶出利物浦之时，仅有 46 名水手。此后该船暂泊于另一港口，船长又招募了 6 人。该船在 5 个月以后出险。在理赔时，保险公司以投保人违反保证为由拒赔。在审理过程中，以曼斯菲尔德勋爵为首的大部分法官都认为由于被保险人违反了其在投保时的保证条款，虽然离开利物浦时船员不足 50 人与 5 个月后的出险及损失无任何联系，但保单无效，保险人无需承担赔偿责任。

曼斯菲尔德勋爵认为，保证与告知有重大差别，告知只需要大体履行即可，保证必须严格遵守。这一观点体现在了英国《1906 年海上保险法》中，如果保证条款被违反，即使在损失发生前被保险人采取了补救措施，被保险人也不能以此为抗辩。该判例被后人总结为一条铁律——保证必须严格遵守（strict compliance）。

曼斯菲尔德勋爵创立的这条法律规则逐渐从海上保险扩展到财产保险和人身保险，在 20 世纪 50 年代被美国保险业所接受，并对大陆法系的保险法产生了重要影响。严格遵守保证，既能够将保险人的赔付责任控制在投保人告知和保证的范围之内，有助于保险人控制风险；还能有效防止投保方在投保时的虚假陈述。对欺诈行为的严厉处罚有助于保险活动的持续健康开展，也间接保护了其他被保险人的利益。

2. 保证的形式

（1）明示保证（express warranty）。明示保证是指投保方在保险合同中对与投保风险有

---

① 李邈：“海上保险法中保证法律制度研究”，大连海事大学硕士毕业论文，2007 年；杨莹颖：“保险合同法中的保证义务——从信息不对称角度看我国保证义务之完善”，华东政法大学硕士毕业论文，2008 年。

关事实的真实性，或对保险有关行为已经完成或即将完成所做的明确保证。明示保证以条款形式在保险合同中载明，一般是以“被保险人义务”条款表达的一类保证事项。

（2）默示保证（implied warranty）。默示保证是指非由双方当事人约定的，而是由法律规定或在习惯中被人们承认的保证。虽未以保险合同条款形式列明，但是按照行业或国际惯例、有关法规以及社会公认的准则，投保人或被保险人应该作为或不作为的事项。默示保证源于海上保险，在长期的业务实践中，各方形成了约定俗成的理念，即便保险合同中没有说明，投保人也应该保证做到船舶应该处于适航状态，应该按照既定航线航行，船货应该是合法的等等。

3. 违反保证条款的后果

我国的《保险法》中并没有提及“保证”的概念，仅在《中华人民共和国海商法》（第七届全国人民代表大会常务委员会第二十八次会议于1992年11月7日通过，自1993年7月1日起施行）第二百三十五条规定：“被保险人违反合同约定的保证条款时，应当立即书面通知保险人，保险人收到通知后，可以解除合同，也可以要求修改承保条件、增加保险费。”《最高人民法院关于审理海上保险纠纷案件若干问题的规定》第六条规定：“保险人以被保险人违反合同约定的保证条款未立即书面通知保险人为由，要求从违反保证条款之日起解除保险合同的，人民法院应予支持。”但这些规定仅适用于海上保险。

针对“保证”条款的法规缺失，《最高人民法院关于审理保险纠纷案件若干问题的解释》（征求意见稿，2003年）第十二条（保证条款）专门对此做出规定：

保险合同的当事人可以根据《保险法》第五条和第二十条的规定，在保险合同中约定，被保险人违反保险合同中的保证条款时，保险人可以自被保险人违反保证条款之时解除保险合同，也可以要求修改承保条件，增加保险费，或者免除保险责任或者减轻保险责任。

保险合同中投保人、被保险人以书面承诺为一定行为或不行为或者保持某种状况的内容视为保险合同中的保证条款。

被保险人为无民事行为能力人和限制民事行为能力人的，不受该保险合同中保证条款约束。但是，被保险人的监护人有过错的，应当免除或者减轻保险人的责任。

其中提及的《保险法》（2002年修订版）第五条的规定是：“保险活动当事人行使权利、履行义务应当遵循诚实信用原则。”第二十条的规定是：“投保人和保险人在前条规定的保险合同事项外，可以就与保险有关的其他事项作出约定。”

基于以上规定可见，在我国的保险业务实践中，就违反保证条款的后果，给予了保险人三个选择：可以解除合同或者增加保险费抑或者免除、减轻保险责任。保险人可根据实际情况，决定如何选择。①

四、弃权与禁止反言

1. 弃权与禁止反言的内涵及法律规定

弃权（waiver）是指保险合同当事人一方明知道自己在合同中可以主张的某种权利，但以明示或默示的方式向另一方做出放弃权利的意思表示。明示弃权可以采用书面或者口头形式。

《保险法》第十六条规定，“投保人故意或者因重大过失未履行前款规定的如实告知义务，足以影响保险人决定是否同意承保或者提高保险费率的，保险人有权解除合同。

前款规定的合同解除权，自保险人知道有解除事由之日起，超过三十日不行使而消灭。自合同成立之日起超过二年的，保险人不得解除合同；发生保险事故的，保险人应当承担赔偿或者给付保险金的责任。

保险人在合同订立时已经知道投保人未如实告知的情况的，保险人不得解除合同；发生保险事故的，保险人应当承担赔偿或者给付保险金的责任。”

最高人民法院关于适用《中华人民共和国保险法》若干问题的解释（二）［法释〔2013〕14 号］第七条规定：“保险人在保险合同成立后知道或者应当知道投保人未履行如实告知义务，仍然收取保险费，又依照《保险法》第十六条第二款的规定主张解除合同的，人民法院不予支持。”

由以上规定可见，《保险法》中的弃权是指保险人已经意识到其有理由解除保单，或者有理由抗辩被保险人保单项下的主张时，没有行使而是自愿放弃了上述权利。

禁止反言（estoppel）是指当保险合同一方当事人在已经弃权的情况下，将来不得再要求行使这项权利。

在保险订立合同时，只要保险人放弃了某种权利，合同成立后便不能反悔，不得再向投保人或被保险人主张这种权利。至于投保人是否了解事实真相，在此不问。

弃权与禁止反言规则是对最大诚信原则的具体化，也利于公平保护保险合同当事人的利益。实践中，保险人在保险合同的订立和履行过程中，有时会以语言或行为确认合同的有效性；但在保险事故发生后，又以投保人没有如实告知为由，主张合同无效。尤其是在保险代理人代办保险业务时，为谋取多收入代理费，往往对保险标的或投保人的声明事项不作严格审核，而以保险人的名义向投保人作出承诺，签发保险单，并收取保险费。如果对保险人在

---

① 李春彦、李之彦：《保险法告知义务及其法律规则》，法律出版社 2007 年版。

此问题上的投机性不加约束，投保理赔“两张脸”，从长远来看，必将使保险业在投保人心目中的诚信形象大打折扣。同时，经过较长一段时间后，要查明投保人投保时是否履行了如实告知义务非常困难，往往容易引起纠纷。因此，法律规定了一个期间，要求保险人在此期间内进行审查，并有权解除合同；一旦超过该期限，保险人不得再主张合同解除或不承担给付保险金责任的权利，从而保护被保险人和受益人的利益。

【案例分析3-4】 保险公司是否弃权

2009年4月，庄某为其所有的变形拖拉机①在某保险公司投保了第三者责任险，保险金额为10万元。投保时，庄某未填写机动车驾驶证号码，保险公司审核后也未提出异议。2009年6月，陶某驾驶小轿车与庄某驾驶的变形拖拉机相撞，造成人员受伤、车辆受损。经交警部门认定，陶某负主要责任，庄某持C1驾照驾驶变形拖拉机属驾驶与驾驶证载明的准驾车型不相符的拖拉机上路行驶，负次要责任。事故发生后，陶某以庄某为被告诉至法院，法院判决庄某赔偿陶某11余万元。庄某在实际支付2.7万元后，起诉至人民法院，要求保险公司支付理赔款10万元。

【律师团简要评析】

本案是关于弃权与禁止反言规则的典型案例。庄某在与保险公司订立保险合同时，保险公司没有要求庄某填写驾驶证，也没有就相关问题对庄某进行询问，保险公司放弃了自己对投保人相关情况询问的权利。因此，基于《保险法司法解释二》第七条规定：保险人在保险合同成立后知道或者应当知道投保人未履行如实告知义务，仍收取保险费，又依照《保险法》第十六条第二款的规定主张解除合同的，人民法院不予支持。保险公司不得对自己已经放弃的权利反悔，拒绝履行保险合同。

2. 对弃权与禁止反言的现实司法理解

如本节“告知”部分所述，根据2010年10月1日实施的修订后的《保险法》，即使客

① “变形拖拉机”名称的使用可追溯到20世纪90年代，它是在四轮农用运输车和拖拉机的基础上发展起来的，包括多功能拖拉机、运输型拖拉机、拖拉机变型运输机、三轮变拖、四轮变拖等等。根据《中华人民共和国道路交通安全法》的规定，对于上道路行驶的拖拉机，对其登记、驾驶证核发等，由农业（农业机械）主管部门负责。公安部于2004年5月1日起颁布施行的《机动车驾驶证申领和使用规定》，规定对车型为城市公交车、大型货车、小型汽车、小型自动挡汽车、低速载货汽车、三轮汽车、普通三轮摩托车、普通二轮摩托车、轻便摩托车、轮式自行机械车、无轨电车、有轨电车的机动车驾驶证的核发，由公安机关交通管理部门负责，核发的驾驶证代号分别为A、B、C、D、E、F等。农业部于2004年10月1日起施行了《拖拉机驾驶证申领和使用规定》，将大中型拖拉机、小型方向盘拖拉机、手扶拖拉机驾驶证的申领，规定由农业（农业机械）主管部门负责，核发的驾驶证代号分别为G、H、K。

户理赔时保险公司发现其存在投保未如实告知情形，但两年后也不得解除合同。事实上，这一条款确实给很多保险公司带来了不小的麻烦。各保险公司对“带病投保”下的理赔要求几乎逢诉必败，原因则是一些法官对该条款仅做表面理解。

2015年12月4日，最高人民法院发布十九起合同纠纷典型案例，其中“陈某诉中国平安人寿保险股份有限公司乐山中心支公司人身保险合同纠纷案”为加深对这一条款的理解提供了契机。

【案例分析3-5】　投保人未如实告知，保险合同成立两年后保险人仍享有解除权

【基本案情】

陈某之父陈某康，因右肺腺癌于2010年8月10日入院治疗，至2010年8月24日病情平稳后出院。2010年8月25日，陈某为陈某康在被告处投保了8万元的身故险和附加重大疾病险。陈某和陈某康在“询问事项”栏就病史、住院检查和治疗经历等项目勾选为“否”。两人均签字确认其在投保书中的健康、财务及其他告知内容的真实性，并确认保险公司及其代理人已提供保险条款，对免除保险人责任条款、合同解除条款进行了明确说明。双方确认合同自2010年9月2日起生效。合同7.1条及7.2条就保险人的明确说明义务、投保人的如实告知义务以及保险人的合同解除权进行了约定。

2010年9月6日至2012年6月6日，陈某康因右肺腺癌先后9次入院治疗。2012年9月11日，陈某康以2012年3月28日的住院病历为据向被告申请赔付重大疾病保险金。保险公司经调查发现，陈某康于2010年8月10日入院治疗，被确认为“肝炎、肝硬化、原发性肝癌不除外”，于2012年9月17日以陈某康投保前存在影响该公司承保决定的健康情况，而在投保时未书面告知为由，向原告送达解除保险合同并拒赔的通知。

陈某康、陈某于2012年10月24日提出上诉，请求法院判令被告保险公司履行保险合同并给付重大疾病保险金3万元，后在二审中申请撤诉，二审法院于2012年12月18日裁定撤诉。

2014年3月11日至3月14日，陈某康再次因右肺腺癌入院治疗，其出院诊断为：右肺腺癌伴全身多次转移（Ⅳ期，含骨转移）。2014年3月24日，陈某康因病死亡。原告陈某遂诉至法院，请求被告给付陈某康的身故保险金8万元。

【法院判决】

一审法院认为：投保人陈某在陈某康因右肺腺癌住院治疗好转后，于出院次日即向被告投保，在投保时故意隐瞒被保险人陈某康患有右肺腺癌的情况，违反了如实告知义务，依据《保险法》第十六条第二款的规定，保险人依法享有合同解除权。因上述解除事由在保险合同订立时已发生，且陈某康在2010年9月6日至2012年6月6日间，即合同成立后两年内因右肺腺癌先后9次入院治疗，却在合同成立两年后才以2012年3月28日的住院病历为据向被告申请赔付重大疾病保险金，又在陈某康因右肺腺癌死亡之后要求被告赔付身故保险金8万元，其主观恶意明显，该情形不属于《保险法》第十六条第三款的适用范围，原告不得援引该条款提出抗辩。被告自原告方向其申请理赔的2012年9月11日起始知道该解除事由，即于2012年9月17日向原告送达书面通知拒付并解除合同。原告未在三个月异议期内提出异议。根据《合同法》第九十六条第一款的规定，双方合同已于2012年9月17日解除。原告以2014年3月24日陈某康因病死亡为由诉请被告支付保险金8万元没有法律依据，判决驳回原告陈某的诉请。

二审法院认为：上诉人主张，据《保险法》第十六条第三款规定，保险公司不能解除合同。法院认为，从《保险法》第十六条第三款看，“自合同成立之日起超过二年保险人不得解除合同”，保险人不得解除合同的前提是自合同成立之日起二年后新发生保险事故。而本案中，保险合同成立时保险事故已发生，不属于前述条款适用的情形，保险人仍享有解除权。被保险人、受益人以《保险法》第十六条第三款进行的抗辩，系对该条文的断章取义，对此不予支持。判决驳回上诉，维持原判。

【典型意义】

（1）本案中投保人未如实告知投保前已发保险事故，保险合同成立两年后请求理赔，若机械援用《保险法》第十六条的规定，将变相鼓励恶意骗保行为。本案在权衡保障投保人的合法权益和维护良好保险秩序后作出了裁判，为相似案件处理提供了经验。

（2）保险合同是射幸合同，对将来是否发生保险事故具有不确定性。但在保险合同成立之前已发生投保事故，随后再投保，系恶意骗保的不诚信行为，并违反保险合同法理，此时不应机械性地固守不可抗辩期间的限定，应赋予保险公司解除权。且两年不可抗辩期间适用的前提是保险合同成立两年后新发生的保险事故，保险合同成立前已发生保险事故的，保险公司不应赔偿。本案的裁判，对于遏制恶意投保并拖延理赔的不诚信行为，规范保险秩序，防止保险金的滥用，具有积极作用。

? 分析

请回顾本章开头提到的老赵那位患癌症的同事，分析他是否还有挽回的余地？能，或者不能，问题的关键在哪里？

第2节 保险利益原则

一、保险利益及保险利益原则的含义

1. 保险利益（insurable interest）

保险利益是指投保人或被保险人对投保标的所具有的法律所承的经济利益。如果保险标的安全，则投保方可以由此而获益；而保险标的受损，被保险人就会蒙受经济损失。

与第1章关于风险的研究相似，对风险的各种角度界定有助于明确可保风险，而界定保险利益同样有助于明确可保利益，也有助于针对特定可保利益险种的开发。可保利益需要满足以下条件。

（1）可保利益必须是合法利益。保险利益作为投保人或被保险人享有的利益，必须是为法律认可并受到法律保护的利益。对不法利益，如贪污、盗窃、诈骗等非法手段取得的财产，均无可保利益。如果基于这些利益，即便签订了保险合同，合同也是无效的。

（2）可保利益必须是具有可定量计算的经济价值的利益。只有当利益是具有可以定量计算的经济价值，保险人才能依据统计资料及大数法则，对可能的风险事故发生概率及损失进行估算；投保的时候方便计算确定保险金额，出险后亦能方便地评估损失金额。类似精神创伤、政治打击等难以用货币衡量的，不构成可保利益。

（3）可保利益必须是可以确定的和能够实现的利益。“确定利益”指被保险人对保险标的的现有利益或因现有利益而产生之期待利益已经确定。所谓“能够实现”，是指它是事实上的经济利益或客观的利益，在可预期的情况下能够实现。保险利益可以是现有利益和直接利益，也可以是预期利益和间接利益。前者较容易确定，期待利益或间接利益则可能引起争议。

例如，对于演出承办方而言，演出的票房收入在演出前就是一种预期利益，可以作为保险利益。由于异常天气、演员身体不适、现场事故等原因，都可能导致演出取消。临时取消演出给演出承办方带来的人员场地、设备损耗、退票、赔偿广告商等损失可以通过购买诸如“演艺活动取消保险”转嫁给保险公司。例如2009年6月，迈克尔·杰克逊不幸突然离世，歌迷们悲痛万分。杰克逊伦敦演唱会主办方AEG公开表示，销售出去的门票多达75万张，金额达到8500万美元。杰克逊的猝死，让AEG综合损失达到3亿英镑。幸运的是，AEG为杰克逊演唱会购买了“演出取消险”，退票带来的损失将得到保险公司的分担。2003年，滚石乐队工体馆演唱会因“非典”取消。“滚石乐队”北京演唱会的主办者为此次演出购买了公众责任保险，附加险为“偶发事件保险”，最终由人保财险赔偿了 250 万元。但此后，国内的保险公司取消了此类保险，导致国内保险业针对演出活动的专门产品长期缺位。

请结合前面所学的章节内容分析，国内保险公司为何不愿意开发“演出取消险”？“德云社”相声演员岳云鹏是近年来娱乐圈的“香饽饽”，频频参加各种综艺节目，在全国乃至国外的商业演出一发不可收拾，2016 年举办的全国巡演几乎场场一票难求，收获了不俗的票房。如果你是保险公司承保人员，你是否愿意承保岳云鹏相声巡演的“演出取消险”？为什么？

2. 保险利益原则的含义

《中华人民共和国保险法》第十二条规定：“人身保险的投保人在保险合同订立时，对被保险人应当具有保险利益。财产保险的被保险人在保险事故发生时，对保险标的应当具有保险利益。被保险人是指其财产或者人身受保险合同保障，享有保险金请求权的人。投保人可以为被保险人。保险利益是指投保人或者被保险人对保险标的具有的法律上承认的利益。”

保险利益原则具体体现为以下两点。

第一，投保人对保险标的必须具有可保利益。若将与自己无关的标的投保，企图在事故发生后获得赔偿，是违背保险损失补偿原则的，法律不予保护。许多国家的法律都把保险利益作为保险合同生效的重要条件，明文规定无保险利益的保险合同不发生法律效力。

第二，除特殊情况外，签订保险合同时投保人需有保险利益；在合同履行过程中，如果被保险人丧失保险利益，保险合同一般也随之失效。

举个简单的例子，某外地游客到南京旅游，在游览了明城墙后赞叹不已，希望能为城墙保护尽一份力，出于爱护古城墙的目的，自愿交付保险费为明城墙投保。请问：对此保险公司是否应予以承保？为什么？针对该问题的答案是明确的，该游客与明城墙之间不存在法律上承认的可保利益，作为保险标的的明城墙即便遭受损害，也不会给该游客造成经济上的损失，所以该游客对明城墙没有可保利益，保险公司是不会承保的。

3. 规定保险利益原则的意义

首先，保险利益原则要求投保人或被保险人对保险标的具有保险利益，保险人的赔付以被保险人遭受损失为前提，可以防止投保人或被保险人放任或促使其不具有保险利益的保险标的发生保险事故，以谋取保险赔偿，减少道德风险的发生。

其次，保险利益是保险人所补偿损失的最高限额，被保险人所主张的赔偿金额不得超过其保险利益的金额或价值。坚持保险利益原则，有助于限制赔偿程度，防止被保险人因保险获得高于损失的收益，因此也可以减少道德风险的发生。

再次，如果投保人对于保险标的不具有保险利益，就意味着投保人可以不受损失而得到赔偿，与赌博无异。规定保险利益原则，有助于防止保险蜕变为赌博。

二、财产保险的保险利益

1. 财产保险保险利益的形式

财产保险保险利益主要表现在以下不同形式中。

（1）所有权利益。主要指保险投保人依法享有的对特定财产（如船舶、飞机、汽车、货物、建筑物、机器设备、家庭财产、债权等）的所有权。一旦这些物品被损毁或无法收回，投保人可认为自己的利益受到损害，而利用保险商品的补偿职能得到补偿。

（2）没有财产所有权，但有合法的占有、使用权。主要指保险投保人对特定财产（如租赁设备、房产等）享有的合法使用权。例如，财产的受托人或保管人、财产的承租人等对财产有保险利益。当保险标的受损时，投保人的利益也会因此遭受损害，投保人即可按照保险合同的约定获得补偿。

（3）收益权利益。主要指保险投保人在正常情况下应获得的收益权利，如遗产、馈赠、捐助利益的获得、预期的经营利润、租赁收入等。前文中提到的演出承办方的预期门票收入就属于这种情况。在保险合同约定期限内，如果因为保险责任范围内的因素导致这些利益无法实现，投保人可以认为自己的利益受到损害，通过保险合同约定获得经济补偿。

（4）债权人对现有的或期待的债权，因债权债务关系而产生的抵押物或留置物等相关的权益。因债权债务关系而产生的抵押物或留置物是债权人在债务人无法承担还款责任时，回收借款的保障，因而对其拥有了保险利益。

（5）费用损失。主要是指为了减少风险事故发生时产生的费用支出，或风险事故发生后进行处理时发生的费用支出，如安装保护设施支出、风险咨询费、施救费用、损失调查费用等。这些费用虽然不是风险事故发生对保险投保人直接造成的利益损害，但却构成了间接的利益损失。由于这些费用支出往往有助于投保人加强防灾防损，很多保险公司都将它们列入可保范畴。

【案例分析3-6】　兄弟合资购买的收割机损失，哥哥可以获得多少赔偿

“十年致富奔小康，一场事故全泡汤”是在农机手中间广为流传的一句话，反映的是农机作业的高风险。据2016年8月8日《农村信息报》（记者金国栋，谭罗敏等）报道，浙江省嘉兴市从 2016 年起开展政策性农机综合保险试点工作，包括农机损失保险、农机具机上人员意外保险和农机具第三者责任保险三个险种，采取市、区财政补贴 50% 的方式给予投保农户保费补助。补贴机具包括纯农田作业拖拉机（含微耕机）、联合收割机、插秧机、粮食烘干机等农业机械。农户自愿到具有承担农机保险资格的保险公司申请投保，填写投保单，交纳保费自负部分。

假设某村有弟兄两个，各出资一半买了一台水稻联合收割机，除了自家使用外，还为周边农户提供收割服务获利。哥哥为家里的收割机投保了一份农业机械综合保险。在填写投保单的时候，哥哥在“投保人”一栏填写了自己的名字，根据收割机的市场价格确定的保险金额为 68000 元。在保险有效期内，该收割机在开往作业地的路上，因雨后路滑发生倾覆，导致收割机基本全损，好在人及时跳离没有受伤。损失原因属于保险责任范围之内的事故。

分析

哥哥持保险合同去保险公司索赔，不考虑免赔等因素，大约可以获得多少赔偿？

2. 财产保险利益的保险利益时效

在一般情况下，财产保险的保险利益要求在保险合同订立时到损失发生时的全过程中都存在。在财产保险中，保险利益不仅是订立保险合同的前提条件，而且也是维持保险合同效力、保险人支付赔款的条件。

财产保险的保险利益在保险合同订立时可以不存在，但事故发生时，则必须存在。英国《1906 年海上保险法》第六条规定：“在保险合同订立时，被保险人对于标的物固无发生利益关系之必要，但在标的物发生灭失时，被保险人必须享有保险利益。”为什么要做这样的规定呢？

首先是便利保险合同的订立，有助于保险业务的开展。在海上保险业务中，船主货主对船只和货物的所有权或租赁权往往处于变动之中。例如羊毛商人为准备通过海运出口的羊毛投保，但在与保险人签订保险合同时，这些羊毛还没有收购过来，羊毛商人对合同所约定的保险标的其实还不存在保险利益。

其次，只有保险事故发生时有保险利益存在，投保人或被保险人才有实际损失发生，保险人才能根据损失程度确定补偿的标准。如果保险利益在订立合同时存在，但事故发生时已经不存在了，则投保人和被保险人对于保险标的已无利害关系，没有损失，也就没有补偿可言，即使发生保险事故，保险人也不负赔偿责任。假设该羊毛商人将羊毛收购齐全后装船出口，在中途停靠某港口时就转手将货物卖给了其他商人，此后船只遭遇海难，羊毛全损。基于此前该羊毛商人签订的保险合同，保险人是否需要赔偿羊毛的损失呢？答案是否定的。因为羊毛的所有权已经转让给其他人，作为投保人和被保险人的该羊毛商已经对这批羊毛不具有保险利益。

【案例分析3－7】　房租到期后发生火灾能否得到保险赔偿

据2008年12月28日《第一财经日报》报道，2006年1月2日，A公司向该市一家印刷厂租借了一间100多平方米的厂房做生产车间，双方在租赁合同中约定租赁期为一年，若有一方违约，则违约方将支付违约金。同年3月6日，A公司向当地保险公司投保了企业财产险，期限为一年。A公司因订单不断，欲向印刷厂续租厂房一年，遭到拒绝，只好边维持生产边准备搬迁。2007年1月2日至18日间，印刷厂多次与A公司交涉，催促其尽快搬走，而A公司经理多次向印刷厂解释，并表示愿意支付违约金。最后，印刷厂的法定代表人只得要求A公司最迟在2月10日前交还厂房，否则将向法院起诉。2月3日，A公司职员不慎将洒在地上的煤油引燃起火，造成厂房内设备损失215000元，厂房屋顶烧塌，需修理费53000元。A公司向保险人索赔。

双方对“厂房内设备属企业财产险的保险责任范围，保险公司理应赔偿其损失”不存在争议。但是，由于租借合同已到期，保险公司对是否仍应对厂房屋顶修理费进行赔偿产生了分歧。

有人认为，2007年1月2日租赁合同到期后，A公司对承租厂房已不存在保险利益，因此保险公司不需要再承担屋顶的赔偿责任。

分析

请分析，保险公司是否需要对厂房屋顶损失承担赔偿责任？为什么？

根据《合同法》第二百一十二条的规定，“租赁合同是出租人将租赁物交付承租人使用、收益，承租人支付租金的合同”。A公司于2006年1月2日向印刷厂租借厂房，租期为一年，A公司享有对承租厂房“使用”及“收益”的权利，A公司投保时对厂房具保险利益，保险合同合法有效。

本案的关键在于书面的租赁合同在2007年1月2日期满，2月3日火灾发生时，A公司对厂房是否具有保险利益，保险合同是否仍具有法律效力。根据《民法通则》第五十六条的规定，“民事法律行为可采取书面形式、口头形式或者其他形式”，以及《合同法》第十条的规定，“当事人订立合同，有书面形式、口头形式和其他形式”。本案中，A公司与印刷厂经数次交涉，印刷厂的法定代表人同意A公司在2007年2月10日前交还厂房。这就表明，印刷厂与A公司达成了延长租赁合同至2007年2月10日终止的口头协议。根据《合同法》第二百二十二条的规定，“承租人应当妥善保管租赁物，因保管不善造成租赁物毁损、灭失的，应当承担损害赔偿责任”。2月3日事故发生时，A公司对厂房这一保险标的是具有合法的保险利益的，保险合同依然有效。在不考虑免赔的情况下，保险公司应根据保险合同的约定向A公司赔偿215000元的设备损失及53000元的房顶烧塌修理费。

3. 财产保险保险利益的变动

（1）保险利益的转移。

保险利益的转移指在保险合同有效期内，投保人将保险利益转让给受让人。

《保险法》第四十九条规定：“保险标的转让的，保险标的的受让人承继被保险人的权利和义务。

保险标的转让的，被保险人或者受让人应当及时通知保险人，但货物运输保险合同和另有约定的合同除外。

因保险标的转让导致危险程度显著增加的，保险人自收到前款规定的通知之日起30日内，可以按照合同约定增加保险费或者解除合同。保险人解除合同的，应当将已收取的保险费，按照合同约定扣除自保险责任开始之日起至合同解除之日止应收的部分后，退还投保人。

被保险人、受让人未履行本条第二款规定的通知义务的，因转让导致保险标的危险程度显著增加而发生的保险事故，保险人不承担赔偿保险金的责任。”

第五十条规定：“货物运输保险合同和运输工具航程保险合同，保险责任开始后，合同当事人不得解除合同。”

根据以上规定可知，货物运输保险以及合同另有约定的保险，保险利益随保险标的的转让而自动转移。其他财产保险的标的的转让，保险利益随之转移，但需要及时通知保险人办理合同更改手续。如果因为转让导致风险显著加大，保险人有权增加保费或解除合同。

（2）保险利益的灭失。

保险利益转移的另一面就是投保人或被保险人失去保险利益。

保险利益的灭失，是指投保人或被保险人失去保险利益，即在保险合同成立后，因为发生某种法律事实而引起投保人或被保险人丧失对保险标的所具有的利害关系。

在保险期间丧失保险利益，如属全部丧失，保险合同也随之失效。

【案例分析3-8】 房屋所有权转让后发生火灾能否得到保险赔偿

老赵在城南有一套早年单位分配的小两居室，后来家里又买了新房，那套小两居室就一直用来出租。考虑到几十年的老房子电线管道都老化了，加上租客情况复杂，在做保险的远亲推荐下，老赵每年都会给这套小房子投保家庭财产险，花费不多，求个安心。小赵和小孙结婚后，在交通便利、配套齐全的城东某新楼盘看中了一套房子。因为小两口参加工作时间不长，积蓄有限，首付款需要父母支持。老赵便把城南的这套小两居室卖掉了。在办理房屋产权过户时，老赵手头的家庭财产险还有2个月才到期。半个月后，该房屋因电线短路发生火灾。

分析

(1) 保险公司是否需要承担房屋火灾的赔偿责任？

(2) 如果老赵在卖房时，将还有2个月才到期的保险单交给了房屋的买方，新房主是否能以被保险人身份向保险公司索赔？请比较最新的《保险法》规定与以前旧版本的相关规定，并作出分析。

三、人身保险的保险利益

1. 人身保险保险利益的认定原则

人身保险的保险标的是人的寿命或身体。人身保险的保险利益指投保人对于被投保人的生命或身体所具有的利害关系。也就是说，当被保险人生存及身体健康时才能保证其投保人应有的经济利益；反之，如果被保险人死亡或伤残，将使投保人遭受损失。

人身保险的保险利益更多体现为投保人和被保险人之间的人身依附关系或者信赖关系。这种关系有时虽顾及经济上的利益，但并不单纯以金钱所能估计的利益为限。

不同国家或地区往往有不同的人身保险保险利益认定原则，主要包括如下几种。

(1) 利益主义原则。英、美等国实行的是利益主义原则，把投保人与被保险人之间是否存在经济上的利益关系作为保险利益存在的依据。如果投保人与被保险人之间存在经济上的利害关系，则投保人就对被保险人具有保险利益。如夫妻之间、合伙人之间等都存在经济上的利害关系，所以夫妻之间、合伙人之间相互具有保险利益。

(2) 同意主义原则。日本、德国、瑞士实行的是同意主义原则，只要经过被保险人的同意，而不论投保人与被保险人之间是否存在利害关系，都认为投保人对被保险人具有保险利益。

（3）混合原则。根据《中华人民共和国保险法》的规定，我国采用利益主义与同意主义相结合的混合原则，即限制家庭成员关系范围，并结合被保险人同意的方式来确定人身保险的保险利益。

《保险法》第三十一条规定："投保人对下列人员具有保险利益：

（一）本人。

（二）配偶、子女、父母。

（三）前项以外与投保人有抚养、赡养或者扶养关系的家庭其他成员、近亲属。

（四）与投保人有劳动关系的劳动者。

除前款规定外，被保险人同意投保人为其订立合同的，视为投保人对被保险人具有保险利益。

订立合同时，投保人对被保险人不具有保险利益的，合同无效。"

本人是指投保人自己，各国法律都承认任何人对自己的生命和身体都具有无限的保险利益，因此，任何人都可以为自己投保任何保险责任的人身保险合同，保险金额则一般根据投保人的交费能力及实际需要确定。

依照一般原则，家庭成员相互间具有保险利益。因为配偶之间、父母与子女之间具有法律规定的扶养（同辈之间）、抚养（长辈对晚辈）或赡养（晚辈对长辈）义务，被保险人的死亡或伤残会造成投保人的经济损失，因而投保人对其配偶、父母、子女具有保险利益，可以作为投保人为他们投保。

投保人对其他家庭成员、近亲属的保险利益，必须以他们之间存在抚养、赡养或扶养关系为前提。与投保人具有抚养、赡养或者扶养关系的家庭成员、近亲属的伤亡、残疾可能会给投保人带来经济上的损失，因此，投保人对他们具有保险利益，可以为他们投保，但是，需要被保险人本人同意。例如，父母对于领养的孩子，有保险利益；失去亲生孩子的老人由侄子赡养，老人与侄子之间也有了保险利益。

与投保人有劳动关系的劳动者的安危与投保人的利益自然相关，因而具有保险利益。

为了更有效地防范道德风险，有观点认为，"被保险人同意"应以被保险人与投保人之间已经存在的可以产生利益关系的法律关系为前提条件。即双重条件，既要具有一定的法律关系，如投保人的合伙人、债务人、投保人的财产或者事务的管理人等，又要被保险人同意。

【案例分析3-9】 继母是否具有保险利益

李某与妻子马某于2010年协议离婚，双方约定8岁的儿子和母亲马某一起生活，每周六儿子到父亲李某处生活一天。后来李某与郑某再婚。郑某不能生育，李某的儿子活泼可爱，郑某特别喜欢李某的儿子，视如己出。2012年5月，郑某以孩子母亲的身份为孩子投保了一份人身保险，指定受益人为李某。2013年6月，李某的儿子不幸因车祸死亡。李某向保险公司提出索赔，保险公司以郑某对被保险人不具有保险利益为由，拒绝支付保险金。郑某将保险公司起诉到法院。

分析

本案应如何处理？

本案的关键在于郑某与孩子之间的关系。由于孩子的亲生父母都健在，而且孩子并不和郑某生活在一起，在郑某和孩子之间不存在法律上认可的抚养关系，因此郑某对孩子不享有保险利益。投保人对被保险人具有保险利益是人身保险保险合同成立的必要条件，所以该保险合同是无效的。请同学们进一步思考，如果李某强调他是孩子的父亲，对孩子拥有保险利益，是否会影响本案的判决结果呢？

2. 人身保险利益的保险利益时效

人身保险要求在合同订立时必须存在保险利益，在保险事故发生时是否存在保险利益，则无关紧要。

这一点与财产保险的保险利益时效要求正好相反。也就是说，在人身保险的保险事故发生后，即使投保人已经对被保险人失去保险利益，也不影响保险合同的效力和保险公司的赔付。

之所以规定人身保险在投保时，投保人对被保险人必须要有保险利益，主要目的在于防止诱发道德风险，防范投保人利用保险谋财害命或者以博取不当利益，维护被保险人的人身安全利益。但是，很多人身保险都具有长期性，保险期限可以长达几十年直至被保险人死亡。如果一旦投保人对被保险人失去保险利益，保险合同就失效的话，会使被保险人失去保障。领取保险金的受益人是由被保险人指定的，如果因保险利益的消失而使受益人丧失在保险事故发生时所应获得的保险金，无疑会使该权益处于不稳定的状态之中。这些后果都违背了人身保险设立的初衷。

因此，人身保险保险利益的存在是订立合同的必要前提条件，但不是给付的前提条件。即使投保人因为与被保险人关系的改变，如离异、雇佣合同解除等而丧失保险利益，也不影响保险合同的后续效力，保险人仍担负保险事故发生后给付被保险人或受益人保险金的责任。

3. 人身保险保险利益的变动

在人身保险中，投保人对被保险人的保险利益分为两种情况，即被保险人的保险利益专属投保人和非专属投保人。

如果人身保险合同因为债权债务关系而订立，这时被保险人的保险利益专属于投保人（债权人），当投保人死亡时，保险利益可由投保人的合法继承人继承。

如果人身保险合同为特定的人身关系而订立，如血缘关系、抚养关系等，这时被保险人的保险利益非专属投保人，保险利益一般不得转移。

【案例分析3－10】　夫妻离异后保险金应如何给付

2010年2月，林某为其妻子李某投保了中国人寿的“康宁终身寿险”，保险金额为3万元。合同约定，被保险人身故，按基本保险金额的300%给付身故保险金，合同终止；同时，林某又为其女儿投保了“鸿福终身保险”，提供生存给付和身故给付两全保障，保险金额也是3万元。若被保险人不幸身故，公司将按照保额给付身故保险金。两份保险的指定受益人均为林某。

2012年1月19日，李某与女儿不幸遭遇车祸同时身故。被保险人李某及女儿的死亡构成保险责任。林某向保险公司提出给付保险金的申请。李某之母提出异议，理由是：投保人林某与被保险人李某已于车祸发生前协议离婚，丧失了对李某的保险利益。李某的死亡保险金给付给林某不合情理。李某母亲认为自己才是李某保险金的受益人。

分析

本案如何处理？

此案中，投保人林某在为被保险人李某投保时，作为李某的丈夫，其对李某是具有保险利益的。在保险事故发生时，虽然林某已经因为与李某离婚而丧失了对李某的保险利益，但保险合同依旧有效，保险公司应该承担保险金的给付责任。本案的关键就变成了李某的死亡保险金应该给谁，也就是受益人的问题，而受益人并不要求要有保险利益。请同学们先对其进行思考、讨论。在第7章，我们将会专门讨论受益人问题。

四、责任保险的保险利益

在责任保险中，投保人对第三者利益损失的赔偿责任，视同为自己的利益损失。责任利益是指投保人或被保险人对具有利害关系的财产损失或人身伤害依法负有的法律责任。也就是投保人或被保险人因违约、侵权行为、意外事件或其他外来原因而造成财产损毁或人身伤害，对此应负的民事赔偿责任。如行驶中的车辆撞人致伤的赔偿、企业污染对居民的赔偿，甚至是饭店对顾客吃小龙虾后患横纹肌溶解症的赔偿责任等等。

【专栏3-2】　南京推全国首款“龙虾保险”最高可得15000元理赔

炎炎夏日，三五好友，来一盆小龙虾加几瓶啤酒实在是非常惬意的事情，但吃小龙虾导致横纹肌溶解症的报道也会时常见诸媒体，2016年以来，上海、杭州、黄冈等多地都有相关病例报告。患者发病后普遍有肌肉疼痛、乏力、痉挛、肿胀等症状，严重时可引起高钾血症、急性肾损伤等危及生命的并发症。面对红彤彤的诱人美味，想想可能患病的小概率风险，吃还是不吃，成为诸多吃货们面临的难题。

据2016年8月17日《扬子晚报》报道，在市场监督管理部门的推动下，南京市鼓楼区在全国率先推出龙虾保险（食品安全责任险），该保险是由商家向保险公司投保付费，不需要消费者就餐时另外付款。

据南京市鼓楼区市场监督管理局透露，8月11日，南京鼓楼区新街口一家经营小龙虾的饭店与一家知名保险公司江苏分公司签下了一份食品安全责任险保单，该饭店支付2500元的保费。保险公司承保的是吃了小龙虾12小时内发生横纹肌溶解症的医疗费用赔付，保单有效期为一年，每次食品安全事故的单次人身赔付限额为15000元。这则保单的生效，意味着中国第一份小龙虾保险的出炉，这也使得南京成为全国首个推行小龙虾保险的城市。

投保人可能存在的民事责任必须有法律明文规定，主要包括以下几类。

1. 合同约定的责任

经过特别约定，保险人可以承保被保险人的合同责任。《民法通则》第一百零六条规定，“公民、法人违反合同或者不履行其他义务的，应当承担民事责任。”《合同法》也有对违反合同义务承担责任的相关规定，如第一百零七条规定，“当事人一方不履行合同义务或者履行合同义务不符合约定的，应当承担继续履行、采取补救措施或者赔偿损失等违约责任。”

例如，运输合同中约定由于承运人原因引起的货物短缺、毁损、误期均由承运人负责承担。承运人对合同约定的责任享有保险利益。合同在约定责任的同时通常也会约定赔偿金的数额，通常为合同标的金额的一定比例，可以作为确定投保人的保险利益的依据。

2. 过失责任

过失是最常见的侵权行为。过失责任风险因为具有意外性及偶然性而成为可保风险。投保人对自身的过失责任享有保险利益。《民法通则》第一百零六条规定，“公民、法人由于过错侵害国家的、集体的财产，侵害他人财产、人身的，应当承担民事责任。”第一百二十二条规定，“因产品质量不合格造成他人财产、人身损害的，产品制造者、销售者应当依法承担民事责任，运输者、仓储者对此负有责任的，产品制造者、销售者有权要求赔偿损失。”

3. 无过失责任

无过失责任是民事法律中对一些特殊侵权行为所规定的责任原则。在特定情况下，致人损害的一方即使没有过错，也要承担赔偿责任。

无过失责任是 19 世纪末期由工业事故的损害赔偿问题所引起。在此之前，对工业事故的处理主要适用过失责任，受害的工人必须举出资本家有过失时才能获得后者的赔偿，但这种举证对于工人来说是非常困难的。工业事故的频发和工人索赔的困难激化了资本家与工人之间的斗争。为了缓和社会冲突，欧洲各国逐渐放弃了过失责任原则而采用了无过失责任原则。在大陆法国家，德国于 1884 年制定了《劳工伤害保险法》，法国于 1898 年制定了《劳工赔偿法》；在普通法国家，英国政府早在 1880 年就制定了《雇主责任法》，1897 年颁行《劳工补偿法》，1946 年制定了《社会保险（劳工灾害法）》，实行至今。美国联邦政府在 1880 年曾颁布了《雇主责任法》。这些法律法规逐渐明确了工业事故的无过失责任原则。无过失责任是为弥补过失责任的不足而设立的制度，其基本宗旨在于“对不幸损害之合理分配”。

《民法通则》第一百零六条规定，“（公民、法人）没有过错，但法律规定应当承担民事责任的，应当承担民事责任。”《侵权责任法》第七条规定，“行为人损害他人民事权益，不论行为人有无过错，法律规定应当承担侵权责任的，依照其规定。”

【案例分析 3-11】　“无责有关”机动车第三者责任保险事故该如何赔付

湖北省荆门市某货运公司司机郑某，驾驶公司东风牌汽车行至某公司仓库门口时，因车辆左后轮碾轧到路上一节断砖，断砖飞出，将路边行人张某的右膝骨打碎，经当地交警支队勘查、处理，认定双方均无过错，不承担责任，只作经济调解，由车方赔偿伤者医疗费、护理费等 1500 元。由于该车已投保了车身险和第三者责任保险，此案处理后，货运公司持有关单证、材料向保险公司提出索赔。

分析

保险公司应如何处理这起机动车辆第三者责任保险赔付案？

这是一起非常典型的“无责有关”的第三者责任赔偿案，郑某驾驶的车辆在事故中并无过错，但与张某的受伤确实有因果关系。机动车辆的第三者责任保险承保的是被保险人依法应承担的民事赔偿责任，而根据当时的机动车辆保险条款规定：“被保险人或其允许的合格驾驶人员在使用保险车辆过程中发生意外事故，致使第三者遭受人身伤亡或财产的直接损毁，被保险人依法应当支付的赔偿金额，保险公司依照保险合同的规定给予补偿。”由于被保险人在行驶车辆过程中，非故意的、客观的、不可预见地造成第三者直接损害的意外事故，都应该属于保险责任，因此这起“无责有关”的意外伤害事故，保险公司应予以全额赔付。

第3节　近因原则

一、近因原则概述

1. 近因原则的起源及近因的含义

保险中的近因原则起源于海上保险。与近因原则有关的一个经典案例是英国 Leyland Shipping Co. Ltd. v. Norwich Union Fire Insurance Society Ltd. 一案。

一战期间，Leyland 公司一艘货船被德国潜艇的鱼雷击中后严重受损，被拖到法国勒哈佛尔港。由于港口当局担心该船沉没后会阻碍码头的使用，命令该船停靠在港口防波堤外。后在风浪的作用下该船沉没。Leyland 公司向保险公司索赔。

英国《1906 年海上保险法》第五十五条规定，“除本法或保险契约另有规定外，保险人对于因承保之海难所致之损害，均负赔偿责任，对于非因承保之海难所致之损害，均不负赔偿责任。”保险公司指出，合同中约定了“一切敌对行为或类似战争行为的后果”除外责任条款，造成损失的近因是鱼雷，属于除外责任。Leyland 公司则认为，时间上最后造成损失的原因才是近因，船舶的沉没是由于停靠在防波堤边反复搁浅造成的。Leyland 公司诉至法院，审理此案的英国上议院大法官 Lord Shaw 认为，导致船舶沉没的原因包括鱼雷击中和海浪冲击，但船舶在鱼雷击中后始终没有脱离危险，因此，船舶沉没的近因是鱼雷击中而不是海浪冲击。法庭最后判保险公司胜诉。

Lord Shaw 在本案的说理部分颠覆了近因的字面含义，并对后世产生了深远影响。Lord Shaw 认为，把近因看成是时间上最接近的原因是不正确的，真正的近因是指效果上的接近，是导致承保损失的真正有效的原因。因果关系不是链状的，而是网状的，在每一点上，影响、力量、事件已经交织在一起，并从每一点汇总成放射状无限延伸出去。如果多种因素或原因同时存在，要选择一个作为近因，必须选择可以将损失归因于那个具有现实性、决定性和有效性的原因。

在美国被誉为法律界"圣经"的《布莱克法学词典》亦认为："这里所谓的最近，不必是时间或空间上最近，而是一种因果关系的最近。损失的近因是主因或动因或有效原因。"

由此可知，"近因"不是指时间上的最近，而是指效果上的最近，是引起保险标的损失的直接的、最有效的、起决定作用的因素。

2. 近因原则的含义

近因原则（proximate cause）是指，若造成保险标的损害的近因属于保险责任，保险人承担对保险标的损失的赔偿责任；若近因属于除外责任，则保险人不负赔偿责任。

近因原则已成为判断保险人是否应承担保险责任的一个重要标准。

我国《保险法》《海商法》均长期对近因原则无明文规定，只是在相关条文中体现了近因原则的精神。最高人民法院 2003 年 12 月公布的《关于审理保险纠纷案件若干问题的解释（征求意见稿）》中才第一次采用了"近因"概念："（近因）人民法院对保险人提出的其赔偿责任限于以承保风险为近因造成损失的主张应当支持。近因是指造成承保损失起决定性、有效性的原因。"

二、近因的认定

基于近因原则，对近因的认定会直接决定保险人是否需要承担保险责任，因而显得尤为重要。界定近因的关键在于确定风险因素与损失间的因果关系。

1. 损失由单一原因所致

若保险标的损失由单一原因所致，则该原因即为近因。

若该原因属于保险责任事故，则保险人应负赔偿责任；反之，若该原因属于责任免除项目，则保险人不负赔偿责任。

例如，据 2013 年 8 月 1 日《广州日报》报道，2009 年 8 月，李某驾驶天域公司名下的重型半挂牵引车，拖挂一重型集装箱半挂车，挂车右后轮的两个轮胎爆裂。公司于当日将两个替代轮胎送至爆胎现场，李某通知周某到现场为其更换轮胎。周某在为轮胎充气时，轮胎猛弹起，击中周某头部，导致周某因伤势过重抢救无效死亡。周某家属向法院起诉天域公司，法院判决天域公司向周某家属赔偿 24 万余元。天域公司认为涉事车辆投保了交强险及商业性的第三者责任险，保险公司应履行赔付责任。但保险公司认为周某之死不属于交强险及第三者责任险责任范围。天域公司遂向法院提起诉讼。

本案中导致周某死亡的原因非常清楚，是轮胎突然弹起击中头部，是单一原因，也是近因。关键在于该原因是否在保险责任范围之内。交强险的全称是“机动车交通事故责任强制保险”，属于强制保险，商业性的“第三者责任险”则是投保人自愿选择办理的。所承保的都是由保险公司对被保险机动车发生道路交通事故造成受害人（不包括本车人员和被保险人）的人身伤亡、财产损失，在责任限额内予以赔偿。本案中，拖挂车因为轮胎爆裂停在路上，属于静止状态。导致周某死亡的替代轮胎原本也不属于被保险车辆。周某的死亡不符合合格主体在使用被保的拖挂车时所致使，因此该替代轮胎弹起造成的事故不属于约定的保险责任范畴，保险公司无需赔偿。天域公司的诉讼请求应予以驳回。

2. 多种原因连续发生导致损失

如果多种原因连续发生导致损失，前因与后因之间具有因果关系，且各原因之间的因果关系没有中断，则最先发生并造成一连串风险事故的原因就是近因。保险人的责任可根据下列情况来确定。

第一，若连续发生导致损失的多种原因均属保险责任，则保险人应负全部损失的赔偿责任。例如，船舶在运输途中因遭雷击而引起火灾，火灾引起爆炸，由于三者均属于保险责任，则保险人对一切损失负全部赔偿责任。

第二，若连续发生导致损失的多种原因均属于责任免除范围，则保险人不负赔偿责任。例如，某建筑物投保了火灾保险，保险公司仅承保因为火灾所导致的损失。某日，由于地震引发海啸，冲垮了该建筑。地震和海啸均属于除外责任，保险公司不需要承担损失赔偿责任。

第三，若连续发生导致损失的多种原因不全属于保险责任，最先发生的原因属于保险责任，而后因不属于责任免除，则近因属保险责任，保险人负赔偿责任。

玛多夫案就属于这种情况。最早发生的腿擦伤属于意外责任，虽然因伤口发炎导致的败血症、肺炎均不属于指定的疾病范围，但保险公司还是应该承担赔付责任。

【案例分析 3-12】　腿伤后发炎导致败血症引发肺炎而死亡的寿险索赔案

被保险人玛多夫向保险公司购买了一份既承保意外也承保疾病的综合性寿险，保险单上的保险责任条款规定：“承保被保险人因意外事故或指明疾病而导致的死亡。”

玛多夫的腿在一次意外事故中被擦伤，对此小伤他并未在意。不料不久后，玛多夫那条被擦伤的腿开始发炎，炎症导致了败血症并迅速蔓延到身体的其余部位，最终引发肺炎，造成死亡。

玛多夫的家属以受益人的身份要求保险公司给付死亡保险金被拒绝，后其家属将保险公司告上法庭。

被告保险公司所提出的拒赔理由是：造成被保险人玛多夫死亡的原因很多，但最终直接导致他死亡的是肺炎，所以染上肺炎是被保险人死亡的近因。由于保险单把肺炎排除在其所承保的“指明疾病”之外，它依据保险单条款规定拒绝给付是正当的。

审案法官认为，从被保险人的腿受擦伤——腿发炎——败血症——染上肺炎——死亡是一个完整的链条，此链条中的各节链环是环环相扣，期间没有受到任何因素的影响而被切断，在这种情况下，导致被保险人死亡的近因就是该链条的首环（被保险人的腿受擦伤）而非尾环（染上肺炎）。因为被保险人的腿受伤属于保险单所承保的意外事故，被告应当按照保险单的约定向受益人给付保险金。

分析

你认可保险公司的观点还是法官的观点，为什么？

第四，最先发生的原因属于责任免除，其后发生的原因属于保险责任，则近因是责任免除项目，保险人不负赔偿责任。例如，某工程公司在叙利亚承包了一项道路施工工程，为存放施工器械、材料的仓库投保了财产险。在保险期间，因叙利亚爆发内战，仓库被双方交战时发射的炸弹击中导致燃烧，仓库内存放的物资受损。虽然火灾属于保险责任，但由于作为前因的战争属于财产险的除外责任，保险公司不承担赔偿责任。

3. 彼此独立的多种原因同时作用导致损失

如果保险标的遭受损失是两个或两个以上彼此独立的原因同时作用所致，则应区别分析。

多种原因同时作用导致损失，均为保险标的损失的近因。若多种原因均属保险责任，则保险人应负责全部损失赔偿责任；若多种原因均属于责任免除，则保险人不负任何损失赔偿责任。

若致损原因有多个，它们是间断发生的，即损失是由间断发生的多种原因造成的。在一连串连续发生的原因中，有一种新的独立的原因介入，使原有的因果关系链断裂，并导致损失，则新介入的独立原因是近因。近因属于保险责任范围的事故，则保险人应负赔偿责任；反之，若近因不属于保险责任范围，则保险人不负责赔偿责任。

例如，暴雨天气导致某些路段或地下停车场积水，使得车辆泡水。如果在车辆泡水后强行启动，则可能会导致发动机受损。暴雨和泡水并不必然导致发动机受损，不是近因，强行启动发动机才是近因。如果机动车辆投保了水渍险，车辆泡水导致的损失保险公司是承担赔偿责任的，但是泡水后强行启动所导致的发动机受损属于除外责任。

如果致损的多个原因中，有的属于保险责任，有的属于除外责任，对相互之间是否存在必然因果关系及各原因对最终后果的作用程度存在争议的，往往取决于法官的裁决。

【案例分析3-13】 摔伤后旧疾恶化死亡是否属于意外伤害

某单位为单位员工投保了一年期的“团体人身意外伤害保险”，每人的保险金额50000元。保险合同生效后的某日，员工戴某下楼时不慎摔倒，致使右上臂肌肉破裂。后由于伤口感染，导致右肩关节结核扩散至颅内及肾，经治疗无效死亡。保险公司经调查发现，戴某早就有结核病史，体内存有结核杆菌。戴某的家人认为，被保险人戴某是因意外摔伤，伤口感染后，才导致病源扩散，直至死亡，其死亡后果与摔伤有因果关系，是意外死亡，保险人应承担责任。而保险公司认为戴某的死亡是其体内存留的结核杆菌感染伤口，扩散至颅及肾而死的，是疾病死亡，不属于意外保险的保险责任范围，所以不承担保险责任。双方争执不下，诉诸法院。

分析

请分析，导致戴某死亡的近因究竟是摔伤还是体内存在的结核杆菌？保险公司是否应承担给付责任？

第4节 损失补偿原则

一、损失补偿原则概述

1. 损失补偿原则的含义

损失补偿原则指的是当保险标的发生保险责任范围内的损失时，被保险人有权按照合同的约定获得保险赔偿，用于弥补其损失，但被保险人不能因损失而获得额外的利益。

损失补偿原则主要适用于财产保险以及其他补偿性保险合同，基本含义包含两层。

一是损失补偿原则的质的规定，只有保险事故发生造成保险标的毁损致使被保险人遭受经济损失时，保险人才承担损失补偿的责任。否则，即使在保险期限内发生了保险事故，但被保险人没有遭受损失，就无权要求保险人赔偿。

二是损失补偿原则的量的限定，被保险人可获得的补偿量仅以保险标的遭受的实际损失为限，也就是以其保险标的在经济上恢复到保险事故发生之前的状态，尤其是不能让被保险人因保险赔偿获得超过损失的额外收益。

2. 坚持损失补偿原则的意义

（1）有利于实现保险的基本职能。补偿损失是保险的基本职能之一，损失补偿原则的质的规定和量的限定都是保险基本职能的具体反映。如果被保险人由于保险事故遭受的经济损失不能得到补偿，就违背了保险的宗旨。损失补偿原则约束保险人必须在合同约定的条件下承担保险保障的义务，履行保险赔偿责任。

对被保险人而言，该原则保证了其正当权益的实现。保险事故造成的经济损失能得到保险公司及时的补偿，生产生活才能及时得到恢复。

（2）有利于防止被保险人通过保险额外获利，减少道德风险。损失补偿原则的质的规定性在于有损失则赔偿，无损失则不赔偿；其量的规定性将使被保险人因损失所获得的补偿，不能超过其所受到的实际损失，使被保险人只能获得与损失发生前相同经济利益水平的赔偿。

该原则可以防止被保险人故意购买高额保险，为获得赔款故意制造事故，利用保险而额外获利，有效抑制了道德风险的发生。对保险公司而言，其权益也通过损失补偿的限额得到了保护。

二、保险人对赔偿金额的限度

1. 以实际损失为限

当被保险人的财产遭受损失后，保险赔偿应以被保险人所遭受的实际损失为限。这是一个基本的限制条件。

由于财产的市场价值经常发生变动，所以，在实际处理赔偿案时，应依据出险当时保险标的的实际价值或市价来度量财产损失。尤其是在保险标的市场价格下跌时，以损失时的实际市价为准。

以机动车辆险为例，假设某车投保时确定的保险金额是30万元，因车祸导致车辆全损。此时该款车的市场价格已经降至25万元，则被保险人只需要25万元就可以恢复标的至损失发生前的状态。保险人对被保险人的赔偿最多不超过实际损失25万元。

2. 以保险金额为限

保险金额是保险人收取保险费的基础和依据，也是保险人承担赔偿或给付责任的最高限额，赔偿金额不能高于保险金额。

如果在出险的时候保险标的的市场价格上涨了，则被保险人的实际损失往往会超过保险金额。这时也必须受此因素的制约。

以建筑的火灾保险为例，假设一栋新房屋投保火灾保险，确定的保险金额为100万元。而后房屋因保险责任范围内的事故发生火灾被焚毁。事故发生时，这栋房屋的市场价格已经上涨到120万元，也就是说被保险人的实际损失为120万元。由于保险合同约定的保险金额为100万元，所以被保险人最多只能得到100万元的赔偿。

3. 以被保险人对保险标的的保险利益为限

发生保险事故造成损失后，被保险人在索赔时，必须对受损的标的具有保险利益，而保险人的赔偿金额也必须以被保险人对该标的所具有的保险利益为限。

例如，银行在发放住房抵押贷款的时候往往会为抵押房产投保。假设某银行向某贷款人贷出款额为50万元；同时，将抵押的房屋投保了50万元的一年期房屋火险。半年后，贷款人偿还了10万元贷款。不久，该房屋因重大火灾事故完全毁坏，贷款人无力偿还剩余款额。银行能从保险公司得到多少保险赔偿呢？由于贷款人已经归还了10万元贷款，意味着出险时银行在该房屋上的保险利益只有40万元，尽管房屋的实际损失及保险金额均为50万元，但银行最多也只能得到40万元的赔偿。

综合以上三种赔偿限度可见，在保险事故发生后，会同时考虑实际损失、保险金额和保险利益，三者的数值哪个最小，就按哪个赔偿。

【案例分析3-14】　130万元宝马全损索赔70万元，保险赔偿以什么为准

2006年，施女士斥资130万元买了一辆宝马车。2011年2月，她向人保南京分公司申请给车办理了交通事故责任强制险、第三者责任险、机动车损失险和不计免赔等保险，但在“新车购置价”一栏填的是82万元。2011年11月，该宝马车在高速上与一辆货车相撞，交通部门认定是施女士全责。施女士请南京市价格中心评估，车辆的损失为66万元。施女士就车损费、施救费等共70万元向保险公司提出索赔。

保险公司经勘查认定该宝马车损失非常严重，修复难度极大，被推定为全损。在保险公司与施女士签订的保险合同中，约定的是按照事故发生时保险车辆的实际价值确定保险价值。保险公司只愿意赔宝马在发生车祸时的实际价值，算法为新车购置价减去车辆折旧的差额，即82万元减去38万元，保险公司提出赔付44万元。这一金额大大低于施女士的心理预期。施女士坚称，给车辆投保时，同款宝马已经停售，而相近款型的车价格是130万元。如果用130万元减去38万元折旧，损失远远高出70万元。由于意见不一，双方诉诸法律。

南京市玄武区法院作出判决认为，保单上注明新车购置价是82万元，而且双方约定发生事故时，按照新车购置价来确定保险金额。由于投保时施女士的车已经购买5年了，且同款车也停售了，新车购置价是参照与这辆宝马最相类似的一款轿车当时的新车购置价格。这个约定是双方真实意思表达有效。所以车辆的实际价值应该是82万元减去折旧费而不是130万元减去折旧费。

法庭重新计算车辆的实际价值。从初次登记的2006年4月的次月开始计算，至事故发生的2011年11月20日，是66个月，每月约定的折旧率是0.6%，减去折旧金额以后实际价值是49万元。法院又委托鼓楼价格中心鉴定，同样为49万元。最终判保险公司赔偿施女士保险金49万元。

分析

本案中的保险金额、保险利益、实际损失分别是多少？你认为本案应如何处理？

资料来源：玄妍、陈婧："宝马车主告保险索70万'维修费'"，《扬子晚报》，2013年6月6日。

三、赔偿方法对实际损失补偿的影响

在保险赔偿方法中，有一些赔偿方法对实际损失补偿额的确定会有影响，使被保险人得到的赔偿金额小于实际损失，或者根本得不到赔偿。

1. 免赔额（率）赔偿方法

（1）绝对免赔额（率）赔偿方法。

绝对免赔是指保险人规定一个免赔额或免赔率，免赔额（率）以内的损失不予赔偿。当保险财产受损程度超过免赔限度时，保险人扣除免赔额（率）后，只对超过部分负赔偿责任。

例如，机动车辆保险规定500元的绝对免赔额。如果被保险车辆因保险责任范围内的事故导致的损失在500元以下，保险公司无需赔偿。当损失超过500元，如损失1500元，扣除500元的绝对免赔额后，保险公司实际赔偿的金额是1000元。

绝对免赔率的计算根据合同约定，一般有以保险金额为基础和以赔偿金额为基础两种。

以保险金额为基础：赔偿金额＝保险金额（损失率－免赔率）＝损失额－免赔额

以赔偿金额为基础：实际赔偿金额＝符合合同约定的赔偿金额×（1－免赔率）

例如，机动车辆保险规定5%的绝对免赔率。

如果是以保险金额为计算基础，假定保险金额为10万元，发生保险责任范围内事故，导致车辆损失程度为30%，则赔偿金额＝10×（30%－5%）＝3－0.5＝2.5（万）。

如果以赔偿金额为计算基础，假定保险金额为10万元，发生保险责任范围内事故，导致车辆损失程度为30%，则实际赔偿金额＝10×30%×（1－5%）＝3×95%＝2.85（万）。

（2）相对免赔额（率）赔偿方法。

相对免赔是指保险人规定一个免赔额或免赔率，当保险财产受损程度未超过免赔额（率）时，保险人不予赔偿；当保险财产受损程度超过免赔额（率）时，按全部损失赔偿，不作任何扣除。

例如，机动车辆保险规定500元的相对免赔额。如果被保险车辆因保险责任范围内的事故导致的损失在500元以下，保险公司无需赔偿。当损失超过500元，如损失600元，则保险公司实际赔偿的金额就是600元，不做任何扣除。

请大家思考，当出现这样一种情况，损失为450元时，得不到任何赔偿；损失550元时，可以得到550元的足额赔偿。损失只差100元，但赔偿金额相差550元。可能会导致什么样的道德风险？

2. 不足额保险

投保人在为保险标的投保时可能会出现一种情况，即投保的保险金额低于标的的保险价值（保险价值是承保损失发生时保险标的的实际现金价值或重置成本或保单规定的其他价值），即不足额保险。其不足额部分应视为被保险人自保，故这种形式的保险亦可称由被保险人与保险人的共同保险。当损失发生时，不足额部分由被保险人自负。

在一些保险合同的共同保险条款中，会规定一个共保比例，如80%，即保险公司最多承保保险标的保险价值的80%，剩余20%的风险要由被保险人自己承担。被保险人应该依据保险标的的保险价值和合同载明的共同保险比率计算出投保金额。如果被保险人的投保金额没有达到这一标准，其保险标的的部分损失就不能得到足额赔偿。保险人将按照实际投保金额与规定的投保金额的比例承担赔偿责任。计算公式如下：

实际赔付金额＝（实际投保金额÷规定的投保金额）×损失金额－免赔额

例如，熊大和熊二兄弟各有一幢价值100万元的房子，他们为房子投保火灾保险。保险合同中的共保条款要求的共保比例为80%。熊大投保的保险金额为80万元，熊二投保的保险金额只有40万元。后来，这两幢房子都发生了火灾，损失都是10万元，没有免赔。请问，熊大和熊二各自能得到多少保险金赔偿？

根据前述计算公式可知，兄弟俩投保的火灾保险规定的投保金额为100万元×80%＝80万元。熊大实际投保金额就是80万元，因此，其损失10万元可以得到足额赔偿。

熊二实际投保金额只有40万元，只有规定的投保金额的50%，他能得到的实际赔偿金额就是损失金额 10 万元的 50%，即 5 万元。

由此可见，80% 的共保条款并不意味着保险人只需赔偿保险标的实际损失的 80%，而是保险人的责任大小取决于保险金额对 80% 财产价值的比率，同时，保险人的赔偿金额也绝不会超过保险金额。请大家思考，保险公司在保险合同中规定共保条款的目的是什么？

三、派生原则 1：重复保险的损失分摊原则

1. 重复保险（multiple insurance）的含义

我国《保险法》第五十六条规定，“重复保险是指投保人对同一保险标的、同一保险利益、同一保险事故分别与两个以上保险人订立保险合同，且保险金额总和超过保险价值的保险。”

为防止被保险人或者投保人的道德危险，即利用重复保险而获利，《保险法》还规定，重复保险的投保人有义务将重复保险的有关情况通知各保险人。

【案例分析 3-15】　两家公司同时投保同一标的是否属于重复保险

某商贸公司从东北购得一批粮食，向 A 保险公司投保了财产综合保险。由于商贸公司库容不足，将这批粮食委托当地的粮食储运公司储存。该粮食储运公司将粮食运入库，向 B 保险公司投保了财产综合保险。某日，储运公司粮库发生火灾，这批粮食全部被毁，储运公司和商贸公司都向各自投保的保险公司报案索赔。

分析

这是否是重复保险？对这批粮食的损失应如何赔偿？

请同学们对照重复保险的定义，判断本案是否重复保险，其关键点在哪里？

本案中，商贸公司拥有这批粮食的所有权，因此具有保险利益；储运公司接受商贸公司的委托代保管这批粮食，因此要确保粮食安全。如果粮食受损，储运公司需要承担民事赔偿责任，基于这种责任，储运公司对这批粮食拥有保险利益。由此可见，虽然向 A、B 两家保险公司投保的是同一保险标的，但并非同样的保险利益，因此不属重复保险。

接下来的问题就是该起事故中损毁粮食的损失应该如何赔偿？有以下两种处理办法。

若商贸公司直接向 A 保险公司请求赔偿，A 保险公司履行赔偿义务后，可以取得向没有尽到保管责任的储运公司的代位求偿权，由于储运公司已向 B 保险公司投保，应由 B 保险公司向 A 保险公司给付保险金。如果因为与 A 公司的保险合同存在免赔、共保等条款，导致商贸公司

的损失未能得到足额的补偿，商贸公司可以就未得到补偿的部分继续向储运公司索赔。

若商贸公司直接向储运公司请求损失赔偿，由于储运公司向 B 保险公司投了保，所以由 B 保险公司来承担赔偿责任。商贸公司获得足额赔偿后，不得再向 A 保险公司行使保险金的请求权，否则就会因此额外获利，违反损失补偿原则。

2. 重复保险损失分摊的计算

当存在重复保险的情况下，保险事故发生时，保险标的的损失由参与承保的全体保险人共同分摊，并要求被保险人所获保险赔偿总额不得超过其实际损失。

为了让同学们有更直观的感受，下面举例来说明重复保险的损失分摊计算方法。

小赵和小孙办好签证，订好机票，启程开始欧洲蜜月旅行。由于担心家里长期无人，会招窃贼惦记，于是在出发前向 A 财险公司投保了家庭财产险附加盗抢险，保险金额 10 万元。一个多月后，他们从欧洲平安回家，才知道小孙的单位作为福利，为全体员工在 B 保险公司投保了家庭财产险附加盗抢险，每人的保险金额是 5 万元。小孙分别通知了 A、B 两家公司关于保险的事实。

圣诞节晚上，小赵、小孙和好友聚会，很晚才回到家，发现门锁被撬，家里被盗了。他们赶紧向公安机关报案并立即通知了 A 公司和 B 公司。清点丢失财物，有平板电脑、手机、摄像机各一台，金项链和珍珠项链各一条，旅游用剩下没有去兑换的 300 欧元，墙上挂着的一幅名人字画也被摘走了。两个月后，公安机关仍然未能破案，小孙要求两家保险公司赔偿损失。

首先明确的是，小孙家里的同一批财物同时向 A、B 两家保险公司投保，保险金额总和超过了保险价值，属于重复保险。之所以会出现重复保险，是因为自己投保后，单位作为福利为职工集体投保，并不存在超额投保谋求超额赔付的主观恶意，因此与这两家保险公司的保险合同都是有效的。

由于投保了附加的盗抢险，财产被盗属于保险责任范围之内的事故。小孙及时报案，配合公安机关和保险公司的调查，已经尽到了作为被保险人的责任。根据保险合同条款规定“保险期间内，位于保险单所载明地址的房屋内的保险标的或房屋的门、窗、锁，因遭受经公安部门确认的外部人员的入室抢劫行为或有明显现场痕迹的盗窃行为而丢失，自公安部门认定的案发之日起六十天内，被盗抢的保险标的仍未查获的，对于丢失保险标的的直接损失，保险人按本附加保险合同的约定负责赔偿。”保险公司理应履行理赔义务。

接下来的问题就是家里的这些财物损失，哪些属于得到保险保障的，哪些是保险不保的？

在作为主险的家庭财产险保险条款中，明确列为不可保财产的有：金银、首饰、珠宝、货币、有价证券、票证、邮票、古玩、文件、账册、技术资料、图表、动植物以及其他无法鉴定价值的财产。由此可见，在丢失的物品中，两条项链、现金和字画均不在保险财产范围内，保险公司只需要赔偿平板电脑、手机、摄像机的损失。根据投保时约定的保险金额，这三项物品的损失合计为1.5万元。

由于A、B两家保险公司同时承保了小孙家的财产，面对盗抢险责任范围之内的1.5万元损失，最后需要明确的就是两家公司分别赔多少，即重复保险如何分摊损失赔偿?

（1）比例责任制。第一种方法是比例责任制，又称保险金额比例分摊制，该分摊方法是将各保险人所承保的保险金额进行加总，得出各保险人应分摊的比例，然后按比例分摊损失金额。公式为：

$$\text{某保险人责任}=\frac{\text{某保险人的保险金额}}{\text{所有保险人的保险金额之和}}\times\text{损失金额}$$

小孙家里的损失为1.5万元，A保险公司承保的保险金额是10万元，B保险公司承保的保险金额是5万元，可以得到两家保险公司各自应该承担的赔偿金额如下：

A保险公司赔偿金额＝10/（10＋5）×1.5＝1（万元）

B保险公司赔偿金额＝5/（10＋5）×1.5＝0.5（万元）

比例责任分摊方式是《保险法》明文规定的损失分摊方式。

（2）限额责任制。第二种方法是限额责任制，又称赔款额比例责任制，即保险人分摊赔款额不以保险金额为基础，而是按照在没有其他保险公司的情况下，各自单独应负的责任限额进行比例分摊赔款。公式为：

$$\text{某保险人责任}=\frac{\text{某保险人独立责任限额}}{\text{所有保险人独立责任限额之和}}\times\text{损失金额}$$

在本案中，如果没有B保险公司，则A保险公司的独立责任限额是1.5万元；如果没有A公司，B公司的独立责任限额也是1.5万元。所以，如果采用限额责任制的方法来分摊损失赔偿，A、B保险公司各承担一半的损失，即0.75万元。

（3）顺序责任制。第三种方法是顺序责任制。各保险人所负责任依签订保单顺序而定，由其中先订立保单的保险人首先负责赔偿，如果赔偿不足，再由其他保险人依次承担不足的部分。

由于小孙是先与A保险公司签订的保险合同，就由A公司先行赔偿。1.5万元在10万元的保险金额之内，可以得到足额赔偿。B保险公司就无需承担赔偿责任了。

顺序责任制对部分保险人有失公平，各国实务中已不采用该法，而是多采用前两种分摊方法。我国采用的是比例责任制的分摊方法。我国《保险法》第五十六条规定：“重复保险的投保人应当将重复保险的有关情况通知各保险人。重复保险的各保险人赔偿保险金的总和不得超过保险价值。除合同另有约定外，各保险人按照其保险金额与保险金额总和的比例承担赔偿保险金的责任。重复保险的投保人可以就保险金额总和超过保险价值的部分，请求各保险人按比例返还保险费。”

四、派生原则 2：代位求偿原则

1. 代位求偿权的含义

代位求偿权，又称代位追索权，指保险人依照法律或保险合同约定，对被保险人所遭受的损失进行赔偿后，在其赔偿金额限度内依法代位取得向对财产损失负有责任的第三者进行追偿的权利或取得被保险人对保险标的的所有权。

广义上的代位权有两种：一种是权利上代位权，即代位求偿权；另一种是物上代位权。

2. 保险代位求偿权的依据

在本章前文所举的案例中，我们已经提到过代位求偿的问题。商贸公司的粮食存放在储运公司的仓库中因为火灾而受损。作为保险标的的这批粮食的损失显然是由于储运公司的过失所导致。被保险人商贸公司既可以根据代保管合同向储运公司索赔，也可以根据保险合同向 A 保险公司索赔。如果双方都赔，商贸公司获得双倍于损失的赔偿，显然违反了损失补偿原则，是不允许的。

如果商贸公司仅向 A 保险公司索赔，A 保险公司履行了赔偿责任就不再向储运公司索赔，则意味着储运公司对这批受损粮食的民事赔偿责任因为商贸公司投保而得以免除，这是很不公平的。

在民事法律关系中，责权利是不可分割的。为维护公平原则，保障民事权利的实现，要求公民履行法律或合同规定的义务。如果某人实施了损害他人利益的行为或不履行自己的义务，就必须承担由此产生的民事责任，如果责任人逃避或免除其民事责任，权利人的民事权利就得不到保障和实现，影响民事活动的稳定性和连续性。再者，从保险的角度看，保险只是为保险标的提供风险保障，并不解除第三者应承担的民事责任。在该案例中，对粮食损失负有责任的储运公司必须承担相应的责任。

损失补偿原则禁止被保险人从保险人处获得足额赔偿后再向有责任方请求赔偿，而公平原则要求有责任方履行其损害赔偿的民事责任，为解决这个问题，代位求偿权应运而生。保险人先履行对被保险人的赔偿责任，再行使代位求偿权，代被保险人把已经付出的赔偿金从对损失负有责任的第三者处追偿回来。这样做既保证了有责任方不得免责，又降低了保险人的赔付率，有助于提高保险公司的经济效益，使保险人有可能降低保险费率，对被保险人也是有利的。

3. 权利代位权

（1）代位求偿权成立的要件。

首先，保险事故是由第三者造成的，根据法律或合同规定，第三者对保险标的的损失负有赔偿责任，被保险人对其享有赔偿请求权。

其次，保险标的损失原因属于保险责任范围，即保险人负有赔偿义务。

再次，保险人对第三者的赔偿请求权转移的时间界限是保险人对被保险人支付了保险金。只要保险人支付了赔偿金，向有责任的第三方追偿的权利便自动转移给保险人，不需要被保险人授权或第三者同意。

（2）代位求偿权的行使对象。

根据代位求偿权的一般原理，任何对保险标的的损失负有赔偿义务的第三者都可以成为代位求偿权的行使对象。在具体实践中，各国立法对代位求偿权行使对象的范围是有所限制的，一般都规定不得对被保险人本人及其一定范围的亲属或雇员行使代位求偿权，除非保险事故是由上述人员故意造成的。

《保险法》第六十二条规定，“除被保险人的家庭成员或者其组成人员故意造成本法第六十条第一款规定的保险事故外，保险人不得对被保险人的家庭成员或者其组成人员行使代位请求赔偿的权利。”

《最高人民法院关于审理保险纠纷案件若干问题的解释（征求意见稿）》第三十条（保险代位权的相对人限制）规定，“人民法院在审理案件中，对于被保险人是自然人的，应当依据保险法第四十七条的规定，认定家庭成员包括被保险人的近亲属和与其共同生活的其他亲属。

没有亲属关系但在同一家庭长期共同生活的人视为《保险法》（2002 年版）第四十七条规定的家庭成员。”

之所以要有这样的限制规定，在于被保险人与一定范围内的亲属是利益共同体，如果允许对上述对象行使代位求偿权，被保险人的利益将连带受到损失，就得不到实际补偿，保险也就失去了意义。

例如，李某向保险公司投保了家庭财产险，保险金额为 10 万元。春节期间某日，李某夫妇外出访友，将 9 岁的儿子独自留在家中。其子翻找出李某藏起来的烟花，在屋里玩耍，引起火灾，导致家庭财产损失约 4 万元。保险公司在履行赔偿责任后能否行使代位求偿的权利呢？根据《保险法》的规定，造成火灾的是作为投保人和被保险人的李某未成年的儿子，因此，无论是对李某的儿子，还是李某夫妇，保险公司均不能行使代位求偿的权利。

（3）代位追求权的行使范围。

保险人只能在其赔付金额范围内行使代位求偿权，不得超过此限。如果保险人从第三者取得的赔偿超过其给付被保险人的赔偿金额，多余部分应返还被保险人。

《保险法》第六十条规定，“因第三者对保险标的的损害而造成保险事故的，保险人自向被保险人赔偿保险金之日起，在赔偿金额范围内代位行使被保险人对第三者请求赔偿的权利。

前款规定的保险事故发生后，被保险人已经从第三者取得损害赔偿的，保险人赔偿保险金时，可以相应地扣减被保险人从第三者已取得的赔偿金额。

保险人依照本条第一款规定行使代位请求赔偿的权利，不影响被保险人就未取得赔偿的部分向第三者请求赔偿的权利。”

（4）被保险人的义务。

被保险人从保险人处获得赔偿金后，其对第三者的请求赔偿权便自动转移给保险人。为保证保险人取得的代位求偿权不因被保险人的故意或过失行为而受到影响，各国法律都要求被保险人履行一定的义务。

《保险法》第六十一条规定，“保险事故发生后，保险人未赔偿保险金之前，被保险人放弃对第三者请求赔偿的权利的，保险人不承担赔偿保险金的责任。

保险人向被保险人赔偿保险金后，被保险人未经保险人同意放弃对第三者请求赔偿的权利的，该行为无效。

被保险人故意或者因重大过失致使保险人不能行使代位请求赔偿的权利的，保险人可以扣减或者要求返还相应的保险金。”

第六十三条规定，“保险人向第三者行使代位请求赔偿的权利时，被保险人应当向保险人提供必要的文件和所知道的有关情况。”

【案例分析 3－16】 汽车自燃引发赔偿　深查细究成功追偿

义乌车主李某于 2010 年 1 月按揭购入一辆价值近 20 万元的别克轿车，并在金华天安保险公司投保了交强险及商业车险。当年 6 月，车辆发生自燃，李某向金华天安保险公司提出索赔车辆及利息损失 19.99 万元。由于双方就赔偿款发生争议，多次协商未果，2010 年 8 月 13 日，车主一纸诉状将金华天安保险公司告上了法庭。

金华天安保险公司接到李某报案后，对车辆进行了多次细致勘查，发现车辆购买行驶不足半年，且自燃时是在停驶状态，因此，保险公司坚信导致车辆自燃的原因系车辆质量不合格，应当把汽车销售商一起纳入被告，但车主并未这样做。在一审过程中，李某在其律师协助下，向法院提供了保单、事故确认书、火灾证明等一系列资料，基本得到了法院的认可，特别是就自燃原因是车辆本身引起还是人为纵火进行了鉴定，而结果表明，确属车辆本身原因引起。一审法院认定，车主与金华天安保险公司的保险事实成立，判定金华天安保险公司赔偿车主相关损失 15.99 万元。

一审的败诉并未使金华天安保险公司诉讼人员灰心，在之后召开的案件会审合议过程中，金华天安保险公司认为应想尽办法向汽车销售商追偿。之后，金华天安保险公司聘请专业律师继续展开调查。调查发现，别克汽车销售商早先于公司做好车主的工作，并通过向车主支付“精神抚慰金”的方式，避免自己成为被告。

同时，金华天安保险公司还通过第三方对当事车辆事发真实原因进行了司法鉴定。鉴定结果表明，涉案车辆引擎仓内的喷油嘴输油管与金属管接口有松脱迹象，当车辆停驶后，油管压力增大，使得油管与金属管连接处脱落，汽油泄漏在仍处在高温状态下的发动机外部或排气管前端处，产生明火，导致车辆燃烧。

在掌握确凿证据后，金华天安保险公司再次向法院提出了向汽车销售商追偿的调解意见，最终得到了法院的认可，法院判定别克汽车销售商向金华天安保险公司赔偿追偿款 12.55 万元。本案中对车辆自燃负有责任的汽车销售商承担了其应该承担的赔偿责任，保险公司的正当利益得到了维护，也为将来成功处理此类追偿案起到示范作用。

分析

请引申思考，别克汽车销售商可以通过投保什么保险来转嫁类似风险？

资料来源：张锦红：“汽车自燃引发赔偿 深查细究成功追偿”，《中国保险报》，2012 年 3 月 1 日。

（5）以案说法：人身保险是否有代位求偿权。

【案例分析 3－17】 人身保险是否有代位求偿权

中国检察日报社法律组曾在其主办的“正义网”（http：//review. jcrb. com. cn/）以回答读者来信的方式分析了人身保险是否享有代位追偿权的问题，内容如下。

编辑同志：

2000 年 9 月我儿子办理了学生人身保险。同年 11 月在学校被学生王某推倒摔伤了左脚。

王某父母支付了全部医疗费2000元。当我到保险公司领取保险金额时，他们说要扣减王某父母已支付的医疗费，因为这是保险法上的代位追偿权的要求。请问，保险公司的要求合法吗？

读者李××

李××读者：

我国法律规定保险人不享有代位追偿权，即人身保险的被保险人因第三者的行为而发生死亡、伤残或者疾病等保险事故的，保险人向被保险人或者受益人给付保险金后，不享有向第三者追偿的权利。《保险法》第六十七条规定："人身保险的被保险人因第三者的行为而发生死亡、伤残或者疾病等保险事故的，保险人向被保险人或者受益人给付保险金后，不得享有向第三者追偿的权利。"这是人身保险与财产保险的一个显著区别，法律之所以这样规定，主要基于以下两点理由：一是因为人身保险的标的是人的身体和生命而不是财产，保险人给付保险金额，纯属履行合同义务，而不是像财产保险那样是为了弥补投保人或受益人的财物损失。所以，投保人或受益人即使具有因保险事故所产生的对于第三人的请求权，保险人也不能于给付保险金后而代位行使追偿权。二是人身保险的标的是被保险人的身体和生命，而生命和身体遭受侵害所产生的对第三人的赔偿请求权具有身份上的专属性，只能由具有一定身份关系的人行使，其他人不得代位行使。

分析

请仔细阅读报社法律组的回复，你是否认可其观点？为什么？

人身保险的标的是人的寿命或身体，与财产的性质不同，其价值难以估量，因而不会发生超额获利的问题。所以，如果被保险人在保险事故中致残或身亡，可以同时获得保险金给付及肇事的第三者的赔偿。但是，这一规定只适合给付性保险合同，并非所有人身保险合同或人身保险合同中的全部责任都适用这一规定。在补偿性的医疗保险中，保险人赔付的医疗费用保险金应属于对被保险人支出医疗费用的补偿，不仅有价值，而且还是可以确定的。

在本案中，如果保险公司承保的是意外伤害医疗保险责任，李××的孩子花费的2000元医疗费用已经得到王某父母的全额支付，那么保险公司对医疗费用的确是无需再进行赔偿，否则花费2000元，还多得到2000元，就构成了额外获利。如果是保险公司先行赔偿了这2000元的医疗费用，则保险人对王某的法定监护人，即王某的父母仍可以进行追偿。

由此可见，保险公司对李××的说法是不规范的，保险公司压根就没有赔偿医疗费用，代位求偿自然也无从说起。而报社给李××的解释是不全面的，应区分李××孩子投保的学生人身保险究竟是针对身体伤残的给付性的保险，还是针对医疗费用支出的补偿性的保险。给付性保险合同不存在代位求偿，而补偿性保险合同是存在代位求偿的。

4. 物上代位

保险法律关系中的物上代位权是指保险标的因遭受保险事故而发生（或推定）全损时，保险人在全额支付保险赔偿金之后，依法拥有对该保险标的物的所有权，即代位取得受损保险标的物上的一切权利。

物上代位通常产生于对保险标的作推定全损的处理。推定全损是指保险标的遭受保险事故，虽尚未达到完全损毁或灭失的程度，但实际全损已不可避免，或者为防止实际全损发生而支付的费用将超过保险价值，或者修理受损保险标的的费用将超过修复后的价值，保险人按照全损处理的方式。

由于推定全损时保险标的并未完全损毁或灭失，还有残值，所以保险人在按全损支付保险赔款后，理应取得保险标的的所有权，否则被保险人可能由此而获得额外的利益。

物上代位是一种所有权的代位。与代位求偿权不同，保险人一旦取得物上代位权，就拥有了该受损标的所有权。处理该受损标的所得的一切收益，归保险人所有，即使该利益超过保险赔款，仍归保险人所有。

（1）物上代位成立的条件。

①由于物上代位包含着全额赔偿和转移保险标的一切权利义务双重内容，所以要求必须是在推定全损时才能适用。

②必须由被保险人向保险人提出申请。由于多用于海上保险中，按照国际海上保险惯例，被保险人可以通过书面或口头形式，向保险人或其授权的经纪人提出。而在我国海上保险实践中，委付必须是以书面形式向保险人提出。我国《海商法》第二百四十九条第一款规定：“保险标的发生推定全损，被保险人要求保险人按照全部损失赔偿的，应当向保险人委付保险标的。保险人可以接受委付，也可以不接受委付，但是应当在合理的时间内将接受委付或者不接受委付的决定通知被保险人。”被保险人不向保险人提出委付的，保险人只对保险标的按部分损失处理。

③被保险人进行物上代位必须是针对推定全损的保险标的全部，否则容易产生纠纷。

④物上代位不得附有条件，否则会增加保险合同双方关系的复杂性，并可能引起保险人和被保险人之间的纠纷。

⑤被保险人向保险人提出的申请，若保险人接受委付，则物上代位生效；若保险人不接受委付，则物上代位不成立。

（2）物上代位的效力。

物上代位一经成立，便对保险人和被保险人产生了法律约束力。一方面，保险人必须按保险合同规定的保险金额如数赔偿；另一方面，被保险人必须将保险标的全部转移给保险人。保险人和被保险人都不能撤销。

保险人在获得与保险标的相关的权益的同时，还需要承担标的物项下所应承担的民事责任。这可能会使保险人所承担的民事责任大于其可能获得的权益，因此，是否接受物上代位，保险人应谨慎从事。

（3）保险人在物上代位的权益范围。

《保险法》第五十九条规定，“保险事故发生后，保险人已支付了全部保险金额，并且保险金额等于保险价值的，受损保险标的的全部权利归于保险人；保险金额低于保险价值的，保险人按照保险金额与保险价值的比例取得受损保险标的的部分权利。”

上述规定表明：保险人在物上代位中的权益范围可能会由于保险标的保障程度的不同而有所不同。在足额保险中，保险人按保险金额支付保险赔偿金后，即取得对保险标的的全部所有权。因此，保险人在处理标的物时所获得的利益如果超过所支付的赔偿金额，超过部分归保险人所有；如有对第三者损害赔偿请求权，索赔金额超过其支付的保险赔偿金额，也同样归保险人所有。而在不足额保险中，保险人只能按照保险金额与保险价值的比例取得受损标的的部分权利。但由于保险标的的不可分割性，保险人在依法取得受损保险标的的部分权利后，通常将该部分权利折价给被保险人，并在保险赔偿金中作相应的扣除。

本章关键词

最大诚信原则	告知	重要事实	询问告知	明确说明
保证	明示保证	默示保证	弃权	禁止反言
保险利益原则	合同责任	过失责任	无过失责任	近因
损失补偿	免赔额	免赔率	绝对免赔	相对免赔
不足额保险	重复保险	损失分摊	比例责任制	限额责任制
顺序责任制	代位求偿	权利代位	物上代位	

思考与讨论

投保时是否要如实告知

我是女性，今年37岁，想投保新华保险的祥和万家一卡通保险，代理人说这款产品保障全面，在填写"健康告知"栏时，她说应该一律都填"否"。我告诉她我的父亲是患癌症去世的，我因为一次外伤住院时做全面检查时发现肝部有个0.9cm小血管瘤，医生说那个很平常，没有什么大碍，可能终生不会对身体产生影响，如果不如实告知会不会影响将来的赔付。她说只要保险合同生效超过两年，就可以适用新《保险法》不可抗辩条款，即使查到我当时没有如实告知，也不能不赔。如果我如实告知了，保险公司可能会拒保或要求增加保费。

我想请教大家：她说得对吗？两年后真的会无条件赔付吗？如果我在两年内出险，保险公司是不是会拒赔？如果我如实告知保险公司会拒保吗？还有已投保的其他保险是否也要一一列举告知？补充个问题，如果我先生为我投保，他的健康状况是否也要按问卷一一告知？

问题

请同学们解答这位女士的疑问。

银行以抵押品投保出险后应得到多少保险赔偿

A银行向B企业发放抵押贷款50万元，抵押品为价值100万元的机器制备，然后，银行以机器为保险标的投保火险一年，保单有效期为2005年1月1日至该年12月31日，银行于2005年3月1日收回抵押贷款20万元。后此机器于2005年10月1日全部毁于大火。

问题

（1）银行在投保时可向保险公司投保多少保险金额？为什么？

（2）若银行足额投保，则发生保险事故可向保险公司索赔多少保险赔款？

不足额保险如何赔偿

据2007年6月5日《中国证券报》报道，2006年7月，王某就价值100万元的家庭财产在某保险公司投保财产险一年，当时投保金额为 80 万元，但并没有对具体补偿方式进行约定。2006 年 12 月，由于意外失火，王某家财产遭受损失，被核定为 40 万元，王某就此向保险公司提出赔偿要求。在王某的赔偿要求中，认为其投保金额为 80 万元，实际损失为 40 万元，因此应当按照实际损失全额给予赔付。而保险公司认为，王某在投保之初就是不足额保险，按照不足额保险的一般处理办法，应当按照保险金额与保险标的实际价值的比例进行赔偿，即 40 万元的 4/5（80/100），应该是 32 万元。双方各执己见，争执不下，王某将保险公司告上了法庭。

问题

请思考并讨论，此案应如何处理？

第 4 章

财产保险

>> 本章要点

- 财产保险的内涵
- 财产损失保险的各险种
- 责任保险各险种
- 信用保险与保证保险

2015 年，中国重大工业事故频发，最严重的莫过于天津港爆炸。2015 年 8 月 12 日 23 点 30 分左右，位于天津滨海新区的天津东疆保税港区的某危险品仓库发生剧烈爆炸，并引发周边企业二次爆炸，方圆数公里有强烈震感。据官方消息，爆炸区仓库里有危险品 7 大类 40 种左右，2500 吨，主要是氧化物、易燃物体和剧毒物三大类。爆炸事故造成 165 人遇难，8 人失踪，798 人受伤。港口区域大面积损毁，建筑物、基础设施、港口设施以及包括海运集装箱和汽车在内的存放货物受损严重，数千辆进口汽车在事故中烧毁和损坏。截至 2015 年 12 月 10 日，依据《企业职工伤亡事故经济损失统计标准》等统计，已核定的直接经济损失 68.66 亿元。在这次巨灾事故发生后，最郁闷的恐怕不是受损企业，而是保险公司。因为爆炸涉及的众多企业，大部分都投保了企业财产险。根据瑞士再保险的估算，天津爆炸事故的财产保险损失总额在 25 亿美元至 35 亿美元之间，超过此前的海力士无锡火灾案（详情可参见第 6 章再保险的“思考与讨论”），使之成为亚洲有记录以来保险损失最大的人为灾难。保险的补偿职能在此次巨灾事故中得到了充分的体现。

企业有企业财产险保驾护航，家庭自然对应的是家庭财产险，还有开车一族必备的机动车辆险、各式各样的责任险等。对企业、家庭或个人而言，究竟有哪些财产险是我们可以购买的？这些险种究竟保什么，不保什么？如何选择？本章将介绍与财产保险有关的基本知识。

第 1 节 财产保险概述

一、财产保险的内涵界定

财产保险是以物质财产及有关利益、责任和信用为保险标的的保险。

财产保险有广义和狭义之分。广义财产保险是指以财产及其有关的经济利益和损害赔偿责任为保险标的的保险；狭义财产保险则仅指以物质财产为保险标的的保险。

财产保险的分类标准及各种险种名称都有一个演变的过程。如海上保险是按风险发生的区域来命名的，火灾保险是按风险事故来命名的，船舶保险则是按保险标的来命名的。目前，国际上一些国家将财产保险改称为非寿险，以示与寿险的区别，其范围更加广泛。

《中华人民共和国保险法》第十二条规定："财产保险是以财产及其有关利益为保险标的的保险。"第九十五条规定："财产保险业务，包括财产损失保险、责任保险、信用保险、保证保险等保险业务。"本章第 2 节至第 4 节的内容将基于此分类展开。

二、财产保险的特征

1. 保险标的特殊性

财产保险的保险标的涵盖的范围非常广泛。

按标的具体存在的形态通常可分为有形财产、无形财产或有关利益。

有形财产是指以物质形态存在的财产，有价证券或其他基于物权、债权可供直接支配利用的标的物，如建筑、飞机、船舶、机动车辆、机器设备、货物、家用电器等。

无形财产是相对于有形财产而言的，是指企业拥有或控制的、没有实物形态的非货币性资产，包括专利权、商标权、著作权、特许经营权、租赁权、商誉、客户关系网等。

与财产有关的利益指使用这些财产能够带来的未来预期收益，如预期的经营利润、租赁收入等。

上述有形或无形财产未必是可保财产，财产保险的保险标的必须是可以用货币衡量价值的财产或利益。狭义财产保险的标的仅指有形财产中的一部分普通财产，如企业财产保险的保险标的厂房、机器设备、产成品，家庭财产保险的保险标的家具、衣物、电器，机动车辆保险的保险标的油罐车、轿车、农用车等。

2. 财产风险的特殊性

财产保险所要处理的风险种类繁多，各种自然风险、社会风险、技术风险、法律责任以及信用行为均可作为财产保险承保的风险和保险责任。

财产风险事故的发生也表现出不同的形态，既包括暴风、暴雨、泥石流、滑坡、洪水等自然灾害，也包括火灾、爆炸、碰撞、盗窃、违约等意外事故。

财产风险事故所造成的损失，既包括直接的物质损失、赔偿责任，也包括间接的费用损失、利润损失等。

3. 财产保险保险金额确定的依据是保险价值

在财产保险中，不仅要考虑投保人对标的有没有保险利益，还要考虑保险利益的额度大小。保险利益有量的规定性。投保人对保险标的的保险利益仅限于保险标的的实际价值，因此保险金额须以财产的实际价值为限，作为保险人承担赔偿责任的最高限额。保险金额超过财产的实际价值部分将因投保人无保险利益而无效。

4. 财产保险一般期限较短

保险期限指保险人实际承担保险责任的期限，大部分财产保险的保险期限较短。家庭财产险、企业财产险、机动车辆险等的保险期限通常为 1 年，会在保险合同中明确约定保险责任的起止日期及时点，如从 2016 年 12 月 1 日零点至 2017 年 11 月 30 日 24：00 点。只有在合同约定的责任期限内发生保险事故，保险人才承担赔偿保险金的责任。

不过也有一些特殊的情况。如工程保险，保险人实际承担保险责任的起止点往往根据工程的工期而定；货物运输保险和船舶保险则是根据运输的起止时间，如我国海上运输货物保险的保险期限依据“仓至仓条款”，即保险人对被保险货物所承担责任的空间范围是从货物运离保险单所载明起运港发货人的仓库时开始，一直到货物运抵保险单所载明的目的港收货人的仓库时为止；在远洋船舶航程保险中，保险期限以保单上载明的航程为准，即自起运港到目的港为保险责任的起讫期限。

5. 财产保险的基本职能是经济补偿

财产保险合同属于损失补偿合同，保险人只有在合同约定的保险事故发生并造成被保险人的财产损失时才承担经济补偿责任，而且补偿的额度以被保险人在经济利益上恢复到损失以前的状况为限，绝不允许被保险人因保险赔偿获得超过保险利益或实际损失的额外利益。

在第 3 章中我们已经了解到，尽管财产保险可能出现超额保险、不足额保险，也可能出现重复保险的现象，但保险人的赔偿都会按照损失补偿原则进行处理。对重复保险进行损失分摊；对于不足额保险实行比例赔付；对由于第三者的行为导致被保险人遭受保险责任范围内的损失时，保险人先行赔偿，再依法行使代位求偿权。

三、财产保险的分类

从实践看，财产保险是由若干险别及数以百计的险种组成的庞大业务体系，大致构成如表4－1所示。这些内容全部展开的话，足以构成单独的一门课程。在本章的后续内容中，将基于财产损失保险、责任保险和信用（保证）保险的分类，选择与我们的日常生活及将来工作关系比较密切的若干险种进行介绍。

表4－1 财产保险业务分类

财产损失保险	火灾保险	企业财产险	企业财产基本险，企业财产综合险等
		家庭财产险	普通型、到期还本型、利率联动型等，附加盗抢险、水暖管爆裂损失险、家用电器用电安全险等
	运输保险	机动车辆险	基本险包括车辆损失险和第三者责任事故险；附加险包括全车盗抢险、车上责任险、玻璃单独破碎险、自燃损失险、不计免赔特约险等险种
		船舶保险	船舶营运险、船舶建造险、船舶停航险、船舶修理险、拆船保险、集装箱保险等
		航空保险	机身险、航空运输险、航空伤害险、航空责任险等
		货物运输险	陆上、海上、航空货物运输险等
	工程保险	建筑安装工程保险	建筑（房屋、道路、水库、桥梁、码头等）工程险、安装（电梯、发电、取暖、空调等设备）工程险
		科技工程保险	海洋石油开发保险、船舶工程保险、航天工程保险、核能工程保险等
	农业保险	种植业保险	水稻、小麦等粮食作物和棉花、烟叶等经济作物保险，森林保险，经济林、园林苗圃保险等
		养殖业保险	牲畜保险、家畜保险、家禽保险、水产养殖保险、（蜂、蚕等）其他养殖保险
责任保险	公众责任险	场所责任保险	商店、宾馆、剧场、医院、学校、展览会、电梯、车库等责任保险
		承包人责任保险	承包各种建筑工程、安装工程、修理工程的责任保险
		承运人责任保险	旅客责任保险、货物运输责任保险
	产品责任险	各种产品的责任保险	

续表

<table>
<tr><td rowspan="3">责任保险</td><td>雇主责任险</td><td colspan="2">雇主责任险、附加雇员第三者责任保险、附加医药费保险等</td></tr>
<tr><td>职业责任险</td><td colspan="2">医生、药剂师、会计师、律师、设计师、工程师等专业技术人员的职业责任险</td></tr>
<tr><td>第三者责任险</td><td colspan="2">飞机、船舶、汽车、摩托车等的第三者责任险</td></tr>
<tr><td rowspan="6">信用/保证保险</td><td rowspan="3">信用保险</td><td>商业信用保险</td><td>贷款信用保险、赊销或预付信用保险等</td></tr>
<tr><td>出口信用保险</td><td>短期、中长期出口信用保险</td></tr>
<tr><td>投资保险</td><td>海外投资政治风险保险</td></tr>
<tr><td rowspan="3">保证保险</td><td>合同保证保险</td><td>贷款保证保险、汽车消费贷款保证保险、预付款保证保险、投标保证保险、履约保证保险、维修保证保险等</td></tr>
<tr><td>忠实保证保险</td><td>雇员忠诚保证保险、劳务人员忠实保证保险</td></tr>
<tr><td>商业信用保证保险</td><td>卖方信贷保险、买方信贷保险等</td></tr>
</table>

第 2 节　财产损失保险

一、企业财产保险

企业财产保险是指以投保人存放在固定地点的财产和物资作为保险标的的一种保险，主要承保因火灾或其他自然灾害和意外事故造成被保险人的财产损失。

企业财产保险是我国财产保险业务的主要险种之一，凡具有法人资格的从事生产、流通和服务性活动的独立核算的各种企业、社团、机关和事业单位均可投保企业财产保险。

我国企业财产保险产品主要包括企业财产保险基本险、企业财产保险综合险、财产险和财产一切险。投保人可根据被保险人的具体风险情况进行选择。

企业财产保险的保险期限通常为 1 年。在保险单到期前保险人应通知投保人办理续保手续。

1. 企业财产保险的保险标的

（1）可保财产。可保财产是指保险人根据保险条款规定认为可以承保的财产。企业财产保险的可保财产涵盖的范围非常广，以下三类财产都可以作为企业财产保险的保险标的。

①被保险人单独所有或与他人共有而由被保险人负责的财产。

②由被保险人经营管理或替他人保管的财产。

③其他具有法律上承认的与被保险人有经济利害关系的财产。

可保财产通常可用两种不同的方式加以反映。一是用会计科目来反映，如固定资产、流动资产（存货）、专项资产、投资资产、账外或已摊销的资产、代保管财产等。二是以企业财产项目类别来反映，如房屋、建筑物及附属装修设备、机器设备、工具、仪器、生产用具，交通运输工具及设备、低值易耗品、原材料、半成品、在产品、产成品或库存商品、特种储备商品、建筑物和建筑材料等。

（2）特约可保财产。特约可保财产指经保险双方特别约定后，在保险单明细表上载明品名和金额的保险人可以承保的财产。主要包括以下几种。

①金银、珠宝、玉器、首饰、古玩、古书、古画、邮票、艺术品、稀有金属和其他珍贵财物。

②牲畜、禽类和其他饲养动物。

③堤堰、水闸、铁路、道路、涵洞、桥梁、码头。

④矿井、矿坑内的设备和物资。

（3）不可保财产。不可保财产是指保险人不予承保的财产。企业财产保险的不可保财产主要包括以下几种。

①不属于一般性的生产资料或商品的财产，如土地、矿藏、森林、水产资源等。

②货币、票证、有价证券、文件、账册、图表、技术资料以及无法鉴定价值的财产。

③承保后会产生不良社会影响或会与政府的有关法律法规相抵触的财产，如违章建筑、危险建筑、非法占用的财产。

④应投保其他险种的财产，如在运输过程中的物资应投保货物运输保险，畜禽类应投保养殖业保险等。

2. 企业财产保险的保险责任

企业财产保险的保险责任指保险合同中载明的应由保险人赔偿损失或给付保险金的责任。企业财产综合保险主要有财产基本险和综合险两大类，以及若干附加险。基本险和综合险的主要区别在于综合险的保险责任比基本险的范围要广一些。

（1）企业财产保险基本险的保险责任。

①因火灾、爆炸、雷击、飞行物体及其他空中运行物体坠落所致损失。

②被保险人拥有财产所有权的自用供电、供水、供气设备因保险事故遭受损坏，引起停电、停水、停气以致造成保险标的的直接损失。

③发生保险事故时，为了抢救保险标的或防止灾害蔓延，采取合理必要的措施而造成保

险财产的损失及发生的合理的施救费用。

（2）企业财产保险综合险的保险责任。企业财产保险综合险的保险责任比基本险有所扩展，除了承保基本险的责任以外，还需要负责赔偿因暴雨、洪水、台风、暴风、龙卷风、雪灾、雹灾、冰凌、泥石流、崖崩、突发性滑坡、地面突然塌陷等原因造成的保险标的损失。

（3）附加责任。为适应投保人的某些特殊需要，保险公司可在承保基本险后，特约承保某些附加风险。附加责任，又称“特约责任”，是指责任免除中本来不需要承担的保险责任，经投保人与保险人协商同意后保险人可予以承担的保险责任。特约责任一般采用附加特约条款方式承保，也可以采用附加险的方式承保。

企业财产保险基本险的附加责任包括暴风、暴雨、洪水保险，盗抢保险，雪灾、冰冻保险，泥石流、崖崩、突发性滑坡保险，雹灾保险，水暖管爆裂保险，破坏性地震保险等。

在企业财产保险综合险的基础上，投保人可投保如下附加险：矿下财产保险、露天堆放财产保险、盗窃险、橱窗玻璃破碎险、机器损坏险、营业中断险、破坏性地震保险等。

3. 企业财产保险的责任免除

（1）企业财产保险基本险的责任免除。保险人对由于下列原因造成保险标的的损失不负责赔偿。

①战争及类似战争行为、敌对行为、军事行动、武装冲突、罢工、暴动、恐怖行为、民众骚乱。

②被保险人及其代表的故意行为或纵容所致。

③核反应、核子辐射和放射性污染。

④地震、暴雨、洪水、台风、暴风、龙卷风、雪灾、雹灾、冰凌、泥石流、崖崩、滑坡、水暖管爆裂、抢劫、盗窃。

⑤保险标的遭受保险事故引起的各种间接损失。这项责任也可以通过投保人在投保企业财产保险的基础上，附加投保营业中断保险或利润损失保险的方式予以保障。

⑥保险标的本身缺陷、保管不善导致的损毁；保险标的变质、霉烂、受潮、虫咬、自然磨损、自然损耗、自燃、烘焙所造成的损失。

⑦由于行政行为或执法行为所致的损失。

⑧其他不属于保险责任范围内的损失和费用。

（2）企业财产保险综合险的责任免除。企业财产保险综合险的责任免除与基本险相比，差别主要在于第④项，作为综合险的除外责任要少得多，仅有地震、海啸及次生灾害等少数风险，其他大多数风险均为可保责任。

在保险业务实践中，究竟哪些属于可保责任、哪些属于责任免除，不同的保险公司会有不同的规定，以具体的保险合同条款约定为准。

【案例分析 4－1】 玩火自焚 骗保获刑

2015 年 1 月 25 日晚 7 时许，位于安徽省宁国市经济开发区的某公司，突然蹿出熊熊大火，虽经消防官兵和周围群众的全力扑救，终因该厂厂房内库存的都是沙发、桌椅等易燃品，大火很快将物品化为灰烬。事后经警方以及保险公司初步清点，厂房内的成品半成品及生产设备严重受损，经济损失达 751 万元，2000 多平方米的钢结构框架厂房损失严重。

该厂在人保财险宁国支公司投保了综合企业财产保险，生产设备投保了 246.8 万元，库存商品投保了 600 万元，全年交保费 55043 元，保险期限自 2014 年 1 月 27 日零点至 2015 年 1 月 26 日 24：00 时止。负责承保该厂财产保险的宁国支公司业务员回忆，在该厂保险到期的前半个月，他们几次催促该厂办理续保，章某总是避而不见。现在离保险到期还有一天就正好失火，是巧合吗？

与此同时，厂房的房主叶某也起了疑心。章某是浙江台州人，该厂厂房是 2013 年 9 月章某向叶某承租的。一年后，叶某发现章某工厂产品出现大量滞销，经营每况愈下并且欠下数百万元外债。火灾发生前不久，章某还因为厂房租金问题与叶某发生纠纷。火灾后，叶某才知道章某只给自己的库存商品和设备投了保，而厂房未保。叶某向警方报案，表达了自己的疑问。

宁国警方展开调查，综合各方面因素，初步认为这起火灾系人为放火，章某被列为犯罪嫌疑人。在证据面前，章某供认称，自己企业经营不善，产品滞销，欠下数百万元外债。不久贷款到期，为筹集资金还贷，他竟然打起了放火烧厂骗保的歪主意。眼看保险期一天天临近，终于铤而走险，于 1 月 25 日晚避开值班门卫潜入库存商品的 4 号车间点火后逃离。

2016 年 5 月 16 日，安徽省宁国市人民法院对宁国某公司原总经理章某以毁坏公私财物罪、骗取保险赔款未遂罪判处有期徒刑 5 年。章某自己纵火焚烧自己的厂，企图骗取保险金的美梦到头来只是竹篮子打水一场空。

分析

（1）请分析保险公司是否需要承担对库存商品、设备损失及厂房损失的保险赔偿责任？为什么？

（2）假设另外一种情况，某原本在该厂工作的员工因为被解雇而怀恨在心，故意纵火导致财产损失，保险公司是否要承担保险赔偿责任？为什么？

资料来源：王俊武：“玩火自焚，骗保获刑”，《中国保险报》，2016 年 6 月 23 日。

4. 企业财产保险的保险金额与保险价值

企业财产综合保险金额是根据被保险财产的性质确定的。通常情况下，保险公司将企业财产分为三类：固定资产、流动资产、账外财产和代保管财产。

（1）固定资产。固定资产保险金额的确定方法主要有三种：按账面原值确定保险金额；按账面原值加成数确定保险金额；按重置、重建价值确定保险金额。

固定资产的保险价值可以为出险时的重置价值、出险时的账面余额、出险时的市场价值或其他价值，由投保人与保险人协商确定，并在保险合同中载明。

（2）流动资产。流动资产保险金额的确定方法有以下两种：按最近 12 个月任意月份的账面余额确定；由被保险人自行确定。流动资产的保险价值是保险财产出险时的账面余额。

（3）账外财产和代保管财产。账外财产和代保管财产的保险金额可以由投保人自行估价或按照重置价值确定。

账外财产和代保管财产的保险价值是出险时的重置价值或账面余额。

5. 企业财产保险保险费率的确定

保险费率，是应交纳保险费与保险金额的比率。我国采用的企业财产保险业务的保险费率均按保险期限为 1 年，保险金额以千元计算。在企业财产保险的经营中，保险人按照被保险财产的种类，分别制定级差费率。一般而言，影响企业财产保险级差费率的主要因素有房屋的建筑结构、占用性质、危险种类、安全设施、防火设备等。

我国企业财产保险基本险和综合险的保险费率分为工业险费率、仓储险费率和普通险费率三大类，每一类别又按照财产的种类、占用性质和危险程度，分为不同的档次。每一投保单位原则上适用一个费率。综合险年费率分为费率 1 和费率 2，费率 1 适用于华东、中南、西南地区，费率 2 适用于华北、东北、西北地区。

此外，企业财产保险的短期费率适用于保险期限不满 1 年的业务。

表 4－2 内数据提供了企业财产保险费率的基本参照标准。请同学们比较不同类别企业对应的费率高低关系。

对统保单位或防灾设施良好的投保人，还可以采用优惠费率。具体采用的费率需要根据投保人与保险人双方的合同约定来确定。

6. 企业财产保险的赔偿处理

当保险标的发生保险责任范围内的损失，保险人基于损失补偿原则，按照保险金额与保险价值的比例承担赔偿责任，按以下方式计算赔偿金额。

【专栏4－1】 企业财产保险费率表

一、工业类

凡从事制造、修配、加工生产的工厂，均按工业险费率计收保险费。根据工业企业使用的原材料、主要产品生产过程中的工艺操作和处理的危险程度，把工业险费率分为六个级别。一级工业危险程度最小、费率最低，六级工业危险程度最大、费率最高。

二、仓储类

凡储存大宗物资的仓库、露堆、罩棚、油槽、储气柜、地窖、趸船等，都适用仓储险费率。根据仓储商品和物资的性质以及危险程度，仓储险费率可分为四个级：一般物资、危险品、特别危险品和金属材料、粮食专储。

三、普通类

工业和仓储业以外的其他行业使用普通险费率，划分为三级。

表4－2　企业财产险基本险和综合险费率

类别	号次	占用性质	基本险年费率	综合险年费率		类别	号次	占用性质	基本险年费率	综合险年费率	
				费率1	费率2					费率1	费率2
工业类	1	第一级企业	0.6	1.6	1.0	仓储类	7	一般物资	0.6	1.5	1.0
	2	第二级企业	1	2.0	1.5		8	危险品	1.5	3.0	2.0
	3	第三级企业	1.45	2.4	2.0		9	特别危险品	3.0	5.0	4.0
	4	第四级企业	2.5	4.0	3.5		10	金属材料、粮食专储	0.35	1.0	0.5
	5	第五级企业	3.5	6.4	5.0	普通类	11	社会团体，机关事业单位	0.65	1.6	1.0
	6	第六级企业	5.0	8.0	7.0		12	综合商社、饮食服务、写字楼、展览馆、体育场所、交通运输、科研院所、邮电等	1.5	2.4	2.0
第一级至第六级危险程度依次递增；费率1适用于华东、中南、西南地区，费率2适用于华北、东北、西北地区							13	石化供应站、加油站、日杂商店、废旧收购、文化娱乐场所等	2.5	3.0	3.0

（1）当保险标的全部损失。保险金额等于或高于保险价值时，其赔偿金额以不超过保险价值为限；保险金额低于保险价值时，按保险金额赔偿。

（2）当保险标的部分损失。保险金额等于或高于保险价值时，其赔偿金额按实际损失计算；保险金额低于保险价值时，其赔偿金额按保险金额与保险价值比例计算。

例如，某公司投保企业财产保险，投保时约定的保险金额为 4000 万元。

①假设保险事故发生时，保险价值为 5000 万元，保险金额低于保险价值。

如果保险标的是全部损失，则保险人依照保险金额赔偿 4000 万元。

如果标的是部分损失，损失金额为 2000 万元，则按比例计算赔偿金额，计算公式为：

赔偿金额 = 2000 ×（4000/5000）= 1600（万元）

②假设保险事故发生时保险价值为 3000 万元，保险金额大于保险价值。

如果标的是全部损失，则保险人的赔偿金额以不超过保险价值 3000 万元为限。

如果标的是部分损失，损失金额是 2000 万元，赔偿金额就按实际损失计算。

被保险人所支付的必要、合理的施救费用的赔偿金额在保险标的损失以外另行计算，最高不超过保险金额。若受损保险标的按比例赔偿，则该项费用也按与财产损失相同的比例赔偿。

受损保险标的如果有残余价值，应由双方协商处理。如果折价归被保险人，则残值的协议作价要从保险金中扣除。

基于权利代位，因第三者对保险标的损害而造成保险事故的，保险人自向被保险人赔偿保险金之日起，在赔偿金额范围内代位行使被保险人对第三者请求赔偿的权利。

二、家庭财产保险

在天津“8.12”爆炸中，由于离爆炸点 2 公里范围内分布着多个居民区，使得居民楼房受到不同程度损坏。在大多数人的印象中，房屋和屋内的财产遭遇意外的可能性是非常小的，类似“8.12”爆炸这样的意外是极小概率的事件。公众的财产保险意识长期淡薄，家庭财产险的普及远不及企业财产险。其实，虽然大事故很少发生，但诸如楼上渗水浸坏墙壁、打雷下雨电器受损、水暖管道爆裂泡坏地板家具、窃贼入室偷盗之类的事件还是时有发生。一旦不幸碰上，就会导致或多或少的损失。如果事前投保了家庭财产保险，那么一些损失就可以转嫁给保险公司，无需自己破费了。

1. 家庭财产保险的含义

家庭财产保险是以城乡居民的有形财产为保险标的的一种保险。凡存放、坐落在保险单列明的地址，属于被保险人自有的家庭财产，都可以向保险人投保家庭财产保险。当保险标的遭遇保险责任范围内的事故导致损失时，由保险人承担赔偿责任。

2. 家庭财产保险的分类

目前，我国开办的家庭财产保险主要有普通型家庭财产保险、投资保障型家庭财产保险和个人贷款抵押房屋保险等。在投保主险的基础上，还可以投保盗抢险、水暖管道破裂和水渍险等附加险种。

（1）普通型家庭财产保险。普通型家庭财产保险由保险人根据时间和地理位置、财产性质等因素制定相应的费率表，投保人根据费率表的规定交纳保险费。如果投保人或被保险人中途退保，需按日扣除应收保险费，剩余部分退还投保人。

普通型家庭财产保险期限可以是 1 年、3 年或者 5 年。保险期满后，保险责任自行终止，所交纳的保险费不退还，继续保险需要重新办理保险手续。

（2）投资保障型家庭财产保险。投资保障型家庭财产保险的投保人同时也是投资者，该险种不仅有普通型家财险的经济补偿功能，还兼顾投资理财的功能。在保险期限内即使家庭财产出险获赔，仍能得到既定的财产保障。在没有发生保险事故的情况下，投保人在保险期满时能得到本金和一部分收益。

普通型家庭财产保险交纳的是保险费，投资保障型家庭财产保险交纳的是保险储金。例如，早在 2007 年，中国人保财险就曾推出一款“金牛第三代投资保障型家庭财产保险”。该产品有三年期和五年期两种，购买起点为每份 5000 元，可以购买多份。每年可获得 5 倍于投资金的家庭财产保险保障。当被保险人的房屋及室内附属设施、室内装潢不幸遭受条款列明的火灾、爆炸、雷击、飞行物体坠落等自然灾害或意外事故时，保险人均负责赔偿。该产品推出时收益率高于同期国债 0. 03 个百分点，在保险期间内将随银行利率同步调整，客户收益免税。保险期满后，无论投保人是否获得过保险赔偿，均可得到投资本金和投资收益。

专栏 4 - 2 内所列示的是安邦财险销售的共赢 2 号投资型家庭财产保险基本信息。

【专栏 4 - 2】 安邦共赢 2 号投资型家庭财产保险

保险类别：家庭财产保险、自愿保险、主险、投资型非寿险

发行机构：安邦财产保险股份有限公司

保险责任：（1）保险单中载明地址内的房屋及室内附属设施、室内装潢，不包括室内财产及附属建筑物。（2）火灾、爆炸。（3）空中飞行物体坠落，非保险人所有或使用的固定物体倒塌。（4）保险事故发生后，为防止或减少保险标的损失所支付的合理的施救费用。

产品特色：（1）购买灵活：保障金按份出售，每份 1 万元，一份起保，多买不限，购买灵活。保险期限 1 ~ 10 年可选。（2）保本盈利：保障金期满保本返还，同时还可获得高额的盈利回报，随息而变，稳操胜券，安享收益。（3）双倍保险：共赢 2 号，除了期满的

收益还可兼得家财险。家财险的保额为保障金的一倍，如购买1万元共赢2号可获得2万保额的家财险。保额上限为30万。（4）本产品退保犹豫期为自保单生效之日起10日内，犹豫期内退保不扣除任何费用。

（3）个人贷款抵押房屋保险。个人通过贷款买房，在偿还贷款过程中可能会遇到一些无法预测的风险导致房屋受损，影响贷款的如期偿还。银行为了规避这种风险，往往会建议按揭买房者投保个人贷款抵押房屋保险。

个人贷款抵押房屋保险的被保险人是以房屋作抵押向商业银行申请贷款购房的具有完全民事行为能力的借款个人，该险种承保的是因火灾、爆炸、暴风、暴雨、台风、洪水、雷击、泥石流、雪灾、雹灾、冰凌、龙卷风、崖崩、突发性滑坡、地面突然塌陷等原因造成抵押房屋损毁所造成的损失，以及为抢救房屋财产支付的合理施救费用。

对于个人贷款抵押房屋保险，抵押房屋的保险期限为自约定起保日零时起至个人住房抵押借款合同约定的借款期限终止日24：00时止。

3. 家庭财产保险的保险标的

普通型家庭财产保险的保险标的分为一般可保财产、特约可保财产和不可保财产三类。

（1）家庭财产保险的一般可保财产。

①普通家庭财产保险的保险标的。普通家庭财产保险的保险标的是指被保险人自有的、在保险合同中所载明的地址内的下列家庭财产，包括：被保险人的房屋主体及室内附属设备（如固定装置的水暖、气暖、卫生、供水、管道煤气及供电设备、厨房配套的设备等）、室内装潢、室内财产（包括家用电器和文体娱乐用品、衣物和床上用品、家具及其他生活用具等），投保人可以自由选项投保。

在家庭财产保险的保险标的范围中，还包括一些可以经被保险人与保险人特别约定的家庭财产，包括：被保险人代他人保管，或者与他人共有而由被保险人负责的一般可保财产；存放于院内、室内的非机动农机具、农用工具及存放于室内的粮食及农副产品；经保险人同意承保的其他财产。这些特约财产的承保需被保险人提出申请且经保险公司书面同意。

②投资保障型家庭财产保险的保险标的。在投资保障型的家庭财产保险中，其保险标的范围除上述普通家庭财产承保的标的之外，还包括现金、金银、珠宝、玉器、钻石及制品、首饰等贵重物品。

③个人贷款抵押房屋保险的保险标的。个人贷款抵押房屋保险的保险标的指被保险人向商业银行申请贷款时用以抵押的房屋；抵押房屋价值中包含的附属设施和其他室内财产，也在保险财产范围以内。

被保险人购房后装修、改造或因其他原因购置的、附属于房屋的有关财产或其他室内财产，不在该保险的保险标的范围之内。

（2）家庭财产保险的不可保财产。为了控制所承担的风险，保险人通常会将一些财产排除在可保财产之外。一般而言，普通家庭财产保险对以下家庭财产不予承保。

①金银、首饰、珠宝、货币、有价证券、票证、邮票、古玩、文件、账册、技术资料、图表、动植物以及其他无法鉴定价值的财产。

②处于紧急危险状态下的财产。

③用于生产经营的财产。

④违章建筑、非法建筑、非法占用的财产。

⑤其他不属于特别约定承保范围的财产。

4. 家庭财产保险的责任范围及责任免除

综合各家保险公司现有财产保险的保险条款，家庭财产保险的保险责任范围及责任免除基本内容大致如下。实际情况以投保人与保险人签订的具体保险合同为准。

（1）保险责任。保险人一般对存放于保险单列明的地址内的保险财产由于下列原因造成的损失负责赔偿。

①火灾、爆炸。

②雷击、冰雹、雪灾、洪水、崖崩、龙卷风、冰凌、泥石流、地面突然下陷、突发性滑坡。

③空中运行物体坠落，外界物体倒塌。

④暴风或暴雨使房屋主要结构（外墙、屋顶、屋架）倒塌。

⑤保险事故发生后，被保险人为防止或减少保险财产的损失所支付的必要的、合理的费用。

（2）责任免除。下列原因造成的损失、费用，保险公司一般不承担赔偿责任。

①战争、敌对行动、军事行为、武装冲突、罢工、骚乱、暴动、恐怖活动。

②核辐射、核爆炸、核污染及其他放射性污染。

③地震、海啸，以及其次生灾害所造成的一切损失。

④行政行为或司法行为。

⑤投保人、被保险人或被保险人的家庭成员、家庭雇佣人员、暂居人员的故意或重大过失行为；或勾结纵容他人盗窃，或被外来人员顺手偷摸所致的损失。

⑥保险财产在存放处所无人居住或无人看管超过 7 天的情况下遭受的盗窃损失；因门窗

未关致使保险财产遭受的盗窃损失。

⑦堆放在露天环境的保险财产，以及用芦席、稻草、油毛毡、麦秆、芦苇、帆布等材料为外墙、屋顶、屋架的简陋屋、棚，因暴风、暴雨造成的损失。

⑧保险财产本身缺陷、保管不善、变质、霉烂、受潮、虫咬、自然磨损等造成的损失。

⑨未按要求施工导致建筑物地基下陷下沉，建筑物出现裂缝、倒塌的损失。

⑩其他不属于保险责任范围内的损失。

⑪间接损失。

（3）特约责任。在家庭财产保险中，很多保险公司根据投保人的需要，通过附加一些特约责任以解决投保人的多样化需求。主要包括以下内容。

①盗抢责任。在保险期间内，由于门窗有明显撬窃痕迹的盗窃、有明显翻墙掘壁痕迹的盗窃或入室抢劫直接造成保险财产丢失、损毁，保险人按照本附加盗抢险和主险的约定负责赔偿；

②管道破裂及水渍责任。因高压、碰撞、严寒、高温造成被保险房屋内自来水管道、暖气管道（含暖气片）、下水管道以及太阳能热水器室内外管道（以下简称水暖管）爆裂，对因此产生的水暖管修复费用，以及由此造成被保险房屋内的保险标的遭受水浸、腐蚀的直接损失，保险人按本附加水暖管爆裂损失保险合同的规定负责赔偿。

③家电安全责任。由于供电线路遭受主保险合同保险事故及供电部门或施工失误致使电压异常，导致家用电器的直接损毁，保险人按本附加家用电器用电安全保险合同的规定负责赔偿。

5. 家庭财产保险保险金额的确定

一般而言，家庭财产保险中的房屋及室内附属设备、室内装潢物等财产的保险金额由被保险人根据购置价或市场价自行确定；房屋及室内附属设备、室内装潢的保险价值为出险时的重置价值；个人贷款抵押房屋保险的抵押房屋的保险金额可按照成本价、购置价、市价、评估价、借款额及其他方式，由被保险人自行确定，但保险金额不得小于相应的抵押借款本金。

室内财产的保险金额由被保险人根据实际价值分项目自行确定。特约财产的保险金额亦由被保险人和保险人双方约定。

6. 家庭财产保险的赔偿处理

当保险标的发生保险责任范围内的损失时，投保人或被保险人有权按照保险合同的约定向保险人申请赔偿。一般投保人或被保险人应当提供保险单、财产损失清单、发票、费用单据和有关部门的证明。各项单证、证明必须真实、可靠，不得有任何欺诈。投保人或被保险人的欺诈行为给保险人造成损失的，应当承担相应的责任。

被保险人请求赔偿保险金是有诉讼时效的，自其知道或者应当知道保险事故发生之日起计算，2 年内不行使向保险人请求赔偿的权利，则投保人或被保险人的索赔权利即因放弃而自动失效。

保险人在收到单证后应当迅速审定、核实，及时赔付。保险标的发生保险责任范围内的损失，保险人按实际损失计算赔偿，以保险金额和保险标的出险时实际价值的较小者为限。由于家庭财产保险中的承保财产种类较多而且性质不一，在具体的业务实践中，一般会根据财产性质采用不同的赔偿方式。受损保险标的如果有残余价值，应由被保险人和保险人协商处理。如折归被保险人，由双方协商确定其价值，并在保险赔款中扣除。

保险标的在一个保险年度内遭受部分损失经保险人赔偿后，保险金额应相应减少；若保险标的发生全部损失，或该次赔偿金额与免赔额之和（不含施救费用）大于或等于保险金额时，在保险人履行赔偿义务后，保险合同自动终止。保险期限为 3 年、5 年的，下一个保险年度自动恢复原保险金额。

三、机动车辆险

1. 机动车辆险的基本险及附加险

机动车辆保险是以机动车辆本身及机动车辆的第三者责任为保险标的的一种运输工具保险。机动车辆保险可分为机动车辆基本险和附加险。

（1）机动车辆险的基本险。

基本险包括车辆损失险和责任险（机动车交通事故责任强制保险和机动车商业第三者责任保险）。

车辆损失险是指被保险人或其允许的驾驶员在驾驶保险车辆时发生保险事故而造成保险车辆受损，保险公司在合理范围内予以赔偿的一种机动车商业保险。车辆损失险的保险标的主要是经交通管理部门检验合格并具有有效行驶证和号牌的各种机动车辆，包括各种汽车、电车、电瓶车、摩托车、拖拉机、各种专用机械车、特种车等。

责任强制保险与机动车商业第三者责任保险的保险标的则是保险车辆因意外事故致使他人遭受人身伤亡或财产的直接损失依法应负的赔偿责任。关于责任险的内容将在第 3 节中进行具体介绍。

（2）机动车辆险的附加险。

在投保了机动车辆基本险的基础上可以选择投保附加险，这些附加险的具体条款规定可能因保险公司不同而有差异，一般都是只能附加在基本险后，不能独立承保。

在投保了车损险的基础上，可以投保的附加险如下。

①全车盗抢险。指当保险车辆（含投保的挂车）全车被盗窃、被抢劫、被抢夺，经县级以上公安刑侦部门立案侦查证实，满 2 个月未查明下落时，保险人负责赔偿保险车辆全车被盗窃、被抢劫、被抢夺后受到的损坏或因此造成车上的零部件、附属设备丢失需要修复的合理费用的保险。

②玻璃单独破碎险。指车辆在使用过程中发生本车玻璃单独破碎时保险人按实际损失赔偿的保险。

③车辆停驶损失险。指保险车辆在使用过程中，因发生车辆损失险责任范围内的保险事故，造成车身损毁，致使保险车辆需进厂修理所引起的保险车辆停驶损失，保险人按保险合同规定在赔偿限额内负责赔偿的保险。

④自燃损失险。指保险车辆在使用过程中，因本车电器、线路、供油系统发生故障及运载货物自身原因起火燃烧，造成保险车辆的损失时，以及在发生本保险事故时，被保险人为减少保险车辆损失所支出的必要的和合理的施救费用，保险人负责赔偿的保险。

⑤新增加设备损失险。指保险车辆在使用过程中，发生车辆损失险责任范围内的保险事故，造成车上新增加设备的直接损毁时，保险人在保险单该项目所载明的保险金额内，按实际损失计算赔偿的保险。

⑥代步车费用险。指保险车辆在使用过程中，因发生车辆损失险保险责任范围内的保险事故，造成车身损毁需进厂修理时，在双方约定的修复保险车辆期间内，被保险人需要租用代步车发生的费用，保险人按条款约定承担赔偿责任的保险。

⑦车身划痕损失险。指保险车辆因他人恶意行为造成保险车辆车身人为划痕时，保险人按实际损失计算赔偿的保险。

⑧租车人人车失踪险。指租车人未能按约定时间归还租赁机动车，经出险当地县级以上公安刑侦部门立案证明租车人与租赁机动车同时失踪，满 60 天未查明下落的，对于被保险机动车的自身损失，保险人依照保险合同的约定负责赔偿的保险。

⑨可选免赔额特约条款。被保险机动车发生机动车损失保险合同约定的保险事故，保险人在按照机动车损失保险合同的约定计算赔款后，扣减本特约条款约定的免赔额。

在投保了机动车商业第三者责任保险的基础上，可以选择投保的附加险有以下四个。

其一，车上人员责任险。指保险车辆在使用过程中发生意外事故，致使保险车辆车上人员遭受人身伤亡，依法应由被保险人承担经济赔偿责任时，保险人依照法律法规和保险合同的规定给予赔偿的保险。

其二，车上货物责任险。指保险车辆在使用过程中发生意外事故，致使保险车辆上所载货物遭受直接损毁，依法应由被保险人承担的经济赔偿责任，以及被保险人为减少车上货物损失而支付的合理的施救、保护费用，由保险人在保险单载明的赔偿限额内计算赔偿的保险。

其三，无过错损失补偿险。指保险车辆在使用过程中因与第三者（非机动车辆、行人）发生交通事故，造成第三者人身伤亡，经公安交通管理部门依法裁决，应由第三者自己承担，而由被保险人垫付的合理的抢救医疗费、丧葬费，因第三者确实无偿还能力而未能偿还时，保险人负责赔偿的保险。

其四，车载货物掉落责任险。指保险车辆在使用过程中所载货物从车上掉落致使第三者遭受人身伤亡或财产的直接损毁，依法应由被保险人承担的经济赔偿责任，保险人在保险单载明的赔偿限额内计算赔偿的保险。

除以上列举的附加险外，保险人提供的附加险还包括附加油污污染责任保险、异地出险住宿费特约条款、机动车出境保险、法律费用特约条款、交通事故精神损害赔偿责任保险条款、不计免赔特约险等。

（3）2015 年商业车险改革关于机动车辆险主险和附加险的调整。

2015 年初，保监会印发《关于深化商业车险条款费率管理制度改革的意见》（保监发〔2015〕18 号），着手推进机动车商业保险改革。自 2015 年 6 月 1 日以来，改革试点工作在黑龙江等 18 个省区实施。经过一年的试点后，商业车险改革于 2016 年 7 月正式推向全国。

此次改革将一些重要的附加险并进主险保险责任，使主险保障范围更宽，有利于更好地维护消费者利益。改革后的新方案规定的机动车辆险主险包括机动车损失保险、机动车第三者责任保险、机动车车上人员责任保险、机动车全车盗抢保险共四个独立的险种。

改革删减了一部分不经常使用的附加险，保留了玻璃单独破碎险、自燃损失险、新增设备损失险、车身划痕险、发动机涉水损失险、修理期间费用补偿险、车上货物责任险、精神损害抚慰责任险、不计免赔险、指定修理厂险、新增车损险无法找到第三方不计免赔险。

改革减少了行业协会条款数量，但允许符合条件的保险公司开发特色附加险条款，可以丰富保险产品种类，加大投保人的选择余地。随着商业车险条款费率的市场化形成机制真正落实，财险公司会在商业车险品牌、管理、渠道、价格、服务等方面开展全方位、多层次、差异化的市场竞争。

2. 机动车辆损失险的保险责任和除外责任

（1）保险责任。

①碰撞、倾覆。

②火灾、爆炸。

③外界物体倒塌或坠落、保险车辆行驶中平行坠落。

④雷击、暴风、龙卷风、暴雨、洪水、海啸、地陷、冰陷、崖崩、雪崩、雹灾、泥石流、滑坡。

⑤发生以上保险事故后，被保险人为减少保险车辆的损失所支付的必要的、合理的施救费用，保险人按照合同规定负责赔偿，最高赔偿金额以保险金额为限。

（2）除外责任。

①地震及其次生灾害。

②战争、军事冲突、恐怖活动、暴乱、扣押、罚没、查封、政府征用。

③核反应、核污染、核辐射。

④被保险车辆所载货物的撞击、腐蚀。

⑤自燃及不明原因火灾。

⑥人工直接供油、高温烘烤。

⑦违反法律法规中有关机动车辆装载的规定。

⑧被保险人或驾驶人故意导致事故发生的行为。

除以上因素外，保险人对下列损失和费用也不负责赔偿：保险车辆的自然磨损、朽蚀、电气机械故障；保险车辆因遭水淹或因涉水行驶致使发动机损坏；遭受保险责任范围内的损失后，未经必要修理继续使用，致使损失扩大的部分；新车车辆出厂时的原厂配置以外新增设备的损失；市场价格变动造成的贬值、修理后因价值降低引起的损失等。

（3）2015 年商业车险改革关于保险责任或责任免除的调整。

根据各地陆续公布的新的商业车险示范条款，对保险责任及责任免除的内容有较大的调整，共减少 15 条责任免除事项。

例如，车损险条款扩大了自然灾害导致的车损承保范围，将冰雹、台风、热带风暴、暴雪、冰凌、沙尘暴等自然灾害纳入保险保障范围；更加人性化，删除了对被保险人、驾驶人的家庭成员人身伤亡赔偿责任免除；对现行商业车险条款中争议较大的“车上人员在被保险机动车下车时遭受的人身伤亡”“驾驶证失效或审验未合格”“未上牌照新车”等免责内容也进行了删除，大幅提高了商业车险风险保障水平，消费者权益得到有效保护。

3. 机动车辆损失险的保险金额及赔偿金额的确定

保险车辆的保险金额一般可以按以下三种方式确定：一是按投保时与保险车辆同种车型的新车购置价；二是按投保时与保险车辆同种车型的新车购置价扣减折旧部分；三是投保人与保险人协商确定，但保险金额不得超过投保时同类车辆新车购置价，超过部分无效。

在保险合同有效期内，如果发生保险责任范围之内的事故，致使车辆全损报废，保险公司按保险金额减掉残值后进行赔偿；如车辆部分损失，保险公司按实际修复费用在保险金额内赔偿。

为了解决长期存在的“高保低赔”问题，根据2015年商业车险改革后的新条款，按投保时被保险机动车的实际价值协商确定。在发生全部损失时，按照保险金额为基准计算赔付；发生部分损失，按实际修复费用在保险金额内计算赔偿。

此外，2015年商业车险改革后的示范条款删除了关于依据事故责任比例承担保险责任的内容。同时，进一步明确了因第三方造成的保险事故，投保人有三种索赔方式：一是由受害方直接向责任方索赔；二是根据《保险法》第六十五条规定，受害方直接向责任方保险公司索赔；三是受害人向其车损险承保公司申请按照“代位求偿”方式先行赔付，并将向责任方追偿的权利转让给保险公司。这三种索赔方式保证受害方及时、方便、全面地获得赔偿，从根本上解决了“无责不赔”的问题。

4. 商业车险改革对车险费率的调整

2015年商业车险改革的核心内容是对车险费率管理制度的调整。

基于保险费率与标的风险、经营成本相匹配的原则，此次的商业车险费率管理制度改革运用了车险行业多年来的理赔数据，采用“车型定价”模式，对不同安全系数、不同维修成本的车辆区别定价。一些安全等级低、工时费高的车型，车险价格较高。《关于深化商业车险条款费率管理制度改革的意见》要求，中国保险行业协会应按照大数法则要求，建立财产保险行业商业车险损失数据的收集、测算、调整机制，动态发布商业车险基准纯风险保费表，为财产保险公司科学厘定商业车险费率提供参考。改革前后的费率确定条件对比如表4－3所示。

费改新规加大了对出险次数的管控，具体体现在无赔款优待系数浮动范围的调整上。无赔款优待系数是根据客户所投保车辆上历年赔款记录情况进行浮动费率的系数，由中国保险行业协会制定颁布。例如，连续3年无赔款记录的系数值由改革前的0.7下调为0.6，连续2年无赔款记录的系数值由改革前的0.8下调为0.7，上年无赔款记录的系数值为0.85，新车、上年有1次赔款记录或平台有不浮动原因的系数值为1.0，上年有2次赔款记录的系数值为

表 4－3　　商业车险改革前后的费率确定条件变化

	改革前	改革后
保费计算公式	商车险保费 = 基准保费 × 费率调整系数 其中：基准保费 = 基础保费 + 保险金额 × 费率	商车险保费 = 基准保费 × 费率调整系数 其中：基准保费 = 基准纯风险保费/（1－附加费用率）。费率调整系数 = 无赔款优待系数 × 交通违法记录系数 × 自主核保系数 × 渠道系数
费率调整系数	14 个	4 个
无赔款优待系数浮动范围	0. 7 ~ 1. 3	0. 6 ~ 2. 0
交通违法系数浮动范围	0. 9 ~ 1. 0	0. 9 ~ 1. 5 （区分不同的交通违法类型）

注：附加费用率是以保险公司经营费用为基础计算的，包括用于保险公司的业务费用支出、手续费用支出、营业税、工资支出及合理的经营利润。试点期间附加费用率统一为 0. 35。

1. 25，上年有 3 次赔款记录的系数值为 1. 5，上年有 4 次赔款记录的系数值为 1. 75，上年有 5 次及 5 次以上赔款记录的系数值为 2. 0。

新费率改革与车主的违章记录、驾驶习惯挂钩。交通违法系数是根据客户所投保车辆上一年的交通违法情况进行浮动费率的系数，通过车险信息平台统一查询使用。一般的交通违法行为累计一定次数以后保费才会上浮，其中，超速未达 10% 等部分轻微交通违法行为不纳入保费上浮因子范围，保费也不下浮；超速超过 10% （但未达 50%）4 次，或者闯红灯 4 次的，保费上浮 10%；违规停车、未系安全带等其他违法行为累计 20 次的，保费上浮 10%。但酒驾、醉驾、无证驾驶、肇事逃逸、号牌遮挡、超速超过 50% 等严重违法行为发生 1 次，保费都将上浮。

车险自主核保系数和自主渠道系数是此次费改新增的保费折扣系数，由各保险公司根据公司经营情况在 0. 8 ~ 1. 2 区间向保监局报案，是保险公司的个性指标，每年可报备更改一次。

自主核保系数是保险公司在一定范围内自主设置的一些商业车险核保系数，但是使用范围将会分步骤、分阶段放开。车险自主核保系数比较复杂，可分为“从人”和“从车”两类影响因子。“从人”的因素包括驾驶技术、驾驶习惯、驾龄、年龄、性别等；“从车”的因素包括行驶里程、约定行驶区域、车型、投保车辆数、绝对免赔额等。

渠道系数的目的在于打破电网销价格壁垒。对于电网销专用产品的保费，目前是在传统基准保费基础上再优惠 15%。费改后各家保险公司可以根据自身对电话、网络、门店、中介等营销渠道的内控管理和成本核算情况设置渠道系数，在一定范围内自主制定渠道定价策略及系数。

综合各方面因素计算，部分投保人实际支付的最低保费，可以达到3.9折，“最差司机”则面临要交基准保费2.91倍的商业车险保费。这些规定实现了不同车型的费率水平与车辆风险水平合理匹配，消费者保费负担与个人风险水平合理匹配，有望形成对良好行车习惯和安全意识的正向鼓励，降低事故发生频率，促进城市道路交通安全管理。总体来看，费改将使绝大多数消费者获得实在的优惠。截至2015年底，黑龙江等首批全国6个试点地区的车均保费较改革前下降了7.7%，在续保业务中，约77%的消费者保费同比下降，约23%的消费者保费同比上升。

【专栏4-3】 如何为爱车选择合适的保险组合

根据我国法律规定，所有机动车辆必须购买交强险。交强险虽然较便宜，但是由于保障额度有限，还需要补充其他商业险。商业险的险种较多，提供商业车险的保险公司也数量众多。车主应根据自身实际情况，如驾驶技能、车辆状况等慎重选择，既能节省保费，同时也获得更为全面的保险保障。如果您是新手，建议您购买保障较为全面的险种；如果您是驾驶技术高超的“老司机”，可以根据既往的保险服务、理赔经验有针对性地选择公司和险种。

表4-4中四种车险方案最为常见，车主们不妨从中选择，做到“有备无患”。

表4-4 常见车险组合方案类型

类型	车险组合方案	适用对象
全面型	交强险+商业三责险（30万元）+车损险+车上人员责任险+盗抢险+玻璃单独破碎险+不计免赔特约+车身划痕险	新车、新手及需要全面保障的车主
常规型	交强险+商业三责险（20万元）+车损险+车上人员责任险+盗抢险+不计免赔特约	有一定驾龄、愿意自己承担部分风险的车主
经济型	交强险+商业三责险（10万元）+车损险+不计免赔特约	车辆使用较长时间，驾驶技术娴熟、愿意自己承担大部分风险的车主
风险型	只购买交强险	一般不建议

四、货物运输保险（cargo transportation insurance）

1. 货物运输保险的定义

货物运输保险是以各种运输工具运输过程中的货物作为保险标的，承保货物在运输过程中因遭受自然灾害和意外事故所造成损失的一种财产保险。

货物运输保险起源于海上保险，是最古老的险种之一。无论是对外贸易还是国内贸易，商品从生产者到消费者手中，都要经过相应的运输过程，面临因天灾、人祸等因素所导致的受损的风险。为在途的货物投保货物运输保险已经成为贸易尤其是国际贸易的一个重要环节，不仅能够保障货主的经济利益，而且有利于商品交易和运输业的正常发展。

2. 货物运输保险的特征

（1）货物运输保险的保障对象具有多变性。货物运输保险的保障对象的多变性主要指被保险人的多变性。贸易活动的特性决定了货物在运输过程中频繁易手，不断变换其所有人，从而必然会引起货物运输保险被保险人的不断变化。

（2）货物运输保险的承保标的具有流动性。不同于企业财产险或家庭财产险所承保的是处于固定地点的保险标的，货物运输保险承保的是处于流动中或运动状态下的货物，不受固定地点的限制。

（3）货物运输保险承保的风险具有综合性和复杂性。货物运输保险承保的风险范围远超过一般财产保险承保的风险范围。从风险性质看，既有与财产和利益相关的风险，又有与责任相关的风险；从地域范围上看，既有海上风险，又有陆上和空中风险；从风险来源看，既有自然灾害和意外事故引起的客观风险，又有人为因素引起的主观风险；从形式上看，既有静止状态中的风险，又有流动状态中的风险。

（4）货物运输保险的保险合同变更具有自由性。由于运输中的货物面临的风险大小及出险几率的高低主要取决于承运人而非被保险人，所以货物运输保险的保险合同可以随着货物所有权的转移而自由转移。在实践中，货物运输保险的保险合同往往被视同提货单的附属物，随着提货单的转移而转移，而无须事先征得保险人的同意。

（5）货物运输保险的保险期限具有空间性。货物运输保险的保险期限通常不是采取约定日期的定期制，而是以约定的运输途程为准，即将保险标的从起运地仓库运输抵达目的地仓库的整个运输过程作为一个保险责任期限。“仓至仓条款”是确定货物运输保险的保险责任期限的主要依据，因而使得货物运输保险的保险期限具有空间性特征。

（6）货物运输保险的国际性。货物运输保险所涉及的地理范围往往超越国家和区域界限。国际运输货物保险所涉及的保险关系人，不仅有本国的公民，还包括不同国家和地区的贸易商、承运人、金融机构与货主等。保险可能产生的纠纷的预防和解决，必须依赖于国际性法规和国际惯例。

3. 货物运输保险的主要类别

根据不同的标准，可以将货物运输保险分为不同的种类。

按照运输工具和运输方式不同，可分为海洋运输保险、陆上货运险、航空运输险、邮包运输保险。

按照保险人承担的责任，可以将海洋货物运输分为平安险、水渍险和一切险。

针对某些特殊商品，有海运冷藏货物、陆运冷藏货物、海运散装桐油及活牲畜、家禽的海陆空运输保险等。

例如，某茶叶加工厂要出口一批茶叶到美国，与买方交易采取的是到岸价格。按该价格条件，应当由卖方投保，于是茶叶加工厂以这批茶叶为保险标的投保海上货运险。茶叶装船后，茶叶加工厂将茶叶的提单交给买方并随之转让保单。后在运输途中遇到风浪，船舶沉没，茶叶灭失。试问保险公司是否承担货损的赔偿？赔给买方还是卖方，为什么？

保险公司应当承担货损赔偿，赔给买方。因为根据海上货运险的保险利益原则：投保时可不存在保险利益，但在发生保险事故时保险利益一定要存在；保险单可自由转让，无须征得保险人同意。本案例中，被保险人（买方）虽然在投保时对茶叶没有保险利益，但在茶叶装船后获得物权凭证——提单，表示对茶叶拥有了所有权，也就具有了保险利益，而且在转交提单的同时获得转让的保单，因此，保险事故发生时，买方既有保险利益又有有效保单，应当获得保险赔偿。

4. 货物运输保险的保险责任与责任免除

以某保险公司的《国内水路、陆路货物运输保险条款》为例，该款保险承保的是保险货物在水路、铁路、公路和联运运输中，因遭受保险责任范围内的自然灾害或意外事故所造成的损失。分为基本险和综合险两种。

（1）基本险的保险责任。

①因火灾、爆炸、雷电、冰雹、暴风、暴雨、洪水、地震、海啸、地陷、崖崩、滑坡、泥石流所造成的损失。

②由于运输工具发生碰撞、搁浅、触礁、倾覆、沉没、出轨或隧道、码头坍塌所造成的损失。

③在装货、卸货或转载时因遭受不属于包装质量不善或装卸人员违反操作规程所造成的损失。

④按国家规定或一般惯例应分摊的共同海损的费用。

⑤在发生上述灾害、事故时，因纷乱而造成货物的散失及因施救或保护货物所支付的直接合理的费用。

（2）综合险的保险责任。综合险除包括基本险责任外，保险人还负责赔偿以下损失。

①因受震动、碰撞、挤压而造成货物破碎、弯曲、凹瘪、折断、开裂或包装破裂致使货物散失的损失。

②液体货物因受震动、碰撞或挤压致使所用容器（包括封口）损坏而渗漏的损失，或用液体保藏的货物因液体渗漏而造成保藏货物腐烂变质的损失。

③遭受盗窃或整件提货不着的损失。

④符合安全运输规定而遭受雨淋所致的损失。

（3）除外责任。由于下列原因造成保险货物的损失，保险人不负赔偿责任：

①战争或军事行动。

②核事件或核爆炸。

③保险货物本身的缺陷或自然损耗，以及由于包装不善。

④被保险人的故意行为或过失。

⑤全程是公路货物运输的，盗窃和整件提货不着的损失。

⑥其他不属于保险责任范围内的损失。

五、农业保险

1. 农业保险的定义及构成

农业保险是专为农业生产者在从事种植业、林业、畜牧业和渔业生产过程中，对遭受自然灾害、意外事故疫病、疾病等保险事故所造成的经济损失提供保障的一种保险。

我国 2013 年开始施行的《农业保险条例》对农业保险的界定是：“本条例所称农业保险，是指保险机构根据农业保险合同，对被保险人在种植业、林业、畜牧业和渔业生产中因保险标的遭受约定的自然灾害、意外事故、疫病、疾病等保险事故所造成的财产损失，承担赔偿保险金责任的保险活动。”定义中所称保险机构，是指保险公司以及依法设立的农业互助保险等保险组织。

农业保险一般可分为种植业保险和养殖业保险两大类。

（1）种植业保险。种植业保险是指以农作物及林木为保险标的的保险。

2016 年春，一则关于河北石家庄市井陉县残疾兄弟贾文其、贾海霞种树的专题短片在网络上热传，感动了很多人。两位老人从 2002 年开始种树，村里将 50 亩河滩无偿承包给他们，协议约定：“自己处理树木，收入归自己所有。如果被洪水刮了，村委不赔偿任何损失。”经过十几年的艰苦奋斗，河滩上树木成林，价值可观。但谁也没有想到的是，7 月 18 日以来，强降雨肆虐河北，井陉县遭受百年一遇的特大暴雨，河滩上上万棵树全部被冲毁，14 年心血化为乌有。其实，他们在年初接受采访的时候就提出担心洪水的风险，也知道当地间隔二三十年会发一次大水的周期性，没想到竟然一语成谶。如果那时有人指点他们及时投保林木保险，即以林木生长期间因自然灾害、意外事故造成林木的损失为承保责任的保险，就可以在损失发生后得到保险公司的保险赔偿。

林木保险属于种植业保险中的一种。由于种植业对应的农作物及林木种类繁多，种植业保险也是由种类繁多的具体险种构成的，大致内容如表4－5所示。

表4－5　种植业保险的主要构成

险　种	内　　容
粮食作物保险	稻谷保险、小麦保险、玉米保险、大豆作物保险、其他粮食作物保险
经济作物保险	棉花保险、油料作物保险、糖类作物保险、烟草保险、其他经济作物保险
水果和果树保险	柑桔、苹果、山楂、板栗、橡胶树、茶树、核桃、枣树等保险
其他作物保险	蔬菜作物保险、饲料作物保险、塑料大棚蔬菜种植保险，农作物火灾保险
林木保险	森林保险、经济林保险、园林苗圃保险

以农作物保险为例，它是以稻、麦等粮食作物和棉花、烟叶等经济作物为对象，以各种作物在生长期间因自然灾害或意外事故使收获量价值或生产费用遭受损失为承保责任的保险。在作物生长期间，其收获量有相当部分是取决于土壤环境和自然条件、作物对自然灾害的抗御能力、生产者的培育管理。因此，在以收获量价值作为保险标的时，应留给被保险人自保一定比例，促使其精耕细作和加强作物管理。如果以生产成本为保险标的，则按照作物在不同时期、处于不同生长阶段投入的生产费用，采取定额承保。

针对农作物，还有一种专门的收获期农作物保险，即以粮食作物或经济作物收割后的初级农产品价值为承保对象，是作物处于晾晒、脱粒、烘烤等初级加工阶段时的一种短期保险。

（2）养殖业保险。养殖业保险指以有生命的动物为保险标的，在被保险人支付一定的保险费后，对饲养期间遭受保险责任范围内的自然灾害意外事故和疾病引起的损失给予补偿的一种保险。见表4－6。

表4－6　养殖业保险的主要构成

险　种	内　　容
牲畜保险	以耕牛、奶牛、菜牛、马、种马、骡、驴、骆驼等大牲畜为承保对象
家畜、家禽保险	以商品性生产的猪、羊等家畜和鸡、鸭等家禽为承保对象
水产养殖保险	以商品性的人工养鱼、养虾、育珠等水产养殖产品为承保对象
其他养殖保险	以商品性养殖的鹿、貂、狐等经济动物和养蜂、养蚕等为保险对象

2. 农业保险的特点

由于农业生产在很大程度上受自然因素的影响，与其他财产相比，农业保险具有以下特点。

（1）地域性。各种有生命的动植物的生长和发育都要具备严格的自然条件，由于各地区的地形、气候、土壤等自然条件不同，再加上社会经济、生产条件、技术水平的不同，形成了动植物地域性的不同，从而决定了农业保险只能根据各地区的实际情况确定承保条件。

（2）季节性。由于动植物生长受自然因素制约，具有明显的季节性，要求农业保险在整个业务操作过程中，必须对动植物的生物学特性和自然生态环境有正确的认识，掌握农业保险各种保险标的的特点。

（3）高风险。农业保险的保险标的种类繁多，市场价格波动幅度大，保险价值不稳定；农业保险承担责任的风险大，且自然因素与人为因素交织，损失发生后的责任认定难度很大。

（4）政策性。由于农业保险具有上述特点，业务的复杂性及高风险性导致保险人开办农业保险的积极性有限；加之农村经济发展水平的不平衡，被保险人交费能力普遍有限。为了保障农业生产的稳定，促进农村经济发展，很多国家都把农业保险作为政策性保险业务，政府积极参与或引导，对农业保险机构给予补贴或扶持。

3. 中国农业保险发展概况

据统计，自然灾害每年给中国造成1000 亿元以上的经济损失，受害人口2 亿多人次，其中农民是最大的受害者。长期以来，抗灾救灾、安抚灾民、重建家园的费用主要由国家和地方民政部门负担，少数来自群众和企业的捐赠。这种模式不利于健全的农业风险防范体系的形成。

农业保险是市场经济国家化解农业风险、扶持农业发展的通行做法。通过政策性农业保险，可以减少自然灾害对农业生产的影响，同时在世贸组织规则允许的范围内代替直接补贴对农业实施合理有效的保护，稳定农民收入，促进农业和农村经济的发展。在中国，农业保险是解决“三农”问题的重要组成部分。

近几年来，我国农业保险发展迅速，承保品种已覆盖农、林、牧、渔业各方面，开办区域已覆盖所有省（区、市）。2007 年国家财政拨出 10 亿元专项补贴资金，通过地方财政资金的配套，对6 省区五大类粮食作物保险予以补贴，积极为农业安全生产提供保障。农业保险由此出现了快速发展的良好势头，当年实现保费收入 51. 8 亿元。

此后 5 年间，农业保险覆盖面不断扩大。2007 ~ 2012 年，农业保险保费收入由 51 亿元增长到240亿元，平均增速36%；承保主要农作物从2.3亿亩扩展到9.7亿亩，占我国主要农作物播种面积的40%；累计农业保险赔款支付550亿元。同时，农业保险财政支持力度不断增强，中央和地方财政大力支持发展农业保险。2007～2011年，中央财政累计给予农业保险费补贴达264亿元。各级财政对主要农作物的保险费补贴合计占应收保险费的比例达80%。

2012年11月12日，中华人民共和国国务院令第629号正式公布《农业保险条例》，自2013年3月1日起施行。《农业保险条例》的颁布为农业保险持续健康发展夯实了制度基础，开启了农业保险发展的新局面，并在2016年被中国保监会评选为“十二五”中国保险业十大改革举措。

截至2015年，农业保险当年实现保费收入374.7亿元，参保农户约2.3亿户次，提供风险保障近2万亿元。各保监局结合当地实际，不断创新农业保险发展方式。农业保险条款全面升级，大幅拓宽保险责任，提高保障水平和赔付标准，降低保险费率并简化理赔流程。农产品价格保险试点扩展到26个省份，承保农作物增加到18种。农房保险已覆盖全国所有省市，参保农房9358万间，提供风险保障达1.4万亿元。中国农业保险再保险共同体承保能力扩大到2400亿元，可满足国内96%以上的分保需求。

【专栏4-4】　　让农业保险成为保民惠民的“抗洪神器”

2016年入梅以来的数场强降雨，给湖北造成了严重的洪涝灾害和财产损失。而在这些损失之中，农村水产养殖户们的损失无疑是首当其冲。据湖北省防汛抗洪救灾新闻发布会通报，截至7月14日，全省累计394.48万亩养殖水面受灾，其中成鱼32.83万吨、小龙虾3.97万吨，整个水产业直接经济损失达63.17亿元。如此重大的损失，让多少辛苦劳作半年的养殖户们欲哭无泪。而对受灾水产养殖户走访发现，他们极少为自己养殖的水产品购买保险。

实际上，自2004年以来，中央一号文件已经连续13次对农业保险业给予了强烈的关注和巨大的支持。尤其是2016年的中央一号文件中，专门指出了要“完善农业保险制度，把农业保险作为支持农业的重要手段，扩大农业保险覆盖面、增加保险品种、提高风险保障水平。积极开发适应新型农业经营主体需求的保险品种。探索开展重要农产品目标价格保险，以及收入保险、天气指数保险试点。支持地方发展特色优势农产品保险、渔业保险、设施农业保险……进一步完善农业保险大灾风险分散机制。”尽管中央在农业保险方面做了非常持续而且强有力的顶层设计，但这项旨在为农村百姓谋福祉的政策，却在农村落地过程中遇到了相当大的困难。

其实，“农业保险”的星火并非完全黯淡无光。据报道，2016 年珠海已在全省率先启动“水产价格指数和风灾指数保险试点”工作，水产养殖户的保险费用只需要自己出小头（20%），大头（80%）由市、区两级政府负责“埋单”。浙江象山县梭子蟹气象指数保险 2016 年试点规模确定为 5000 亩，参保养殖户可享受县、市财政 60% 的保费补贴。天灾无常，洪水无情。对那些受灾深重的农村养殖户们而言，也许，早点能够落地生根的“农业保险”惠民政策，才是能真正驱散他们心头忧愁的“抗洪神器”。

资料来源：王卫锋：“让农业保险成为保民惠民的‘抗洪神器’”，荆楚网（武汉），2016 年 7 月 19 日。

第 3 节　责任保险

一、责任保险概述

1. 责任保险的内涵

责任保险指以被保险人依法应负的民事损害赔偿责任或经过特别约定的合同责任作为承保责任的一类保险。

企业、团体、家庭或个人在进行各项生产、业务活动或日常生活中，由于疏忽、过失等行为造成他人的损害，根据法律或契约，应对受害人承担经济赔偿责任的，都可以在投保相关责任保险后，将其面临的责任风险转嫁给保险公司。

责任保险属于广义的财产保险范畴，作为一类独成体系的保险业务，始于 19 世纪的欧美国家，发达于 20 世纪 70 年代以后。1855 年英国开办了铁路承运人责任保险，但直到 20 世纪初责任保险才有了迅速发展，成为保险的支柱业务之一，是现代经济不可缺少的一部分。大多数国家还将多种公共责任作了强制投保的规定，如机动车辆第三者责任保险、雇主责任保险等。在西方非寿险保险公司中，责任保险的保费收入一般都占保费总收入的 10% 以上，在保险市场上有举足轻重的地位。

责任保险的主要险种类别包括公众责任保险、产品责任保险、雇主责任保险、职业责任保险和第三者责任保险等，每一类责任保险下面又有具体的险别。

2. 责任保险的保险标的

责任保险的保险标的是被保险人在法律上应负的民事损害赔偿责任。民事责任是指公民或法人在不履行自己的民事义务或者侵犯他人的民事权利时按照民法的规定而产生的法律后果。

《中华人民共和国民法通则》（2009 年修订版）第一百零六条明确规定：“公民、法人违反合同或者不履行其他义务的，应当承担民事责任；公民、法人由于过错侵害国家的、集体的财产，侵害他人财产、人身的，应当承担民事责任；没有过错，但法律规定应当承担民事责任的，应当承担民事责任。”

2010 年开始施行的《中华人民共和国侵权责任法》第六条对“侵权责任”的规定是：“行为人因过错侵害他人民事权益，应当承担侵权责任；根据法律规定推定行为人有过错，行为人不能证明自己没有过错的，应当承担侵权责任。”

第七条规定：“行为人损害他人民事权益，不论行为人有无过错，法律规定应当承担侵权责任的，依照其规定。”

由此可见，民事责任主要包括违约责任和侵权责任，侵权责任又包括过失责任和无过失责任。责任保险承保的民事责任主要是侵权责任，一般不负责违约责任，除非经过特别约定。

【案例分析 4-2】　中企运煤船撞澳洲大堡礁遭索赔 6 亿元

当地时间 2016 年 9 月 6 日，澳大利亚联邦法院在昆士兰州首府布里斯班进行庭审，该国政府在法庭上向中国深圳能源运输有限公司索赔至少 1.2 亿澳元（约合人民币 6.1 亿元）。

据新华社此前报道，2010 年 4 月，“深能 1 号”运煤船是在离澳大利亚东海岸 70 公里处，偏离既定航线 20~30 公里，在大堡礁附近浅滩搁浅，船上装载的 970 吨燃油泄漏了 2 吨左右。据澳大利亚海事安全局牵头组成的调查小组估计，该运煤船给珊瑚礁造成的损害面积为 3000 米长、250 米宽的区域，估计需要 20 年的时间才能恢复。当时昆士兰州政府声称将对“深能 1 号”船只隶属的深能公司罚款 100 万澳元（约合人民币 512 万元），并对责任的当事人船长王吉昌罚款 25 万澳元。而当时澳大利亚出台的新法规定，对此类行为的罚款上限为 550 万澳元。

此后，对深能公司的索赔追诉官司一直在持续。令深能公司万万没想到的是，6 年间，罚款金额竟涨了 1200 倍。澳大利亚政府指出，“深能 1 号”在触礁事故中剥落了“数百公斤”含有 TBT（三丁基锡）的有毒防污涂料，因燃料箱损伤在海面形成 4 公里的重油污染带。澳大利亚政府向法庭提出，要求深能公司赔偿 6.1 亿元，或负责恢复受损海域的环境。深能公司表示，澳大利亚政府的索赔数额是“不现实的”，并称最多只能承担 1.28 亿元的赔偿费用。这一数额是根据国际货币基金组织（IMF）的相关规定，以船只大小、吨位及目前汇率计算出的结果。深圳能源集团抗辩称，在 2010 年 4 月 3 日事件发生以后，澳大利亚政府对于珊瑚礁的修复工作出现了延迟，才对珊瑚礁造成了更多的损坏，并据此对澳大利亚政府进行反诉。听证将持续约 4 周时间。

分析

（1）请检索更多资料分析，针对远洋船舶搁浅及泄露造成的海洋损害及需要承担的后续责任，可以通过投保什么责任险实现风险转嫁？

（2）请基于相关责任险的保险条款分析，该船搁浅时偏离了既定航线，是否会导致保险公司拒绝承担赔偿责任。

资料来源：观察者网综合英国《卫报》、澳大利亚《邮政快报》（The Courier-Mail）网站、《环球时报》等消息，2016 年 9 月 7 日报道。

二、公众责任保险（public liability insurance）

1. 公共责任险概述

公众责任险主要承保被保险人在其经营的地域范围内从事生产、经营或其他活动时，因发生意外事故而造成他人（第三者）人身伤亡和财产损失，依法应由被保险人承担的经济赔偿责任。

公众责任保险的保险责任包括被保险人在保险期内、在保险地点发生的依法应承担的经济赔偿责任和有关的法律诉讼费用等。因此，保险标的是被保险人的法律责任，为无形标的。受损害对象不是事先特定的某个人；损害行为是对社会大众利益的侵犯。

公民、企事业单位、机关团体等，为其本身在业务活动或日常生活中的意外事故造成第三者的人身伤亡或财产损失的责任投保公众责任保险，即属于投保人同时是被保险人的情况。

公众责任保险赔偿限额的规定主要有三种：一是规定每次事故的赔偿限额，无分项、无累计；二是规定保单的累计赔偿限额；三是规定免赔额。我国的公众责任保险仅对财产损失责任的赔偿规定免赔额，对人身伤害责任的赔偿并无免赔额的规定。

公众责任保险的适用范围非常广泛，业务复杂，种类很多，主要包括场所责任保险、承包人责任保险、承运人责任保险等。

2. 公共责任险的一般保险责任及除外责任

（1）保险责任。

①须是在保单列明地点因经营业务发生意外事故而致的赔偿责任。

②第三者的人身伤亡或财产损失。

③经认可的诉偿费及其他费用。

（2）除外责任。

①被保险人及其代表的故意行为。

②被保险人被主管部门吊销卫生许可证或责令停业整改后仍继续营业所造成的损失、费用和责任。

③战争、敌对行为、军事行为、武装冲突、罢工、骚乱、暴动、盗窃、抢劫、抢夺。

④政府有关当局的没收、征用，核反应、核辐射和放射性污染。

⑤火灾、爆炸、地震、雷击、暴雨、洪水等自然灾害。

3. 场所责任保险

场所责任保险主要承保场所所有人或经营管理人在营业过程中所产生的损害赔偿责任，是公众责任保险的主要业务来源。企事业单位、社会团体、个体工商户、其他经济组织及自然人均可为其经营的工厂、办公楼、旅馆、住宅、商店、医院、学校、影剧院、展览馆等各种公众活动的场所投保公众责任险。

基于承保的具体场所不同，场所责任保险的险种又包括宾馆责任保险、展览会责任保险、电梯责任保险、车库责任保险、机场责任保险以及各种公众活动场所的责任保险等。

【专栏4-5】　火灾公众责任保险

火灾公众责任险是指在保险有效期限内，被保险人在经营场所内依法从事生产、经营等活动时，一旦发生火灾、爆炸等事故造成第三者人身伤亡所引起的医疗费用和抚恤费用以及依法应由被保险人承担的民事赔偿责任，由保险公司在责任范围内作为赔偿资金的提供者向受害人提供赔偿的险种。从定义可见，火灾公众责任险正是利用市场机制来解决公共场所火灾善后赔偿的手段。火灾公众责任保险是运用市场机制加强火灾防范和消防管理的重要方式。

1994年12月8日，新疆克拉玛依市在友谊馆举办少儿文艺演出活动，在演出过程中，舞台纱幕被光柱灯烤燃，火势迅速蔓延至剧厅，各种易燃材料燃烧后产生大量有害气体，由于友谊馆内很多安全门紧锁，导致场内人员逃生困难，事故造成325人死亡、132人受伤，大多是中小学生及教师。

2004年2月15日，吉林市中百商厦伟业电器行雇员于某在仓库吸烟引发大火，当日值班人员擅自离岗，致使群众没能及时疏散，造成 54 人死亡、70 余人受伤。因为中百商厦没有投保火灾公共责任保险，火灾导致的巨额损失只能由政府支付。

2005 年 12 月 15 日 16 时 30 分左右，吉林省辽源市中心医院发生火灾，造成 40 人死亡，是建国后卫生系统最大的火灾事故。

2008 年 9 月，深圳龙岗舞王俱乐部特大火灾事故，致 43 人死亡、59 人受伤。

2010 年 11 月 15 日 14 时，上海静安区一栋高层公寓起火。火灾系从事外墙保暖材料施工的电焊工违规作业所致，造成 58 人死亡、71 人受伤的惨痛后果。

一些重特大火灾不仅造成严重的财产损失，还会造成人员群死群伤，对受害人的损失赔偿工作至关重要。火灾公众责任保险可以为火灾事故造成的第三者人身伤害或财产损失提供补偿，保证补偿资金的及时性和充分性，是灾后补偿的最佳方式。

强制推行火灾公众责任保险，对于保障人民生命财产安全，维护社会安定，具有重要的现实意义。我国虽然早在 1995 年的《消防改革与发展纲要》中就规定了“重要企业、易燃易爆化学危险品场所和大型商场、宾馆、饭店、影剧院、歌舞厅等公共场所必须参加火灾保险和公众责任险”，但是实践中很少有经营者执行。2006 年 3 月 29 日公安部与保监会共同下发了《关于积极推进火灾公众责任保险切实加强火灾防范和风险管理工作的通知》，建立火灾公众强制责任保险制度，提高全社会火灾风险防范能力和管理水平。2008 年 10 月《中华人民共和国消防法》经修订通过，其中第三十三条规定：“国家鼓励、引导公众聚集场所和生产、储存、运输、销售易燃易爆危险品的企业投保火灾公众责任保险；鼓励保险公司承保火灾公众责任保险。”2011 年 12 月，国务院印发《关于加强和改进消防工作的意见》，其中第九条指出：“有立法权的地方要针对本地消防安全突出问题，及时制定、完善地方性法规、地方政府规章和技术标准。”

目前，我国已在多个省市开展火灾公众责任保险，收效显著。其中，江苏省早在 2006 年就在全国率先推进和实施火灾公众责任保险制度；上海市自 2008 年 6 月起，在大型商场超市、宾馆饭店、影剧院、网吧、歌舞娱乐场所和易燃易爆危险品场所推广火灾公众责任险；2009 年初，深圳出台《深圳市火灾公众责任保险管理制度试行办法》，强制推行火灾公众责任保险，截至 2010 年 1 月 15 日，参保率已达到 99.6%。

4. 承包人责任保险

承包人责任保险是指各种建筑工程、安装工程、修理工程、装卸作业和各类加工的承包人在进行承包合同项下的工程或其他作业时，发生造成他人人身伤害或财产损失的损害事故，由保险人负责承担赔偿的一种责任保险。

以建筑安装工程责任保险为例，承保的是建筑、安装施工单位在承包施工期间因疏忽或过失行为造成的事故所导致的法律赔偿责任。具体的承保范围如下。

（1）施工中造成第三者的财产损毁赔偿责任，如爆破引起土石飞溅而致他人的财产损失。

（2）施工中造成第三者的人身伤害，需赔偿的医疗费、住院费、误工工资等。

（3）施工中造成发包方的财产损失，如工程质量不良、物料被盗等，依照法律或承包合同应由承包人负责赔偿的部分。

（4）有关费用，如场地清理费、法律费用及其他经保险人同意支付的费用等。

（5）若承包人之下有分承包人，被保险人可以扩展至分承包人，并受交叉责任条款制约。

保险人办理工程承包人责任保险，接受了风险转嫁，自身同样要对这些风险进行控制，因此会主要关注下列与承保风险密切相关的因素事项。

（1）工程承包人的商誉、以往工程经验、事故记录、风险控制能力等。

（2）施工人数、施工人员平均年龄、员工技术及教育训练是否完备、员工素质如何等。

（3）施工高度、工程种类、工程时间、是否使用爆破技术施工、工程地理位置、工程建筑登记、施工机械的种类和来源（是否转包，新旧程度等）。

（4）工程区域内的安全管理措施、消防设备、使用施工工具的养护水平及施工区内是否有危险物品等。

承包人责任保险的责任期限一般采用工期保险单，即从承包作业的开工之日起至完工之日止；加工及其他承揽作业亦采用定期保险单，具体规定起止日期。

5. 承运人责任保险

承运人责任保险是指客运经营者、货物运输经营者根据有关法律、行政法规和规章的规定，在运输过程中发生交通事故或者其他事故，致使旅客遭受人身伤亡和直接财产损失或者危险货物遭受损失，依法应当由被保险人对旅客或者货物货主承担的赔偿责任，由保险公司在保险责任限额内给予赔偿的法律制度。

运输业是一个高风险行业。承运人对委托给他的货物运输和旅客运送的安全负有严格责任，除非损害货物或旅客的原因是不可抗力、军事行动及客户自己的过失等，否则，承运人均须对被损害的货物或旅客负经济赔偿责任。事实上，当事故发生时，承运人本身往往也会遭受损失，在没有保险的情况下，承运人经常无力承担对旅客或货主的赔偿责任。

为了保护道路运输经营中各方当事人的合法权益，保障道路运输受害人能够得到及时救助或赔偿，维护社会稳定，我国借鉴国内外经验，实行了强制性的承运人责任保险制度。2004 年开始施行的《中华人民共和国道路运输条例》第三十六条规定，“客运经营者、危险货物运输经营者应当分别为旅客或危险货物投保承运人责任险。”而 2013 年 1 月 1 日起实施的《国内水路运输管理条例》第十九条第二款规定，“水路旅客运输业务经营者应当为其客运船舶投保承运人责任保险或者取得相应的财务担保”。

【专栏 4 -6】　“东方之星”沉船事件的保险赔付

2015 年 6 月 1 日约 21：30，承载着 454 名乘客的“东方之星”客轮在长江湖北监利水域遭遇恶劣天气瞬间翻沉，442 人遇难，仅有 12 人生还，是建国以来长江上伤亡最大的一次事故。该船隶属重庆东方轮船公司，自 5 月 28 日下午 1 点左右从南京开航溯江而上驶往重庆，白天停靠游玩，晚上开船赶路。遇难旅客中年纪最大的 83 岁，最小的仅 3 岁，以六七十岁的老年人为主。

经国务院调查组调查认定，“东方之星”号客轮翻沉事件是由突发罕见的强对流天气带来的强风暴雨袭击导致的特别重大灾难性事件。该客轮抗风压倾覆能力虽符合规范要求，但不足以抵抗所遭遇的极端恶劣天气。船长及当班大副对极端恶劣天气及其风险认知不足，在紧急状态下应对不力。

在此次沉船事故中出险的游客，若此前投保充分，最多可获如下 4 种保险赔偿。

（1）正常在长江行驶载客的客轮，都应投保“沿海内河船舶保险”和“船主对旅客责任保险”。该保险系强制责任险，只要是内河客运船只必须投保。投保后，若船只在正常运营中由于自然灾害或意外事故，造成旅客死亡或伤残，依法应由船主承担的经济赔偿责任由保险公司赔偿。“东方之星”游轮在人保财险重庆分公司投保了国内水路客运承运人责任险，保险金额为每人 1 万，最高保额 558 万元。事故发生后反思，每人 1 万元的保险金额已经明显偏低。①

（2）旅行社应该投保“旅行社责任保险”。该保险同样是强制投保。投保后，若旅行社在核定的经营范围内，因为疏忽或过失，造成旅行者在旅行过程中遭受人身伤亡或者财产损失，依法应由旅行社承担的损失，由保险公司承担。

本事件中，上海协和旅行社投保了由上海人保财险和太保产险共保的旅行社责任险，承保旅客 359 名，每人保险金额 50 万元，单次事故赔付限额 500 万元，最高可赔付金额为

① 张蕴遐：“从‘东方之星’看海上旅客运输责任限额的‘前世今生’”，《中国保险》2015 年第 6 期，第 32 ~ 36 页。

800万元；常州世友旅行社投保了由人保财险、太保财险、平安产险、国寿财险、大地保险、太平财险共保的旅行社责任险，承保旅客12名，每人保险金额50万元，单次事故赔付限额200万元，最高可赔付金额为400万元。

（3）旅客出行前自愿投保的“旅游人身意外伤害保险”。此险种属于人身保险中的意外伤害险，并非强制保险。

（4）游客个人在日常生活中自行投保的寿险或意外险产品。

中国保监会2015年6月10日通报，经排查统计，“东方之星”客轮翻沉事件中，保险业共承保失事客船船东、相关旅行社、乘客和船员投保的各类保险340份，保险金额共计9252.08万元。其中，失事客船涉及保险金额共计1570万元，人保财险重庆分公司已就船舶一切险向重庆东方轮船公司支付了1000万元保险理赔资金；旅行社责任险涉及保险金额共计1200万元；396名乘客投保各类人身保险，身故保险金额共计6169.35万元；18名船上工作人员投保人身保险，身故保险金额共计312.73万元。

三、产品责任保险（product liability insurance）

1. 产品责任保险概述

产品责任保险是指当被保险人因其产品存在缺陷致使第三人人身伤亡或财产损失依法应当承担损害赔偿责任时，由保险人承担赔偿责任的保险。

具体而言，产品责任险承保被保险人所生产、出售的产品或商品在承保区域内发生事故，造成使用、消费或操作该产品或商品的人或其他任何人的人身伤害、疾病、死亡或财产损失，依法应由被保险人承担责任时，由保险人在约定的赔偿限额内负责赔偿。

生产商、出口商、进口商、批发商、零售商及修理商等一切可能对产品事故造成的损害负有赔偿责任的人，都具有可保利益，都可以投保产品责任险。根据具体情况需要，可以由他们中间的任何一人投保，也可以由他们中间的几个人或全体联名投保。在各关系方中，制造商一般承担最大风险，凡产品原有缺陷引起的问题，最后都要追溯至制造商负责。

【专栏4-7】　细节看保险：给粽子加一道保险绳

临近端午节，在各大商场、街头小巷随处皆有粽子兜售。国家食品药品监督管理局近期对粽子进行专项抽检发现，当前粽子的样品检验合格率为98%；不合格产品中发现的主要问题是商业无菌不达标，以及超范围使用甜味剂，即安赛蜜和糖精钠。

消费者在挑选粽子时，不仅要注意品牌、厂名、厂址、生产日期和保质期，还要重视安全保障举措。例如，某些在售的粽子包装盒上，还赫然印着某某保险公司承保的字样，为消费者吃粽子增加了一粒“定心丸”。

个性化保险产品的推出，就是要在合适的时间、合适的地点把合适的保险卖给合适的人。有业内人士认为，只要有足够的数据支持，可以推出任何产品，包括粽子保险。事实上，粽子保险已经推出有几年。早在 2013 年，在海南就有食品公司为生产的粽子购买了食品安全责任保险。该公司在人保财险为粽子投保，如果企业生产的食品因疏忽或过失致使消费者食物中毒等人身损害或财产损失，可以获得保险公司的赔偿。到了 2015 年，浙江也出现了为粽子投保的食品生产企业。该企业亦与人保财险合作，为粽子投下了食品安全责任保险，以保障因疏忽或过失致使消费者食物中毒等人身损害或财产损失。每次事故每人人身伤亡责任限额 10 万元，保险金额合计为 150 万元。

有了保险的粽子，是不是就万无一失了呢？对于厂家来说，投保了食品责任保险，不是为了找保险公司背书，而是多一道监督，督促各条生产线安全规范操作，生产出更好的食品。

资料来源：黄明明：“细节看保险：给粽子加一道保险绳”，《中国保险报》，2016 年 6 月 7 日。有删改。

2. 产品责任保险的特点

（1）“长尾巴”责任。由于很多产品的使用年限非常长，索赔可能在赔偿使用几年甚至几十年后发生保险事故时才提出，导致保险人无法预见被保险人的产品可能造成的潜在伤害，法律环境的变迁和通货膨胀都可能导致赔偿金额的提高，从而可能导致当初制定的保费不能满足赔偿，容易对经营造成不利影响。

（2）严格责任。当今，大多数产品责任诉讼都以严格侵权责任为基础，加大了被保险人的责任。严格责任关注的是产品本身以及产品是否存在不合理的危险，举证责任在被告方。即使是厂家在生产时已尽谨慎之责，但如果产品存在不合理的危险，法庭仍将判厂家承担责任。

（3）赔付以各国法律为依据，赔付差异较大。在国际贸易中，出口商品通常根据国际惯例要求必须投保产品责任险，以满足进口商的要求。产品责任险的赔偿处理以各国的法律制度为依据，不同地区的产品责任事故损害赔偿法律制度和消费者的索赔意识不同，决定了不同国家和地区产品责任险的赔付情况也各异。

3. 产品责任保险的赔偿

产品责任保险的承保基础多为期内索赔式，即以索赔提出的时间是否在保单有效期内作为确定保险人承担责任的基础。

在产品责任保险保单中，通常规定两项赔偿限额，即每次事故的赔偿限额和保单累计的赔偿限额；同时，每项赔偿限额还可以分别划分为人身伤害和财产损失的分项赔偿限额。

生产、销售的同一批产品，由于同样原因造成多人的人身伤害、疾病或死亡或多人的财产损失，应视为一次事故造成的损失。多次事故赔偿金额达到保险单责任的一年累计赔偿限额时，该保险单保险责任即行终止。

四、雇主责任保险（employer's liability insurance）

1. 雇主责任保险概述

雇主责任保险是指被保险人所雇用的员工在受雇过程中从事保险单所载明的与被保险人的业务有关的工作时，因遭受意外事故而受伤、残废或因患有与业务有关的职业性疾病，所致伤残或死亡，被保险人根据法律或雇用合同，须负担医药费用及经济赔偿责任（包括应支出的诉讼费用），由保险人在规定的赔偿限额内负责赔偿的一种保险。

各类企业以及机关事业单位对其职工在工作中发生的死亡、伤残、疾病等事故均有依法或依据雇用合同负责赔偿的义务，故都适宜投保雇主责任保险。雇主责任保险的投保人和被保险人都是雇主，但受益者是与雇主有雇用合同关系的雇员。由于雇员从事工种的危险程度不同，对于不同工作类别，费率也各不相同。

但下列原因导致的责任事故通常属于除外责任。

（1）战争、敌对行为、军事行动、核反应、核子辐射和放射性污染等适用于每个投保项目的一般不保事宜。

（2）被保险人的故意行为或重大过失。

（3）除有特别规定外，被保险人对其承包商所聘员工的赔偿责任。

（4）被保险人的合同项下的责任。

（5）被保险人的雇员因自己的故意行为导致的伤害、自杀、违法行为所致的伤残或死亡。

（6）被保险人的雇员由于职业性疾病以外的疾病、传染病、分娩、流产以及由此而施行的内、外科手术所致的伤残或死亡。

2. 雇主责任保险的赔偿

雇主责任保险的赔偿额度分为死亡和伤残两种。

死亡赔偿的限额为保单规定的最高赔偿额度。

伤残赔偿则有三种情况：永久丧失全部工作能力的，按保单规定的最高赔偿额度办理；永久丧失部分工作能力的，按受伤部位及受伤程度，参照保单所规定的赔偿比例乘以保单规定的赔偿额度确定；暂时丧失工作能力超过 5 天的，经医生证明，按被雇用人员的工资给予赔偿。

对上述各项总的赔偿金额，各国的规定不一。由于我国目前没有法律规定的赔偿标准，一般由被保险人根据雇用合同的要求，以雇员若干个月的工资制定赔偿限额，但最高不超过保单规定的赔偿限额。

3. 雇主责任保险的附加责任

我国雇主责任保险有两项附加责任，即附加医疗费保险和第三者责任保险。

（1）附加医疗费保险。附加医疗费保险承保雇员在保险有效期内，因患职业病之外的疾病（包括传染病、分娩、流产）所需的医疗费用，包括治疗、医药、手术、住院费用。除另有约定外，一般只限于在国内的医院或诊疗所治疗，并凭其出具的单证赔付。

不论一次或多次赔偿，医疗费的最高赔偿金额每人累计以不超过附加医药费保险的金额为限。

（2）附加第三者责任保险。附加第三者责任保险是对被雇用人员在保险期限内，从事保险单所载明的与被保险人的业务有关的工作时，由于意外或疏忽，造成第三者人身伤亡或财产损失以及所引起的对第三者的抚恤、医疗费和赔偿费用，依法应由被保险人赔付的金额，保险人负责赔偿。

第三者责任险的最高赔偿金额，以保险单上列明的最高赔偿金额为限。

【案例分析 4－3】　员工出差期间心源性猝死，雇主责任险是否应赔

2007 年 5 月 17 日，江苏徐州 B 律师事务所向中国 A 财产保险股份有限公司徐州中心支公司投保律师责任险，保单扩展条款雇主责任险，雇主责任险保单记载：保险期限为 2007 年 5 月 18 日至 2008 年 5 月 18 日，死亡赔偿限额为 8 万元。

该险种所附条款第一条规定：凡被保险人所雇佣的员工，在本保险有效期内，在受雇过程中，从事本保险单所载明的与被保险人的业务有关工作时，遭受意外而致受伤、死亡或患与业务有关的职业性疾病，所致伤残或死亡，被保险人根据雇用合同，须付医药费、伤亡赔偿费，工伤休假期间的工资、应支出的诉讼费用，本公司负责赔偿。条款第三条除外责任第二项同时规定：被雇人员由于疾病、传染病、分娩、流产以及因这些疾病而施行内外科治疗手术所致的伤残或死亡不在保险赔偿范围之内。

2007 年 6 月 4 日，律所通知保险公司称：事务所律师杨某 2007 年 5 月 31 日因公务出差。6月2日因工作劳累身感不适，并首次就诊，6月4日凌晨意外死亡，请保险公司予以理赔，申请金额为8万元。由于双方就理赔产生争议，律师事务所于2007年8月向徐州市泉山区法院提起诉讼。

保险公司认为，根据沛县人民医院医务科出具的死亡医学证明书记载，死亡原因为心源性猝死。根据《关于职业病范围和职业病患者处理办法的规定》，该疾病不属于职业病范畴。系非职业疾病死亡，律师事务所对死者并不负任何法律赔偿责任，该事故亦不属于雇主责任险承保范围，另外保险条款免责部分也明确对因疾病死亡的情况保险公司不负责赔偿。

徐州市泉山区法院判决认为：原被告双方签订的保险合同系双方真实意思表示，合法有效，双方应当严格遵照履行。被保险人对受害者依法应负担损害赔偿责任是保险人履行赔偿义务的前提条件。原告所雇员工杨律师死亡是因为在出差期间旅途疲累受感染而产生疾病所致，不是遭受意外，也不是患与业务有关的职业性疾病。该情形符合免责条款规定的情形，被告无须承担赔偿责任。同时，原告是否应当对死者承担赔偿责任以及赔偿多少数额均未经过法定机关确定，该合同约定的赔偿条件尚未成就。本案所涉的死者家属并未在诉讼之前向原告提出过索赔要求，原告也未对死者家属作出任何赔偿。被告保险公司的答辩意见予以支持，判决驳回原告律师事务所的全部诉讼请求。本案判决之后双方均未上诉。

分析

你是否认可法院的判决，为什么？

资料来源：根据陆新峰（中国人寿保险公司江苏省分公司）案例改写（http：//www. qzr. cn/vip/55167. shtml）。

4. 雇主责任险与团体意外伤害险的比较

团体意外伤害保险，是一种以团体方式投保的人身意外保险形式，而其保险责任、给付方式与个人意外伤害保险相同。由于都是由用人单位投保，很多人分不清雇主责任险与团体意外伤害险的区别。就本质上说，雇主责任险实际上是用人单位给自己买的保险，保护的是单位利益；团体意外险则是公司帮员工出钱买的保险，相当于给员工的一种福利。二者的具体比较如表4－7所示。

五、职业责任保险（professional liability insurance）

1. 职业责任保险概述

职业责任保险是以各种专业技术人员在从事职业技术工作时因疏忽或过失造成合同对方或他人的人身伤害或财产损失所导致的经济赔偿责任为承保风险的责任保险。

表 4－7 雇主责任险与团体意外伤害险比较

	雇主责任险	团体意外伤害险
保险类型	责任保险，属广义的财产保险范畴	人身保险
被保险人	用人单位，雇主	单位的雇员
保险标的	被保险人（雇主）的赔偿责任	被保险人（雇员）的身体或生命
保险责任期间	正常工作期间、上下班期间或与完成工作任务直接有关的期间	保障保险有效期内的全天候 24 小时
赔偿依据	约定保险责任范围内事故发生后雇主要对雇员所承担的赔偿责任	被保险人（雇员）的身体伤残程度或死亡
受益人	用人单位，雇主	单位的雇员或受益人
法律后果	把雇主承担有关责任的费用风险转移给保险公司，保障雇主利益，稳定企业经营，也保障了员工权益，有助于缓和劳资关系	为因意外遭受身体伤害导致残疾或死亡的被保险人及其家庭提供经济保障

职业责任保险的承保方式包括以索赔为基础和以事故发生为基础两种。

以索赔为基础的承保方式，是指保险人仅对在保险期内受害人向被保险人提出的有效索赔负赔偿责任，而不论导致该索赔案的事故是否发生在保险有效期内。该方式可使保险人较确切地把握该保险单项下的应付赔款，对自己应承担的风险责任或可能支付的赔款数额作出较切合实际的估计。由于这种承保方式实质上是使保险时间前置了，为了控制保险人承担的风险责任无限地前置，各国保险人在经营实践中，通常会规定一个责任追溯日期作为限制性条款。

以事故发生为基础的承保方式是保险人仅对在保险有效期内发生的职业责任事故而引起的索赔负责，而不论受害方是否在保险有效期内提出索赔。它实质上是将保险责任期向后限延长了。该承保方式使得保险人支付的赔款与其保险期内实际承担的风险责任相适应，缺点是保险人在该保险单项下承担的赔偿责任往往要经过很长时间才能确定。由于通货膨胀因素或法律法规的调整，受害方最终索赔的金额可能超过职业责任保险事故发生时的水平或标准。为了控制风险，保险人通常规定一个赔偿责任限额，同时明确一个后延截止日期。

2. 职业责任保险主要险种

（1）医疗职业责任保险。

医疗职业责任保险承保医务人员在诊疗护理活动中，因执业过失造成患者死亡或伤残、病情加剧、痛苦增加等，受害者或其家属要求赔偿且依法应当由医疗方负责的经济赔偿责任。

医疗职业责任保险以医院为投保对象，普遍采用以索赔为基础的承保方式。

保险责任范围内的事故发生后，事先经保险人书面同意的法律费用，包括事故鉴定费、查勘费、取证费、仲裁或诉讼费、案件受理费、律师费等，保险人在约定的限额内也负责赔偿。

近年来，中国各地的医疗纠纷呈现愈演愈烈的局面，暴力伤医案件层出不穷，而一些因为医疗方过失而受损的病患又面临索赔难的问题。中国的医疗纠纷处理已经成了复杂的社会问题。2014 年 7 月，国家卫生计生委、司法部、财政部、中国保监会及国家中医药管理局联合发布《关于加强医疗责任保险工作的意见》，提出要充分发挥以医疗责任保险为主要形式的医疗风险分担机制在医疗纠纷化解、医疗风险管理等方面的重要作用，进一步健全我国医疗责任保险制度，提高医疗责任保险参保率和医疗责任保险服务水平。据保监会 2016 年 4 月披露的数据，2015 年医疗责任保险保费收入 23. 64 亿元，为各级医疗机构提供风险保障 506. 1 亿元，有效化解了医疗纠纷。

（2）律师责任保险。

律师在执业中处理大量诉讼和非诉讼事务，很可能因过错、过失、疏忽等致使委托人遭受经济损失，存在着较大的民事责任风险。《中华人民共和国律师法》第五十四条规定：“律师违法执业或者因过错给当事人造成损失的，由其所在的律师事务所承担赔偿责任。律师事务所赔偿后，可以向有故意或者重大过失行为的律师追偿。”通过投保律师职业责任保险，可以有效地转嫁相关风险。

律师职业责任保险的赔偿责任包括以下三项。

①在保险单规定的期间，被保险人在中华人民共和国境内从事诉讼或非诉讼业务时，由于疏忽或过失给委托人造成经济损失，依法应承担的经济赔偿责任，由保险公司赔偿。

②保险事故发生后，律师事务所和委托人双方不能通过协商解决，可能引起诉讼，如果在诉讼前律师事务所征得了保险公司的书面同意，那么产生的有关费用由保险公司承担，包括案件受理费、鉴定费、律师费等。

③发生保险责任事故后，被保险人为缩小或减少赔偿责任所支付的必要的、合理的费用，保险公司负责赔偿，如抢救费等。

但对于因战争、自然灾害等不可抗力因素造成的损害、被保险人无有效执业证书和故意行为所产生的责任，保险人是不负责赔偿的。此外，精神损害也不属于保险责任。

（3）会计师责任保险。

会计师事务所职业责任保险是指会计师事务所及其合伙人、股东和其他执业人员因执业活动造成委托人或其他利害关系人经济损失，依法应当承担赔偿责任的保险。

我国《注册会计师法》（1994 年施行，2014 年修订）第四十二条规定：“会计师事务所违反本法规定，给委托人、其他利害关系人造成损失的，应当依法承担赔偿责任。”

会计师事务所职业责任保险和会计师事务所职业风险基金是事务所抵御职业风险的两种并行模式。在过去较长一段时间内，限于各方面历史条件，我国注册会计师行业主要实行以职业风险基金为主的风险抵御模式。这一风险抵御模式与有限责任公司制会计师事务所占主体、职业风险尚未完全显化的历史状况相契合。但是，职业风险基金存在难控制、易被挪用、易引发分配争议、资金占用成本高、无法放大保障效应等缺陷，制约了注册会计师行业健康、规范、稳定的发展。

随着我国市场经济体制与专业保险制度的不断完善和资本市场的快速发展，合伙制日益成为会计师事务所的主体形式，职业责任风险加速显化，由职业风险基金制度向职业责任保险制度转换已是大势所趋。请同学们进一步了解合伙制与有限责任公司制之间的区别，并分析为什么合伙制成为会计师事务所主体形式会导致职业责任风险加速显化？

自从 2000 年深圳市保险机构开出我国第一份注册会计师职业责任保险保单以来，我国一直在积极探索会计师事务所职业责任保险模式。2014 年，国务院《关于加快发展现代保险服务业的若干意见》（国发〔2014〕29 号）明确提出，要“发挥保险对咨询、法律、会计、评估、审计等产业的辐射作用”，“强化政府引导、市场运作、立法保障的责任保险发展模式”。2015 年 7 月，财政部和中国保监会联合发布实施《会计师事务所职业责任保险暂行办法》，从维护注册会计师行业利益、扶持注册会计师行业发展的角度出发，明确保险责任范围为非故意行为（包括过失和重大过失）造成的经济损失；保险期间为 1 年及以上；约定合理的追溯期或报告期；仲裁或者诉讼费用以及其他必要、合理的法律费用由保险公司承担。事务所在投保职业责任保险主险的基础上，还可以投保账册文件丢失险、首次投保追溯期扩展险等附加险。

（4）高管责任险。

高管责任险承保的是在保险期限内，投保公司及其子公司过去、现在及将来的董、监事及高级管理人员在履行职务时，因其非故意不当行为而遭受赔偿请求所引致的损失，由保险公司承担赔偿责任。

1929～1933 年的大危机中，美国股市大崩溃产生了完善证券市场监管制度的强烈要求。随着美国证券交易委员会的设立和《1933年证券法》和《1934年证券交易法》的通过，美国上市公司董事和高管人员需要承担的经营风险陡增。为了顺应这一需求，英国伦敦劳合社在1934年推出了董事和高管人员职业责任保险，开启了该险种的先河。在美国，几乎所有的上市公司都会投保董事和高管人员职业责任保险。该险种成为保险公司的一项重要业务。

1996年，美亚保险上海分公司承保了中国第一张"董监事及高级管理人员责任保险"保单。不过，高管责任险在中国市场一直反应平平。直到2011年，国内上市企业中投保董事、高管责任险的公司也不过100余家，以金融行业最为集中，在A股上市的绝大多数银行和保险企业都投保了高管责任险，投保额大多为3000万～5000万美元。中国平安是国内最早为董事及高管投保责任险的金融企业之一，从2004年开始即为董事、监事和高级管理人员购买责任保险。平安作为一家在境内外两地上市的公司，可能面临投资者在境内外提出的诉讼。因此，购买董事、监事和高管责任险，被公司视为是保护公司高管的一种必要措施。①

2014年第三次修订后的《中华人民共和国公司法》第二十一条规定，"公司的控股股东、实际控制人、董事、监事、高级管理人员不得利用其关联关系损害公司利益"，否则，给公司造成损失的，应当承担赔偿责任。第一百一十二条规定，"董事会的决议违反法律、行政法规或者公司章程、股东大会决议，致使公司遭受严重损失的，参与决议的董事对公司负赔偿责任。"第一百四十九条又规定，"董事、监事、高级管理人员执行公司职务时违反法律、行政法规或者公司章程的规定，给公司造成损失的，应当承担赔偿责任。"同样，《中华人民共和国证券法》也对董、监事高管的行为进行了约束并明确了应承担的责任。上市公司面临的法律责任风险完全有可能转移到高管身上。高管人员仅靠有限的薪酬可能无法对抗可能发生的证券民事诉讼的风险。问责机制的强化将有望推进中国高管责任险的发展。

（5）建筑、工程技术人员责任保险。

建筑、工程技术人员责任保险承保因建筑师、工程技术人员的过失而造成合同对方或他人的财产损失与人身伤害并由此导致经济赔偿责任的职业技术风险。建筑、安装以及其他工种技术人员、检验员、工程管理人员等均可以投保该险种。

---

① 李听："国内高管责任险调查：金融业投保集中　同等保额保费相差一倍"，《每日经济新闻》，2011年5月31日。

六、机动车交通事故责任强制保险

1. 机动车交通事故责任强制保险概述

机动车交通事故责任强制保险简称交强险，是由保险公司对被保险机动车发生道路交通事故造成受害人（不包括本车人员和被保险人）的人身伤亡、财产损失，在责任限额内予以赔偿的强制性责任保险。

《机动车交通事故责任强制保险条例》是根据《中华人民共和国道路交通安全法》（2003 年公布，2007 年，2011 年两次修订）和《中华人民共和国保险法》制定，于 2006 年 3 月 21 日以中华人民共和国国务院令第 462 号公布，自 2006 年 7 月 1 日起施行（2012 年先后进行两次修订，修订后的条例自 2013 年 3 月 1 日起施行）此后，保监会发布的《机动车交通事故责任强制保险费率浮动暂行办法》自 2007 年 7 月 1 日实行。随着配套措施的完善，交强险最终普遍实行。

根据《交强险条例》的规定，在中华人民共和国境内道路上行驶的机动车的所有人或者管理人都应当投保交强险，保险期间一般为 1 年。在推出交强险之前，商业机动车第三者责任保险是按照自愿原则由投保人选择购买。由于商业三责险投保比率较低，发生道路交通事故后，致害人支付能力有限或缺乏保险保障使得受害人往往得不到及时的赔偿，造成大量纠纷。实行交强险制度就是通过国家法律强制机动车所有人或管理人购买相应的责任保险，以提高三责险的投保面，减少法律纠纷、简化处理程序，最大程度上为交通事故受害人提供及时和基本的保障，促进道路交通安全。

交强险的承办机构为经中国保监会批准授权的保险公司及其代办机构，每辆机动车只需投保一份交强险，投保人可以根据自身需要决定或选择购买不同责任限额的商业险。

2. 交强险的特点

（1）突出“以人为本”，将保障受害人得到及时有效的赔偿作为首要目标。

（2）体现“奖优罚劣”，即安全驾驶者将享有优惠的费率，经常肇事者将负担高额保费。

（3）坚持社会效益原则，即保险公司经营交强险不以赢利为目的。

（4）实行商业化运作，即交强险的条款费率由保险公司制定，保监会按照交强险业务总体上不盈利不亏损的原则进行审批。

3. 交强险的赔偿原则

《机动车交通事故责任强制保险条例》对交强险的赔偿原则做了明确规定。

被保险机动车发生道路交通事故造成本车人员、被保险人以外的受害人人身伤亡、财产损失的，由保险公司依法在机动车交通事故责任强制保险责任限额范围内予以赔偿。

道路交通事故的损失是由受害人故意造成的，保险公司不予赔偿。

有下列情形之一的，保险公司在机动车交通事故责任强制保险责任限额范围内垫付抢救费用，并有权向致害人追偿。

（1）驾驶人未取得驾驶资格或者醉酒的。

（2）被保险机动车被盗抢期间肇事的。

（3）被保险人故意制造道路交通事故的。

有前款所列情形之一，发生道路交通事故的，造成受害人的财产损失，保险公司不承担赔偿责任。

【案例分析4-4】　车辆无辜被撞为何保险公司还要担责

张某上班途中，驾驶无牌照摩托车与田某驾驶的出租车相撞，摩托车滑倒后又与路旁刘某停在车位里的车相撞，张某受了重伤。经交警队认定，张某和田某负事故同等责任，刘某无责。事后，田某及其保险公司同意赔偿相关损失，但张某要求刘某车辆投保的保险公司在交强险限额内承担赔偿责任。刘某及其保险公司一致认为自己无责并拒赔。张某遂诉至县人民法院。

当办案法官给刘某和其投保的保险公司送达应诉材料时，刘某极其不解地质问法官："我的车停在路边的车位被张某撞了，交警队都认定我无责，我都没找张某，他竟然会起诉我，我的车无端被人撞了，反过来我还得赔钱？于法于理都说不通啊！"保险公司的代理人李某说："这也是我们遇到的第一起此类案件，我们投保的车无责啊，凭什么还要赔钱？"

针对刘某和保险公司的困惑，办案法官打印了相关案例和法条，前往保险公司和代理人沟通讨论。

《最高人民法院关于审理道路交通事故损害赔偿案件适用法律若干问题的解释》第二十一条规定："多辆机动车发生交通事故造成第三人损害，损失超出各机动车交强险责任限额之和的，由各保险公司在各自责任限额范围内承担赔偿责任；损失未超出各机动车交强险责任限额之和，当事人请求由各保险公司按照其责任限额与责任限额之和的比例承担赔偿责任的，人民法院应予支持。"《中华人民共和国道路交通安全法》第七十六条规定："机动车一方没有过错的，承担不超过百分之十的赔偿责任。"同时，《机动车交通事故责任强制保险条款》规定："被保险人无责任时，无责任死亡伤残赔偿限额为11000元；无责任医疗费用赔偿限额为 1000 元；无责任财产损失赔偿限额为 100 元。”无责方的保险公司应在无责赔偿限额内按比例承担相应的理赔责任。

交强险制度是一项法定保险制度，目的是为交通事故受害人提供基本的保障，其价值追求不同于其他赔偿责任。通过以案说法，保险公司明白了，在事故中没有责任并不意味着不承担相应的民事赔偿责任。通过此案，让该保险公司接受了相关法律规定，为以后处理此类案件打通了法律渠道。

分析

你们认为法律做出这样的规定的初衷是什么？你们是否认可这样的规定，为什么？

资料来源：雷可宁：“车辆无辜被撞为何保险公司还要担责？”，《人民法院报》，2016 年 7 月 15 日。

4. 交强险的责任限额

责任限额是指被保险机动车发生交通事故后，保险人对每次保险事故所有受害人的人身伤亡和财产损失所承担的最高赔偿金额。机动车交通事故责任强制保险在全国范围内实行统一的责任限额。由保监会会同国务院公安部门、国务院卫生主管部门、国务院农业主管部门规定。

责任限额区分被保险机动车在道路交通事故中有责任和无责任两种情况，包括死亡伤残赔偿限额、医疗费用赔偿限额、财产损失赔偿限额。2008 年 1 月 11 日，中国保监会正式公布了交强险责任限额调整方案。在有责的情况下，新方案的死亡伤残赔偿限额和医疗费用赔偿限额较旧方案赔偿标准均有幅度不等的提高。具体数值如表 4－8 所示。

表 4－8 交强险的责任限额

	被保险车辆在交通事故中有责任		被保险车辆在交通事故中无责任	
	旧方案	2008 年后新方案	旧方案	2008 年后新方案
死亡伤残赔偿限额	50000 元	110000 元	10000 元	11000 元
医疗费用赔偿限额	8000 元	10000 元	1600 元	1000 元
财产损失赔偿限额	2000 元	2000 元	400 元	100 元
合计	60000 元	122000 元	12000 元	12100 元

（1）死亡伤残赔偿项目。死亡伤残赔偿项目包括：丧葬费、死亡补偿费、受害人亲属办理丧葬事宜支出的交通费用、残疾赔偿金、残疾辅助器具费、护理费、康复费、交通费、被抚养或赡养人生活费、住宿费、误工费，被保险人依照法院判决或者调解承担的精神损害抚慰金。

（2）医疗费用赔偿项目。医疗费用赔偿项目包括：医药费、诊疗费、住院费、住院伙食补助费，必要的、合理的后续治疗费、整容费、营养费。

（3）财产损失赔偿项目。包括两种，一种是直接财产损失。指道路交通事故造成的财产利益的直接减损，通常包括车辆、随身携带财产损失，车载货物损失，现场抢救、善后处理的费用等。另一种是间接财产损失。指道路交通事故造成的财产利益的间接减损，通常包括停运等损失，受害人能够证明可预期取得的间接经济利益遭受损失，就可以要求赔偿。

新的交强险责任限额自2008年2月1日零时起实行。对截至2008年2月1日零时保险期间尚未结束的交强险保单，在2008年2月1日零时后发生道路交通事故的，按照新的责任限额执行；对在2008年2月1日零时前发生道路交通事故的，仍按原责任限额执行。请同学们思考，这一规定对保险公司而言是否存在不公平的问题？

【案例分析4－5】　巴士闯祸保险公司首成被告　新交法实施以来南京道赔第一案

2004年6月9日下午2点多，南京新城巴士有限公司的司机驾驶公交105路大客车行至中华门城堡时，将骑自行车的孙某撞倒，因抢救无效孙某不幸于次日去世。交警部门经调查认定，孙某骑自行车在机动车道内逆向行驶，是事故发生的主要原因，负事故主要责任；驾驶员观察疏忽，负次要责任。

新城巴士公司于2003年12月3日在中国人民财产保险股份有限公司江宁支公司投保了肇事车辆的第三者责任险，保险责任限额为20万元，保险期限为2004年1月1日至同年12月31日。因当事各方对赔偿数额未达成一致，死者家属于7月16日诉至南京市秦淮区法院，要求巴士公司和保险公司赔偿损失共计203789元。

法院审理认为，《道路交通安全法》第七十六条和《保险法》第五十条的规定，赋予了交通事故受害人对保险公司的直接请求权，可以将保险公司同时作为被告。根据相关地方性法规及文件的规定，第一被告巴士公司所投保的第三者责任险的性质与《道路交通安全法》规定的机动车第三者责任强制险的性质是一致的。故人保江宁公司主张的原告要求其承担赔偿责任无任何法律和合同依据的观点，不能成立。

鉴于本案所涉及的机动车第三者责任保险合同是在2004年5月1日之前签订的，根据最高人民法院的答复意见，本案按照《道路交通事故处理办法》规定的赔偿范围和标准以及保险合同的约定，在保险限额范围内确定第二被告保险公司的保险责任。

对按上述标准计算的数额与按新的人身损害赔偿审理标准计算的数额（不超过保险限额范围）间的差额部分，可视为超过限额部分按过错责任来确定机动车一方的赔偿责任。

根据国务院《道路交通事故处理办法》的相关规定，赔偿的项目应包括医疗费、丧葬费、死亡补偿费、处理交通事故人员误工费、交通费及财产直接损失。法院经过审理，对原告的赔偿请求支持了98824.16元，并确认由人保江宁公司承担保险责任。

按照《最高人民法院关于审理人身损害赔偿案件适用法律若干问题的解释》的相关规定，本案的赔偿总额为132796.66元，不超过保险限额。与按《道路交通事故处理办法》计算的数额相差33972.5元。该差额可视为超过限额部分按交通事故责任认定来确定一方的赔偿责任，故本案新城巴士公司对差额部分承担40%的赔偿责任。

法院一审判决：人保江宁公司于判决生效十日内，赔偿原告98824.16元；新城巴士公司于本判决生效后十日内赔偿原告13589元（因新城巴士公司已给付原告27288.86元，故人保江宁公司给付原告方85124.3元，给付新城巴士公司13699.86元）；驳回原告其他诉讼请求。

由于该案没有采用“一刀切”的简单化审判方式，而是采用区别对待的新方式作出判决，判决结果令各方当事人均感满意。

分析

请检索相似案例，对比法院判决的赔偿金额及计算的依据是否存在差异？

资料来源：宗一多：“巴士闯祸保险公司首成被告　新交法实施以来南京道赔第一案”，《现代快报》，2005年1月25日。

七、个人责任保险

1. 个人责任保险概述

个人责任险是指个人因过失造成第三者人身伤亡或财产损失，由保险人在保险合同约定的责任限额内予以赔偿的保险。任何个人或家庭都可以将自己或自己的所有物可能造成损害他人利益的责任风险通过投保个人责任险而转嫁给保险人。

作为个人或者家庭，在日常生活中虽然无意伤人，但还是可能因为种种原因而给别人带来伤害，如阳台物品坠落造成楼下人员受伤、家中积水渗漏到楼下、家养宠物咬伤他人等，因此面临责任风险，增添了物质及精神上的负担。通过投保个人责任险，就能够有效的转移这些风险。

以中国人民财产保险股份有限公司的“e－有责无忧”个人责任组合保险产品为例，该产品于2009年9月8日依托电子商务平台推出，成为国内业界首款基于网络销售的个人类责任保险产品。该产品是以个人和家庭为保障对象，基于日常生活中可能面临的对第三方的经济赔偿风险而设计开发的一款菜单式、自选型责任保险产品。它共有 9 类个人责任险种供投保人在网上进行自主选择，具体包括个人综合责任险、居家责任保险、监护人责任保险、电动自行车第三者责任保险、体育运动责任保险、家庭雇用责任保险、家政服务人员第三者责任保险、房屋出租人责任保险、家养宠物责任保险。

2. 个人责任保险条款的主要内容

以“中国太平洋财产保险股份有限公司个人责任保险条款”（备－责任）〔2015〕（主）30 号为例，条款规定：

在保险期间内，被保险人或由被保险人作为监护人的 10 周岁以下的未成年人在中华人民共和国境内（不包括港澳台地区）因过失导致第三者人身伤亡或财产的直接损失，依照中华人民共和国法律（不包括港澳台地区法律）应由被保险人承担的经济赔偿责任，保险人按照本保险合同约定负责赔偿。

承保年龄为 18～64 周岁，同一保险期间，同一个被保险人仅限投保一份。

保险期间为一年，以保险单载明的起讫时间为准。

保险金额为 20 万元时，对应的保费为 300 元。

财产损失每次事故以及累计赔偿限额为人民币 5000 元，财产损失每次事故绝对免赔额为人民币 500 元。

下列原因造成的损失、费用和责任，保险人不负责赔偿。

（1）被保险人的故意行为或重大过失行为。

（2）被保险人的生产、经营、商业、职业、职务行为，以及被保险人提供的产品或服务。

（3）战争、敌对行动、军事行为、武装冲突、罢工、骚乱、暴动、恐怖活动。

（4）核辐射、核爆炸、核污染及其他放射性污染。

（5）大气污染、土地污染、水污染及其他各种污染。

（6）行政行为或司法行为。

下列损失、费用和责任，保险人不负责赔偿。

（1）被保险人对其家庭成员、家庭雇佣人员、暂居人员的人身伤亡及其所有或管理的财产损失的责任。

（2）被保险人在精神错乱、神志不清、意识不清或智障状态下所造成的第三者人身伤亡、财产损失，不论该状态由何原因（包括但不限于疾病、服用药品或毒品、醉酒等）引起。

（3）未成年人在被保险人或与其共同居住的成年家庭成员的教唆、指使下造成第三者人身伤亡、财产损失导致的责任。

3. 宠物责任险

如今养宠物的家庭越来越多，虽然经过驯化的狗及猫大多比较温顺，但仍有可能出现意外伤害事件。如专栏中这位雷女士，就因为家里的法国斗牛犬顽皮，付出了沉重的经济代价。

【专栏4-8】 狗虽没碰到人　主人还是得赔14万

雷女士家有一只1万多元买来的法国斗牛犬，一家人宠爱有加。一天早晨，雷女士的母亲带着小狗在小区溜达，但没拴绳子。小狗从谢婆婆身边经过，谢婆婆慌乱中不慎跌倒，被送往医院治疗。雷女士支付了谢婆婆住院期间的大部分医疗费，总计花费5.7万元。2016年3月29日，双方共同委托司法鉴定机构对谢婆婆的伤残等级进行评定，鉴定意见为谢婆婆的伤残等级为9级。雷女士认为狗根本没有挨到谢婆婆，是谢婆婆自己不小心跌倒致伤的，因而只愿承担一半的责任。由于双方对赔偿没能达成一致，谢婆婆将雷女士告上法院。

根据《侵权责任法》第七十九条规定，违反管理规定，未对动物采取安全措施造成他人损害的，动物饲养人或管理人应当承担侵权责任。法院认定，本案件该法国斗牛犬未按照规定使用犬绳牵领，才导致其不受约束地奔向谢婆婆，使得她受惊吓跌倒受伤，雷女士作为饲养人应承担侵权责任。法院判决，雷女士赔偿谢婆婆8.58万余元（包括医疗费1062.3元、交通费200元、精神损害抚慰金6000元以及残疾赔偿金78615元）。因为爱犬在小区里的“自由”奔跑，谢婆婆身体受到伤害，而雷女士前后合计需要赔14万元左右，付出了沉重的经济代价。

资料来源：王英占：“狗虽没碰到人　主人还是得赔14万”，《成都商报》，2016年8月2日。

上述案例中所涉及的风险，可以通过投保宠物责任险来转嫁给保险公司。宠物责任险对于动物饲养人来说，是一个全面保障型险种，在保险期间内，因被保险人合法拥有、照管的宠物造成第三者人身伤亡和财产的直接损失，依法应由被保险人承担的经济赔偿责任由保险人根据保险合同的规定负责赔偿。例如，中国人民财产保险股份有限公司的宠物责任保险最高保险金额可达30万元。

需要注意的是，在投保宠物的规定上，家养宠物责任险的作用只适合“合法宠物”，所以其保障范围不包括相关法律禁止普通市民饲养的宠物。此外，投保的宠物不包括藏獒、阿富汗猎犬及类似大型或烈性犬只。目前像人保财险、平安产险、都邦保险等也有类似的险种，不过各家公司的保险条款和投保形式各不相同，在签订保险合同时需要仔细看清合同条款的约定。

第 4 节　信用保险与保证保险

信用（保证）保险是以各种信用行为为保险标的的保险。当义务人不履约而使权利人遭受损失时，由保险人提供经济赔偿。凡保险人应权利人的要求担保义务人信用的保险属于信用保险；凡义务人应权利人的要求向保险人投保自己信用的保险属于保证保险。

信用保险是随着资本主义商业信用风险和道德风险的频繁发生而发展起来的。1702 年，英国开设主人损失保险公司，承办诚实保险。1842 年英国保证保险公司成立。1876 年美国在纽约开办了诚实保证业务，1893 年又成立了专营信用保险的美国信用保险公司。第一次世界大战以后，信用危机使各国的信用保险业务大受打击。1934 年，各国私营和国营出口信用保险机构在瑞士成立了国际信用保险协会，标志着国际信用保险的成熟和完善。目前，信用保险的承保范围已经相当广泛。

一、信用保险（credit insurance）

1. 信用保险概述

信用保险是指权利人向保险人投保债务人的信用风险的一种保险，是一项企业用于风险管理的保险产品。

信用保险的基本原理是把债务人的保证责任转移给保险人，当债务人不能履行其义务时，由保险人承担赔偿责任。其主要功能是保障企业应收账款的安全。

信用保险会在投保企业的欠款遭到延付的情况下，按照保险合同约定好的赔付比例赔款给企业。引发这种拖延欠款的行为可能是政治风险（包括债务人所在国发生汇兑限制、征收、战争及暴乱等）或者商业风险（包括拖欠、拒收货物、无力偿付债务、破产等）。

2. 信用保险的特征

（1）承保风险不确定性高。信用保险一般承保的是商业风险，即由于债务人本身原因致使债务不能履行或不能如期偿还的风险；政府支持开办的信用保险可能还承保政治风险，即由于买方或出口人无法控制的事件而造成的债务不能履行或不能如期偿还的风险，包括外汇兑换困难、买方政府的延期支付、进口或出口许可证限制、战争阻止合同履行以及政府的其他类似行为等。

无论是商业风险还是政治风险，都与人为因素密切相关，具有极大的不确定性。因此，保险人在承保时，要认真调查有关风险的情况，基于债务人的不同特点，分别商定费率及承保条件。

（2）保险人、被保险人损失共担。信用保险是信用风险管理的一种形式，保险人为了控制风险，一般规定被保险人应自负一定比例的损失，如政治风险在 5% ~10% 之间，商业风险在 5% ~15% 之间。

（3）风险调查难度大。在一般的财产保险中，保险标的是处于固定或流动状态的实物，保险人比较容易根据历史统计数据及现场调查确定危险程度。但信用保险以人或企业的信用为保险标的，尤其是出口信用保险，被保险人的客户跨越国界，资信一方面难以调查，另一方面由于世界政治、社会、经济环境的多变，借助历史数据预测未来往往不准确。因此，信用保险要求被保险人与保险人共享其掌握的所有有关客户的资信信息。另外，保险人一般还委托专业资信调查机构对国内外的客户资信情况做充分了解。

3. 信用保险的种类

（1）一般商业信用保险。

一般商业信用保险，又称“国内信用保险”，是指在商业活动中，作为权利人的一方当事人要求保险人将另一方当事人作为被保证人，并承担由于被保证人的信用风险而使权利人遭受商业利益损失的保险。其保险金额根据当事人之间的商业合同的标的价值来确定。

目前，国内信用保险一般承保批发业务，不承保零售业务；承保 3 ~6 个月的短期商业信用保险，不承保长期商业信用风险。具体又包括赊销信用保险、贷款信用保险和个人贷款信用保险等。

（2）出口信用保险。

出口信用保险是承保出口商在经营出口业务的过程中，因进口商的商业风险或进口国的政治风险而遭受损失的一种信用保险。

根据出口信用保险合同，投保人向保险人交纳保险费，保险人赔偿保险合同项下买方信用及相关因素引起的经济损失。常见的出口信用保险业务主要有短期出口信用保险和中长期出口信用保险。

短期出口信用保险是指承保信用期不超过 180 天、出口货物一般是大批的初级产品和消费性工业产品出口收汇风险的一种保险。

中长期出口信用保险是指承保信用期限超过 2 年的资本性或半资本性货物的出口项目。例如，工厂或矿山的成套生产设备，船舶、飞机等大型运输工具，海外工程承包以及专项技术转让或服务等项目的出口收汇风险的一种保险。由于业务涉及金额较大，合同执行期限较长，涉及的业务环节较多，运作复杂，而且项目很少重复，保险合同没有固定统一的格式，而是由保险合同双方当事人根据不同的情况逐项协商拟定保险条件、保险费率和收费方法等。

（3）投资保险。

海外投资，是指跨国公司等国际投资主体将其拥有的货币资本或产业资本，通过跨国界流动和营运，以实现价值增值的经济行为。

进行海外投资的资本包括多种形态：以实物资本形式表现的资本，如机器设备、商品等；以无形资产形式表现的资本，如商标、专利、管理技术、情报信息、生产诀窍等；以金融资产形式表现的资本，如债券、股票、衍生证券等。这些投资在谋求高收益的同时，也会面临诸多风险。尤其是政治风险，一旦发生，波及面广，后果严重。

投资保险又称政治风险保险，承保投资者的投资和已赚取的收益因承保的政治风险而遭受的损失。投资保险的投保人和被保险人是海外投资者。

投资保险于20世纪60年代在欧美国家出现，主要目的是为了鼓励资本输出，现已成为海外投资者进行投资活动的前提条件。

近十年来，越来越多的中国企业走出国门，寻求资产的海外市场配置。中国对外投资总额在2014年历史性地首次超过引资总额，超过1000亿美元。中国企业对外投资热情高涨，但与之同时，海外投资失败的案例也时有耳闻，这些巨额亏损的企业往往是大中型国有企业。典型案例诸如：2009年9月，中国中铁在波兰A2高速公路项目亏损，合同总额4.47亿美元。2009年底，中化集团在海外投资的3个油气田项目，累计亏损1526.62万美元；2011年6月，中国铁建投资沙特轻轨项目亏损达人民币41.48亿元；2011年7月初，中铝宣布澳大利亚昆士兰奥鲁昆铝土矿资源开发项目最终告吹，项目损失高达3.4亿元。

中国企业走出去面临除了传统意义上的法律、文化以及市场等风险之外，今后要更加重视政治风险。商务部颁布的《境外投资管理办法》自2014年10月6日起施行。该《管理办法》明确了“企业开展境外投资，依法自主决策、自负盈亏”的原则，采用了“备案为主、核准为辅”的管理模式，提出对我国企业在敏感国家和地区、敏感行业的投资实行核准管理，其余均实行备案。《管理办法》明确界定了核准管理的范围，实行核准管理的国家是指与中华人民共和国未建交的国家、受联合国制裁的国家。

二、保证保险（guarantee insurance）

1. 合同保证保险

合同保证保险，又称“契约保证保险”，是指因为被保证人不履行合同义务而造成权利人经济损失时，由保险人代替被保证人进行赔偿的一种保险。合同保证保险是专门承保经济合同中因一方不履行经济合同所负的经济责任。

住房按揭贷款保证保险，也是贷款保证保险中的一种。它指的是购房人用银行按揭的方式支付购房款项，即从银行贷款一次性将房款支付给开发商，每个月定期向银行还款。银行面临借款人到期不按约归还贷款的风险，因此，银行一般都会要求借款人也就是购房人将这种风险转移给保险人。保险人在收取一定的保险费后，当发生借款人不能按期偿还贷款的“保险责任”时，保险人代借款人向银行还款。它涉及保证人、被保证人、权利人三方，不像一般保险合同包括保险人、投保人和被保险人三方。合同保证保险的保险费是一种服务费而不是用于支付赔款的责任准备。

除房屋贷款保证保险外，还有汽车消费贷款保证保险、预付款保证保险、投标保证保险、履约保证保险、维修保证保险等险种。

汽车消费贷款保证保险合同系消费贷款保证保险合同的一种，是指由借款人（购车人）投保，以被保险人（金融机构）在汽车消费贷款过程中因被保证人（即购车人，也是借款人）未能如约清偿债务而遭受的损失作为保险标的，由保险人（保险公司）为其提供风险保障的一种保险。

不要以为借款人保了险就可以赖账，保险合同中也明确规定，保险人在赔偿给银行后，仍然享有向借款人进行追偿的权利。

近年来，我国保险机构大力发展信用保证保险，积极试点推广“政银保”发展模式，缓解小微企业融资难融资贵。所谓的“政银保”融资模式，是指由政府财政出资设立专项基金提供担保，银行为符合条件的小微企业发放贷款，保险公司对贷款提供保证保险服务的三方合作企业贷款体系。传统的贷款风险一般是由银行承担，但在“政银保”融资项目中，贷款风险由政府、银行和合作保险公司三方分担，大大降低了小微企业贷款的难度。2015 年，全年贷款保证保险支持小微企业及个人获得融资金额 1015.6 亿元，其中，有 25 个省区市开展小额贷款保证保险试点，共支持 12.3 万家小微企业获得银行融资贷款 188.6 亿元。

2. 忠诚保证保险

忠诚保证保险承保雇主因雇员的不诚实行为，如盗窃、贪污、侵占、非法挪用、故意误用、伪造、欺骗等而受到的经济损失。这种保险一般由雇主投保，以其正式雇员的诚实信用为保险标的。

雇员忠诚保险承保投保人雇员的人品，因此，保险人承保时要了解所承保雇员过去的工作经历，如有无不诚实的记录、每次转换工作的原因和家庭、工作状况等。如果保险人了解到雇员的品格有问题，通常不予承保。

3. 商业信用保证保险

（1）卖方信贷保险。卖方以延期付款形式销售商品，从商品交付时开始到卖方收到商品货款时止，在这期间卖方从银行借款以应付收到货款前的资金需要。保险人可以为卖方信贷提供信用保险（卖方信贷保险），承保买方无力偿付货款或逾期不付款的风险。

（2）买方信贷保险。卖方采取即期付款销售商品，买方从银行借款以支付合同中规定的商品货款。保险人为买方信贷提供信用保证（买方信贷保险），为银行贷款能按时偿还提供担保。

三、中国从事出口信用保险业务的机构

1. 中国出口信用保险公司

中国出口信用保险公司是由国家出资设立、支持中国对外经济贸易发展与合作、具有独立法人地位的国有政策性保险公司，于2001年12月18日成立，目前已形成覆盖全国的服务网络。

公司的经营宗旨是："通过为对外贸易和对外投资合作提供保险等服务，促进对外经济贸易发展，重点支持货物、技术和服务等出口，特别是高科技、附加值大的机电产品等资本性货物出口，促进经济增长、就业与国际收支平衡。"

中国信保的业务范围包括：中长期出口信用保险业务；海外投资保险业务；短期出口信用保险业务；国内信用保险业务；与出口信用保险相关的信用担保业务和再保险业务；应收账款管理等出口信用保险服务及信息咨询业务；保险资金运用业务；经批准的其他业务。

截至2015年末，中国信保累计支持的国内外贸易和投资规模达2.1万亿美元，为数万家出口企业提供了出口信用保险服务，为数百个中长期项目提供了保险支持，包括高科技出口项目、大型机电产品和成套设备出口项目、大型对外工程承包项目等，累计向企业支付赔款82亿美元。同时，中国信保还累计带动233家银行为出口企业融资超过2.4万亿元人民币。

2. 其他保险机构

目前，国内有资格从事出口信用险业务的公司只有5家，除中国信保外，还包括人保财险、太保产险、平安产险以及大地保险。除中国信保外，其余4家公司的出口信用险业务规模都还比较小。

由于信用保险大多与进出口贸易相关，国内从事信用保险的专业队伍很稀缺，特别是缺乏信用库和坏账征收力量，保险机构开展信用保险业务都会采取与国际信用险领先机构合作的方式，例如，太保产险一直和裕利安怡合作，平安产险与科法斯合作，而大地保险与安卓信用保险合作。

2016年8月，保监会发布了设立太平洋裕利安怡保险销售有限责任公司的批复。太平洋裕利安怡由太保产险出资2550万元，裕利安怡香港出资2450万元共同发起，注册资本金为人民币5000万元。裕利安怡（Euler Hermes）集团为全球三大信用保险集团之一，在全球信用保险市场中居领先地位。早在2011年，裕利安怡就开始与太保产险在信用保险产品发展、经营管理和市场发展上展开合作。太平洋裕利安怡将主要从事信用保险的保险代理业务，或为国内首家专门从事信用保险业务的中介公司。

【专栏4-9】　出口信用保险助推实现贸易强国梦

李克强总理在2016年的政府工作报告中提出了今年的八项重点工作，其中一项就是推进新一轮高水平对外开放，着力实现合作共赢。然而，今年世界经济深度调整、复苏乏力，国际贸易增长低迷，金融和大宗商品市场波动不定，地缘政治风险上升，外部环境的不稳定、不确定因素增加。作为防范出口信用风险、保障出口收汇安全的保险机制，出口信用保险的重要性和迫切性日益增加。可以预见，“十三五”时期，出口信用保险将在我国迈向贸易强国的进程中写下浓墨重彩的一笔。

服务贸易获得风险保障

在提及“十三五”时期的主要目标时，政府工作报告明确指出，对外贸易要向优进优出转变，服务贸易比重显著提升，从贸易大国迈向贸易强国。为更好地发挥出口信用保险对外贸结构调整和优化升级的政策性作用，中国出口信用保险公司（简称“中国信保”）积极落实国家促进服务贸易发展的战略部署，在短期出口信用保险项下扩展了承保服务贸易业务。2015年，中国信保对服务贸易承保金额达到222.3亿美元，同比增长30.6%，向服务贸易企业支付赔款2871.6万美元，风险保障覆盖了建筑服务、运输服务、电信计算机和信息服务、技术服务、法律等专业和管理咨询服务、文化和娱乐服务、知识产权使用费、旅游及其他服务等领域，有力地促进了我国外贸的优进优出和转型升级。

与承保传统货物贸易有很大区别，如何确立债权债务关系是承保服务贸易的最大难点。而且服务贸易涉及领域分散，不同领域贸易的特点不同，因此，需要针对具体业务进行个性化的保险方案设计。为满足服务贸易多样化需求，中国信保目前正在加快研发对货物代理、软件出口等服务贸易的承保模式，以期尽快为服务贸易企业提供规模化服务。

成套设备出口应保尽保

“实现成套设备出口融资保险应保尽保”也是李克强在作今年政府工作报告时对出口信用保险提出的要求。对此，全国政协委员、中国出口信用保险公司董事长王毅建议，要完善中长期险管理政策，应研究降低中长期险本国成分的承保要求，扩大可承保的业务范围。比如，在维持现行大型单机和成套设备项目相关要求的基础上，适当放宽高技术、高附加值项目的中国成分要求，同时，进一步放宽海外工程承包项目的中国成分要求。此外，还要适当放宽对非主权类项目需落实担保措施的要求，灵活掌握对非主权类项目借款人的财务指标要求，并明确国别风险可控的标准。

据统计，为推进国际产能和装备制造合作，加快中国装备“走出去”的步伐，中国信保2015年承保大型成套设备出口222.9亿美元，支持了越南莱州水电站成套设备项目、埃塞俄比亚轻轨配套输变电项目、阿根廷布宜诺斯艾利斯市地铁供货等一批重大项目；同时，发挥风险保障和促进融资的功能，通过企业、信保与银行三方的赔款或应收账款转让融资安排，降低企业融资成本，提高融资效率，全年通过中长期出口信用保险为企业获得银行融资167.1亿美元，为我国装备制造企业开拓海外市场提供了坚实保障。

为“一带一路”提供风控

丝绸之路沿线的国家收入水平差异较大，大部分国家属于低收入国家，金融基础设施缺乏，本国经济缺乏良性循环条件，更使得“一带一路”建设中的风险管理环节离不开出口信用保险。

为落实“一带一路”战略，发挥政策性信用保险防范风险、开拓市场、促进融资的作用，2015年，中国信保承保我国面向“一带一路”沿线国家的出口、投资、承包工程金额达1163.9亿美元，其中承保“一带一路”战略清单项目38个，承保金额232.2亿美元。

“一带一路”沿线以及非洲、拉美等欠发达地区的出口信用保险体系尚不健全，导致我国在当地设立的企业难以获得出口信用保险服务。而中国信保主要支持中国出口、中国制造。王毅建议，应支持政策性保险公司在中国利益集中的“一带一路”沿线以及国际产能、装备制造合作的重点地区设立境外机构，为中国企业海外经营提供服务，条件成熟时还可考虑设立正式的经营性机构。

资料来源：刘小微：“出口信用保险助推实现贸易强国梦”，《金融时报》，2016年3月17日。

本章关键词

财产损失保险	企业财产险	家庭财产险	运输保险	机动车辆险
货物运输险	工程保险	农业保险	种植业保险	养殖业保险
责任保险	公共责任保险	产品责任保险	雇主责任保险	职业责任保险
交强险	信用保险	保证保险	第三者责任保险	

思考与讨论

司机不慎撞伤自己的儿子　三责险是否赔付①

购买了商业第三者责任车险，当车辆发生撞死撞伤车外人员等意外事故时，保险公司应该按照合同约定予以赔偿，但如果撞死撞伤的是驾驶员的亲人，又该如何认定？

2014 年 5 月 12 日，李先生驾驶一辆小型普通客车沿村道由西往东行驶，在途经自己家附近时，恰遇自己 1 岁多的儿子小佳横穿村道，由于刹车不及，小佳当场被撞倒在地。经抢救，小佳的生命保住了，但落下了终身残疾。后经湘雅司法鉴定中心鉴定，小佳伤情为头部外伤，手术后遗留左侧肢体偏瘫肌力 3 级，构成三级伤残。交警部门出具的事故调查结果，认定李先生在此次事故中责任较大，小佳在事故中的责任较小。李先生的车子买了交强险和保额为 50 万元的商业第三者责任车险，还在保险有效期限内。在向保险公司提出索赔后，保险公司却以“撞伤亲人”是免责条款中明确写明的内容，拒绝赔偿。李先生再细读保险合同时，才发现合同免责条款中确有这么一条规定。“买保险时，我根本没有细看，也没有在合同上签字。”李先生说。

李先生的妻子缪女士作为儿子的法定代理人代理儿子小佳向法院起诉，将李先生以及肇事车辆投保的保险公司一并列为被告。2015 年 12 月 8 日，浏阳法院公开开庭审理了这起案子。保险公司在庭审中认为，他们只能在交强险责任范围内予以赔偿，“撞死撞伤亲人”已明确写入免责条款，故商业第三者责任险不承担赔偿责任。

主审法官付昶对“第三者”有不同于保险公司的认识，“第三者责任险的概念，就是应该赔付交通事故中事故车辆以外人员与财产损失，与是不是亲人没有关系，只要不是主观故意去撞亲人，保险公司就应该承担赔偿责任。”机动车商业险旨在确保第三者因交通事故受

---

① 李小雷、杨柳：“司机不慎撞伤自己的儿子　三责险是否赔付”，《浏阳日报》，2016 年 7 月 13 日。

到伤害时能够从保险人处获取救济，若保险公司因为死伤者是投保人的亲人就免除责任，有悖于商业险的设立宗旨并损害了被保险人的利益。一审判决被告李先生赔偿13万余元，被告保险公司在交强险和第三者责任险范围内赔偿62万元。保险公司对一审判决不服，向长沙市中级人民法院提出上诉。

2016年6月8日，长沙中院经审理后出具民事判决书，认为保险公司提供的保险单上均无投保人的亲笔签名，不能证明保险公司向投保人尽到了提示说明义务，免责条款不产生效力，遂驳回上诉，维持原判。7月7日，保险公司赔付到位。

很多保险公司都在机动车第三者责任险的合同条款中明确规定，“第三者”的范畴不包括保险人、被保险人、被保险人的家庭成员、本车发生事故时的驾驶员及车内人员。被保险人的家庭成员不属于第三者的规定是为了防止家庭成员之间的故意伤害行为。车辆撞伤撞死自家人保险公司拒赔的事件经常见诸媒体报道。在不存在主观故意的情况下，保险公司一概拒赔往往被认为是违背保险初衷，是不合理的。在2015年启动的商业车险改革中，对被保险人、驾驶人的家庭成员人身伤亡赔偿的责任免除已经被删除，条款设置更加人性化。

问题

请查询商业车险改革前后的“机动车第三者责任险保险条款”，比较免责条款是否做出相应调整？结合本案案发时间分析，你认为一审和二审判决结果及其理由是否合理？为什么？

一起海上保险代位求偿案①

2003年1月7日，被告某船务公司所属船舶承运粮油仓库托运的一批玉米1466.7吨，装港营口，卸港厦门。装货完毕时的气温约－18°C，营口港内水域大量结冰，无法开航。8日该船跟随外轮出港，航经冰区，由于未能谨慎驾驶，导致船舶破孔，货物受损。13日该船抵厦门港卸货，14日发现舱内玉米严重结冰水湿，经勘查发现船壳水线下右舷锚链孔后约5米处出现破孔，海水从破孔进入舱内。经检验确认受损玉米458.8吨。案涉货物由原告保险公司承保，根据原告签发的国内水路、陆路货物运输保险单，被保险人为粮油仓库，保险金额为150万元，承保险别为基本险。保险条款约定基本险的保险责任之一为“由于运输工具

① 许俊强：“一起海上代位求偿案”，《中国海商法年刊》2005年第1期，第439～443页；李文湘：“海上保险代位求偿权诉讼中第三人的抗辩理由”，《上海海事大学学报》2007年第4期，第89～94页。

发生碰撞、搁浅、触礁、倾覆、沉没、出轨或隧道、码头坍塌所造成的损失”。5 月 28 日，保险公司向粮油仓库赔付 440605.62 元。保险公司行使代位追偿的权利，请求法院判令被告船务公司赔付货物损失 440605.62 元及相应利息。

海事法院经审理认为，案涉保险合同成立。原告作为货物运输的保险人，依保险合同履行赔付责任，根据《海商法》第二百五十二条、《保险法》第四十五条第一款的规定，可依法代位行使求偿权。船务公司有权援引保险合同条款为自己抗辩，需证明损失属于除外责任，但现有证据不足以支持船务公司的主张。判决被告船务公司赔付原告保险公司 440605.62 元及相应利息。宣判后被告不服上诉。后经高级法院调解，双方当事人自愿达成调解协议，由被告赔付原告 33 万元。

本案的关键是保险人的赔偿是否超出保险责任范围，进而影响到其是否能取得代位求偿的权利。产生分歧的原因在于原告和被告对货物保险条款中“碰撞”的理解不同。被告辩称，国内水路、陆路货物运输保险条款基本险条款所列的“碰撞”仅指船舶之间的碰撞，而不包括船体触碰冰凌，原告据以起诉的是超出保险责任范围的赔付，依法不享有代位求偿权。有观点认为，在本案中保险条款并未特别说明仅指“船舶之间的碰撞”，因此，对“碰撞”可作广义理解，且保险公司向被保险人进行理赔的行为，说明了承保双方对条款中所约定的保险责任范围没有异议，即使承保双方对何谓碰撞产生歧义，也应作有利于被保险人的解释，故应认定本案保险条款中的碰撞包括船舶与冰凌发生撞击，本案货损的原因属保险责任范围内的事故，保险公司理应赔偿，赔偿之后即可行使代位求偿权。

问题

(1) 请检索《保险法》《海商法》《合同法》《国内水路货物运输规则》等相关法律法规，结合“国内水路、陆路货物运输保险基本险条款”，分析本案中对“碰撞”究竟应该做怎样的理解？

(2) 请分析本案中保险人的赔偿是否超出保险责任范围？是否有资格行使代位求偿权？

第 5 章

人身保险

>> 本章要点

- 人寿保险的内涵与分类
- 意外伤害的内涵、保险责任与赔付方式
- 健康保险的特征及种类
- 中国的健康保险业务发展现状

2015 年 5 月 23 日，86 岁的数学家纳什与 82 岁的妻子艾丽西亚在美国新泽西州乘坐出租车从机场回家，后因车辆失控撞上防护栏，纳什夫妇被弹出车外当场遇难。他们可能均未系安全带。纳什是博弈论创始人，1994 年诺贝尔经济学奖得主。在 30 岁事业正如日中天时，纳什不幸患上严重的精神分裂症，在天才与狂乱中历经痛苦。因为一直有着亲友的关爱呵护，纳什在 30 年后奇迹般地摆脱了疾病的阴影。他的传奇经历被改编为电影《美丽心灵》并获得多项奥斯卡大奖。车祸发生前几天，纳什刚刚在挪威领取了堪称数学界诺贝尔奖的阿贝尔奖。

小赵和小孙在大学都学过《博弈论》，也看过电影《美丽心灵》。在得知消息的那一刻，他们感到难以置信，万万想不到已经历经坎坷的纳什夫妇竟会以这样惨烈的方式离开人世。天有不测风云，人有旦夕祸福，各种各样的意外，其实每天都在发生。在人们的生活中，自然灾害、意外伤害、疾病、财产损失等风险无处不在，无时不有。所以人们常说，明天和意外，你永远不知道哪个会先来。即便一直平平安安健健康康到高寿，可能还要为没有工作收入后的养老支出而忧心。人在从生到死或长或短的历程中，会经历相聚与离散、富裕与贫困、安康与病残。随着社会、科技进步和生活水平的提高，人们的平均寿命不断延长，因而有了更多规避风险、寻求保障的需求。人身保险兼具风险保障和储蓄投资的功能，不仅是为自己，也是为家人着想，一份涵盖意外、伤残、疾病、养老等多方面需求的人身保险计划对现代人而言是不可或缺的。

第1节　人寿保险

一、人寿保险概述

人寿保险是以人的寿命为保险标的，以生存或死亡作为保险人承担给付责任的条件的保险。

最初的人寿保险是为了保障由于不可预测的死亡所可能造成的经济负担，后来，人寿保险中引进了储蓄的成分，对在保险期满时仍然生存的人，保险公司也会给付约定的保险金。

1. 人寿保险的特点

（1）保险期限较长。人寿保险的保险期限一般较长，短则三五年，长则十几年、几十年乃至人的一生。

（2）多采用长期缴费和均衡费率。死亡率是决定人寿保险费率的主要因素。依照生命表，不同年龄的人的生存或死亡概率是不一样的。如果严格按照费率水平与风险大小对应的原则，人寿保险的投保人在每年的缴费费率即自然费率都会不一样。在人寿险业务的具体实践中，保险人将人的不同年龄的自然保险费率结合利率因素，均匀地分配在缴费期的各个年度，使投保人按期交付的保险费率每年都处于相同的水平，这种保险费率即为均衡费率。在保险金额一定的情况下，每期交纳的保险费金额也是一定的。由于青壮年的死亡率低，老年后对应的死亡率高，所以一般情况下人寿险早期的均衡费率水平高于自然费率，晚期的均衡费率水平则低于自然费率，相当于年轻时多缴保费，用于弥补老年后少缴的部分。

（3）不存在超额投保和重复保险。人寿保险的标的是人的寿命，与财产的性质不同，其价值难以估量，因而不会发生多重获益的问题。人寿保险的保险合同是给付性质，不存在超额投保和重复保险。人寿保险的保险金额是由投保人与保险人约定后确定的，一般考虑两个因素：一是被保险人的保障需求；二是投保人的缴费能力。人寿保险公司的大额给付往往对应的是大额保单，客户同时投保多款产品，同时在多家保险公司投保也是允许的。

（4）人寿保险不适用代位求偿原则。由于人寿保险不适用损失补偿原则，因而也不适用代位求偿原则。《保险法》第四十六条规定："（人身保险合同）被保险人因第三者的行为而发生死亡、伤残或者疾病等保险事故的，保险人向被保险人或者受益人给付保险金后，不享有向第三者追偿的权利，但被保险人或者受益人仍有权向第三者请求赔偿。"

（5）人寿保险除保障性外，兼有储蓄和投资性。有的人寿保险产品把保险功能和储蓄功能相结合，如常见的两全寿险、养老金保险、教育金保险等，除了基本的保障功能外，还有储蓄功能。如果被保险人在保险期内生存，保险公司会在约定时间返还一笔钱给被保险人，就好像逐年零存保费，到期后进行整取，与银行的零存整取相类似。保险单所有人还可以享有诸如保单抵押贷款、退保、选择一次性给付还是分期给付等保险金给付方式的权利。

2. 人寿保险合同的除外责任

综合《保险法》及人寿保险各险种的保险条款，以下原因所导致的保险事故，保险公司一般不承担给付责任。

（1）投保人或受益人的故意行为。《保险法》第四十三条规定："投保人故意造成被保险人死亡、伤残或者疾病的，保险人不承担给付保险金的责任。投保人已交足二年以上保险费的，保险人应当按照合同约定向其他权利人退还保险单的现金价值。"

（2）被保险人自杀。《保险法》第四十四条规定："以被保险人死亡为给付保险金条件的合同，自合同成立或者合同效力恢复之日起二年内，被保险人自杀的，保险人不承担给付保险金的责任，但被保险人自杀时为无民事行为能力人的除外。"

（3）被保险人故意犯罪。《保险法》第四十五条规定："因被保险人故意犯罪或者抗拒依法采取的刑事强制措施导致其伤残或者死亡的，保险人不承担给付保险金的责任。投保人已交足二年以上保险费的，保险人应当按照合同约定退还保险单的现金价值。"

（4）被保险人酗酒、殴斗、吸毒。

（5）被保险人驾驶无证或法律禁止的交通工具及无照或酒后驾驶机动交通工具。

（6）被保险人患艾滋病及其并发症。

（7）战争、军事行动、内乱或武装暴乱。

（8）核爆炸、核辐射或核污染。

请大家回顾第 1 章中关于风险的分类，（7）（8）两项相关的风险属于什么风险？无论是财产保险还是人身保险，保险公司为何都要将它们作为不可保风险？

二、普通型人寿保险

1. 死亡保险

死亡保险是指投保人与保险人订立保险合同，以被保险人的死亡作为给付保险金条件的人寿保险。它又分为定期寿险和终身寿险。

（1）定期寿险（term life insurance）。定期寿险即定期死亡保险，是指以死亡为给付保险金条件，且保险期限为固定年限的人寿保险。

在定期寿险合同中规定一定时期为保险有效期，若被保险人在约定期限内死亡，保险人即给付受益人约定的保险金；如果被保险人在保险期限届满时仍然生存，保险合同即行终止，保险人无给付保险金的义务，亦不退还已收取的保险费。

对于被保险人而言，定期寿险最大的优点是可以用极为低廉的保险费获得一定期限内较大的保险保障。因此，适合选择定期寿险的人包括：在短期内从事比较危险的工作急需保障的人；或者是家庭经济境况较差，子女尚幼，自己又是家庭经济支柱的人。

定期寿险属于消费性保险，若被保险人在保险期限届满仍然生存，已交纳的保险费不再退还。

（2）终身寿险（whole life insurance）。终身寿险即不定期死亡保险，是指以死亡为给付保险金条件，且保险期限为终身的人寿保险。

终身寿险的保险合同中并不规定期限，自合同生效之日起，至被保险人死亡为止。也就是保险人对被保险人要终身承担保险责任，无论被保险人何时死亡，保险人都有给付保险金的义务。因此，投保终身寿险可以让被保险人得到永久保障。

终身寿险的保单具有现金价值，保单所有人既可以中途退保领取退保金，也可以在保单的现金价值的一定限额内贷款，具有较强的储蓄性。

终身寿险按照交费方式可分为普通终身寿险、限期交费终身寿险和趸交终身寿险。普通终身寿险是指终身分期交纳保险费的终身寿险。限期缴费终身寿险缴付保险费的期限可以限定为一定年份，如10年、15年、20年等，或用被保险人所达到的年龄，如20岁、60岁等来表示，期满后不再交付保险费，但享有保险保障直至终身。趸交终身寿险是指在投保时一次全部交清保险费的终身寿险，也可以认为是限期缴费保险的一种特殊形态。

2. 生存保险

生存保险是指以被保险人于保险期满或达到合同约定的年龄时仍然生存作为给付保险金条件的人寿保险。生存保险具有较强的储蓄性，其功能主要是为子女提供教育金或创业金、为老年人提供养老保障等。

年金保险（annuities insurance）就是一种有规则、定期向被保险人给付保险金的生存保险。典型的如养老年金保险，按照给付方式（或给付期间）分类，可分为终身年金、最低保证年金和定期生存年金。

（1）终身年金。终身年金是指年金受领人在一生中可以一直领取约定的年金，直到死亡为止的年金保险。

（2）定期生存年金。定期生存年金的给付以一定的年数为限，若被保险人一直生存，则年金给付到规定期限期满为止；若被保险人在规定的期限内死亡，则年金给付立即停止。

（3）最低保证年金。最低保证年金是为了防止年金受领人过早死亡、丧失领取年金权利而产生的一种年金保险。最低保证年金又分为确定给付年金和退还年金。确定给付年金规定了一个领取年金的最低保证确定年数，在规定期间内无论被保险人生存与否均可得到年金给付。退还年金是指当年金受领人死亡而其年金领取总额低于年金购买价格时，保险人以现金方式一次或分期退还其差额的年金保险。

3. 两全保险（endowment insurance）

两全保险是指被保险人在保险期限内死亡或保险期满时生存，保险人均给付保险金的人寿保险。

两全保险将定期死亡保险和生存保险两种保险形式结合起来，当被保险人在保险合同规定的年限内死亡或合同期满仍然生存时，保险人均按照合同给付保险金。

由于无论是生存还是死亡均要进行保险金的给付，两全保险的储蓄性极强，其纯保费由危险保费和储蓄保费组成。危险保费用于保险期限内死亡给付；储蓄保费则逐年积累形成责任准备金，它既可用于中途退保时支付退保金，也可用于生存给付。由于两全保险既有死亡保障，又有生存保障，因此，不仅使被保险人之外的受益人得到保障，同时也使被保险人本身享受其利益。

三、新型人寿保险

1. 分红保险

（1）分红保险的定义。

分红保险是指保险公司将其实际经营成果优于定价假设的盈余，按一定比例向保单持有人进行分配的人寿保险产品。这里的保单持有人是指按照合同约定，享有保险合同利益及红利请求权的人。

分红保险不仅提供合同规定的各种保障，而且保险公司每年要将经营分红险种产生的部分盈余以红利的形式分配给保单持有人，因此，分红保险的保单持有人可以与保险公司共享经营成果。但同时，保单持有人也要与保险公司共同承担投资风险，每年能分配到的红利数量随保险公司经营状况的变化而变化。

寿险产品在定价时主要以预定死亡率、预定利率和预定费用率三个因素为依据，这三个预定因素与实际情况的差距直接影响到寿险公司的经营成果。考虑到要将部分盈余以红利的形式分配给客户，所以保险公司在定价时对精算假设估计较为保守，即保单价格较高，以便在实际经营过程中能产生更多的可分配盈余。

对保险公司而言，分红保险、非分红保险以及分红保险产品与其附加的非分红保险产品必须分设账户，独立核算。

（2）分红保险保单的红利来源。

分红保险产品从本质上说是一种保户享有保单盈余分配权的产品，分配给保户的保单盈余，就是通常所说的保单红利。

分红保险的红利来源于保险公司的盈余，盈余的产生取决于三个因素。一是死差益：对于以死亡作为保险责任的寿险，死差益是由于实际死亡率小于预定死亡率而产生的利益。二是利差益：当保险公司实际投资收益率高于预定利率时，则产生利差益。三是费差益：当公司的实际营业费用少于预计营业费用时，则产生费差益。

（3）分红保险保单的红利分配。

保险公司的精算等相关部门每年都要计算盈余中可作为红利分配的数额，并由公司基于商业判断决定分配的数额，即为可分配盈余。根据中国保监会《个人分红保险精算规定》，保险公司每一会计年度向保单持有人实际分配盈余的比例不低于当年可分配盈余的 70%。

保单红利有两种分配方式。一种是现金红利，即直接以现金的方式将盈余分配给保单持有人。另一种是增额红利，是指以增加保险金额的方式分配红利。增额红利可以在合同终止时以现金的方式给付终了红利。

2. 投资连结保险（unit-link life insurance）

（1）投资连结保险的定义。

投资连结保险是一种寿险与投资相结合的新型寿险产品。根据中国保险监管机构的规定，是指包含保险保障功能并至少在一个投资账户拥有一定资产价值的人身保险产品。

投资连结保险作为保险产品，其保险责任与传统产品类似，不仅有死亡、残疾给付、生存保险领取等基本保险责任，一些产品还加入了豁免保险费、失能保险金、重大疾病等保险责任。中国保监会规定，投资连结保险产品必须包含一项或多项保险责任。

（2）投资连结保险的投资账户。

投资连结保险的投资账户必须是资产单独管理的资金账户。投资账户划分为等额单位，单位价值由单位数量及投资账户中资产或资产组合的市场价值决定。投资连结保险产品的保单现金价值与单独投资账户资产相匹配，与独立账户资产投资业绩相连，一般没有最低保证。

不同的投资账户可以投资在股票、债券等不同的投资工具上。投资账户可以是外部现有的，也可以是公司自己设立的。除有特殊规定外，保险公司投资连结保险的投资账户与其管理的其他资产或其他投资账户之间不得存在债权、债务关系，也不承担连带责任。

分红保险与投资连结保险有很多相似之处，就连很多销售保险的业务员也不能说清楚二者之间究竟有哪些区别。表 5－1 从收益来源、收益分配等五个方面对二者进行了比较。

表 5－1　分红保险与投资连结保险比较

	分红保险	投资连结保险
收益来源	来源于利差益、死差益、费差益	仅来源于利差益
收益分配	可分配盈余保险公司最多可自留 30%，70%或更多分配给保单所有者	投资账户的投资回报扣除管理经营费用外全部分配给被保险人。无保底收益率
投资风险分担	投资风险由双方共同承担	被保险人承担投资过程的全部风险
退保支付	被保险人退保时得到的退保金是保单现金价值与过去应该领取却未领取的红利的总和	保险公司基于接收到退保申请后的下一个资产评估日的投资账户价值计算保单价值
身故给付	被保险人身故后，受益人可以得到保险金额给付和尚未领取的红利	被保险人身故后，受益人得到的是身故保险金额或投资账户价值二者中较高者

（3）投资连结保险的适宜对象。

目前国内的投资连结保险实际投资的是一篮子基金组合，会挂钩股票、债券、货币等 3～5 个不同策略的账户。投资者需要自己来判断，分配每个账户的投资比例，并在市场变化的过程中，及时进行买卖操作，止盈止损等。

如果市场发生剧烈波动，投资者没有及时操作账户，或者操作方向有误，可能几年下来，账户是亏损的；如果赶上好的市场行情，操作得当，实际也可能获得较高的收益。

由此可见，投资连结保险需要投资者有一定的专业基础，花费精力关注产品价格和市场变化。更适合风格比较进取的长期投资者，不适合追求短期回报的投资者。

3. 万能保险（universal life insurance）

万能险最初起源于美国，是一种交费灵活、保额可调整、非约束性的寿险。1979 年，美国哈顿寿险公司向市场推出了世界上第一款万能寿险，由于缴费灵活、保障可调等特点，很快便受到市场的青睐。根据美国寿险协会统计显示，直至 2015 年，万能险产品占美国寿险市场的比例仍保持在 40% 左右。万能险最初流行的原因有两个：一是 20 世纪 70 年代的美国面临严重的通货膨胀，传统寿险的低预定利率无法达到客户的投资预期；二是传统保费统收统支的方式不能体现保险账户资金的走向和价值，而万能险满足了消费者对保费灵活性以及保障透明性的要求。

万能保险保单持有人在交纳一定量的首期保费后，可以按照自己的意愿选择任何时候交纳任何数量的保费。只要保单的现金价值足以支付保单的相关费用，有时甚至可以不再交费。而且，保单持有人可以在具备可保性的前提下提高保额，也可以根据自己的需要降低保额。

万能保险保单持有人所缴保费分为两部分，一部分用于保险保障，另一部分用于投资账户。保障和投资额度的设置主动权在投保人，可根据不同需求进行调节。因此，万能险收益的计算基数并非投保人所交的所有保费，而是将保户交纳的保费扣除初始费用等后所剩下的资金。

万能保险需要为客户的资金设立专门的账户，由保险公司代为投资理财，投资利益上不封顶，并提供一个基本的最低收益率，即保底收益率。万能保险实际投资收益率超过保底收益率的超额利润部分，由双方分享。当实际投资收益率低于保底利率时，依照保底利率进行结算。

万能保险的身故保险金由身故保险金额和账户余额（投资及受益总额）两部分构成。

万能保险的经营透明度高。保单持有人可以了解到该保单的内部经营情况，可以得到保单的相关因素，如保费、死亡给付、利率、死亡率、费用率、现金价值之间相互作用的各种预期结果的说明。综合看，万能险适合追求资产安全、风格稳健的长期投资者。

【专栏 5-1】 中国万能险业务“井喷”，保监会“双通知”构筑紧箍咒

2000 年，中国保险监管部门曾一度强令寿险产品预定利率下调至 2.5%，为了振兴当时“萧条”的寿险市场，万能险这一舶来品被引入，由太保寿险推出了国内第一款万能险产品。2003 ~ 2007 年，万能险经历了一段时间的上升期。2008 年受金融危机和股市暴跌冲击，结算利率一度跌破 4%，此后步入了低谷。2010 年后，保监会推出保险投资新政，进一步放宽险企投资渠道，一种几乎与保障功能完全没有关系的“纯理财型”万能险应运而生。

我国保险市场中的万能险更为强调投资功能，而非保障功能，保额通常很低（仅略高于缴费）或保障成分是以附加险的形式存在，成为一种另类的理财产品。2015 年 2 月，保监会下发《中国保监会关于万能型人身保险费率政策改革有关事项的通知》，万能险费改的主要调整为“提三”：（1）提升评估利率，上限从2.5%提升至3.5%，完全放开保证利率；（2）提升保障功能，死亡保额要求从5%提升至20%；（3）提升万能险基本保费上限，从6000元提升至1万元。“降二”：（1）降低初始费用，此前期缴和趸缴初始费用分别为10%和5%，此次降低为5%和3%；（2）降低退保费用率，从0～10%降低至0～5%。这一调整大大推动了万能险市场规模的扩张。

数据显示，理财产品收益率从2014年以来已大幅度下跌，6个月理财产品收益率在3.8%左右，互联网“宝宝类”产品爆发式快速扩张后逐渐步入稳定期，收益率稳定在2.5%左右；国债收益率也跌破3%关口，10年国债收益率已跌到2.84%。万能险年化收益率能达4.5%，优势明显。“收益高、随意支取、还保底”的短期万能险产品令投资者趋之若鹜。不少保险公司瞄准了其中的利益空间，将万能险当作迅速做大资产规模的利器。2015年全年寿险行业保户投资款新增交费①（主要表现为万能险部分）达到7646.56亿元，同比增长95.23%，增速较上一年同期上升73.30个百分点。2016年1～5月人身保险公司原保险保费收入为12302.5亿，较去年同期增长50.4%，保户投资款新增交费数字为7596.3亿，较去年同期增长竟高达178.2%。投资型保费增长的速度是传统产品的三倍多。截至2016年5月底，接连举牌多家上市公司的“举牌王”安邦人寿的总保费规模已超越平安人寿，位居寿险行业第二，而这其中近8成资金来源于万能险。②

万能险业务爆发式增长的巨大风险在于，寿险保单的特性决定了保险资金通常用于配置房产物业、基建建设、上市公司股权等长期类资产，而销售上述短期产品势必会形成预期投资和实际投资间的时间差，形成“短资长配”的隐形风险。一旦遭遇剧烈市场波动或者“黑天鹅”事件，会导致保险公司无法给付当期收益、现金流将随之骤减，进而给保险投资、管理及偿付能力带来巨大压力。③

2016年9月6日，保监会印发《关于强化人身保险产品监管工作的通知》和《关于进一步完善人身保险精算制度有关事项的通知》，以规范、调整和优化人身保险产品开发、设计和销售。政策意图是通过大幅提高万能保险等人身保险产品风险保障水平，进一步强化人身保险风险保障功能，杜绝将人身保险产品简单异化为短期理财产品的行为。通知规定，不符合要求的保险产品在2017年4月1日前全部停售，预计中短存续期产品规模将显

① 在新的会计准则下，“原保险保费收入”是指传统险及分红险的部分保费收入，而“保户投资款新增交费”则是以银保、网销的短期万能险和分红险为主要统计对象。

② 付秋实：“万能险赶上好光景　费改一周年实现爆发式增长”，《金融时报》，2016年2月24日；徐庭芳：“万能险突进：宝能系用它举牌　安邦人寿秒成行业第二”，澎湃新闻（www.thepaper.cn），2016年7月15日。

③ 李倩：“寿险公司信用质量或受万能险井喷拖累”，《金融时报》，2016年5月18日。

著下降。对于通知可能的政策成效，有业内人士认为，万能险等人身保险产品定价利率和负债成本将逐步回落，产品激进定价和高结算利率行为将受到遏制，业务结构将逐步优化，保险公司盈利能力、风险防范能力和可持续发展能力将进一步增强。①

四、人寿保险合同的常用条款

1. 不可抗辩条款

不可抗辩条款又称不可争辩条款，是指自人寿保险合同订立时起，超过法定时限（通常规定为2年）后，除了由于投保人欠交保费之外，保险人将不得以投保人和被保险人在投保时违反如实告知义务（如误告、漏告、隐瞒某些事实）为理由，而主张保险合同无效或拒绝给付保险金。

在前面第4章“最大诚信原则”的“弃权与禁止反言”部分已经探讨过该条款。

2. 年龄误告条款

年龄误告条款主要是针对投保人申报的被保险人年龄不真实的情况。

（1）真实年龄不符合合同约定的年龄限制的年龄误告，保险人可以解除保险合同。《中华人民共和国保险法》第三十二条第一款规定：“投保人申报的被保险人年龄不真实，并且其真实年龄不符合合同约定的年龄限制的，保险人可以解除合同，并按照合同约定退还保险单的现金价值。”

（2）真实年龄符合合同约定的年龄限制的年龄误告，可以基于多退少补的原则调整保险费。《中华人民共和国保险法》第三十二条第二、第三款规定：“投保人申报的被保险人年龄不真实，致使投保人支付的保险费少于应付保险费的，保险人有权更正并要求投保人补交保险费，或者在给付保险金时按照实付保险费与应付保险费的比例支付。投保人申报的被保险人年龄不真实，致使投保人支付的保险费多于应付保险费的，保险人应当将多收的保险费退还投保人。”

3. 宽限期条款

宽限期条款通常规定，对于需要分期支付保险费的保险合同，投保人支付首期保险费后，未按时交付续期保险费的，给予投保人一定的宽限时间（通常2个月）。投保人只要在宽限期内交纳了保费，保单继续有效。

---

① 李致鸿：“保监会‘双通知’构筑紧箍咒：万能险‘野心’终结”，《21世纪经济报道》，2016年9月7日。

《保险法》第三十六条规定："合同约定分期支付保险费，投保人支付首期保险费后，除合同另有约定外，投保人自保险人催告之日起超过三十日未支付当期保险费，或者超过约定的期限六十日未支付当期保险费的，合同效力中止，或者由保险人按照合同约定的条件减少保险金额。

被保险人在前款规定期限内发生保险事故的，保险人应当按照合同约定给付保险金，但可以扣减欠交的保险费。"

4. 中止、复效条款

人寿保险合同履行过程中，由于失去某些合同要求的必要条件，致使合同暂时失去效力，称为合同中止。一旦在法定或约定的时间内所需条件得到满足，合同就恢复原来的效力，称为合同复效。

为了保护被保险人和受益人的利益，给投保人交纳保险费一定的宽限期，在宽限期结束后仍未交纳应付保险费的，保险合同的效力中止。一旦投保人愿意补交合同效力停止期间的保险费及其利息，在得到保险人的批准后，保险合同效力将恢复。如果这一中止期限届满，投保人仍未能就复效问题与保险人达成一致意见并补交保险费，保险人就有权解除保险合同。

《保险法》第三十七条规定："合同效力依照本法第三十六条规定中止的，经保险人与投保人协商并达成协议，在投保人补交保险费后，合同效力恢复。但是，自合同效力中止之日起满 2 年双方未达成协议的，保险人有权解除合同。"

保险人依照前款规定解除合同的，应当按照合同约定退还保险单的现金价值。

5. 自杀条款

自杀是指个体蓄意或自愿采取各种手段结束自己生命的行为。在人寿保险合同中，一般都将自杀作为责任免除条款来规定，主要是为了避免蓄意自杀者通过保险方式谋取保险金，防止道德风险的发生。但在很多情况下，被保险人是因为遭受意外事件的打击或心态失常等原因做出结束自己生命的行为，并非是为了有意图谋保险金。为了保障投保人、被保险人、受益人的利益，很多人寿保险合同规定保险合同生效一定期限后（通常是 2 年）发生被保险人的自杀行为，保险人才承担给付保险金责任。既可避免道德风险的发生，也可最大限度地保障被保险人和受益人的利益。

《保险法》第四十四条规定："以被保险人死亡为给付保险金条件的合同，自合同成立或者合同效力恢复之日起二年内，被保险人自杀的，保险人不承担给付保险金的责任，但被保险人自杀时为无民事行为能力人的除外。

保险人依照前款规定不承担给付保险金责任的，应当按照合同约定退还保险单的现金价值。”

6. 不丧失现金价值条款

现金价值是指带有储蓄性的人寿保险单所具有的价值。在长期人寿保险中，保险费率组成中含有储蓄因素，特别是长期性带有生存给付的纯保险费往往含有很大比重的储蓄保险费。保险单交费达到一定时间后，逐年积存相当数额的责任准备金并随着时间的延伸而不断增加，这就形成了保险单的现金价值。大部分的长期保险单在一段时间后，都包含有一定的现金价值。

《保险法》的很多条款均体现出了不丧失现金价值条款的精神，现金价值不因保险合同效力的变化而丧失。如第四十四条、第四十五条、第四十七条等有关解除合同、保险人不承担给付保险金责任的规定中，均要求“按照合同约定退还保险单的现金价值”。

7. 保单贷款条款

投保人可以以具有现金价值的长期性人身保险合同的保险单作为质押，在现金价值数额内，向保险人申请贷款。投保人需承担合同约定的贷款利息。合同约定的贷款期届满时，投保人应返还所借款项本息；逾期不能归还借款，投保人可申请延期；但贷款本息累计已达到其保险单的现金价值时，投保人又未按期归还借款，保险人有权终止保险合同效力。若贷款本息清偿之前，保险合同已发生保险事故，保险人从应给付的保险金中扣除投保人所借贷款本息，其余部分作为保险金支付。

8. 自动垫交保险费条款

自动垫交保险费条款适用于分期交费的寿险合同，保险合同生效满一定期限之后（一般是 1 年或 2 年之后），如果投保人因故未能在宽限期内交纳保险费，保险人自动以保单项下积存的现金价值垫交保险费，使保单继续有效。对于此项垫交保险费，投保人要偿还并支付利息。在垫交保险费期间，如果发生保险事故，保险人要从应给付的保险金中扣除已垫交的保险费及利息；当垫交的保险费及利息达到保单现金价值的数额时，保险合同即行终止。自动垫交保险费条款须经保单持有人同意才能生效。

第 2 节　意外伤害险

一、意外伤害险概述

1. 意外伤害保险的含义

意外伤害保险（accidental insurance）是指以被保险人在保险有效期内遭受外来的、突然的、非本意的意外伤害事故所导致的死亡和残疾承担给付保险金的责任的保险。

2. 意外伤害保险的特点

（1）被保险人遭受意外伤害的概率取决于其职业、工种或所从事的活动，与其年龄、性别、健康状况无必然的内在联系。

（2）意外伤害保险的承保条件较宽，高龄者可以投保，而且对被保险人不必进行体格检查。

（3）意外伤害保险的保险期较短，一般不超过 1 年，最多 3 年或 5 年。

（4）意外伤害保险保险费的计算原理近似于非寿险，根据意外事故发生频率及其对被保险人造成的伤害程度，对被保险人的危险程度进行分类，对不同类别的被保险人分别厘定保险费率。一般不考虑预定利率的因素。

（5）相对于交纳的保费而言，意外伤害保险的死亡保险金数额通常较高。例如，航空旅客人身意外伤害险，一份的保险费为 20 元，对应的保险金额是 40 万元。

二、意外伤害保险责任的构成要件

1. 被保险人在保险期间遭受了意外伤害

必须是在保险有效期间有客观的意外事故发生，且事故原因是意外的、偶然的、不可预见的。

2. 被保险人必须有在责任期限内死亡或残疾的结果

人身意外伤害保险的保险责任是被保险人因意外伤害所致的死亡和残疾。

死亡即机体生命活动和新陈代谢的终止。在法律上发生效力的死亡包括两种情况：一是生理死亡，即已被证实的死亡；二是宣告死亡，即按照法律程序推定的死亡。《中华人民共和国民法通则》第二十三条规定：“公民有下列情形之一的，利害关系人可以向人民法院申请宣告他死亡：（一）下落不明满 4 年的；（二）因意外事故下落不明，从事故发生之日起满 2 年的。”

残疾也包括两种情况：一是人体组织的永久性残缺（或称“缺损”），如肢体断离等；二是人体器官正常机能的永久丧失，如丧失视觉、听觉、嗅觉、语言机能、运动障碍等。

由于有些意外伤害造成的后果需要一定时期以后才能确定，因此，人身意外伤害保险有一个关于责任期限的规定，即只要被保险人遭受意外伤害的事件发生在保险期限内，自遭受意外伤害之日起的一定时期内即责任期限内（通常为 90 天、180 天或 1 年）造成死亡或残疾的后果，保险人就要承担给付保险金的责任。即使在死亡或者被确定为残疾时保险期限已经结束，只要未超过责任期限，保险人就要承担给付保险金的责任。责任期限对于意外伤害造成的残疾实际上是确定残疾程度的期限，即以这一时点的情况确定残疾程度，并按照这一残疾程度给付残疾保险金。

对于被保险人在保险期限内因意外事故下落不明，自事故发生之日起满 2 年，法院宣告被保险人死亡后责任期限已经超过的情况，可以在人身意外伤害保险条款中订明失踪条款或在保险单上签注关于失踪的特别约定，规定被保险人确因意外伤害事故下落不明超过一定期限（如 3 个月、6 个月等）时，视同被保险人死亡，保险人给付死亡保险金；如果被保险人以后生还，受领保险金的人应把保险金返还给保险人。

请同学们引申思考，如果生还的被保险人在失踪期间身体残疾了，保险公司又该如何处理呢？

3. 意外事故是被保险人死亡或残疾的近因

意外事故的发生和被保险人遭受人身伤亡的结果之间存在着内在的、必然的联系，即意外事故的发生是被保险人遭受伤害的近因，而被保险人遭受伤害是意外事故的后果。

被保险人在保险期限内遭受了意外伤害，并且在责任期限内死亡或残疾，并不意味着必然构成保险责任。只有当意外伤害与死亡、残疾之间存在因果关系，即意外伤害是死亡或残疾的直接原因或近因时，才构成保险责任。

在保险实践中，特别容易引起争议的是意外伤害是死亡或残疾的诱因，即意外伤害使被保险人原有的疾病发作，从而加重后果，造成被保险人死亡或残疾。在第 3 章“近因原则”部分已做过相关讨论。

构成人身意外伤害保险的保险责任的三个必要条件必须同时具备，缺一不可。

意外伤残给付和意外死亡给付是意外伤害险的基本责任。也有部分保险公司在保险合同中增加意外伤害医疗、误工、丧葬给付等派生责任。意外伤害险对于由于疾病所导致的死亡和残疾不负责任。

【案例分析 5－1】 为何死于同一车祸，赔付不同

某单位由于工作地点比较偏僻，便为离家较远的员工配备了通勤巴士。2003 年 5 月 12 日上班途中，在城郊的省道上发生了车祸，载着员工的巴士与迎面而来的大货车相撞，坐在前面的员工王某死亡，成某受了重伤。

由于员工王某所坐的驾驶副座就是与大货车冲撞的直接碰撞部位，造成当场死亡。而员工成某坐在他后面，撞断了胳膊，失血很多，送往医院抢救，急救中因心肌梗死，于第二天死亡。

由于单位为员工们购买了人身意外伤害保险，保险金额 10 万元，意外发生后，该单位立即向保险公司报案，并提出理赔申请。保险公司经过调查了解到：员工王某死亡时 27 岁，身体一向非常健康；而员工成某 52 岁，患有心脏病多年。

据此，保险公司做出如下理赔决定：确定车祸属于意外事故，并认定员工王某死亡的近因是车祸，属于意外伤害保险责任约定的范围，保险公司履行赔付保险金的义务，赔付 10 万元意外伤害身故保险金给其受益人。而员工成某在车祸中撞断胳膊属于意外伤害保险责任的范围，按照意外伤残保险责任，赔付意外伤残保险金 5 万元。但是，核定成某最终死亡是由于心肌梗死，心肌梗死是成某死亡的近因，不属于意外伤害保险的保险责任范围，保险公司不承担意外身故保险金。

员工成某的受益人对赔偿结果非常不理解，他们认为同一场车祸下死亡的两个人应该得到一样的赔付，如果没有车祸就没有可能诱发心肌梗死，所以车祸是导致成某死亡的原因，保险公司为成某支付的赔偿金应该和支付给王某的相同。

分析

请问，你是否认可保险公司的理赔决议，为什么？

资料来源：佚名："为何事故相同赔付各异？"，http：//business. sohu. com/20050107/n223837133. shtml。

三、意外伤害保险的除外责任或特约承保责任

1. 除外责任

各家保险公司的意外伤害险合同具体条款可能存在差异，但因下列原因造成被保险人身故、残疾或烧烫伤的，保险人一般都不承担给付保险金责任。

（1）投保人的故意行为。

（2）被保险人自致伤害或自杀，但被保险人自杀时为无民事行为能力人的除外。

（3）因被保险人挑衅或故意行为而导致的打斗、被袭击或被谋杀。

（4）被保险人犯罪或拒捕。

（5）被保险人妊娠、流产、分娩、疾病（包括但不限于高原反应、中暑、猝死）。

（6）非因意外伤害导致的细菌或病毒感染。

（7）被保险人接受整容手术及其他内、外科手术。

（8）被保险人未遵医嘱，私自服用、涂用、注射药物。

（9）被保险人服用、吸食或注射毒品（如海洛因、鸦片、大麻、吗啡等麻醉剂，兴奋剂，致幻剂），醉酒或服用管制药品。

（10）任何生物、化学、原子能武器，原子能或核能装置所造成的爆炸、灼伤、污染或辐射。

（11）恐怖袭击。

2. 期间除外

被保险人在下列期间遭受意外伤害导致身故或残疾的，保险人不承担给付保险金责任。

（1）战争、军事行动、武装叛乱或暴乱期间。

（2）从事违法、犯罪活动行为或被依法拘留、服刑、在逃期间。

（3）存在精神和行为障碍（可依据世界卫生组织颁布的《疾病和有关健康问题的国际统计分类（ICD－10）》）期间。

（4）从事潜水、跳伞、滑雪、滑水、攀岩、探险、狩猎、蹦极运动、武术比赛、摔跤比赛、搏击、特技表演、赛马、赛车等高风险运动期间，但被保险人作为专业运动员从事其专业运动的除外。

（5）艾滋病（AIDS）或感染艾滋病病毒（HIV）期间。

（6）驾驶或搭乘非商业航班期间。

（7）被保险人酒后驾驶、无有效驾驶证驾驶或驾驶无有效行驶证的机动交通工具期间。

【案例分析5－2】　意外险不赔过劳“猝死”　投保前需看清责任免除

2013年4月28日，陆女士丈夫陈先生生前所在单位为其投保了团体意外伤害保险，保额为10万元/人，保险期间1年，保险条款约定：“保险期间内，被保险人遭受意外伤害事故，并自事故发生之日起180日内因该事故身故，保险人按保险金给付身故保险金。”

2013年11月10日，陈先生在卧室看电视时突发晕厥，经抢救无效死亡，病例记载为“猝死”。此后，陆女士多次向保险公司提出理赔申请，要求其按照合同约定支付保险金，但遭到了拒绝。2013 年 12 月，陆女士及其他家属诉至法院，要求保险公司理赔。

保险公司辩称陈先生的死亡属于非预料所及结果，但不属于意外伤害事故，拒绝理赔。

江苏省太仓法院经审理认为，保险合同中对于意外伤害进行了约定："意外伤害是指外来的、突发的、非本意的和非疾病的客观事件为直接且单独原因致使身体受到的伤害。"陈先生的诊断结果为猝死，根据法医学对猝死的通常定义，猝死为外表似乎健康的人因内在病变发生的死亡，不属于双方保险合同约定的意外伤害的范畴。原告未能举证证明陈先生的死亡确系外来原因所致，因此陈先生的死亡不能认定为意外伤害，不属于保险合同的保险责任范围，保险公司不需要承担理赔责任，驳回了原告陆女士要求保险公司支付 10 万元保险赔偿金的诉讼请求。①

对于"猝死"是否属于意外险的理赔范畴，客户和保险公司之间时常产生纠纷，原因主要是普通老百姓理解的"意外"与意外险合同中的"意外"存在差异。中国保险行业协会于 2013 年发布的《一年期个人意外伤害保险条款（示范条款）征求意见稿》将"猝死"明确列入意外险除外责任。该示范条款对"猝死"的界定是指"表面健康的人因潜在疾病、机能障碍或其他原因在出现症状后 24 小时内发生的非暴力性突然死亡"。同时，"猝死的认定以医院的诊断和公安部门的鉴定为准"。导致猝死的原因最多见的是心血管系统疾病，所以"猝死"一般被看做因疾病死亡。若被保险人购买的是单纯的意外伤害险，则不能得到赔偿。

2013 年 11 月，招商信诺在淘宝上推出了一款标榜为"首款能对猝死进行理赔的保险"——珍宝无忧"压力山大险"。投保时可以选择 30 天、90 天、180 天、1 年四个期限，分 20～30 岁和 31～40 岁两个条件，对应的保费在 16～85 元不等，被保险人一旦发生猝死事故，保险公司将赔付 50 万元。如果是意外事故导致的身故，赔付 1 万元。其目标客户是所谓的"高危人群"，包括广告狂人、医护人员、网络店主、IT 工程师、媒体人士、警察、一线工人、莘莘学子、演艺明星、运动健将等。

分析

（1）意外伤害险将猝死明确列为除外责任，请结合本章各节内容分析，哪些险种是承保猝死的？

（2）这款"压力山大险"本质上属于什么险种？

（3）你及你的亲友是否属于"猝死"的高危人群？是否会考虑购买"压力山大险"？为什么？

① 张伊扬、景程："意外险不赔过劳'猝死' 投保前需看清责任免除"，中国新闻网，2014 年 4 月 1 日。

四、意外伤害保险金的给付

当人身意外伤害保险责任构成时，保险人按保险合同中约定的保险金额给付死亡保险金或残疾保险金。

死亡保险金的数额是保险合同中约定的，当被保险人死亡时如数给付，属于定额给付。

残疾保险金的数额多按保险金额的一定百分比给付，一般由保险金额和残疾程度两个因素确定。残疾程度一般以百分率表示，残疾保险金数额的计算公式是：

残疾保险金 = 保险金额 × 残疾程度百分率

当一次意外伤害造成被保险人身体若干部位残疾时，保险人按保险金额与被保险人身体各部位残疾程度百分率之和的乘积计算残疾保险金；如果各部位残疾程度百分率之和超过100%，则按保险金额给付残疾保险金。

2013年6月8日，中国保险行业协会联合中国法医学会共同发布《人身保险伤残评定标准》，各保险公司依照中国保监会的要求从2014年1月1日起使用该新标准。此前应用的《人身保险残疾程度与保险金给付比例表》（中国人民银行1998年公布、中国保监会1999年转发）存在残疾项目划分较宽泛、给付范围不足、部分条目操作性欠佳等问题。新标准的制定积极借鉴和吸收国内外先进经验，严格遵循科学性、兼容性和严谨性等原则。新标准对人身保险残疾覆盖门类、条目和等级进行了充分“扩容”，增加了神经、精神和烧伤残疾，扩大了胸腹脏器损伤、智力障碍等残疾范围，覆盖了包括神经系统、呼吸系统、消化系统等8大门类，由原标准7个伤残等级34项扩展增加至10个伤残等级共281项伤残条目。伤残程度第一级对应的保险金给付比例为100%，伤残程度第十级对应的保险金给付比例为10%，每级相差10%。新标准适用于涉及意外伤残的个人保险，团体保险可参考适用。要求各公司于2013年12月31日前完成新条款备案和更换工作。不过，2013年12月31日前已生效的保单不适用新标准。

意外伤害保险合同中会约定各种残疾程度百分率。表5-2摘录了原《人身保险残疾程度与保险金给付比例表》的一部分。请同学们自行检索《人身保险伤残评定标准》，并对新老标准进行比较。在合同中列举得越详尽，保险人和被保险人就越不易发生争执。对于残疾程度百分比率中未列举的情况，只能由当事人之间按照公平合理的原则，参照列举的残疾程度百分率协商确定。协商不一致时，可提请有关机关仲裁或由人民法院审判。

被保险人在保险期限内多次遭受意外伤害时，保险人对每次意外伤害造成的残疾或死亡均按保险合同中的规定给付保险金，但给付的保险金以累计不超过保险金额为限。

表 5－2　　人身保险残疾程度与保险金给付比例表（部分）

等级	项目	残疾程度	给付比例
第一级	一	双目永久完全失明的	100%
	二	两上肢腕关节以上或两下肢踝关节以上缺失的	
	三	一上肢腕关节以上或一下肢踝关节以上缺失的	
	四	一目永久完全失明及一上肢腕关节以上缺失的	
	五	一目永久完全失明及一下肢踝关节以上缺失的	
	六	四肢关节机能永久完全丧失的	
	七	咀嚼、吞咽机能永久完全丧失的	
	八	中枢神经系统机能或胸、腹部脏器机能极度阻碍，终身不能从事任何工作，为维持生命必要的日常生活活动，全需他人扶助	
第二级	九	两上肢、或两下肢、或一上肢及一下肢，各有三大关节中的两个关节以上机能完全丧失的	80%
	十	十手指缺失的	

第 3 节　健康保险

一、健康保险及其特征

1. 健康保险的定义

健康保险（health insurance）是以被保险人的身体为保险标的，保证被保险人在疾病或意外事故所致伤害时发生的费用或损失获得补偿的一种人身保险。

自 2006 年 9 月 1 日起施行的《健康保险管理办法》中对健康保险的界定是："本办法所称健康保险，是指保险公司通过疾病保险、医疗保险、失能收入损失保险和护理保险等方式对因健康原因导致的损失给付保险金的保险。"

2014 年 11 月国务院发布的《关于加快发展商业健康保险的若干意见》（"50 号文"）所定义的商业健康保险，是指由商业保险机构对因健康原因和医疗行为导致的损失给付保险金的保险，主要包括医疗保险、疾病保险、失能收入损失保险、护理保险以及相关的医疗意外保险、医疗责任保险等。

2. 健康保险的特征

（1）健康保险经营的风险较大。健康保险的保险责任是伤病风险所导致的费用或损失补偿，其影响因素十分复杂，逆向选择和道德风险尤为严重。保险人对被保险人的身体健康状况缺乏足够的信息，逆向选择表现为身体健康状况越差的人越有动力投保健康险，导致保险人的实际承保质量低于大样本统计得到的平均健康水平。为降低逆选择风险，健康保险的核保要比人寿保险和意外伤害保险严格得多。道德风险导致的索赔欺诈也给健康保险的理赔工作提出了更高的要求。医疗服务的数量（进行的检查和治疗、使用的药品器械等）和价格由医疗机构决定，上下浮动的空间非常大，保险公司很难加以控制。由于健康保险有风险大、不易控制和难以预测的特性，精算人员在进行风险评估及计算保费时，不仅要依据统计资料，还要获得医学知识方面的支持。同时，保险人对所承担的疾病医疗保险金的赔付责任往往制定很多限制或制约性条款。

（2）健康保险的精算技术要求较高。与人寿保险在制定费率时主要考虑死亡率、费用率和利息率不同，健康保险在制定费率时则主要考虑疾病率、伤残率和疾病（伤残）持续时间。健康保险费率的计算以保险金额损失率为基础，年末未到期责任准备金一般按当年保费收入的一定比例提存。此外，健康保险合同中规定的等待期、免责期、免赔额、共付比例、给付方式和给付限额也会影响最终的费率。

（3）健康保险的保险期限一般较短。一般的人寿保险合同主要是长期合同，在整个交费期间采用均衡的保险费率。除重大疾病等保险以外，绝大多数健康保险尤其是医疗费用保险通常为1年期的短期合同，原因在于医疗服务成本不断上涨，保险人很难计算出一个长期适用的保险费率。

（4）健康保险兼有补偿性和给付性。从健康保险的定义可见，健康保险中的医疗费用保险是补偿性质的保险，适用损失补偿原则，被保险人获得的补偿不能高于其实际费用支出或损失。

而定额给付型健康险，主要是疾病保险，保险责任是被保险人罹患保险合同所约定的特种疾病，依照投保时确定的保险金额进行给付，与实际费用或损失无关，属于给付性质。

因为健康保险的特殊性，一些国家把健康保险和意外伤害保险列为第三领域，允许财产保险公司承保。我国也遵从国际惯例，放开短期健康保险和意外伤害保险的经营限制，财产险公司也可提供短期健康保险和意外伤害保险。

（5）健康保险合同条款的特殊性。健康保险合同中，除适用寿险合同的不可抗辩条款、宽限期条款、不丧失价值条款等外，还采用一些特有的条款，如免赔额条款、比例给付条款、给付限额条款、等待期条款等。此外，健康保险合同中有较多的名词定义，有关保险责任部分的条款也显得比较复杂。

3. 健康保险的除外责任

以健康保险中的“重大疾病险”为例，虽然各家公司的具体条款规定略有差异，但因下列情形之一导致被保险人初次发生重大疾病的，保险公司一般都不承担给付保险金的责任。

（1）投保人对被保险人的故意杀害、故意伤害。

（2）被保险人故意自伤、故意犯罪或者抗拒依法采取的刑事强制措施。

（3）被保险人主动吸食或注射毒品。

（4）被保险人酒后驾驶、无合法有效驾驶证驾驶，或驾驶无有效行驶证的机动车。

（5）被保险人感染艾滋病病毒或患艾滋病。

（6）战争、军事冲突、暴乱或武装叛乱。

（7）核爆炸、核辐射或核污染。

（8）遗传性疾病，先天性畸形、变形或染色体异常。

我们很容易发现，在人身保险的各类险种中，除外责任所涵盖的范围非常相似。请思考分析，为何各家保险公司都将这些风险或状况作为除外责任？

二、健康保险的种类

1. 医疗保险（medical insurance）

医疗保险是指以保险合同约定的医疗行为的发生为给付保险金条件，为被保险人接受诊疗期间的医疗费用支出提供保障的健康保险。

医疗保险所涵盖的医疗费用包括医生的门诊费用、各种检查治疗费用、药费、住院费用、护理费用、医院设备费用等。不同的医疗保险所保障的费用项目和补偿内容有所不同，一般是其中的一项或若干项的组合。医疗保险的主要类型如下。

（1）普通医疗保险。普通医疗保险主要承保被保险人治疗疾病的一般性医疗费用，主要包括门诊费用、医药费用、检查费用等。这种保险的保费成本较低，比较适用于社会公众。由于医药费用和检查费用的支出控制有一定的难度，这种保单一般也具有免赔额和比例给付规定，保险人支付免赔额以上部分的一定百分比（比如80%）。当因疾病所发生的费用累计超过保险金额时，保险人不再负保险责任。

（2）综合医疗保险。综合医疗保险是为被保险人提供全面的医疗费用保障的保险，其提供的医疗费用补偿无论是项目范围还是补偿程度都要远远超过普通医疗保险，能使因疾病导致的大多数医疗费用得到补偿。其费用范围不仅包括医疗、住院、手术等一切费用，还可能包括康复治疗的假肢、人工关节和轮椅、救护车等方面的费用。保障程度高，对应的保险费也较高，一般确定一个较低的免赔额和适当的分担比例（如85%）。

（3）住院保险。住院保险是为被保险人提供住院费用保障的一项单独的保险。住院保险的费用主要包括：住院房间的费用、住院期间医生治疗费用、利用医院设备的费用、手术费用、医药费等。住院保险的保险金额应根据病人平均住院费用情况而定。为了控制不必要的长时间住院，一般规定保险人只负责所有费用的一定百分比，被保险人需要自己承担一部分费用。

（4）手术保险。手术保险是指为被保险人在患病治疗过程中进行必要的各种大小外科手术而发生的医疗费用提供保障的医疗保险。

被保险人在保险期内无论一次施行手术治疗还是多次施行手术治疗，只要实际支出的手术治疗费未超过保险金额，保险公司就要按实际支出的手术医疗费给付医疗保险费。手术保险既可作为独立的险种，也可作为住院费用保险的一项附加险。

（5）特种医疗保险。特种医疗保险包括牙科费用保险、眼科保健保险等。

牙科费用保险主要为被保险人对牙齿进行的常规检查和治疗的费用提供补偿。此类费用在普通或综合医疗保险中一般作为除外责任。

眼科保健保险指为定期的眼科检查和视力矫正治疗发生的费用提供补偿的保险。

2. 疾病保险（disease insurance）

疾病保险是指以保险合同约定的疾病的发生为给付保险金条件的保险。诸如癌症、心脑疾病等特殊的疾病在给病人带来巨大身体伤害甚至危及生命的同时，还给病人带来高额的医疗费用支出。因此，疾病保险通常要求的保险金额比较大，给付方式一般是在确诊为特种疾病后，一次性支付保险金额。

（1）重大疾病的内涵。

我国国内的疾病保险一般是以重大疾病险的形式存在。所谓的“重大疾病”通常具有以下两个基本特征：一是“病情严重”，会在较长一段时间内严重影响到患者及其家庭的正常工作与生活；二是“治疗花费巨大”，此类疾病需要进行较为复杂的药物或手术治疗，需要支付昂贵的医疗费用。

各家保险公司所提供的重大疾病保障涵盖的范畴有宽有窄不尽一致，2011年，中国保险行业协会与中国医师协会合作制定了《重大疾病保险的疾病定义使用规范》，规定以“重大疾病保险”命名、保险期间主要为成年人阶段的保险产品，其保障范围必须包括6种必保疾病：①恶性肿瘤；②急性心肌梗死；③脑中风后遗症；④重大器官移植术或造血干细胞移植术；⑤冠状动脉搭桥术（或称冠状动脉旁路移植术）；⑥终末期肾病（或称慢性肾功能衰竭尿毒症期）。

以“恶性肿瘤”为例，它是指恶性细胞不受控制的进行增长和扩散，浸润和破坏周围正常组织，可以经血管、淋巴管和体腔扩散转移到身体其他部位的疾病。经病理学检查结果明确诊断，临床诊断属于世界卫生组织《疾病和有关健康问题的国际统计分类（ICD－10）》的恶性肿瘤范畴。但排除下列疾病：①原位癌；②相当于 Binet 分期方案 A 期程度的慢性淋巴细胞白血病；③相当于 Ann Arbor 分期方案 I 期程度的何杰金氏病；④皮肤癌（不包括恶性黑色素瘤及已发生转移的皮肤癌）；⑤TNM 分期为 T1N0M0 期或更轻分期的前列腺癌；⑥感染艾滋病病毒或患艾滋病期间所患恶性肿瘤。这些排除项目运用了很多专业词汇，不具备医学专业知识的投保人和被保险人根本无法理解，在保险业务实践中往往饱受诟病，并引发理赔争议。

（2）重大疾病保险的分类。

按保险期间划分，可以将重大疾病保险分为定期和终身两类。

定期重大疾病保险为被保险人在固定的期间内提供保障，固定期间可以按年数确定（如 10 年），也可以按被保险人年龄确定（如保障至 70 岁）。如果在该期间内被保险人没有罹患合同约定的疾病，则保险公司无需承担保险金给付责任。

终身重大疾病保险为被保险人提供终身的保障，由于一般含有身故保险责任，费率相对比较高。

3. 失能收入损失保险（disability income insurance）

（1）失能收入损失保险的定义。

失能收入损失保险是指以因保险合同约定的疾病或者意外伤害导致工作能力丧失为给付保险金条件，为被保险人在一定时期内收入减少或者中断提供保障的保险。

失能收入损失保险一般是补偿因伤害或疾病而致残疾的收入损失，不承担被保险人因疾病或意外伤害所发生的医疗费用。

失能收入损失保险除了对被保险人的全残或部分伤残保险金给付外，还可以提供其他利益，包括未来增加保额给付、生活费用调整给付、残疾免交保费条款、移植手术保险给付、非失能性伤害给付、意外死亡给付等。这些补充利益作为特殊条款，通过交纳附加保费的方式获得。

（2）失能收入损失保险的残疾给付。

失能收入损失保险对先天性的残疾不给付保险金，并规定只有满足保单载明的残疾定义时，才可以给付保险金。

以完全残疾和部分残疾为例。完全残疾一般指永久丧失全部劳动能力，不能参加工作（原来的工作或任何新工作）以获得工资收入；部分残疾是指部分丧失劳动能力。如果把全部残疾认为是收入全部损失，部分残疾则意味着被保险人还能从事一些有收入的其他职业，但收入比原来职业的收入少。在这种情况下，保险人给付的将是全部残疾给付的一部分，其计算公式如下：

$$部分残疾给付 = 全部残疾给付 \times \frac{残疾前的收入 - 残疾后的收入}{残疾前的收入}$$

（3）失能收入损失保险的给付方式及期限。

失能收入损失保险一般采用在给付期限内分期给付保险金的形式，具体给付间隔（如按月或按周进行补偿），主要根据被保险人的选择而定。

给付期限是指收入保障保单支付保险金的最长时间。给付期限可以是短期，也可以是长期。短期补偿是为了补偿被保险人在身体恢复前不能工作的收入损失，保险金给付期一般为1~5年。长期补偿是为了补偿被保险人全部残疾而不能恢复工作的收入损失，保险金给付期可长达5~10年，有的甚至规定可以给付至被保险人60岁或65岁。同样的保险金额，给付期越长，对应的保险费越高。

4. 护理保险

护理保险是指以因保险合同约定的日常生活能力障碍引发护理需要为给付保险金条件，为被保险人的护理支出提供保障的保险。一般的医疗保险或其他老年医疗保险不提供长期护理的保障。护理保险的保险范围分为医护人员看护、中级看护、照顾式看护和家中看护等不同的等级。

护理保险的保费通常为平准式。也有每年或每一期间固定上调保费者，其年交保费因投保年龄、等待期间、保险金额和其他条件的不同而有很大区别。护理保险保险金的给付期限有1年、数年和终身等几种不同的选择，同时也规定有20天、30天、60天、90天、100天等多种免责期。

【专栏5-2】 中国启动长期护理保险制度试点

2016年7月7日，人力资源和社会保障部发布《关于开展长期护理保险制度试点的指导意见》，在包含上海、重庆、宁波、青岛等城市在内的14个省、市开展长期护理保险试点，并要求年内启动实施。

长期护理保险制度试点中的保障范围以“长期处于失能状态的参保人群为保障对象”。这里的“失能人群”指的是“因年老、严重或慢性疾病、意外伤残等导致身体上的某些功能全部或部分丧失，经有资质的机构鉴定，生活无法自理，需要入住护理院或养老院接受长期的康复和支持护理或在家中接受他人护理的人”。

此次人社部出台的“长期护理保险”是社会保险制度，从地位上来说，等同于现行的城镇职工社会保险的“五险”。此次试点也强调了，要“积极引导发挥社会救助、商业保险、慈善事业等的有益补充，解决不同层面护理需求”。这意味着商业保险公司可以开发适销对路的保险产品和服务，发展与长期护理社会保险相衔接的商业护理保险，满足多样化、多层次的长期护理保障需求。

在2016年8月18日举办的首届中国医养保险高峰论坛上，人社部社会保障研究所所长金维刚发表《探索建立长期护理保险制度》主题演讲。他表示，目前建立长期护理保险制度面临的问题主要体现在全国失能、半失能人数总量非常大，目前接近4000万，其中3500万是老年人，而2000多万人是80岁以上老年人。除此之外，还有失智、残疾人、精神病患者。同时，他认为筹资是建立长期护理保险制度面临的最主要问题。解决筹资问题要采取“两步走”战略：第一步，依托基本医疗保险，鼓励建立商业性长期护理保险，促进医养结合的发展。第二步，建立多渠道筹资的长期护理保险，通过个人缴费、财政补助、医保基金划转、社会捐助、单位缴费等筹措所需资金。

三、健康保险的特别规定

1. 免赔额条款

免赔额条款是医疗保险的主要特征之一。在健康保险中，一般均对一些金额较低的医疗费用采用免赔额的规定，即保险人只负责超过免赔额的部分。一方面，对金额较低的医疗费用，被保险人在经济上可以承受，同时可以省去保险人因此而投入大量工作。另一方面，免赔额的规定可以促使被保险人加强对医疗费用的自我控制，避免不必要的浪费。

免赔额的设计一般有三种：一是单一赔款免赔额，即针对每次赔款确定一个免赔额；二是全年免赔额，即按全年赔款总计，超过一定数额后才赔付；三是集体免赔额，即针对团体投保而言，规定了免赔额之后，小额的医疗费由被保险人自负，大额的医疗费用由保险人承担。如果是一个家庭投保，免赔额可在整个家庭成员费用之和的基础上规定。

2. 比例给付条款

比例给付条款，又称“共保比例条款”，是对超过免赔额以上的医疗费用部分采用保险人和被保险人共同分摊的比例给付办法。此条款是在免赔额基础上经常采用的一个条款。

由于健康保险的危险不易控制，因此，在大多数健康保险合同中，对于被保险人医疗保险金的支出均有比例给付的规定。既可以按某一固定比例（例如保险人承担70%，被保险人自负30%）给付，也可按累进比例给付，即随着实际医疗费用支出的增大，保险人承担的比例累计递增，被保险人自负的比例累计递减。这一规定，既有利于保障被保险人的经济利益，也有利于保险人控制医疗费用。

3. 给付限额条款

由于危害人体健康的风险大小差异很大，医疗费用支出的高低也相差很大，为了加强对健康保险的管理，保障保险人和广大被保险人的利益，一般对保险人医疗保险金的最高给付均有限额规定，以控制总支出水平。

4. 观望期或等待期规定（条款）

在健康保险中，有一个很关键的词：观察期，也称为等待期。观察期是指在医疗保险、重大疾病保险这几类健康保险中，被保险人在首次投保时，从合同生效日算起的一段时间内，被保险人患病所发生的费用，保险公司不予赔付。从观察期的时限来看，在普通住院类医疗保险中，观察期一般为 60 天或 90 天；在重大疾病保险中，观察期一般为 90 天、180 天不等。

观察期可分为两种，即健康观察期和理赔观察期。健康观察期即我们通常所说的观察期。

如某重大疾病保险条款规定："投保人为被保险人首次投保本保险或非连续投保本保险时，自本合同生效日起 30 日为等待期，投保人为被保险人连续投保本保险的或被保险人因遭受意外事故导致初次发生重大疾病的无等待期。等待期另有约定的按约定执行。被保险人在等待期内经医院确诊初次发生重大疾病的，本公司不承担给付保险金的责任。对投保人返还所交保险费，本保险合同终止。"

"在附加合同有效期内，若被保险人因意外伤害事故或自本附加合同生效日（或最后复效日，以较迟者为准）起 90 天后被确诊首次患有所列举的疾病，且自确诊之日起 30 天后仍生存，将会获得本附加合同之全额保险金的给付，本附加合同效力终止。"在这项附加重大疾病保险的条款里，我们可以看到，其健康观察期为 90 天，这与一般的健康保险条款并无区别，但同时我们可以看到有"自确诊之日起 30 天后仍生存"这个条件，保险公司才给予赔付，这个 30 天就是我们所说的理赔观察期。也就是说，被保险人经过了健康观察期，患了所承保范围内的重大疾病后，虽然确诊所患的疾病在可承保范围内，但得有 30 天的理赔观察期。目前，在市场上同类产品中，理赔观察期一般为 15 天、28 天、30 天，有主险形式，但多以附加重大疾病保险的形式出现。

某些普通医疗保险中也有理赔观察期的规定，如某医疗保险的条款规定："在保险责任有效期内，本公司承担下列保险责任：一般住院日额保险金，即被保险人因疾病经医院诊断必须住院治疗，本公司从被保险人每次住院的第四天开始按住院天数给付住院日额保险金，也就是每次疾病住院日额保险金给付天数=实际住院天数-3天；被保险人因意外伤害经医院诊断必须住院治疗，本公司从被保险人住院的第一天开始给付住院日额保险金，即意外伤害住院日额保险金给付天数=实际住院天数。在保险责任有效期内，一般住院日额保险金给付天数最多可达365天。”在本例中，医疗保险是从被保险人住院后的第4天起开始计算医疗费，前3天的不算，这“前3天不赔”的类似条款可以看做是另一类“理赔观察期”。

【专栏5-3】 学生、幼儿保险

学生保险是经中国保监会批准开办的业务，属经济合同行为，不属乱收费、乱摊派行为。身体健康，能正常学习和生活的学生、幼儿均可投保。学生保险的保险期间为一年，期满续保需另办手续。

学生、幼儿保险由主险和附加险组成，主险是学生、幼儿平安保险，附加险是意外伤害医疗保险和住院医疗保险，学生、幼儿保险承担身故、残疾、意外伤害、门诊医疗或疾病住院医疗等多种保险责任，可以得到较为全面的保障。根据现行条款及费率，学生保险一年只需交费几十元就可得到数万元的保障，是一项花费少、保障高的保险险种。

我国《保险法》规定，父母可以为其未成年子女投保以死亡为给付条件的人身保险，但是因被保险人死亡给付的保险金总和不得超过国务院保险监督管理机构规定的限额。中国保监会曾发布《关于父母为其未成年子女投保以死亡为给付保险金条件人身保险有关问题的通知》（保监发〔2010〕95号）规定，未成年人以死亡为赔偿条件的保险（如定期寿险、意外险），累计保额不超过10万元，其目的是为防范道德风险。为了体现人的生命价值的平等化，根据《中国保监会关于父母为其未成年子女投保以死亡为给付保险金条件人身保险有关问题的通知》（保监发〔2015〕90号），从2016年1月1日起，对限额做出调整：不满10周岁的被保险人，不论投保一家或多家的人身保险，身故保额累计不能超过20万元；已满10周岁，不满18周岁的被保险人，身故保额累计不能超过50万元。规定的限额中，不包含因被保险人身故时各保险公司退还的已交保费，保单现金价值，投连险、万能险的合同账户价值；不包含航空意外身故保险金和重大自然灾害意外身故保险金。

四、中国的健康保险管理制度改革

1.《健康保险管理办法》实施

健康保险不同于一般的人身保险，因此，对其监管要体现出专业性。2006年实施的《健康保险管理办法》是我国首部规范健康保险经营行为的法规。《办法》确立了我国健康保险经营的基本制度，对健康保险的经营条件、产品、销售、精算和再保险等做出系统规范。

《办法》在产品设计、销售管理等方面突出了对消费者权益的保护。针对之前健康险重投资轻保障的情况，明确规定“医疗保险产品和疾病保险产品不得包含生存给付责任”，市场上原有的“有病理赔、无病返保费”的还本型健康险逐渐退出市场；保险公司不得在医疗机构场所内销售健康保险产品，或者委托医疗机构或医护人员销售健康保险产品。

《办法》要求，保险公司销售健康保险产品，应当向投保人说明保险合同的内容，并对保险责任、责任免除、保险责任等待期、保险合同犹豫期以及投保人相关权利义务、是否提供保证续保以及续保有效时间、理赔程序以及理赔文件要求、组合式健康保险产品中各产品的保险期间等事项作出书面告知，由投保人签字确认。不得夸大保险保障范围，不得隐瞒责任免除，不得误导投保人和被保险人。如果投保人和被保险人就保险条款中的保险、医疗和疾病等专业术语提出询问的，保险公司应当用清晰易懂的语言进行解释。重疾险理赔标准“服从”通行医学标准，对保险公司的拒赔行为严加限制。

中国保监会要求，保险公司销售费用补偿型医疗保险，应当向投保人询问被保险人是否拥有公费医疗、社会医疗保险和其他费用补偿型医疗保险的情况；不得诱导被保险人重复购买保障功能相同或者类似的费用补偿型医疗保险产品。

2. 近年来健康保险的快速发展

随着市场环境的变化，健康保险日益受到重视。2013 年，国务院接连发布《关于促进健康服务业发展的若干意见》和《国务院关于加快发展现代保险服务业的若干意见》，将商业健康保险作为健康服务业的核心板块和重要保障机制。2014 年发布的《国务院办公厅关于加快发展商业健康保险的若干意见》（国办发〔2014〕50 号）则是第一次从国家层面全面部署商业健康险发展的专项文件，商业健康保险作为医疗保障体系重要支柱的新定位得以确立。

近年来，健康保险呈现快速发展态势。2012 ~ 2015 年，我国健康险保费年复合增长率高达 40. 86% ，2015 年健康保险保费收入达 2410. 47 亿元，增速高达 51% ，同期财险、寿险、意外险保费增速分别为 11% 、21. 5% 、17. 14% 。2016 年仅 1 ~ 6 月健康保险保费收入已经达到 2359. 33 亿元，接近 2015 年全年的规模。但从相对量上看，健康保险在人身保险中的占比仍然较小，远低于美国等发达国家，还有很大的发展空间。

3. 商业健康保险个人所得税优惠政策试点①

发达国家的发展经验表明，税收优惠是保险业界公认的商业健康保险发展的“助推器”。

---

① 付秋实：“税优健康险：让百姓既得实惠又得健康”，《金融时报》2016 年 2 月 24 日；肖扬：“税优健康险试水起步”，《金融时报》2016 年 7 月 11 日。

2015 年 5 月，财政部、国家税务总局、保监会联合发布《关于开展商业健康保险个人所得税政策试点工作的通知》（财税〔2015〕56 号）；中国保监会随即于 8 月份制定《个人税收优惠型健康保险业务管理暂行办法》；12 月 11 日，财政部、国家税务总局、保监会联合下发《关于实施商业健康保险个人所得税政策试点的通知》，通知自 2016 年 1 月 1 日执行，税优商业健康保险试点的帷幕正式开启。在 2016 年初的全国保险监管工作会议上，“推动商业保险税优政策试点实施”，成为保监会全年的重点工作之一。

首批商业健康险个人所得税政策的试点地区为北京、上海、天津、重庆等 31 个城市，对试点地区个人及企事业单位购买符合规定的商业健康保险产品的支出，允许在当年（月）计算应纳税所得额时予以税前扣除，扣除限额为 200 元/月。对于个人年税前列支的 2400 元额度，预计会带来约 500 亿元的增量保费。

截至 2016 年 3 月，中国人保健康、阳光人寿、泰康养老险、中国人寿、太平洋人寿、平安人寿、新华人寿、太平人寿、建信人寿、中意人寿、太平养老险、东吴人寿等共计两批 12 家保险公司获准经营税收优惠型健康保险业务。试点在市场培养和消费者引导上的意义深远：一方面促进保险公司填补商业健康保险中长期护理保险和失能收入保障保险的产品空白；另一方面以商业保险去补充“社会基本医疗保险”和“城乡居民大病保险”保障范围和金额以外的医疗和疾病支出。

个人税收优惠型健康险产品采用“医疗保险 + 万能账户 + 健康管理服务”创新模式，具备以下特征：一是对接社保，保障全面。在基本医保体系上构建全面的保障，并完善住院前后门诊、住院费用、特定疾病以及慢性病的保障额度；二是微利经营，性价比高，即产品经营采用“保本微利”的政策，利益倾向客户；三是保证承保，保证续保。符合税优政策的被保险人均可购买该产品，保险公司不得因“既往病史”拒保，并不得拒绝客户续保的要求。有业内人士预期，个人税优健康险产品的上市，必将激发全社会管理健康的意识和购买健康险的消费需求，使健康险的潜在需求快速释放。

由于牵涉到税收问题，个人税优健康险在试行初期的营销主要是针对企业，由企业出面给职工购买这款保险，保费费用和保障都是由个人承担，企业的作用仅仅是提供员工的收入和税务方面的证明。如果个人自行投保，需要每月填写税务部门要求的税务抵扣申请文件等，办理退保或转保时手续也相对繁琐，企业缴纳则可以代为办理。

《金融时报》在报道中举了个例子来说明个人税优健康险产品的具体运作：康先生是一位“金融民工”，年末业绩任务重，常常加班，生活节奏紊乱，最终导致突发急性胃炎住院治疗。康复出院后，住院医疗费用总额为 6 万元。假设个人自付医疗费用中，社保目录内、外各占 50%，那么，社保统筹基金将支付 3 万元，康先生自付 3 万元。若投保了人保健康

“个人税收优惠型健康保险（万能型）A款”，原本需要康先生自付的3万元中，保险公司将赔付2.7万元，自己仅需承担医疗费用总额的5%，即3000元。记者采访发现，人保健康、阳光人寿、泰康养老的税优健康险产品整体赔付都高于90%，社保目录内赔付比例为100%、目录外为80%。尤为值得注意的是，康先生下一年度可以继续续保，可带病投保税优健康险，突破了商业健康保险的一般规则。

【专栏5-4】　寿险公司2015年理赔大数据　车祸重疾是大头

近期，保险公司陆续开始披露2015年大额理赔数据，据《证券日报》记者梳理，目前已有中国人寿、平安人寿、新华保险、人保寿险、合众人寿、百年人寿、利安人寿、农银人寿、中邮人寿、恒安标准9家保险公司披露了去年十大理赔案。数据显示，有37个案件的理赔额超200万元，最大的一笔理赔案共赔付1513万元。

这些公司的十大理赔案理赔原因中，交通身故、车祸占比最高，与车祸理赔对应的保险产品是各类交通意外险；各种肿瘤等疾病赔付次之，与其对应的是重疾险等险种。

中国肿瘤登记中心2015年年报数据显示，目前我国癌症发病率为285.91/100000，每年新发癌症病例约312万，平均每分钟有6人被诊断为恶性肿瘤。据卫生部信息中心统计，人的一生罹患重疾的概率高达72%，手术治疗的平均费用为10万元，93.22%的客户重疾保额尚不能支持基本的治疗费用。

富德生命人寿近期发布的重疾险理赔原因显示，以癌症、急性心肌梗死和脑中风后遗症为主，占比分别为75%、10%和5%。2015年因癌症发生的重大疾病理赔中，女性占61%，男性占39%。女性癌症中以乳腺癌、甲状腺癌和子宫颈癌为主，分别占女性癌症的26.38%、16.28%和10.34%；男性癌症中以肺癌、肝癌和胃癌为主，分别占男性癌症的15.67%、15.19%和9.72%。从赔付年龄看，富德生命人寿理赔案中，56%的重大疾病理赔发生在30~50岁之间。这一阶段的人普遍处于事业的成长期和收入的高峰期，一旦确诊重大疾病，将丧失工作能力，收入减少，同时面对高额的医疗费用，家庭经济将遭受重创。值得注意的是，癌症的发生概率越发低龄化，其中甲状腺癌、乳腺癌、肺癌、肝癌等发病低龄化趋势明显。

事实上，每一件大额赔付案的背后都有一个大额保单。如平安人寿的第二大理赔案，客户共投保了智盈人生、无忧意外、幸福A04、护身福、护身福意外、平安福、长期意外13、鑫盛12等8款产品。在平安人寿的高额保单样本中，客户为职业经理、中高层管理人员、商人、医生等职业人员的占据了半数以上比例，在200万元以上保额保单中占比达到

93%，500万元以上保额保单中占比则达到100%。这类人群大多事业有成、工作忙碌、心理和生理压力巨大，处于亚健康状态的比例明显高于普通人群，健康风险已成为对此类人群进行风险评估的首选因素。风险的集中性为大额理赔埋下隐患，如果保险公司不能对高额保单客户的整体赔付率风险进行科学评估，不能使用再保险等手段进行风险分散，可能严重影响公司的经营绩效，甚至可能会因为一件或数件高额赔付而陷入财务危机。

资料来源：苏向杲："9家寿险公司2015年理赔大数据出炉：37件理赔案超200万元"，《证券日报》，2016年1月28日。

本章关键词

人寿保险	死亡保险	定期寿险	终身寿险	生存保险
年金保险	两全保险	分红保险	投资连结保险	万能保险
意外伤害险	健康保险	医疗保险	普通医疗保险	综合医疗保险
住院保险	手术保险	特种医疗保险	疾病保险	重大疾病保险
护理保险	观望期	税优健康险	失能收入损失保险	

思考与讨论

学生被电信诈骗后死亡的相关保险问题

2016年8月19日，刚刚被南京邮电大学录取的18岁山东临沂女孩徐玉玉接到了一通陌生电话，对方声称有一笔2600元助学金要发放给她。为了拿到这笔助学金，徐玉玉一步步按照对方要求将准备交学费的9900元打入了骗子提供的账号。发现被骗后，徐玉玉万分难过，当晚就和家人去派出所报了案。在回家的路上，徐玉玉突然晕厥，心跳呼吸骤停，抢救无效于8月21日去世。

同样的悲剧在临沂再度上演。家住临沂临沭县临沭镇的山东理工大学学生宋振宁接到电话，对方冒充是公安局的，称他银行卡刷了6万多元。对方对宋振宁的私人信息了如指掌，慌了神的宋振宁赶紧按照对方的要求办，被骗走了2000多元。发现被骗后，宋振宁伤心不已，8月23日早晨被发现猝死在家里的沙发上。

据两位孩子的家属说，他们在事发前身体状况都不错，没有患什么疾病。徐玉玉和宋振宁的具体死亡原因还需要权威医学检验来给出。据医学界人士推测，导致他们猝死的可能是一种俗称“心碎综合征”的突发的非缺血性短暂心肌收缩异常疾病，学名Takotsubo心肌病（TCM）。大约2/3的TCM患者在经历了大悲大喜的重大情绪事件后发病，并进而导致急性心衰、恶性心律失常、心室破裂等等。原来伤心过度真的会导致人“心碎”甚至死亡。

几乎所有的报纸、广播、电视都曾经报道过电信诈骗，各种防骗指南也是层出不穷。并不新颖的骗术为何会让徐玉玉们上当？有人认为徐玉玉家庭贫困，很可能极少上网，虽然成绩优异但教科书中的世界毕竟离现实太远。她的父母邻里也都是农民，所受教育和见识都有限，对风险的防范意识相对不足，一旦遭遇风险事故也缺乏应对能力。宋振宁虽然已经是大学生，但因为家庭贫困，学计算机专业的他甚至买不起电脑。家底太薄，心理承受能力自然较弱，数千元的损失就会让他们不堪重负。

近年来，我国的电信网络诈骗犯罪发案数量以年均20%～30%的速率快速增长。根据公安部门公布的数据，2015年的涉案金额超过100亿元。据新华社的报道，电信诈骗案的破案率只有3%。考虑到有相当多的诈骗根本没有立案，破案率事实上还会更低。导致该现象的原因是多方面的。首当其冲的是个人信息泄露。网购记录、快递单、保险单、火车票、酒店住宿、航班搭乘、信用卡办理、移动电话号码办理、各类学校注册信息、房屋中介、各种问卷调查、各种优惠卡信用卡等，都是个人信息泄密的高发地。各类病毒也是导致信息泄密的元凶。此外，电信管理存在的漏洞也不容忽视。据工信部网安局数据，目前全部电话用户实名率已达到92%，但仍有近1亿用户未实名登记，170、171等虚拟号段成为诈骗频发的重灾区。关键的是，从最初的中奖、代办文凭，到网银升级、邮包藏毒，再到冒充公检法等公职人员、伪造网上通缉令、助学金领取、买房退税，电信诈骗的骗术不断升级，不法分子通过收集受害者信息资料，已从过去的撒网式变成了精准化锁定。

在媒体的高度关注之下，公安部发出A级通缉令，徐玉玉被骗案一周之内迅速被侦破。涉案6名嫌疑人中的5名均来自福建泉州，泉州下属的安溪县是电信诈骗案高发地。大约从2002年开始，突然暴涨的手机短信诈骗案件让安溪一夜之间“名扬天下”。《瞭望东方周刊》早在2004年8月就报道过，设在诈骗者集中的魁斗镇的移动电话通信基站曾是“全亚洲最繁忙的基站”。虽然历经各级公安部门的多次打击，但诈骗行为依旧猖獗，手段不断升级，变得更加隐蔽，打击难度加大。2016年4月26日上午，安溪县反诈骗中心揭牌，公安、银行、通信运营商将携手合作挤压电信诈骗违法犯罪空间，这在全国都是绝无仅有的。

问题

(1) 据2016年8月28日《扬子晚报》报道，为了提高学生的安全意识，开学后江苏大学新生每人都要参加“安全知识考试”。60%以上题目与防电信诈骗有关，不达80分要重考。这属于什么风险管理方法？请同学们了解更多网络电信诈骗案例，从风险因素的角度分析导致这些诈骗行为产生的原因，了解诈骗的主要套路，从风险管理的角度分类梳理，总结应对策略，并与其他同学及亲朋好友分享，以避免再度发生上当受骗的情况。

(2) 学生平安保险保障的时间一般是一年，涵盖了学生身故、伤残、意外医疗费用补偿及疾病类医疗费用补偿等责任。保监会规定从2003年8月31日开始学校不能再以投保人的名义包办学生平安险，学平险由未成年学生的家长或监护人自愿投保。你们现在是否投保了学生平安险？如果投保了，请找出保险单，看看上面所列示的保险责任和除外责任是什么？假如宋振宁投保了与之同款的学生平安保险，是否能得到保险赔付？为什么？

(3) 山东学生被骗致死案发后，广东再爆类似案件：揭阳市惠来县岐石镇一名刚考上广东外语艺术职业学院的19岁女生蔡某妍，疑在8月中旬被中奖短信诈骗一万多元学费和生活费，于8月28日留下遗书离家出走。8月29日，蔡某被发现溺水身亡。在本章介绍的人身保险中，蔡某需要投保什么样的险种，在什么前提下，其死因即便被确认是自杀也可以得到保险金给付？

(4) 请同学们登陆保险公司的网站，检索针对青少年的保险险种，根据家庭的经济承受能力，为自己设计一个投保组合。

被老虎咬死咬伤　能获得哪些保险赔付

2016年7月23下午3时许，北京八达岭野生动物园东北虎园内发生一起老虎伤人事件。发生事故的是一家四口中的两名成年女性。这家人的车辆行驶至猛兽区的东北虎园里时，赵某不知为何下车绕至司机一侧的门外，当即遭到躲藏在附近的老虎的攻击。赵某母亲周某救女心切刚下车走不远就被另一只老虎咬住。虽然动物园工作人员立即展开营救，事故还是造成周某死亡，赵某重伤。

北京八达岭野生动物园被责令立即停业整顿，配合调查。事故调查组于8月24日发布了调查结果报告。报告指出，八达岭野生动物世界在事发前进行了口头告知，发放了“六严禁”（严禁开窗，严禁下车，严禁投喂食物，严禁携带宠物，严禁一切野外用火，严禁酒后、心脏病者驾驶）告知单，与赵某签订了《自驾车入园游览车损责任协议书》，载有“严禁下车”等相关内容；猛兽区游览沿途设置了明显的警示牌和指示牌，事发后及时进行了现场处置和救援。造成此次事件的原因：一是赵某未遵守猛兽区严禁下车的规定，对园区相关管理人员和其他游客的警示未予理会，擅自下车，导致其被虎攻击受伤。二是周某见女儿被虎拖走后，违反园规，施救措施不当，导致其被虎攻击死亡。调查组认定“7·23”东北虎致游客伤亡事件不属于生产安全责任事故。动物园表示：对逝者表示哀悼，对伤者表示慰问，积极落实调查组对园区安全管理的要求，暂时关闭东北虎园，暂停猛兽区自驾游览，同时借鉴国内外同行业经验，对园区进行改造，提升完善安全防护措施。

问题

(1) 如果赵某和周某投保了意外伤害险，是否能得到保险金给付？为什么？

(2) 如果赵某和周某投保的是健康保险，请区分具体险种，分析是否能得到保险金给付？

(3) 如果八达岭野生动物园投保了公园公共责任险，保险公司是否需要因为此次事件的游客死伤承担赔偿责任？为什么？

学生春游事故的人身保险赔付

2014年4月10日，海南澄迈县欣才学校租用14辆大巴车，组织586名学生到文昌春游。11时许，一辆大巴车发生侧翻，造成8名小学生死亡，32人受伤。

据了解，按照教育部的相关规定，各地教育行政部门要加强春游报批管理工作，负责安全工作的领导要亲自过问，审核活动方案，严格把关。欣才学校组织的春游活动没有在澄迈县教育局备案、报批。据多位欣才学校的老师说，前几年学校组织过春游活动，没出过事，所以对安全防范并没真正上心。受伤学生表示在大巴车上没系安全带，老师也没要求这么做。为降低出行成本，校方租用了海航休闲车队，该车队并没有跨区域运营资质，只能在海口市内运营。在出行中，为躲避沿途交警的巡查，车队改在小路行驶。事故发生的路段是一条刚刚修好尚未正式通车的村级公路，没有任何交通标示。事故发生时，雨天路滑，大巴车司机高速驾驶，因车身高，弯道急，发生了侧翻。

事故发生后，海南省保监局立即启动应急响应机制，启动保险理赔工作。经核实，国寿财险海南分公司承保了事故学生“学生平安保险”，其中死亡伤残保险金额为每人2万元，医疗保险金额为每人1.5万元。事故大巴的所有者海南航空休闲租赁有限公司在平安财险海南分公司投保了交强险、商业第三者责任保险。

问题

（1）针对各地频发的学生出游安全事故，多地实行学生集体春游审批制，有的地方甚至明令禁止学校组织集体春游。在安全“高压线”面前，一些学校选择主动放弃。有教育专家认为，学生出游不能“因噎废食”，安全责任不能简单推到学校身上，应形成多部门责任共同体。学校负责组织、安排春游内容；交警审核运输车辆、路线；教育部门把关春游的整体预案报备，多部门共同承担责任。还应与家长充分沟通，签订相应协议；学校可为参加春游的师生购买保险。此外，还可将春游等活动交给具备正规资质的旅行社组织。请分析这些措施分别属于风险管理的什么方法？

（2）在本案中，如果学校承担了死亡学生的丧葬费用和受伤学生的医疗费用，这些学生的家长是否还能向保险公司提出索赔，为什么？

（3）海南航空休闲租赁有限公司在平安财险海南分公司投保的交强险、商业第三者责任保险在本案中能承担什么样的保险责任？如果要保险公司对学生的伤亡承担赔付责任，需要投保什么险种？由此可见，对海南航空休闲租赁有限公司而言，比较完备的投保组合应该包括哪些险种？

（4）假设死亡学生还同时投保有其他包含死亡给付的保险，可以得到多重保险金给付。但保监会出于防范道德风险的目的，对未成年人的死亡给付有一个限额。请检索《关于父母为其未成年子女投保以死亡为给付保险金条件人身保险有关问题的通知》（保监发〔2010〕95 号）和《中国保监会关于父母为其未成年子女投保以死亡为给付保险金条件人身保险有关问题的通知》（保监发〔2015〕90 号），分析本案中的死亡学生最多可以获得多少死亡给付？如果是在 2016 年 1 月 1 日以后发生类似事故，死亡学生最多可能获得多少死亡给付？

第6章 再保险

>> 本章要点

- 再保险的内涵与功能
- 比例再保险与非比例再保险
- 临时再保险、合同再保险、预约再保险
- 中国再保险业的发展历程

2001年9月11日，恐怖分子劫持民航客机撞击了美国纽约世界贸易中心和华盛顿五角大楼。事件不仅导致2998人遇难，还造成了严重的财产损失，包括世贸中心两座塔楼、五角大楼等建筑，四架波音客机等。美国兰德公司的研究报告指出，“9.11”事件中的受害者和受影响的商家获得至少381亿美元的赔偿，保险公司支付了其中的51%，美国政府支付了42%，其余由慈善机构提供。“9.11”事件对美国保险业影响巨大，财产保险、人寿险、责任险公司无一幸免。很多保险公司之所以没有被巨额赔付压垮，重要原因就在于它们广泛使用再保险来降低风险，有较强的风险分散能力。据不完全统计，再保险承担了“9.11”事件保险赔款中的60%以上。从某种意义上来说，“9.11”事件向世人充分展示了再保险的作用。恐怖袭击以极端激烈的方式让世人前所未有地意识到风险的存在，大大提升了保险意识，而保险公司则相应提高了诸如航空险等险种的承保费率和审核标准。

据瑞士再保险2016年8月18日的初步估计显示，2016年上半年，自然灾害和人为灾难造成的经济损失总额达到710亿美元。全球保险损失为310亿美元，占经济损失的44%。2016年4月发生在美国德克萨斯州的冰雹导致了31亿美元的保险损失。5月末和6月初，欧洲也遭遇了严重气象灾害，雷暴、骤发洪水和河水泛滥使得法国和德国受灾最为严重，造成

28 亿美元的保险损失。4 月 16 日发生在日本熊本县的大地震造成的保险损失达 56 亿美元；同时遭遇 7.3 级地震的厄瓜多尔同样损失惨重，但由于保险深度较低，保险损失仅为 4 亿美元。在保险为民众提供风险转嫁保障的身后，是再保险在为保险业提供风险转嫁及分散保障。

在本章中，我们将了解与再保险相关的基本知识及中国再保险业发展的概况。

第 1 节　再保险概述

一、什么是再保险

1. 再保险的含义

再保险（reinsurance）也称分保，是保险人在原保险合同的基础上，通过签订分保合同，将其所承保的部分风险和责任向其他保险人进行保险的行为。

在再保险交易中，分出业务的公司称为原保险人（originalinsurer）或分出公司（ceding-company），接受业务的公司称为再保险人（reinsurer）或分保接受人或分入公司（cededcom-pany）。再保险业务的实施如图 6－1 所示。

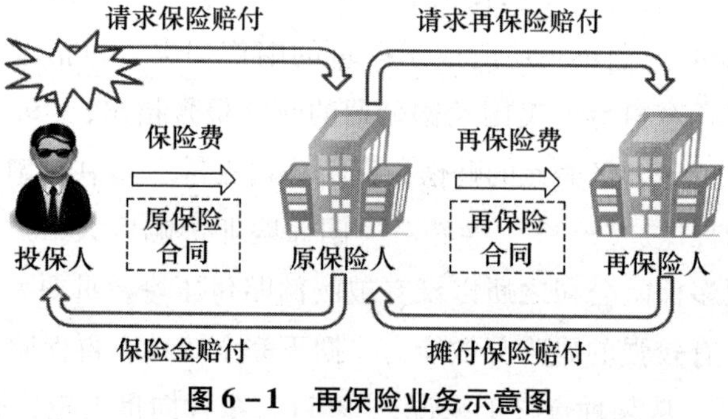

图 6－1　再保险业务示意图

原保险是投保人将自身的风险和责任转嫁给原保险人，再保险则是原保险人将其所承保的风险和责任的一部分或全部转移给其他保险人，是保险人对原始风险的纵向转嫁，即第二次风险转嫁。因为这种办理保险业务的方法是在原保险的基础上再一次进行保险，故称再保险。

再保险业务是国际保险市场上通行的业务。它可以使保险人避免危险过于集中，不致因一次巨大事故的发生而无法履行支付赔款义务，对经营保险业务起了稳定作用。

2. 再保险业务形式

如果分保接受人又将其接受的业务再分给其他保险人，这种业务活动称为转分保（retrocession）或再再保险，双方分别称为转分保分出人和转分保接受人。再保险业务可以发生在经营直接保险业务的保险公司之间，也可以发生在经营直接保险业务的保险公司和专门经营再保险业务的再保险公司之间，还可以发生在再保险公司之间。可以是一家公司单向分保给另一家公司，也可以是两家公司相互分保，双方互为分出、分入公司。

通过各种分保业务形式，在不同类型的保险公司之间，形成了你中有我，我中有你，互相渗透，范围广泛的保险经济关系的网络和体系，使保险市场成为一个不可分割的有机整体。

二、再保险的功能

1. 再保险有助于保险人分散风险，控制保险责任

保险人是以风险作为经营对象的企业，在接受了投保人转嫁的各种风险后，对这些风险的管理关系到保险人业务经营的稳定性和盈利水平。保险人通过再保险将超过自身承受范围和标准的保险责任转移出去，能达到分散风险、提高财务稳定性的目的。

2. 再保险有助于提高保险业承保能力，扩大承保面

保险公司的承保能力受到资本金和总准备金等自身财务状况的限制。很多国家都规定，保险人承保的业务总量及保费总额不得超过资本额的若干倍。《保险法》第一百零二条规定："经营财产保险业务的保险公司当年自留保险费，不得超过其实有资本金加公积金总和的四倍。"由于保险公司的自有资金额是有限的，因此其承保能力也是有限的。即便是资金实力较强大的保险公司，也不会轻易承保大额的保险标的。但有了再保险，保险公司就可以承保超过自身财力的大额业务，再将超过部分分保出去，保证自留的保险责任控制在符合标准的范围内。

通过再保险，相当于把具有相关关系的保险公司纳入一个联保网络，形成一个巨大的联合保险基金，提高了保险行业经营的稳定性和可持续性。

以特殊风险保险为例，此类保险针对一些特殊行业设计，主要包括航空航天保险、核电站保险、海洋石油开发保险、大型基础设施类的保险等。这些保险的保险标的具有"三高"的共同特征——高价值、高风险、高技术。高价值和高风险决定了保险人需要进一步风险分散，再保险和共保是必不可少的。高技术是指对应这些特殊风险，在保险承保和理赔的时候，所需要具备的技术含量远高于其他类型的保险。很多特殊风险长期是处于"不可保"范围，如恐怖袭击风险、地震等巨灾风险、航空航天等风险都一度被视为不可保风险。面对可能出现的巨大经济损失，众多保险机构采取的是回避态度。但随着国际保险业风险数据的积累、承保技术的进步和资本实力的增强，瑞士再保险公司、慕尼黑再保险公司以及劳合社等国际大型保险机构越来越多地愿意承接特殊风险保险的分保，由此提升了保险公司的承保能力和承保意愿，带动了特殊风险保险的快速发展，很多不可保风险变成了可保风险。

3. 再保险有助于增进国际业务交流和技术提升，促进保险业转型升级

再保险有利于促进保险业的转型升级。一方面，再保险的存在和发展为中小保险公司提供了更大的业务发展空间，促进保险业竞争，增强保险市场活力；另一方面，再保险公司可以通过承保定价、风险管理、客户服务等多种手段把先进理念和技术转导给直保公司，支持直接保险公司加强承保、理赔管理，改善业务质量，提高风险管理技术，在保险业转型升级过程中发挥积极引导作用。

三、再保险的产生与发展

同保险一样，再保险也萌芽于海上保险。随着欧洲海上航运事业的繁荣与兴旺，原保险人承保的风险责任越来越大，一旦发生特大自然灾害或意外事故，将使他们因巨额赔付而面临极大的财务困难，甚至倾家荡产。因此，保险人同样需要考虑风险的转嫁或分散问题。

根据史料记载，1370 年 7 月 12 日，第一份再保险协议在意大利热那亚签订。一家意大利保险人承保了自意大利的热那亚至荷兰斯卢斯之间的海上运输保险后，将地中海这段较为安全的内海航程责任自留，而将西班牙西南端加的斯至斯卢斯这段危险较大的航程责任转让给其他保险人。这种为减少保险人危险责任的做法已经具有了再保险的性质。该协议被保险业界认为是再保险的“先驱”。一直到 1688 年劳合社建立，再保险业务还是仅限于海上保险。

17～18 世纪商品经济和世界贸易的快速发展，提升了保险业对巨灾损失保障的需求，为再保险业务的发展提供了广阔的空间。在再保险出现和发展的早期阶段，分出和分入业务都是发生在经营直接业务的保险人之间，但随着业务的发展，分保方式日益增加和复杂化，专业再保险公司应运而生。这种公司自身并不直接承保业务，而是专门接受原保险人分出的业务，也会将分入业务的一部分再转分给其他保险人或再保险公司。从 19 世纪中叶开始，在德国、瑞士、英国、美国、法国等国家相继成立了再保险公司，办理水险、航空险、火险、建筑工程险以及责任保险的再保险业务，逐渐形成了庞大的国际再保险市场。

到 20 世纪以后，世界各国的保险公司，无论规模大小，都要将其所承担的风险责任依据大数法则及保险经营财务稳定性的需要，在整个同业中分散风险，再保险已成为保险总体中不可缺少的组成部分。再保险市场中的市场主体包括兼营再保险的保险公司、专业再保险公司、专属保险公司（大公司自设的保险或再保险机构）、再保险共同体（再保险联合体/集团）、再保险经纪人等。

英国的劳合社是国际再保险市场的中心，同时充当了再保险市场买方和卖方的角色，既经营直接保险业务，也经营再保险业务。1980 年成立的美国纽约保险交易所的绝大部分业务集中于再保险，打破了劳合社一家独大的市场格局。

经过 100 多年的发展，国外发达国家的再保险市场已经非常成熟，2013 年全球前 50 名再保险公司保费收入 2233 亿美元。其中，欧洲、北美和百慕大是全球三大再保险市场，市场份额分别为 61%、17% 和 11%。其中欧洲以德国、瑞士和英国市场为主，北美以美国市场为主。

四、与再保险业务相关的几个重要概念

1. 自留额

自留额是指保险公司承担单一风险或一系列风险、单一损失或一系列损失的限额。换而言之，保险公司将超过其承保能力或承保意愿的风险分给再保险公司后，自己承担的责任。

自留额通常以货币金额或者以风险的百分比表示。在保险和再保险实务中，自留额是一个关键的概念，它限定了保险人对每一个风险所承担的责任。

由于风险的多样性和复杂性，保险公司在确定自留额时既运用技术性的数学方法，同时会结合经验判断，一般要综合考虑以下因素：资本金、自留准备金、偿付能力，业务量、保费、业务成本、利润率，业务险别和风险等级，损失发生的频率和大小，再保险的安排方式，公司的发展战略等。

为了确保保险企业的财务稳定性及其偿付能力，很多国家通过立法将再保险的自留额作为国家对保险业进行监管的重要内容。《中华人民共和国保险法》第一百零三条对保险公司的自留责任作出了明确规定：“保险公司对每一危险单位，即对一次保险事故可能造成的最大损失范围所承担的责任，不得超过其实有资本金加公积金总和的百分之十；超过的部分应当办理再保险。”

2. 分保限额

分保限额是指分出公司根据不同的业务层级和分保计划确定转嫁风险或损失的最高限额，也是分保接受人计算所承担责任的依据。

3. 危险单位

危险单位是保险标的发生一次事故可能造成的最大损失范围。一次大的灾害事故可能涉及一系列危险单位的责任或损失，保险术语称为“累积责任”。

自留额和分保限额一般是按照危险单位确定的，因此危险单位的划分至关重要。由于保险标的及风险因素的多样性，导致危险单位的划分十分复杂，通常根据不同险别来确定。

例如，航空公司为旗下的飞机投保，一份保险合同可以承保数十架飞机，如果将一架飞机作为一个危险单位，则这一份合同涉及的危险单位也有数十个。

再如，海上货物运输险以每一艘船的每一航次为一个危险单位。不同货主的货物装载在同一艘船上，虽然有多份保险合同，但属于同一危险单位。

火灾保险的情况比较复杂，一般以一栋独立的建筑物为一个危险单位，但是面对数栋建筑物毗邻在一起或一个高层建筑物的情况，就要考虑建筑物的等级、使用性质、有无防火墙隔开、周围环境和防火与消防设备等各种因素才能决定。

危险单位划分的恰当与否，直接关系到再保险当事人双方的经济利益，甚至影响到被保险人的利益，是再保险实务中一个技术性很强的问题。《保险法》第一百零四条规定：“保险公司对危险单位的划分方法和巨灾风险安排方案，应当报国务院保险监督管理机构备案。”

【专栏6-1】 中国航天保险的分保

2016年9月1日凌晨，太原卫星发射中心使用长征四号丙运载火箭发射高分十号卫星，卫星未入轨，发射失败。这是我国2016年进行的第13次航天发射，也是长征系列运载火箭的第235次飞行。此次发射失败是自2013年12月9日发射中国-巴西资源一号03星失利以来的首次失败。同一天，美国太空探索技术公司（SpaceX）“猎鹰9”火箭在进行发射前例行测试时爆炸，导致搭载的以色列Spacecom公司通信卫星AMOS-6同时被毁，该卫星价值大约2亿美元。同一天发生的这两起事故再一次印证了航天事业的高风险性，也印证了保险及再保险对航天业的重要意义。

航天保险是为商业卫星发射全过程提供的保险项目，包括发射前的保险、发射保险、卫星在轨寿命保险、发射场设施保险和第三方责任保险。20世纪90年代初期，中国人民保险公司和太平洋保险公司开始承保长征系列火箭的发射保险，成为我国航天保险业务的开端。当时就是依据商业惯例将大部分保费分保给国际市场，自留份额一般仅在3%左右。

太平洋保险公司曾多次独立或参与承保航空保险，包括尖兵一号卫星、亚太一号卫星、亚太二号卫星以及长征一号、三号火箭等的发射和在轨运行工作等。1995年1月26日，香港“亚太二号”通信卫星升空后爆炸，星箭俱损。这起事故被列入当年的“世界十大巨灾”。太平洋保险承保了该卫星的发射及初始轨道运行保险和星箭分离后的第三者责任险，保额分别为1.6亿美元和1亿英镑，是当时中国保险市场上承保额最大的卫星项目。注册资本只有10亿元且成立不到4年的太平洋保险何以应对？显然，如果没有再保险的损失分摊，以太保当时的资金实力根本无力承担巨额赔偿。但太保仅用52天就支付了总额达1.62亿美元的赔款，理赔金额和理赔速度都创下了国内保险理赔案的“新纪录”。不仅如此，太保当年仍实现盈利5.6亿元。①

1996年前后，由于长征火箭发射连续几次失利，国际航天保险市场认为长征系列运载火箭存在严重的质量控制问题，将其作为不可保风险，联合抵制长征火箭在国际市场的再保险安排。为摆脱过度依赖国际市场分保的被动局面，1997年，国务院指示由中国人民保险公司牵头成立中国航天保险联合体，由9家非寿险公司和1家再保险公司组成，并建立卫星保险基金，规定在保险基金积累到一定金额前，中国的卫星发射保险业务属于政策性业务。2004年以后，随着保险市场化程度的提高，航天保险的管理政策才做出调整，给予了航天客户选择政策性或商业性保险服务的自主权利。②

第2节 再保险的业务分类

一、按责任限制分类

1. 比例再保险（proportional reinsurance）

比例再保险是以保险金额为基础来确定分出公司自留额和接受公司责任额的再保险方式。

原保险人与再保险人，即分出人与分入人之间订立再保险合同，按照保险金额，约定比例，分担责任。对于约定比例内的保险业务，分出人有义务及时分出，分入人则有义务接受，双方都无选择权。

---

① 刘功润：“太平洋保险：金字招牌迈上新台阶”，新华网，2015年9月18日。

② 郑莉莉：“‘神舟六号’如何搭载商业保险”，《国际金融报》，2005年10月13日。

在比例再保险中，分出公司的自留额和接受公司的责任额都表示为保额的一定比例，该比例也是双方分配保费和分摊赔款时的依据。因此，比例再保险的分出人和分入人利益是完全一致的。

比例再保险又可分为成数再保险、溢额再保险以及成数和溢额混合再保险。

（1）成数再保险（quota share reinsurance）。

成数再保险是指原保险人将每一危险单位的保险金额按照约定的比率分给再保险人的再保险方式。

按照成数再保险方式，不论分出公司承保的每一危险单位的保额大小，只要是在合同规定的限额之内，都要按固定的再保险比例，分为自留保额和分出保额，其保险金额、保险费、赔付保险金的分摊都按同一比例计算，自动生效，不必逐笔通知，办理手续。

假设 A、B 两家保险公司签订了一份关于航运险的成数再保险合同，A 是分出公司，B 是分入公司。合同约定每一危险单位的最高限额为 1000 万元，自留比率为 40%，分出比率是 60%。A、B 两家公司在保险金额不等的情况下，分保的责任分配如表 6－1 所示。

表 6－1　　成数再保险分保责任分配　　单位：万元

总额 100%		自留部分 40%		分出部分 60%		其　他	
保险金额	赔款	自留保额	自负赔款	分出保额	摊回赔款	分出保额	摊回赔款
800	100	320	40	480	60	0	0
1000	0	400	0	600	0	0	0
1200	120	400	48	600	72	200	20

当每一危险单位的保险金额不大于 1000 万元的限额时，双方按 40%、60% 的比例分担责任，分享保费收入。当某一危险单位的保险金额超出 1000 万元时，B 公司最多只承担 1000 万元的 60%，即 600 万元的分出。如果 A 保险公司要确保将每一危险单位的自留额控制在不超过 400 万元，则超出部分需要寻求其他再保险人分出。

成数再保险方式的最大特征就是“按比率”再保险。其优点是：①合同双方利益一致；②手续简便，依照约定比率办理业务即可。不足则是：①缺乏弹性，质量好的业务不能多自留，质量差的业务也不能多分出；②固定分出比率导致分出人无法根据保险标的的具体风险状况加以区别安排，难以达成风险责任的均衡化。

一般来说，成数再保险的适用对象是：①新创办的保险公司；②新开办的险种；③汽车险、航空险等危险性较高、赔款频繁的业务；④保额和业务质量比较平均的业务；⑤各类转分保业务；⑥国际分保交往；⑦属于同一资本系统的子公司和母公司之间，以及集团内部的分保；⑧成数再保险与其他分保方式混合运用。

（2）溢额再保险（surplus reinsurance）。

溢额再保险是由保险人与再保险人签订协议，对每个危险单位确定一个由保险人承担的自留额，当保险业务超出其自留额产生溢额时，就将这个溢额分给再保险人承担。再保险人根据双方约定的比例，计算每一笔分入业务的保险金额、保险费以及分摊的赔付保险金数额。

成数再保险的自留额表现为保险金额的固定比率，随保险金额的大小而变动。溢额再保险的自留额是在合同中约定，不随保险金额的大小变动而变动的。溢额再保险也是以保险金额为基础来确定再保险当事双方的责任的。对于每一笔业务，将保险金额与事先定好的自留额进行比较，即可确定分保额和分保比例。

溢额再保险的合同限额，通常以自留额的倍数计算，也就是说自留额是厘定再保险限额的基本单位，在溢额再保险中称为“线”（line），前述一定倍数，即指此线数而言。

假设A、B两家保险公司签订了一份关于航运险的溢额再保险合同，A是分出公司，B是分入公司。合同约定每一危险单位的自留额为100万元，分保限额为10线，则该份合同的合同限额为1000万元。也就是说，每一危险单位B保险公司最多接受1000万元的保额分出。这份合同就可以称为10线的保险合同。A保险公司要确保将每一危险单位的自留额控制在不超过100万元，当需要分出的保额超出B公司能承担的1000万元，A保险公司就需要寻求其他再保险公司来承保溢出部分。也就是说，分出公司需要设置不同层次的溢额，依次称为第一溢额、第二溢额等等。从自留到第一溢额、第二溢额，就是风险责任的一层层转嫁与分散。

表6-2　溢额再保险分保责任分配　单位：万元

总额100%		自留部分			第一溢额（10线）			第二溢额（5线）		
保险金额	赔款	自留保额	比例	自负赔款	分出保额	分保比例	摊回赔款	分出保额	分保比例	摊回赔款
500	100	100	20%	20	400	80%	80	0	0	0
800	0	100	12.5%	0	700	87.5%	0	0	0	0
1200	120	100	8.33%	10	1000	83.33%	100	100	8.33%	10
1600	100	100	6.25%	6.25	1000	62.5%	62.5	500	31.25%	31.25

如表6-2所示，随着保险金额的变化，自留部分与分出部分的比例也在不断变化。当保险金额为500万元时，自留100万元，占比是20%；当保险金额为800万元时，自留100万元，占比为12.5%；当保险金额为1200万元时，由于B公司最多只能接受1000万元的分

出，则超出的100万元需要向承担第二溢额的再保险人分出。假设第二溢额为5线，则意味着其最多可以承保500万元。如果还有超出部分，还可以安排第三溢额、第四溢额。当发生保险责任范围内的事故需要支付赔款时，损失赔款的分摊也是依照自留和分保的比例来进行的。

原保险人根据其承保标的质量、年保费收入和自留能力来确定自留额。分保额的确定是以自留额的确定为前提，且分出的金额及比例是随业务量（即承保的保险金额）而变动。资力雄厚、规模大的公司，自留额大，线数不多即可达到再保险保障。反之，资金实力较小的公司，自留额小，其线数要较多，才能达到再保险的保障额度。由此可见，溢额再保险可以依据承保的标的危险程度和质量灵活确定自留额，但手续比较繁琐。

溢额再保险主要适用于下列类型的业务：①危险性较小，利益较优且风险较分散的业务；②业务质量不一，保险金额不均匀的业务；③海上保险，包括船舶保险和货物运输保险；④火灾保险；⑤国际分保交往中的分保交换。

（3）成数和溢额混合再保险。

成数和溢额混合再保险是将成数再保险和溢额再保险组织在一个合同里，以成数再保险的限额作为溢额再保险的起点，再确定溢额再保险的限额。通常适用于转分保业务和海上保险业务。

表6-3　　成数和溢额混合再保险分保责任分配　　单位：万元

保险金额100%	成数分保		溢额分保（5线）
	自留保额40%	分出保额60%	
800	320	480	0
1000	400	600	0
1500	400	600	500
3000	400	600	2000

如表6-3所示，假设混合再保险合同中约定的成数分保的最高限额为1000万元，自留比率为40%，分出比率是60%。溢额分保合同限额为5线。当保险金额不大于1000万元时，依照成数分保的办法办理；当保险金额大于1000万元时，自留保额为400万元，成数再保险分出保额为600万元，溢额分保承保的限额为400万元的5倍，即2000万元。

2. 非比例再保险（non-proportional reinsurance）

非比例再保险以损失为基础来确定再保险当事人双方的责任，又称损失再保险，或超过损失再保险。由于超过损失再保险是对原保险人赔款超过一定额度或标准时，再保险人对超过部分责任负责，故又称第二危险再保险，以表示责任的先后。

在非比例再保险中，原保险人与再保险人协商议定一个由原保险人赔付保险金的额度，在此额度以内的由原保险人自行赔付，超过该额度的，就须按协议约定由再保险人承担其部分或全部赔付责任。非比例再保险主要有超额赔款再保险和超过赔付率再保险两种。

（1）险位超赔再保险。

险位超赔再保险是以每一危险单位所发生的赔款来计算自负责任额和再保险责任额。如果总赔款金额不超过自负责任额，全部损失由分出公司承担；若总赔款金额超过自负责任额，超过部分由分入公司承担。不过，分入公司承担的责任也会有一个最高限额。

险位超赔在一次事故中的赔款计算有两种情况：一是按危险单位分别计算，再保险人对每一危险单位的赔款不超过最高责任限额，但对一次事故承担的危险单位数量没有限制，即对一次事故的总赔款额没有限额；二是有事故限额，即对每次事故总的赔款有限制，即再保险公司对每次事故最多只赔付约定个数的危险单位的损失。

假设 A、B 两家公司签订了超过 1000 万元后的 5000 万元的火灾保险险位超赔分保合同，A 公司为分出公司，B 公司为分入公司。如表 6－4 所示，在一次事故中，有 3 个危险单位同时遭受了损失，各需要发生 2000 万元的赔款。如果每次事故对危险单位数没有限制，则分出公司和分入公司承担的赔款数额如表 6－4 所示。如果合同约定每次事故 B 公司最多只承担 2 个危险单位的损失，则只有前两个危险单位可以得到 B 公司的再保险赔偿，第三个危险单位的 2000 万元赔款只能由 A 公司自己承担。

表 6－4　　限额险位超赔的赔款分摊　　单位：万元

危险单位	发生赔款	分出公司承担赔款	分入公司承担赔款
1	2000	1000	1000
2	2000	1000	1000
3	2000	1000	1000
合计	6000	3000	3000

（2）事故超赔再保险。

事故超赔再保险是以一次巨灾事故所发生赔款的总和来计算自负责任额和再保险责任额。采用事故超赔方式的再保险，无论一次事故涉及的危险单位有多少，只要赔款额在原保险人的自负责任限额内，就由原保险人自己承担；当赔款额超出原保险人的自负责任限额，超出部分由再保险人在约定的最高责任限额内赔付。

险位超赔再保险责任计算的关键在于危险单位的划分，事故超赔再保险责任计算的关键则在于一次事故的划分。在很多情况下，事故的发生往往是连续进行的，需要以一定的标准来区分一次或多次事故。对一些巨灾事故，如台风、飓风以连续48小时作为一次事故，地震、洪水以持续72小时为一次事故。

“9.11”事件发生后，关于纽约世贸中心的巨额保险理赔曾激起轩然大波。纽约世贸中心即双子塔的产权人及物业管理者在向保险公司索赔时提出，两架飞机在不同时间、对不同的两幢楼宇进行恐怖攻击，属于两次事故。由于保险合同约定，对每次（一次）事故的最高赔偿限额是35亿美元，所以保险公司应当赔偿70亿美元。据报道显示，双子塔的财产实际价值为55亿美元。双方对簿公堂，最终法院裁定属于两次保险事故，保险公司需要赔偿46亿美元。

（3）赔付率超赔再保险。

赔付率超赔再保险是按赔款与保费的比例来确定自负责任和再保险责任的一种再保险方式，即在约定的某一年度内，对于赔付率（年度赔款/总保费收入）超过一定标准时，由再保险人就超过部分负责至某一赔付率或责任限额。分出公司的自留责任和接受公司的再保险责任，都是由双方协议的赔付率标准限制的。

由于赔付率超赔再保险可以将分出公司某一年度的赔付率控制于一定的标准之内，所以，对于分出公司而言，又有停止损失再保险或损失中止再保险之称。

例如，假设A，B两家保险公司签订赔付率超赔再保险合同，A公司为分出公司，B公司为分入公司。合同约定赔付率不大于70%时，由A公司自己承担；赔付率在70%～120%的部分由B公司承担，并同时规定B公司的赔付责任限额为4000万元。

假设，某年A公司净保费收入为1亿元，当年的赔款总额为6000万元，赔付率为60%，低于70%，赔款完全由A公司自己承担，B公司无需承担赔款的分入责任。

如果当年的赔款总额为9000万元，赔付率为90%，高于70%。则A公司承担70%部分，即7000万元；B公司承担超出的20%部分，即2000万元。

如果当年的赔款总额为1.3亿元，赔付率为130%。在A公司承担70%部分，即7000万元之后，对应赔付率70%～120%部分的赔款是5000万元，由于B公司的赔偿责任限额为4000万元，意味着B公司最多分入4000万元赔款，还有2000万元的赔款需要A公司自己承担。

3. 比例再保险与非比例再保险的比较

表6-5从保费及赔款分配比例、自负和分保责任计算依据等多方面对比例再保险和非比例再保险进行了比较。

表6－5　比例再保险与非比例再保险比较

	比例再保险	非比例再保险
保费及赔款分配比例	接受公司的所有保费及赔款，皆与分出公司保持与保额一致的分配比例	接受公司仅在赔款超过分出公司自负额时负其责任
自负责任和分保责任计算依据	保险金额	损失
费率计收	按原保险费率计收再保险费，再保险费为被保险人所支付原保险费的一部分	采取单独的费率制度，与原保险费并无比例关系
再保险佣金	通常需要支付再保险佣金	不必支付再保险佣金
未满期责任准备金	接受公司对分入业务必须提存未满期责任准备金	不发生未满期保险费责任
赔款的偿付	由账户处理，按期结算	赔款多以现金偿付，并于接受公司收到损失清单后短期内如数支付

三、按分保安排方式分类

1. 临时再保险（facultative reinsurance）

临时再保险指在原保险人有分保需要时，临时与再保险人协商，将有关风险或责任分给再保险人的保险安排。再保险业务产生和发展的早期，多采用临时再保险的方式。

2. 合同再保险（treaty reinsurance）

合同再保险又称固定再保险，是原保险人和再保险人事先签订再保险合同，就分保的业务范围、条件、额度、费用等达成协议。在合同有效期内，原保险人必须依照合同约定分出相关业务，再保险人则必须接受分入的业务，双方不能对分保业务进行选择。

3. 预约再保险（facultative obligatory reinsurance）

预约再保险也称临时固定再保险，是一种介于临时再保险和合同再保险之间的再保险，同时具有二者的特征。

预约再保险规定，对于约定的业务，原保险人可以自由决定是否分出，而原保险人一经决定分出，再保险人就必须接受，不能拒绝。也就是说，对于合同约定的业务，原保险人有选择是否分出的权利，而再保险人没有选择是否接受的权利，在这一点上具有合同的强制性。

当某保险公司对一类特殊的业务办理临时分保次数增多时，可以考虑采用预约再保险，以简化手续，降低成本。预约再保险合同的接受人则可以得到更多的业务，增加保费收入，求得业务平衡。

第3节 中国的再保险业发展

一、1949年前中国再保险业的早期探索

作为一种分散风险和转移责任的分保业务，再保险是在19世纪西方保险业进入中国之后逐步发展起来的。不过，直到1929年以前，无论是外商保险企业还是华商保险企业，均以直接业务即原保险为主。

1929年12月，上海联保、联泰、肇泰、羊城等4家保险公司设立四行联合总经理处，次年2月又有太平、华安、宁绍、通易信托公司保险部等机构相继参加，改名为中国联合保险总经理处。参加的公司签订联合分保协定，可以接受巨额分保业务。这是中国第一家具有独立性质的、由民族保险企业组成的再保险经营机构，可以看成中国再保险发展的历史起点。此后，中国相继成立了若干家经营再保险业务的公司或集团，如太平分保集团、大上海分保集团、久联分保集团、十五联分保集团、华商联合分保集团、中国再保险公司等等。

这些再保险机构普遍存在资本实力和技术经验不足，稳定性缺乏，自留额低、依附性强等特点，超过责任限额部分主要依靠瑞士、英国、美国等国的保险公司和再保险市场解决分保问题。

二、1949年后中国再保险业的短期发展与收缩

1949年后，随着对保险市场的整顿，外国在华保险公司纷纷退出中国保险市场，再保险业务逐渐集中于中国人民保险公司。到1952年底，中国人民保险公司的分保业务收入达344亿元，再保险业务形成了国家垄断的局面。

1958年后，中国的再保险业务发展形成一个小高潮。1958～1961年，分出分保费共计195.90万英镑，分入分保费共计323.80万英镑。同时，中国人民保险公司共与近30个国家的60多家保险公司建立了再保险业务关系，签订了200多份分保合同，涉及货物运输险、船舶险、航空险、信用险、建筑工程险、意外险等10多个险种。

可惜的是，随着1958年后国内保险业务的逐渐收缩、停办，再保险业务也跌入了低谷。

即使是国际业务也处于勉强维持的状态。除了继续与少数社会主义国家和个别发展中国家保持分保关系外，其他分保关系实际上已经被中断了。

三、1980年后中国再保险业务的恢复

1. 1980年后再保险业务开展状况

1980年，中国人民保险公司开始恢复停办20余年之久的国内保险业务，同时开展国外保险业务。到1996年，中国人民保险公司在大力发展直接保险业务的同时，还通过其内设的再保险部和驻海外各地的经营机构积极开展再保险业务，取得了令人瞩目的成就。再保险业务范围由传统险种进一步扩展到卫星发射、海洋石油开发、核电站等高科技、高风险领域；业务量持续发展，年均增长幅度在20%～30%之间；先后同100多个国家和地区的1000余家保险公司、再保险公司和经纪公司建立了直接或间接的再保险业务关系。

遵照国务院1985年发布的《保险企业管理暂行条例》的规定，保险机构从1988年开始，其经营的全部保险业务的30%，以及除人身保险以外的各种保险业务的每一危险单位超过实收资本加总准备金（或公积金）10%以上部分，必须向中国人民保险公司办理再保险。1992年，平安保险公司和太平洋保险公司获得批准，可以经营国内和国际再保险业务；1995年实施的《保险法》把法定分保比例降为20%，并同时规定“保险公司可以在分业经营的原则下经营分出保险和分入保险”，为中国再保险市场形成主体多元化和业务多元化的格局提供了基本的政策环境。中国人民保险公司对再保险业务的独家垄断逐渐被打破，中国再保险的市场主体实现了由单一向多元化的转变。

20年来，中国再保险市场经过体制机制创新和不断扩大开放，市场规模增幅明显，市场开放稳步加深，吸引越来越多的国际再保险公司进入中国市场，瑞士再保险、慕尼黑再保险、劳合社、通用再保险、法国再保险和汉诺威再保险等国际再保险巨头均在境内设立机构。通过离岸方式参与中国再保险市场的境外保险公司超过200家，中国已经成为全球最重要的新兴再保险市场。

根据中国保监会发布的《2015中国保险市场年报》，截至2014年末，全国共有1家再保险（集团）公司和9家专业再保险公司。多家大型保险企业有意设立专业再保险公司，多家离岸再保险公司积极谋求在境内设立分支机构。2014年，直保公司总分出保费1737.8亿元，同比增长52%。其中，产险公司总分出保费929.4亿元，同比增长7.7%。寿险公司总分出保费808.4亿元，同比增长188.6%。部分寿险公司为缓解偿付能力压力，大规模安排临时性再保险分出，是寿险公司总分出保费增长较快的主要原因。2014年，全国再保险公司的总分保费收入为1518.5亿元，同比增长55.7%；总分保赔款支出393亿元，同比增长11.2%。

2014 年，全国再保险公司共实现承保利润 11.7 亿元，实现净利润 58.8 亿元。2014 年，跨境人民币结算再保险业务分保费收入为 95.4 亿元；经营主体发展到 7 家；业务来源扩展至香港地区、澳门地区、新加坡、台湾地区 4 个地区市场。

2. 中国再保险（集团）股份有限公司

中国再保险（集团）股份有限公司（简称“中再集团”）由中华人民共和国财政部和中央汇金投资有限责任公司发起设立，注册资本人民币 42479808085 元，其中财政部持股 12.72%，中央汇金投资有限责任公司持股 71.56%。

中再集团源于 1949 年 10 月成立的中国人民保险公司。1996 年 7 月 16 日，中国人民保险公司重组为中国人民保险（集团）公司，下设中保财产保险有限公司、中保人寿保险有限公司和中保再保险有限公司。中保再保险有限公司作为中保集团下属的专门经营再保险业务的全资子公司，一方面承接了原中国人民保险公司再保部的再保险业务，同时还代表国家统一经营法定分保业务。1999 年 3 月，适应中保集团机构体制改革的需要，经国务院批准，在中保再保险有限公司基础上组建中国再保险公司。作为国务院直属的专业再保险公司，经中国保监会授权，行使国家再保险公司职能，主要经营财产保险、人寿保险等各类以人民币或外币计价的法定和非法定再保险业务。2003 年 8 月，改制成立国有独资的中国再保险（集团）公司，注册资本为人民币 39 亿元。2007 年 10 月，中再集团获中央汇金公司 40 亿美元注资，整体改制为股份有限公司。

早在 2008 年，中再集团就提出上市的口号，但受困于自然灾害频发、资本市场低迷等原因没有实现。从 2011 年起，中再集团保持了三年的利润稳定增长，迎来了重启上市的机会。2012 ~2014 年净利润分别为 22.62 亿元、33.73 亿元、54.04 亿元。2014 年，中再集团的再保险客户涵盖境内 65 家财险直保公司和 70 家人身险直保公司，客户覆盖率达到 93%，成为再保险保费规模亚洲最大、全球第八的再保险集团。中再集团于 2015 年 8 月中旬递交赴港上市计划书。财政部及中央汇金向社保基金划拨的部分国有股于 2015 年 7 月 14 日获得财政部批准，社保基金将持有中再 H 股。2015 年 10 月 26 日，中再集团在香港联合交易所有限公司主板挂牌交易，股票代码为 01508. HK。

截至 2015 年 11 月，中再集团直接控股 5 家境内子公司：中国财产再保险有限责任公司、中国人寿再保险有限责任公司、中国大地财产保险股份有限公司、中再资产管理股份有限公司、华泰保险经纪有限公司；直接控股 2 家境外子公司：中再 UK 公司、中再承保代理有限公司；间接控股 1 家境外二级子公司：中再资产管理（香港）有限公司；设有伦敦、香港和纽约代表处 3 个境外机构。

四、中国再保险业的进一步发展

1. 政策助推再保险地位与作用强化

2014 年出台的《国务院关于加快发展现代保险服务业的若干意见》（简称新“国十条”）独立成段阐述加快发展再保险市场：“增加再保险市场主体。发展区域性再保险中心。加大再保险产品和技术创新力度。加大再保险对农业、交通、能源、化工、水利、地铁、航空航天、核电及其他国家重点项目的大型风险、特殊风险的保险保障力度。增强再保险分散自然灾害风险的能力。强化再保险对我国海外企业的支持保障功能，提升我国在全球再保险市场的定价权、话语权。”新“国十条”从政策层面助推了再保险行业的发展。而保监会于 2015 年开始试运行的第二代偿付能力监管体系，从交易对手的信用风险以及偿付能力风控体系等多个角度提升了再保险的市场功能。

2014 年中国保险业总资产为 10.2 万亿元，再保险公司总资产为 3514 亿元，占比仅为 3.4%，与发达国家相比仍存在较大差距，我国再保险市场存在十分巨大的发展空间。平安证券根据新“国十条”制定的目标推算，2020 年我国再保险市场空间将达到 3365 亿元，相对 2014 年底将有至少 2.3 倍的发展空间。

2. 设立新兴再保险共同体组织

（1）中国农业保险再保险共同体。2012 年发布的《农业保险条例》提出“建立财政支持的农业保险大灾风险分散机制”。2014 年 11 月 21 日，中国农业保险再保险共同体成立，填补了农业保险大灾风险分散体系行业层面空白。农共体由人保财险等 23 家保险公司和中国财产再保险有限责任公司共 24 家公司组成。23 家直保公司均具有经营农业保险资质，同时必须满足偿付能力充足率高于 150%，以及资本金 10 亿元以上等硬性要求。

此前，保险业已配合财政部出台的《农业保险大灾风险准备金管理办法》（财金〔2013〕129 号），从保险公司计提大灾风险准备金，历年积累。农共体则是在行业层面形成境内农业保险风险分散集成平台。这有利于发挥国内不同主体、不同地区、不同业务之间的风险分散作用，提升农业保险承保实力，为农民提供更高的保障和更多的产品。

农共体包括财政保费补贴性险种和商业性险种，以及目前再保安排存在较大困难的养殖业保险和目标价格保险等创新型业务。农共体再保险业务分出公司须将分出业务不低于 50% 的同一比例分给农共体。2015 年，农共体实际提供风险保障 1421 亿元，担任首席再保人的业务占市场份额 85% 以上，有效发挥了我国农业再保险市场的主导作用。

（2）中国城乡居民住宅地震巨灾保险共同体。2015 年 4 月 16 日，中国城乡居民住宅地震巨灾保险共同体正式成立。该共保体由45家财产保险公司根据“自愿参与、风险共担”的原则发起。地震巨灾保险共同体整合行业承保能力，共同参与损失分担，并负责地震巨灾保险具体运作。采取“整合承保能力、准备金逐年滚存、损失合理分层”的运行模式，在损失分担方面，基于“风险共担、分层负担”的原则，设定总体限额和分层机制，主要由投保人、保险公司、再保险公司、地震巨灾保险专项准备金、财政支持及其他紧急资金安排逐层承担损失，提升应对地震灾害的能力。

3. 专业再保险公司多元化

2015年底，太平再保险有限公司北京分公司改建为太平再保险（中国）有限公司获保监会正式批复，国内再保险市场告别了中再为唯一一家中资法人再保险机构的格局。太平再保险（中国）注册资本为10亿元，业务范围包括：财产保险的商业再保险业务、人身保险的商业再保险业务、短期健康保险和意外伤害保险的商业再保险业务等。2016年3月初，保监会批复同意中国人民保险集团股份有限公司、中国人民财产保险股份有限公司等两家公司共同发起筹建人保再保险股份有限公司，摘下了再保险业的第三块牌照。

民营机构正在加速期待进入再保险业，前海再保险获得中国保监会批复，于2016年12月开业。前海再保险是国内第一家由社会资本主导的中资再保险公司，由深圳市前海金融控股有限公司、中国邮政集团公司、深圳市远致投资有限公司、浙江爱仕达电器股份有限公司、福建七匹狼实业股份有限公司、深圳市腾邦国际商业服务股份有限公司、启天控股有限公司等7家公司共同发起筹建，注册资本人民币30亿元，注册地深圳前海。截止到2016年9月下旬，包括亚太再保险、华宇再保险、天圆再保险等在内的25家公司正在排队申请再保险牌照。

部分目前以离岸形式参与中国再保险市场的海外再保险公司，也有可能在中国境内成立业务实体，中国的再保险市场有望迎来外资、老牌、民营三足鼎立的局面。

4. 强化再保险监管

2015年3月，保监会发布《中国保监会关于实施再保险登记管理有关事项的通知》，明确了现阶段中国再保险市场的行业监管标准。《通知》中主要强调建立再保险登记制度，成为加强对再保险市场的事中事后监管力度、提高我国保险业在国际市场的话语权、加快发展再保险市场的重要举措，是再保险监管制度的重大创新，也标志着我国再保险专业化监管体系进一步完善。

2015年4月，为加强对保险公司再保险关联交易的监管，防范再保险经营风险，保监会印发了《中国保监会关于加强保险公司再保险关联交易信息披露工作的通知》（保监发

〔2015〕44号)，要求境内中外资保险公司都应披露再保险关联交易信息。《通知》要求保险公司每季度、分险种报送再保险关联交易的各项业务数据，据此可以监测和分析再保险关联交易对保险公司经营结果的影响。考虑到随着我国中资保险公司的发展，中资保险公司之间以及个别中资保险公司与境外保险公司之间也构成了较为紧密的关联关系，有必要加强对中资再保险关联交易的监管。

本章关键词

再保险	分保	原保险人	再保险人	转分保
自留额	分保保额	危险单位	比例再保险	成数再保险
溢额再保险	非比例再保险	险位超赔再保险	事故超赔再保险	再保险共同体
临时再保险	合同再保险	预约再保险	赔付率超赔再保险	

思考与讨论

SK海力士无锡大火赔案①

2013年9月4日，全球第二大DRAM（动态随机存取存储器）生产商——SK海力士无锡工厂发生大火，导致事故最大的可能性是施工人员误将氢气管接入氮气管道而引起爆炸及燃烧。SK海力士是苹果、三星、联想、戴尔和索尼等行业巨头的最重要供应商，事故发生后的约40天内，世界芯片总产量减少了约9%，芯片现货价格上涨了约40%。此次事故估损金额高达9亿美元，成为当时国内财产险市场单笔损失金额最大的赔案。

SK海力士投保了“物质损失一切险”及“营业中断险”，保险期限为2013年8月1日到2014年7月31日，总保险金额为8101533000美元，其中物质损失部分为7271123000美元，营业中断损失部分为830410000美元，另外保单设置了23亿美元的单次事故赔偿限额。这一保险大单由韩国现代财产保险（中国）有限公司、人保财险、大地保险、太平洋产险、

① 康民：“最终赔付金额确认9亿美元：海力士大火或致国内最大保险赔案”，《中国保险报》，2014年1月15日。

韩国乐爱金财险（中国）5家公司共同承保，承保份额分别为50%、35%、5%、5%、5%。5家共保公司分别通过合约分保、临时分保等方式，进行了相应的再保险安排，再保险人涉及境内14家直保公司、6家再保险公司和多家境外再保险接受人。

一位参与海力士无锡大火保险理赔的负责人向《中国保险报》记者表示："海力士赔案的特点，可以简单归纳为金额大、损失大、分保复杂、涉及面广。按目前的估损金额计算，该赔案将成为中国保险业历史上最大的赔案，并创造多项纪录——最大金额赔款记录、最大物质损失记录、最大营业中断损失记录、最复杂的再保险安排记录、最多的参与公司记录。"

经统计，按估损金额9亿美元测算，海力士中国火灾赔案的损失分布情况如下。

5家共保公司的毛损失金额为9亿美元，向境内其他14家产险公司分出损失金额约3.68亿美元，向境内再保险公司分出损失金额约1.74亿美元，向境外再保险接受人分出损失金额约3.33亿美元。最终净自留损失金额约0.25亿美元，占总估损金额的2.8%。

作为SK海力士项目的首席承保人，现代财险2013年的原保险保费收入仅为10473万元人民币，面对巨额赔付，现代财险如何应对？据现代保险披露的年报报告显示，该公司将该大单中所承保份额的98%（即整个项目份额的49%）进行分保，自留部分仅占该项目的1%；而中华联合财险则为再保部分业务的当事人。

境内其他14家产险公司从上述5家共保公司直接分入损失金额3.68亿美元，另外接受了从境外转分保的损失金额约0.72亿美元，毛损失金额共4.40亿美元。上述14家产险公司又分别通过再保险合约或临分安排分出了部分损失，其中向境内再保险公司分出损失金额约0.75亿美元，向境外再保险接受人分出损失金额约2.50亿美元。最终净自留损失金额约为1.15亿美元，占总估损金额的12.8%。

6家境内再保险公司从前述境内19家产险公司共分入损失金额约2.49亿美元，同时向境外转分出损失金额约1.13亿美元。净自留损失金额约为1.36亿美元，占总估损金额的15.1%。

境外再保险接受人共承担毛损失金额约6.96亿美元，向境内产险公司转分出损失金额0.72亿美元后，净自留损失金额约为6.24亿美元，占总估损金额的69.3%。

总体来看，在海力士中国火灾赔案9亿美元的估损金额中，约2.76亿美元的损失由境内保险公司承担，占总估损金额的30.7%，其中9.1%由5家共保公司承担，41.7%由另外14家产险公司承担，49.2%由6家再保公司承担；约6.24亿美元的损失由境外再保险接受人承担，约占总估损金额的69.3%。

随着国民经济的快速发展，大型商业风险项目的标的价值不断提高，单一标的的保险风险也随之增加。海力士中国单笔赔案造成的损失金额约为55亿元人民币，约占我国企业财产险2012年保费收入（约360亿元人民币）的15%，突破了此前国内保险市场对单一标的最大可能损失的经验认知。此次赔案正是由于充分的再保险安排，才能由众多再保险人共同分担9亿美元的巨额赔款，并及时预赔部分现金，帮助企业迅速恢复生产，极大减轻了5家共保公司的现金流压力。

问题

(1) 请用图表的方式梳理海力士中国火灾赔案中各相关保险公司彼此间的共保、分保、转分保关系。

(2) 请分析这些公司的风险控制是否存在不足？应如何改进？

瑞士再保险首席经济学家谈未来保险业五大趋势①

在2012年蒙特卡罗再保险会议上，瑞士再保险首席经济学家库尔特·卡尔（Kurt Karl）曾表示，由于保险公司和再保险公司与公司所在地的经济体紧密相连，所以欧洲经济危机引发的全球经济问题也必然殃及他们。他们从全球高度所看到的是发展的放缓，保费的减少。"在商业方面，我们所看到大企业对定价进行抵制的强大压力，并且他们正从自己的产品宣传页中抹去更多的保险风险。"尽管要求提高价格的呼声不断，但是保险行业很难这样做。不过，新兴市场为再保险公司提供了另一个发展契机，尤其是印度、中国、巴西、俄罗斯等。除了全球经济动荡引发的整体困难，再保险业也关心一些地区的监管规则的变化，比如欧洲的偿付能力Ⅱ，还有澳大利亚、印度和中国的监管变化。"在责任方和资产方更高的资本要求阻碍了（再）保险公司为他们的客户提供服务"。这种环境也可能致使许多公司"撤出这些市场"。"再保险和原保险行业正经受着世界经济反复无常的折磨，对此，他们几乎无能为力。他们只能做些减轻对其有直接影响的事情，比如尽可能地采取措施确保承保能够盈利。否则，只能继续忍受现在面对的这个有趣的时代。"

2016年9月27日，在全球经济与保险市场展望成为热门话题的背景下，库尔特·卡尔对保险业趋势给出了自己的答案：

一是发达市场经济增长前景的好转将推升风险敞口的扩大，但是保费的增长也将进一步抑制保险费率的抬升。预计今年至明年，财险和意外险原保费实际增速约3%（发达市场增

---

① 刘志敏："瑞士再保险首席经济学家：保险行业饱受折磨"，《中国保险报》，2012年9月24日；李致鸿："不得不看的保险业今明年五大趋势"，《21世纪经济报道》，2016年9月28日。

长2%，新兴市场增长8%）；商业保险保费实际增速略高于2%（发达市场增长1.6%，新兴市场增长7.3%）；寿险保费实际增速约4%（发达市场增长2.5%，新兴市场增长10.5%）。

二是行业内部和另类资本导致的资本过剩，使得财险和意外险仍面临定价压力。在即将到来的续转期，保费价格可能将以温和的速度下滑。

三是工资增长和医疗成本的上升，预计将在未来几年推升意外险的理赔。

四是当前的低利率将使保险公司的投资回报率在相当长时间内处于较低水平。

五是保费增长将主要来自于新兴市场，并且得益于技术的进步，从而有助于提高保险深度。

问题

（1）请了解更多关于世界宏观经济形势变化的信息，对比库尔特·卡尔2012年和2016年的表述，分析哪些风险因素一脉相承依旧在发挥影响，哪些风险因素已经发生了变化？

（2）针对这些变化，再保险公司可以采取哪些措施做好自身的风险控制？

第 7 章

保险合同

>> 本章要点

- 保险合同的内涵与特征
- 保险合同的主要类别
- 保险合同的主体
- 保险合同的内容、形式
- 保险合同的解释原则
- 保险合同的订立、中止、复效与终止

国庆假期，小赵和小孙一起去参观汽车展销会。他们看中了一款经济型轿车，汽车销售公司的职员告诉他们，公司正在进行分期付款和免费赠送保险的节日促销活动，名额有限，极力劝说他们赶紧定下来。两人仔细看了汽车销售公司提供的购车合同样本，在合同中明确约定了赠送的投保险种是“人身意外伤害保险”和“附加意外伤害医疗费保险”，意外伤害保险保险金额为 15 万元，附加意外伤害医疗费保险保险金额为 2 万元。保险期限 1 年，自购车合同签订并交付定金之日开始算。小赵问，是否需要他们自己到保险公司办理相关手续，该职员表示不用，相当于是汽车销售公司为买车的客户投保，一切手续由汽车销售公司代办。因为已经有多次购买保险的经历，小赵和小孙都清楚《保险法》中关于以死亡为给付保险金条件的合同必须经被保险人同意并认可保险金额，否则合同无效的规定。他们不明白，汽车销售公司对买车的客户有保险利益吗？这样赠送，全程由汽车销售公司代办的保险合同有效吗？

通过前面章节的学习，我们已经非常清楚地知道保险业务当事人双方的权利和义务都是由保险合同来约定的，而保险合同又是一向以复杂难懂著称。学习完本章内容，你将会发现，看起来很复杂的保险合同将不再“面目模糊”，你可以更清晰地认识各家保险公司提供的保险产品，更好地做出选择，并维护自身权益。至于小赵和小孙的疑问，相信你一定能给出明晰的回答。

第1节　保险合同概述

一、什么是保险合同

保险合同是投保人与保险人约定保险权利义务关系的协议，是规范保险双方行为的直接的法律依据。

根据保险合同的约定，收取保险费是保险人的基本权利，赔偿或给付保险金是保险人的基本义务；与此相对应，交付保险费是投保人的基本义务，请求赔偿或给付保险金是被保险人的基本权利。

我们可以从以下两个方面更进一步地理解保险合同。

首先，保险作为一种民事法律关系，是投保人与保险人之间的合同关系，这种关系需要有法律关系对其进行保护和约束，即通过一定的法律形式固定下来，这种法律形式就是保险合同。

其次，投保人和保险人的权利和义务是相互对应的。但除了交纳保费的义务可以在签订合同时确定，保险人承担的赔偿或给付义务却取决于风险事故的发生，具有不确定性。这就要求双方在确定的法律或契约关系约束下履行各自的权利与义务。保险合同是保险双方当事人享受各自权利与履行各自义务的依据。

二、保险合同的特征

1. 保险合同与一般合同共有的特征

人们常说的合同，或者说契约，是作为平等主体的自然人、法人、其他组织之间设立、变更、终止民事权利义务关系的协议。保险合同是民商事合同中的一种，调整具有保险内容的民事法律关系。因此，保险合同同时适用《保险法》《合同法》和《民法通则》的有关规定。保险合同与一般合同的共性如下。

（1）合同当事人必须具有民事行为能力。民事行为能力代表的是民事主体能以自己的行为取得民事权利、承担民事义务的资格。我国《民法通则》第十一条规定：“十八周岁以上的公民是成年人，具有完全民事行为能力，可以独立进行民事活动，是完全民事行为能力人。十六周岁以上不满十八周岁的公民，以自己的劳动收入为主要生活来源的，视为完全民事行为能力人。精神病患者会丧失部分或完全行为能力。”

与自然人不同，法人的民事行为能力与其民事权利能力一起产生、同时消灭。法人独立参与民事活动，实施民事法律行为，是由法人代表来进行的。法定代表人必须是有完全民事行为能力的自然人，在以法人的名义实施民事法律行为时，法定代表人所作的意思表示，就是法人的意思表示，而不是法定代表人个人的意思表示，应由法人承受法定代表人意思表示的效果。

（2）保险合同是自愿订立且公平互利的。保险合同应当由双方当事人在法律许可的范围内和自愿的基础上自主订立，以自己的意志来决定是否参加保险关系。除法律、行政法规规定的强制保险以外，任何单位和个人不得强制他人订立保险合同，更不得强迫他人订立保险合同。

公平互利要求订立保险合同应当等价平等和兼顾双方利益，保险合同双方当事人在法律地位上一律平等，公平合理地确定双方的权利义务，不得采取不正当的竞争手段牟取不正当的利益，做到互惠互利。

（3）保险合同签订应遵循协商一致原则。订立保险合同时应当通过协商的方式，双方当事人在自愿的基础上充分表达自己的愿望和要求，并且都应当尊重对方的利益，任何一方不得把自己的意志强加给对方，最终就合同的内容达成一致意见，共同决定相互之间的权利义务关系，从而签订保险合同。

（4）保险合同是合法的法律行为。保险合同双方当事人应当遵守国家的法律，尊重社会公德，承担社会责任，不得作出违背社会公共利益的约定；保险合同的标的本身也必须是合法的，不能是非法所得或非法占有，也不能是国家禁止参与民事流转的物品或行为，否则不仅所订立的保险合同无效，当事人还要承担由此产生的法律后果。

2. 保险合同独特的法律特征

（1）保险合同是射幸性合同。射幸性指的是合同双方知道他们未来换取的货币是不对等的。不同于一般商业交易合同有等价交换性质，保险合同是一种典型的射幸性合同。投保人依照合同约定交纳保险费，如果发生保险责任范围内的损失，可以获得远多于保费的保险金赔付；如果没有损失发生，则无所得。因此，保险人在收到保险费后，以合同约定的责任范围内损失发生作为履行保险金赔付义务的前提。损失是否会发生，取决于偶然、不确定的风险因素，在签订保险合同时都是无法预测的。

（2）保险合同是最大诚信合同。任何合同的订立都应以合同当事人的诚信为基础。但是，由于保险当事人双方信息的不对称性，保险合同对诚信的要求远高于其他合同。保险标的在投保前或投保后均在投保方的控制之下，而保险人通常是根据投保人的告知来决定是否承保以及承保的条件，所以，投保人的道德因素和信用状况对保险人的业务经营关系极大。同时，保险经营的复杂性和技术性使得保险人在保险关系中处于有利地位，而投保人处于相对不利地位。因此，保险合同较一般合同更需要诚信，是最大诚信合同。

（3）保险合同是附合合同。附合合同是指合同内容一般不是由当事人双方共同协商拟定，而是由一方当事人事先拟定好格式条款供另一方当事人选择，另一方当事人只能作出接受与否的决定，而无权就合同条款提出商榷意见。保险合同是典型的附合合同，保险合同是复杂的法律文件，条款的内容均由保险人事先拟定并经监管部门审批。由于投保人与保险人在专业知识和讨价还价能力上的悬殊差异，投保险人一般很难对保险条款提出异议，投保人购买保险就表示同意保险合同条款。出于对投保人和被保险人利益保护的需要，各国法律往往会针对保险合同的附合性提出对保险人的限制，即当双方就保险合同的措辞理解出现歧义时，要做不利于保险人的解释。

（4）保险合同是有偿合同。根据合同当事人双方的受益状况，合同被区分为有偿合同与无偿合同。前者是指当事人为享有合同的权利而必须偿付相应的代价；后者是指当事人享有合同的权利而不必偿付相应的代价。保险合同的有偿性，主要体现在投保人要取得保险的风险保障，必须支付保险费；保险人要收取保险费，必须承诺承担保险保障责任。

3. 关于保险合同特征的争议

（1）保险合同是单务合同还是双务合同。单务合同是指一方当事人只享有权利而不尽义务，另一方当事人只负义务而不享有权利的合同，如赠与合同；双务合同指当事人双方互负对待给付义务的合同，如买卖合同。有观点认为，如果保险合同有效期内未发生保险事故，只是投保人承担了向保险人交纳保险费的义务，却没有享受保险赔付的权利，保险人只享受了收取保险费的权利而没有承担赔付保险金的义务，这种情况下的保险合同属于单务合同。这种认识是片面的。签订保险合同后，保险人所承担的是基于以保险责任范围内损失发生为前提的赔付责任，属于附条件的潜在性义务，无论是否发生保险事故，这种义务都是客观存在的；除此之外，双方也都必须履行如实告知等其他义务，因此保险合同本质上属于双务合同。

（2）保险合同是要式合同还是非要式合同。根据合同的成立是否需要特定的形式，可将合同分为要式合同与非要式合同。要式合同是指法律法规要求必须具备一定的形式和手续的合同。非要式合同是指法律不要求必须具备一定形式和手续的合同。由于正式的保险合同具有标准化的格式条款，很多人认为保险合同是要式合同。

但也有学者认为保险合同应以非要式合同定位为宜。我国《保险法》第十三条规定："投保人提出保险要求，经保险人同意承保，保险合同成立。保险人应当及时向投保人签发保险单或者其他保险凭证。依法成立的保险合同，自成立时生效。投保人和保险人可以对合同的效力约定附条件或者附期限。"由此可见，保险合同的成立不是以签发格式化的保险单为先决条件，而只需要保险人同意承保，保险合同便成立，"签发保险单或其他保险凭证"仅是保险人应该及时完成的义务。保险合同保障的是因未来具有不确定性的风险事故发生造成的生命或财产的损失。在双方达成协议至发放保险单的时间，风险就是存在的，而有保障的需求，如果必须取得有形的保险凭证后合同才成立或生效，对投保人而言，将会产生保险之"空窗期"，也并非投保保险的本意。

三、保险合同的种类

1. 按照合同的性质分类

（1）补偿性保险合同。补偿性保险合同是指保险人的保险金赔偿责任以补偿被保险人的经济损失为限，且不得超过保险金额的合同。各类财产保险合同都属于补偿性保险合同；人身保险中与医疗费用或收入损失补偿相关险种的保险合同也是补偿性保险合同。

当保险事故发生导致保险标的毁损，补偿的目的是使标的物恢复原有的使用功能，或者是弥补因保险事故而导致的费用支出。补偿性保险合同的保险标的具有较为确定的市场价值，保险金额不得大于标的物的价额。

（2）给付性保险合同。给付性保险合同是指保险金额由双方事先约定，在保险事件发生或约定的期限届满时，保险人按合同规定的标准金额给付的合同。各类以人的身体或生命作为承保标的的人寿险合同均属于给付性保险合同。

给付性保险合同的投保人是为了保险事故发生后，现有的生活条件得以保持或有所改善。比如，人寿保险的目的是在被保险人因保险事故而残疾或死亡后，其本人或受益人能够有一定的物质生活保证。由于人的身体和寿命从理论上看是无价的，给付性保险合同的保险金额没有限额，由投保人与保险人协商决定。

【案例分析 7－1】　　大学生车祸后可以得到哪些保险赔付

某大学学生吴某在外出购物的路上，被一辆中巴车从身后撞倒，被送往医院抢救。经交管部门裁决，此次事故是由于中巴车刹车系统故障所导致，车主负全部责任。吴某住院期间的医疗费共计 9500 元，全部由车主支付。治疗结束后，吴某经鉴定有轻度残疾，车主又另行支付了残疾补助金2万元。吴某所在的学校在事故发生前已为全体在校学生投保了学生意外伤害保险及附加医疗费，每人保额分别为50000元和5000元。

分析

请同学们分析，在肇事车主已经支付了全部的医药费和残疾补助金后，保险公司是否还要履行赔付的义务？吴某能否获得来自肇事车主和保险公司的双份赔偿？

2. 依据保险价值在订立合同时是否确定分类

保险价值是指投保人与保险人订立合同时投保人对保险标的所享有的保险利益在经济上以货币计算的价值额，是确定保险金额的基础；或在保险事故发生造成损失时保险标的基于市场价格计算的实际价值。依据保险价值在订立合同时是否确定，可以分为定值保险合同与不定值保险合同。定值和非定值保险合同的划分方法仅适用于财产保险合同，而不适用于人身保险合同，人身保险合同中不存在保险价值。

（1）定值保险合同。

定值保险合同是指投保人与保险人在订立合同时即已确定保险标的的价值，并将其明确注明于合同当中的保险合同。

定值保险合同成立后，一旦发生保险事故，双方在合同中约定的保险价值就成为保险人支付保险赔偿金数额的计算依据。如果保险事故造成保险标的全部损失，则无论出险时保险标的市场价值如何，保险人均应依照合同所约定的保险金额进行赔偿；如果保险标的仅遭部分损失，只需要确定损失的比例，该比例与约定的保险价值的乘积，就是保险人应支付的保险赔偿金额。无论是全损还是部分损失，都无须在出险后对保险标的实际价值进行重新估算。

定值保险合同多适用于某些保险标的的价值不易确定的财产保险合同，如古玩、字画、船舶等。

【专栏7-1】 无价之宝“过云楼藏书”

“过云楼”是苏州著名的私家藏书楼，经过顾氏六代人百余年的传承，藏书集宋元古椠、精写旧抄、明清佳刻、碑帖印谱等多种，世有“江南收藏甲天下，过云楼收藏甲江南”之称。

1992年，南京图书馆向顾家购得藏书541种、3000余册，顾家接受了30多万元的书款。当时顾氏家属中有人不同意出让藏书，还留下了一部分，在2005年春季嘉德全国古籍善本拍卖会上，过云楼所藏近500册流传有序、保存完好的珍贵古籍，包括40册流传800年罕见的海内孤本宋刻《锦绣万花谷》，以2310万元的价格被一神秘买家整体买下。2012年6月4日，这批藏书再次现身，江苏凤凰出版传媒集团以2.16亿元的价格竞拍得到，创下了古籍善本拍卖价格世界纪录。

2012年12月12～14日，凤凰出版传媒集团所藏1/4古籍善本“过云楼藏书”，在南京免费向公众展出，这也是“过云楼藏书”首次向公众免费展出。凤凰出版传媒集团为此与中国平安签下保额为5亿元的保险大单，保险责任为藏书失窃相关风险，创下中国艺术品保险单笔保单的最高纪录。此次的保额接近藏书竞拍价的2倍，主要是考虑过云楼藏书获拍后，鉴定发现其珍藏价值大大超出原有预期，升值空间巨大。

2015年9月1日，过云楼藏书合璧展开幕，120种197部古籍珍本在南京图书馆展出，这是有着139年历史的苏州过云楼藏书离散88年后首次合璧，引起人们对古籍深度开发利用的关心。这批书有多珍贵？凤凰集团董事长陈海燕表示，此次展览的近200件展品，是从凤凰和南图近5000册过云楼藏书中精选出的，其珍贵程度无法用金钱来衡量。

在货物运输保险中，尤其是海上货物运输保险中，由于运输货物的价值在不同的时间、地点可能差别很大，为了避免出险后在计算保险标的价值时发生争议，往往采用定值保险的形式。保险价值的确定，可以依照离岸价、到岸价或目的地市价。大多数财产保险公司的国内水路、陆路货物运输保险的保险金额是按照到岸价（即货物起运地的销售价加上到达目的地的各种运杂费）确定的。

例如，某公司将一批出口的电子产品向保险公司投保货物运输险，起运港为宁波，目的港为纽约，保险金额为3000万美元。其后，货轮在即将抵达目的港前，因遭遇极端大风暴雨天气，导致货仓进水，货物受损。如果货物全损，即损失程度为100%，保险人应该赔偿多少？由于货物运输险采用定值保险合同方式，出事后无需对保险标的重新估价，无论该批货物在出事地市场价低于还是高于保险金额，在不考虑免赔等因素的前提下，保险人应该赔偿的金额都是3000万美元。如果货物是部分损失，如损失程度为50%，则保险人应该赔偿1500万美元。

定值保险合同对关系到双方切身利益的保险理赔而言具有以下优点：保险价值事先已由双方确定，且载明于合同中，发生保险事故时无须再对保险标的的价值进行估价，只需确定损失的比例即可得到赔偿金额，简化了手续，减少了理赔环节和可能的纠纷。

再以地震保险为例，根据保监会、财政部印发的《建立城乡居民住宅地震巨灾保险制度实施方案》，城乡居民住宅地震巨灾保险产品于2016年7月1日开始销售。基于简化操作、快速推广的考虑，初期产品设计为定值保险。城镇居民住宅基本保额每户5万元，农村居民住宅基本保额每户2万元。每户可与保险公司协商确定保险金额，最高不超过100万元。理赔时，以保险金额为准，参照国家地震局、民政部等制定的国家标准，结合各地已开展的农房保险实际做法进行定损，并根据破坏等级分档理赔：破坏等级在Ⅰ～Ⅱ级时，标的基本完好，不予赔偿；当破坏等级为Ⅲ级（中等破坏）时，按照保险金额的50%确定损失；当破坏等级为Ⅳ级（严重破坏）及Ⅴ级（毁坏）时，按照保险金额的100%确定损失。

（2）不定值保险合同。

大多数财产保险业务采用的是不定值保险合同的形式，即投保人与保险人在订立保险合同时不预先确定保险标的的保险价值，仅约定保险金额，而将保险标的的价值留待保险事故发生时再估算。

不定值保险合同在损失发生后，要依据当时当地同类财产的市场价格来确定受损保险标的的保险价值，再结合损失比例计算实际损失金额。如果实际损失大于保险金额，保险人的赔偿责任仅以保险金额为限；如果实际损失小于保险金额，则保险人的赔偿不会超过实际损失。

在不定值保险合同中，根据保险金额与出险时保险价值对比关系，又可分为三种不同的类型。

①足额保险合同指保险金额等于保险事故发生时的保险价值的保险合同。

②不足额保险合同指保险金额小于保险事故发生时的保险价值的保险合同。

③超额保险合同指保险金额大于保险事故发生时的保险价值的保险合同。

如表7－1所示，保险人的赔偿可以归纳为：足额保险，十足赔偿；不足额保险，按照保险金额与保险价值的比例承担赔偿责任；超额保险，超过部分无效。

表7－1　不定值保险合同类型举例　　单位：元

	保险金额	出险时保险价值	保险事故所致损失	赔偿金额
足额保险合同	1000万	1000万	480万	480万
不足额保险合同	1000万	1200万	480万	400万
超额保险合同	1000万	800万	800万	800万

3. 根据保险合同保障的风险责任分类

按照保险合同保障的风险责任，可分为单一风险合同、综合风险合同与一切险合同。

（1）单一风险保险合同。单一风险保险合同是指只承保一种风险责任的保险合同。例如，农作物雹灾保险合同，只对于冰雹造成的农作物损失负责赔偿；盗窃险保险合同，只对盗窃造成的财产损失负责赔偿。

（2）综合风险保险合同。综合风险保险合同是指承保两种以上的多种特定风险责任的保险合同。这种保险合同必须把承保的风险责任一一列举，只要损失是由于保险责任范围内的风险事故造成的，保险人就负责赔偿。

（3）一切险保险合同。一切险保险合同是指保险人承保除“除外责任”以外的一切风险的保险合同。

在一切险保险合同中，保险人并不列举规定承保的具体风险，而是以“除外责任”条款来确定不承保的风险，以此界定其承保风险的范围。凡是未列于“除外责任”条款中的风险都是承保风险。

一切险保险合同为被保险人提供了较为广泛的风险保障，而且一旦保险事故发生，便于明确责任，易于理赔，从而减少当事人之间的争议。

一切险是海上运输保险的基本种类之一，海洋货物运输一切险实际上是同时涵盖平安险、水渍险和一般附加险的保险责任。不过，对于由运输延迟、战争和罢工等原因造成的损失，属于一切险的“除外责任”。由于一切险承保的责任范围最广，因而费率也高于平安险和水渍险。投保人之所以选择一切险，往往是因为发运的货物价值较高，致损原因较多（如碰损破碎、受潮受热、雨淋发霉、渗漏短少、串味、沾污以及混杂污染等），单独投保各种附加险可能会有所遗漏。

4. 根据保险合同保障的标的分类

（1）特定式保险合同。特定式保险合同又叫分项式保险合同，是指保险人对所保的同一地点、同一所有人的各项财产，均逐项分别列明保险金额，发生损失时对各项财产在各自的保险金额限度内承担赔偿责任的保险合同。

（2）总括式保险合同。总括式保险合同是指保险标的不明确记载于合同，仅约定一定的范围，以此来确定保险人责任范围的保险合同。在这种合同中，所有性质不同但属于约定标准范围内的标的物被视为整体，其中任何一个标的因为保险责任范围内的保险事故遭受损失，保险人都在保险金额范围内进行赔偿。

在总括式保险合同中，首先必须明确记载标的所处环境的位置界限，如坐落于某港口的某号仓库，这是确定保险人责任范围的基础；其次必须确定保险金额的标准，该标准不仅是决定保险费数额的依据，也是被保险人主张索赔权利的凭据。

总括式保险合同有很多不需要明确的内容：①标的所有人或合法占有人不需明确。例如，仓储保险合同的签订及责任分配只发生在作为投保人的仓储公司与保险人之间，至于仓库内储存的货物究竟是归属于哪些所有人，保险人没有必要知晓。②由于总括式保险合同涉及的标的种类太庞杂，量太大，其具体的名称不需记载于合同，依入库单及有关票证真实记载为准。③采用非定值保险合同的方式，签订合同时只确定保险金额，保险标的的价值在发生保险事故后再进行核算。

（3）流动式保险合同。流动式保险合同指不规定保险金额，只预定一个保险人承担最高责任限额的保险合同。保险人按约定的办法预收并结算保险费，投保人定期向保险人报告期间保险标的财产的实际价值，只要其报告属实，发生保险责任范围内的事故损失，保险人就在约定最高责任限额内予以赔偿。

以大型周转性仓储业为例，由于仓库内的货物始终处于有进有出的流动状态，保险标的是不断变化的。签订流动式保险合同后，进入合同约定仓库的货物自动成为保险标的，而离开仓库的货物则不再作为保险标的。作为投保人的仓储企业，需要定期向保险人报告该段期间仓库内存放的货物价值情况。如果发生诸如火灾之类保险责任范围内的事故，保险人对实际损失进行核定，在最高责任限额内予以赔偿。

（4）预约保险合同。预约保险合同最初是为了满足长期、大规模的海上货物运输防范风险的需要而产生的一种保险商业模式。随着陆上运输的发展，此种模式也被陆上货物运输险所吸收采用。

保险人与投保人之间就一定的业务范围签订预约保险合同，约定保险标的范围、承保险别及保险责任范围、保险期间、保险费率及保险费结算办法，每一风险单位或每一地点的最高保额，并由被保险人预缴一定金额的保险费。在预约保险合同有效期内，投保人需要就每笔业务向保险人及时申报，凡属于约定范围内的标的均自动承保，并根据确定的标的价值调整保险费。

货物运输保险的保险标的具有高度不确定性，如果每发运一批货物都要单独签订保险合同，不仅手续繁杂，成本也高，还容易出现漏保。订立预约保险合同相当于让投保人将一系列货物一次性投保，简化了投保程序并节省了保险费；对保险人而言，在简化业务程序的同时，可以取得稳定的保险费收入。

【案例分析 7-2】 预约保险合同的预约属性

某汽车公司与某保险公司签订一份《年度货运险预约保险单》（以下简称《预保单》），约定该保险公司承保该汽车公司业务范围内的物流货物运输险，保险责任包括陆上运输一切险，保险期限自2012年9月1日起至2013年8月31日止，保险责任起讫为“仓至仓”（自投保人接受委托人的运输委托，接收托运货物承担物流责任时开始，直至投保人将物流货物完全交付给收货方为止）。同时约定：保险标的为“被保险人业务范围内的物流货物，包括但不限于整车商品车、汽车零配件及其他普通货物等”；“被保险人运输的商品车，应在起运前的1~2个工作日及时通过电子邮件、网上申报的方式向保险公司逐笔申报，无需另行出具保单，被保险人和保险人之间每月进行实际发运量的核对与确认”；保费支付为“保费按月支付，每月月初双方核对上月实际发运量并核算保费。”

2013年3月8日，汽车公司承运的商品车（宝马、中华等共21台轿车）由沈阳发运。3月10日凌晨，该运输车于河南省某高速路段起火，所载21台轿车全部被烧毁。汽车公司随即就12台宝马轿车向保险公司申报并申请保险理赔。保险公司认为，汽车公司未按《预保单》约定于货物发运前1~2个工作日内进行货运申报，且汽车公司存在选择性投保行为，将9台中华轿车在其他保险公司投保，故拒不承担理赔责任。

汽车公司认为，《预保单》关于货运申报的约定并非保险责任的免除条款，货运申报的时间亦非保险责任起讫时点。保险公司承担保险责任起讫为“仓至仓”，而本次事故商品车系“在途物流货物”，事故发生时间在保险公司应承担保险责任的时间段内，保险公司应当承担保险金赔付责任，问题故诉至法院，请求判令保险公司支付保险金400余万元。

分析

请基于对《预保单》性质的理解，分析保险公司是否应当承担赔偿保险金的责任？

资料来源：崔西彬，陈亚明：“预约保险合同的预约属性”，北京第四中级人民法院网站（http：//bj4zy. chinacourt. org/article/detail/2015/12/id/1766047. shtml）。

5. 按照保险标的分类

按照保险标的分类，保险合同可分为财产保险合同与人身保险合同。

（1）财产保险合同。财产保险合同是以财产及其有关的经济利益为保险标的的保险合同。财产保险合同通常又可分为财产损失保险合同、责任保险合同、信用保险合同等。

（2）人身保险合同。人身保险合同是以人的寿命和身体为保险标的的保险合同。人身保险合同又可分为人寿保险合同、人身意外伤害保险合同、健康保险合同等。

第2节　保险合同主体

一、保险合同的当事人

保险合同的主体是保险合同的参加者，是在保险合同中享有权利并承担相应义务的人。保险合同的主体包括保险合同的当事人和关系人。保险合同的当事人包括保险人和投保人。

1. 投保人（applicant）

投保人是指与保险人订立保险合同，并按照保险合同约定负有支付保险费义务的人。

自然人和法人都可以成为投保人。但要作为投保人，还需要具备一定的资格条件。

第一，投保人必须具有完全的民事权利能力和民事行为能力，否则所订立的保险合同不具有法律效力。

第二，投保人对保险标的必须具有保险利益，即对保险标的具有法律上承认的利益，否则投保人不能与保险人订立保险合同。若保险人在不知情的情况下与不具有保险利益的投保人签订了保险合同，则该保险合同无效。

第三，投保人必须承担交纳保险费的义务，不论投保人为自己利益还是为他人利益订立保险合同，均应承担支付保险费的义务。

2. 保险人（insurer）

保险人亦称承保人，与投保人订立保险合同，并根据保险合同收取保险费，在保险事故发生时承担赔偿或者给付保险金责任。保险人有多种形式，可以是个人，也可以是公司或合作社、互助会等。

（1）两种最重要的保险公司组织形式。保险公司是以风险作为经营对象的独立的法人企业，提供的产品为保险保障，经营目的为获取利润。在国际上，保险公司的组织形式主要是股份有限公司和相互保险公司。

股份制保险公司将全部资本分成等额股份，股东以其所持股份为限对公司承担责任，公司则以其全部资产对公司债务承担责任的企业法人。由于是合资公司，有利于提高经营管理效率；较容易筹集大额资本，有利于业务扩展；采用确定保险费制，符合现代保险特征和投保人的需要。

相互保险公司是所有参加保险的人为自己办理保险而合作成立的法人组织，是保险业特有的公司组织形态。所有的相互保险公司都是非营利性的公司，以保费形成公司的责任准备金，其所有者就是公司所承保的保单持有人。

（2）个人保险组织。个人保险组织是自然人充当保险人的组织，这种组织形态在世界各国都比较少见。英国伦敦的劳合社是世界上最大的、历史最悠久的个人保险组织。劳合社为个人承保商的集合体，成员全部为个人，各自独立、自负盈亏，进行单独承保，以个人财产对所承保的风险承担无限责任。

20 世纪 90 年代后，由于来自伦敦市场超赔分保的压力和美国责任险的压力，劳合社的经营陷入了困境，承保能力连年下降。为了充实资金额度，增强竞争力量，劳合社对业务经营和管理进行了整顿和改革，允许接受有限责任的法人组织作为社员，并允许个人社员退社或合并转成有限责任的社员。

（3）《保险法》关于保险人的规定。我国《保险法》第十条明确规定："保险人是指与投保人订立保险合同，并按照合同约定承担赔偿或者给付保险金责任的保险公司。"

第六十八条规定了设立保险公司应该具备的条件。

①主要股东具有持续盈利能力，信誉良好，最近三年内无重大违法违规记录，净资产不低于人民币二亿元。

②有符合本法和《中华人民共和国公司法》规定的章程。

③有符合本法规定的注册资本。

④有具备任职专业知识和业务工作经验的董事、监事和高级管理人员。

⑤有健全的组织机构和管理制度。

⑥有符合要求的营业场所和与经营业务有关的其他设施。

⑦法律、行政法规和国务院保险监督管理机构规定的其他条件。

第六十九条规定："设立保险公司，其注册资本的最低限额为人民币二亿元。"

【案例分析 7－3】　厦门市政府投保自然灾害公众责任险

2016 年 9 月 15 日凌晨，第 14 号台风"莫兰蒂"在厦门登陆。登陆时最大阵风 17 级以上，中心风力 15 级（48 米/秒），是 1949 年以来登陆闽南的最强台风，刷新世界气象纪录。最强台风导致狂风大作、大雨瓢泼，厦门部分地区停水停电，多地出现地面积水、人员被困，树木成排倒下、临海的居民楼玻璃墙面破碎。一夜之间，厦门被台风蹂躏得满目苍夷，满地狼藉。

据厦门保监局通报，厦门市政府早在2009年起就统一出资在中国人保财险厦门市分公司为厦门全体居民和农村住户投保自然灾害公众责任险和农村住房统一保险。厦门市户籍居民、有暂住证的居民和没有暂住证的全日制学生，如果因为自然灾害、森林火灾以及飞行物体坠落等导致人身伤亡及医疗费用损失的，每人最高可获赔13万元，其中医疗费用最高理赔1.3万元。农村住户因为自然灾害、飞行物体坠落、外来建筑物和其他固定物体倒塌造成居住房屋和室内财产损失的，每户最高可获赔1.6万元。如果相关居民和农村住户因为这次强台风“莫兰蒂”造成上述损失的，可向中国人保厦门市分公司提出理赔申请。

据水利部发布的初步统计数据，截至9月17日8时，福建、浙江两省110个县304.32万人受灾，因灾死亡28人、失踪15人，农作物受灾84.19千公顷，直接经济损失210.73亿元。受灾最严重的福建省直接经济损失达169亿元。

“莫兰蒂”刚走，16号强台风“马勒卡”又接踵而至，同时适逢农历天文大潮，造成“狂风、暴雨、高潮”三碰头局面。送走“莫兰蒂”和“马勒卡”，第17号台风“鲇鱼”于9月28日4点40分在福建省泉州市惠安县沿海登陆，中心附近最大风力12级（33米/秒）。“鲇鱼”给福建大部、浙江东南部、广东东北部、台湾大部分地区带来大暴雨，局地有特大暴雨，沿海地区有猛烈大风。

分析

（1）请分析，厦门市政府统一出资为厦门全体居民和农村住户投保自然灾害公众责任险和农村住房统一保险的动机是什么？

（2）如果你是保险公司的经营者，是否愿意将台风作为可保风险？为什么

（3）保险公司承保台风之类的自然灾害保险，在承接投保人风险转嫁的同时，应如何做好自身的风险管理？

二、保险合同的关系人

1. 被保险人（insured）

《保险法》第十二条规定：“被保险人是指其财产或者人身受保险合同保障，享有保险金请求权的人。投保人可以为被保险人。”

（1）被保险人的资格。在财产保险合同中，对被保险人的资格一般没有严格的限制，自然人和法人都可以作为被保险人。

在人身保险合同中，只能是有生命的自然人才能成为人身保险合同的被保险人。在以死

亡为给付保险金条件的保险合同中，无民事行为能力的人不得成为被保险人，但父母为其未成年的子女投保时除外，只是最高保险金额通常有限定。

（2）各类保险的被保险人。在财产保险中，被保险人是保险财产的权利主体；在人身保险中，被保险人既是受保险合同保障的人，也是保险事故发生的本体；在责任保险中，被保险人是对他人财产毁损或人身伤害依照法律、契约或道义负有经济赔偿责任的人；在信用（保证）保险中，被保险人是因他人失信而有可能遭受经济损失的人，或者是因自身失信可能导致他人损失的人。

同一保险合同中被保险人可以是一人，也可以是数人，都应载明于保险合同中。

2. 受益人（beneficiary）

《保险法》第十八条规定："受益人是指人身保险合同中由被保险人或者投保人指定的享有保险金请求权的人。投保人、被保险人可以为受益人。"

在财产保险合同中，由于保险赔偿金的受领者多为被保险人本人，所以在合同中一般没有受益人的规定。关于受益人的讨论大多是关于人身保险。

受益人的资格并无特别限制，自然人、法人及其他任何合法的经济组织都可作为受益人。自然人中无民事行为能力、限制民事行为能力的人均可被指定为受益人，但必须以存活作为前提条件。

投保人、被保险人本人可以作为受益人，也可以指定其他人作为受益人。对于受益人的指定及变更，我国《保险法》中有明确的规定。

第三十九条规定："人身保险的受益人由被保险人或者投保人指定。

投保人指定受益人时须经被保险人同意。投保人为与其有劳动关系的劳动者投保人身保险，不得指定被保险人及其近亲属以外的人为受益人。

被保险人为无民事行为能力人或者限制民事行为能力人的，可以由其监护人指定受益人。"

第四十条规定："被保险人或者投保人可以指定一人或者数人为受益人。

受益人为数人的，被保险人或者投保人可以确定受益顺序和受益份额；未确定受益份额的，受益人按照相等份额享有受益权。"

【案例分析 7 - 4】　　公证变更受益人是否有效

老陈 50 岁时为自己向保险公司投保了一份终生寿险，保险金额为 5 万元。他虽然生有一子一女，但女儿已经出嫁，老陈与儿子陈刚共同生活，故订立合同时指定陈刚为受益人。后来陈刚也结婚了，老陈与儿媳关系不和，矛盾不断恶化，不得已搬至女儿陈红家居住。陈红对父亲悉心照顾，老陈想将保险合同的受益人改为陈红，于是父女二人一起到当地的公证机关办理了公证，公证书内容为："自本日起，保险合同的受益人由陈刚改为陈红。"

几年以后，老陈因患病去世，陈红和陈刚同时向保险公司提出领取保险金的请求。

分析

请分析，老陈变更受益人的行为是否有效？保险金应该给付给谁？

本案例的焦点问题是受益人的变更。《保险法》第四十一条规定："被保险人或者投保人可以变更受益人并书面通知保险人。保险人收到变更受益人的书面通知后，应当在保险单或者其他保险凭证上批注或者附贴批单。投保人变更受益人时须经被保险人同意。"

由此可见，根据《保险法》的规定，变更受益人的决定权属于被保险人或投保人，但变更成功以"书面通知保险人"，并对保险合同进行修改作为法定前提条件。本案中，老陈在保险合同订立后因为对儿子不满意，希望将受益人变更为女儿是完全合理合法的，但他选择了错误的变更受益人的方式。通过公证而没有书面通知保险公司，该变更行为无效，不能产生改变受益人的法律后果。因此，陈刚依然是合法的保险受益人，保险公司只能按照原合同约定将保险金支付给陈刚。

【案例分析 7－5】　被保险人与受益人死于同一事故保险金给谁

许某和金某是一对工作不久的年轻夫妻，还没有孩子，他们在单位附近租了一套一居室，过着简单快乐的生活。许某所在的公司给员工投保团体人身意外伤害险，保险金额为每人 10 万元。许某指定妻子金某为受益人。两个月后的一天，因许某没有按时去上班，夫妻两人的电话均无人接听，同事找到他租住的地方。经报警打开房门后，众人惊骇地发现金某躺在床上，许某倒在狭小的浴室里，均已身亡。

调查发现，浴室里装有一台相当老旧的直排式热水器，没有安装排气管道。事发原因应该是许某在浴室洗澡，煤气燃烧产生的废气直接排放到室内，废气中有煤气不完全燃烧产生的一氧化碳。由于那天夜里非常寒冷，门窗紧闭，导致了夫妻两人一氧化碳中毒死亡。

许某和金某各自的父母接到噩耗悲痛欲绝。得知许某因参保团体人身意外伤害险可以有 10 万元的保险金给付，四位老人很疑惑这笔保险金该如何分配？

分析

本案应如何处理？

在该案中，金某是被保险人许某在保险合同中指定的受益人，但已经死亡。因此，本案在理赔时，没有指定的受益人。该如何处理呢？

对于被保险人死亡时，保险合同中没有明确指定的受益人的情况，《保险法》也有明确规定。

第四十二条规定："被保险人死亡后，有下列情形之一的，保险金作为被保险人的遗产，由保险人依照《中华人民共和国继承法》的规定履行给付保险金的义务：

（一）没有指定受益人，或者受益人指定不明无法确定的。

（二）受益人先于被保险人死亡，没有其他受益人的。

（三）受益人依法丧失受益权或者放弃受益权，没有其他受益人的。

受益人与被保险人在同一事件中死亡，且不能确定死亡先后顺序的，推定受益人死亡在先。"

许某和金某在同一事件中死亡，如果法医鉴定能够确定死亡顺序，如许某死亡在前，则金某在未死亡时已经作为受益人获得了受益权，则这笔10万元的保险金归金某所有。金某随后死亡，这笔钱作为金某的遗产，由金某的法定继承人继承。

如果确定是金某先死亡，或者是不能确定死亡先后顺序，推定受益人金某先死，那么就属于《保险法》第四十二条第（二）款的规定"受益人先于被保险人死亡，没有其他受益人的"，这10万元保险金应作为被保险人许某的遗产，由许某的法定继承人继承。

《中华人民共和国继承法》规定，第一顺序继承人是配偶、子女、父母。本案中，许某与金某没有子女，且配偶死亡，第一顺序继承人只剩下各自的父母。因此，这笔保险金的归属取决于死亡顺序的认定。

受益人的受益权的特点可以归结如下。

（1）受益人由被保险人或投保人指定，但投保人指定受益人必须征得被保险人同意。

（2）受益人享受的受益权是一种期得利益，只有在被保险人死亡后才能享受，又被称为等待权。

（3）受益权不能继承，受益人可以放弃受益权但不能行使出售、转让等任何处分的权利。

（4）被保险人或投保人可变更受益人，但投保人变更受益人须征得被保险人同意，变更受益人需通知保险人，履行对保险合同的修改程序。

（5）受益权只能由指定的受益人独享，具有排他性，其他人无权剥夺或分享受益人的受益权。受益人领取的保险金不是遗产，无需交遗产税，不用抵偿被保险人生前债务。

（6）当受益人先于被保险人死亡、受益人放弃受益权或丧失受益权时，保险金作为遗产处理，由被保险人的法定继承人领取。

三、保险合同的辅助人

保险合同订立、履行乃至消灭的过程中，尚须其他人辅助当事人为相应行为，以期圆满达成保险目的。与保险合同的订立或履行具有一定辅助关系的人即为保险合同辅助人。

1. 保险代理人（agent）

（1）保险代理人的含义。保险代理人是根据保险人的委托，向被保险人收取佣金，并在保险人授权的范围内代为办理保险业务的机构或者个人。

（2）保险人与保险代理人的关系。《民法通则》第六十三条规定："公民、法人可以通过代理人实施民事法律行为。代理人在代理权限内，以被代理人的名义实施民事法律行为。被代理人对代理人的代理行为，承担民事责任。"

保险人与保险代理人之间的委托代理关系具体体现在以下几方面。

①保险代理人在保险人授权范围内代办保险业务的行为视同保险人的行为。

②与保险业务相关的信息，保险代理人已知的视同保险人已知。

③保险代理人在业务范围内的违法或欺诈行为，保险人需承担相应责任。

④保单经保险代理人销售给被保险人且收取了保费，即生效。

【案例分析 7－6】 代理人误导致损　保险公司是否该赔

张某为其厂房投保火灾保险一份，保险合同中的保证条款约定设置灭火设备若干套。随后，张某向保险代理人提出要求减少灭火设备的设置。保险代理人通知张某说，他已经被批准减少其灭火设备的设置。然而，保单中并不包含张某要求的减少灭火设备的附注条款。在合同有效期内，该厂房发生了极其严重的火灾，张某向保险公司提出索赔，保险公司以张某违反保证为由拒绝赔偿。张某以保险公司的弃权作为抗辩，双方因此对簿公堂。

分析

本案应如何处理？

资料来源：肖增羿："代理人误导致损　保险公司是否该赔"，《中国证券报》，2007 年 4 月 28 日。

保险合同是最大诚信合同，我们在第 3 章的"最大诚信原则"一节已经学习了告知、弃权、禁止反言等基本内容。本案中，张某向保险代理人提出减少厂房的灭火设备，并得到代理人的批准，他有理由认为这是保险人的意见，并进而影响到实际灭火设备设置的行为。张某履行了告知义务，而保险代理人错误地许可了张某的行为，这使得违反保证义务的责任人并非张某。减少灭火设备意味着风险的提高，更高的风险一般对应更高的保险费率。但该代理人的行为在法律上可以推定为保险公司放弃了以提高保费标准来许可张某变更保证条款的权利。基于禁止反言的原则，保险公司不得再单方反悔。保险公司不得因代理人承保错误推卸赔偿责任，应当按照原合同约定赔偿张某厂房损失。

（3）保险代理人分类。

①专业代理人。专业代理人是指专门从事保险代理业务的保险代理公司，组织形式一般为有限责任公司或股份有限公司。

为了规范保险专业代理机构的经营行为，保护被保险人的合法权益，维护市场秩序，中国保监会于 2009 年制定发布了《保险专业代理机构监管规定》，最近一次修订是在 2015 年。《规定》要求：设立保险专业代理公司，其注册资本的最低限额为人民币 5000 万元，且必须为实缴货币资本。

保险专业代理机构可以经营的保险代理业务包括：代理销售保险产品；代理收取保险费；代理相关保险业务的损失勘查和理赔；中国保监会批准的其他业务。

②兼业代理人。兼业代理人是指受保险公司委托，在从事自身主业的同时，在保险公司授权范围内代为办理保险业务，并向保险公司收取保险代理手续费的机构单位。

为了加强对保险中介市场的管理，规范保险兼业代理行为，中国保监会于 2000 年发布《保险兼业代理管理暂行办法》，对保险兼业代理资格管理、保险兼业代理关系管理、保险兼业代理执业管理等做出了明确规定；2006 年又制定了《保险兼业代理机构管理试点办法》，对保险兼业代理监管制度进行重大改革，并在北京和辽宁两地先行试点；2008 年 6 月，保监会发布了《保险兼业代理机构管理规定（征求意见稿）》。

我国的保险兼业代理机构必须符合中国保监会规定的资格条件，并经中国保监会批准取得《保险兼业代理业务许可证》。国家机关、政党机构和社会团体不得从事保险兼业代理活动。属于法律法规禁止从事营利性活动的事业单位或其他社会组织，不得从事保险兼业代理活动。

保险公司对所委托的保险兼业代理机构负有管理责任。保险兼业代理机构根据保险公司的授权代为办理保险业务的行为，由保险公司承担责任。保险兼业代理机构为保险公司代为办理保险业务，有超越代理权限行为，投保人有理由相信其有代理权，并已签订保险合同的，保险公司应当承担保险责任；但是保险公司可以依法追究越权的保险兼业代理机构的责任。保险公司应当对所委托的保险兼业代理机构及其保险代理业务人员进行保险业务、法律法规知识培训和职业道德教育。

保险兼业代理机构仅限于在主营业务场所内利用其便利条件开展保险代理业务。保险兼业代理机构不得从事异地共保、异地承保、统括保单和大型商业险业务。

从我国保险业运转的实践看，财产保险兼业代理业务以汽车保险为主，而汽车保险业务的兼业代理机构则以车商为主。人身险兼业代理机构主要集中在银行、邮政机构，其业务以分红型寿险产品为主。以银行代理为例，2016 年 5 月，保监会发布《关于银行类保险兼业代理机构行政许可有关事项的通知》，新规响应国务院简政放权的号召，将银行类机构由过去各个营业网点均需申报保险兼业代理资格并持有保险兼业代理业务许可证改为“法人机构申报保险兼业代理资格、法人机构持证、营业网点统一登记”制度。据估算，银行类机构许可证发放数量将由改革前的 18 万张减少为约 3000 张，有助于保险监管机构摆脱重复的行政事务性工作，更好地关注事中事后监管。《通知》强化了银行类机构法人及合作保险公司的管控责任要求，进一步落实委托双方的市场主体责任；《通知》改变了过去只由保险公司单方面报送数据的状况，要求银行类机构直接向监管机构报送相关代理业务数据，以提高业务数据的真实性和准确性。

【案例分析 7－7】 保险销售中的“表见代理”

曹某从 2010 年开始成为某人寿保险公司的保险营销员。此后几年，虽然他工作非常努力，开发了一些客户，但业绩总是不温不火，没有达到他的职业预期。2014 年初，有朋友邀请曹某一起去外地创业，曹某与保险公司协商，解除了双方签订的保险代理合同。公司通知曹某，在解除合同五日内向公司交回其展业证书、各类保险合同条款、投保书、尚未缴付的保险费等业务资料。两天后，曹某接到一个电话，一个老客户决定给妻子和孩子投保重大疾病险，请曹某上门去填写投保书。曹某多了个心眼，隐瞒了自己已经与保险公司解约的情况，带上全套资料到了该客户家里。该客户出于对曹某的信任，把第一期的保费 18000 元交给了曹某。但曹某并没有将该客户的投保资料和保费交给保险公司，就和朋友一起去外地了，连手机号也换掉了。几天后，该客户不见正式保单下达，又联系不上曹某，就向保险公司咨询。保险公司表示曹某已经不是本公司的代理人，他收取保费不是保险公司授权的，保险公司不承担任何责任。

本案涉及的核心问题是表见代理，所谓表见代理，指的是行为人虽然无代理权，但相对人有正当理由相信其有代理权，并因此与行为人签订合同，该合同的法律后果直接归属于被代理人的法律制度。《保险法》第一百二十七条规定：“保险代理人没有代理权、超越代理权或者代理权终止后以保险人名义订立合同，使投保人有理由相信其有代理权的，该代理行为有效。保险人可以依法追究越权的保险代理人的责任。”

> **分析**
>
> 请同学们查询《民法通则》《合同法》及《保险法》中关于“表见代理”的相关规定，分析本案应如何处理？

2. 保险经纪人（broker）

保险经纪人是基于投保人的利益，为投保人与保险人订立保险合同提供中介服务，并依法收取佣金的机构。

与保险代理人是保险人的代理人不同，保险经纪人是投保人的代理人。保险经纪人的主要职责包括：为保险客户提供防灾、防损或风险评估、风险管理等方面的咨询服务；接受投保人的委托设计、安排保险方案，代为洽谈保险合同；出险后为投保人或受益人代办检验、索赔等事务。

随着社会化、专业化分工的不断深入，企业或个人把自己不熟悉的风险管理和保险安排等工作委托给专业化的风险管理顾问——保险经纪人，这种做法已逐渐成为国际惯例。保险经纪人的职责需要具备很高的专业素养才能胜任。显然，只有精通保险合同条款、熟悉保险公司信誉、实力，才能根据客户的具体情况，与保险公司进行诸如条款、费率方面的谈判和磋商，以使客户支付最少的成本获取适宜的保障。保险经纪人还可以通过风险管理使客户保险标的的风险状况有所改善，获得更为优惠的承保条件；保险经纪人一般同时与多家保险公司保持询价渠道，通过市场竞争机制，合理降低费率。由于保险经纪人拥有大量的客户资源，保险公司也乐于与其进行业务合作。

保险经纪人与保险代理人一样需要具备一定的资格条件。因保险经纪人在办理保险业务中的过失给投保人或被保险人造成损失的，要由保险经纪人承担赔偿责任。世界各国一般都强制保险经纪人为其可能产生的这种职业伤害责任缴存保证金或（和）购买职业责任保险，以使保险经纪人承担其业务失误产生的民事赔偿责任。

3. 保险公估人

保险公估机构是指接受委托，专门从事保险标的或者保险事故评估、勘验、鉴定、估损理算等业务，并按约定收取报酬的机构。

在中华人民共和国境内设立保险公估机构，应当符合中国保监会规定的资格条件，取得经营保险公估业务许可证。

根据 2015 年修订版的《保险公估机构监管规定》，保险公估机构可以经营下列业务。

（1）保险标的承保前和承保后的检验、估价及风险评估。承保公估主要体现在两个方面：一是对保险标的进行查勘、检验、鉴定，经过科学的分析、研究、计算，对其现时价值作出评估，以确定合理的保险价值和保险金额；二是对保险标的客观存在的风险在承保前进行查勘、鉴定、分析、预测，以对承保标的的性质、条件及风险程度、责任范围作出科学的判断。

（2）保险标的出险后的查勘、检验、估损理算，出险保险标的的残值处理。理赔公估是保险公估人的主要职能。保险公司委托保险公估人参与理赔已成为国际保险市场的发展趋势。保险公估人不仅具备深厚的专业知识，而且同时具备金融、保险、财务、经济、法律、管理等多方面的知识，对一些大的赔案特别是一些高新技术方面的赔案有很好的把握。理赔公估的职责主要表现在对遭受损失的财产进行检验、鉴定、定责、定损等方面，一般包括现场查勘、损失理算、出具公估报告、协助处理损余标的的残值等程序。

（3）风险管理咨询及中国保监会批准的其他业务。保险公估人依靠其长期专门从事公估工作所积累的经验和数据，能够提供保险检验、鉴定、评估等有关信息的咨询服务，包括风险咨询、防灾防损咨询、检验及定损咨询等。

保险公估人可以接受保险人的委托，也可以接受投保人或被保险人的委托，并向委托人收取公估费用。保险公估人接受当事人委托后，独立执行业务。保险公估机构在办理保险公估业务过程中因过错给保险公司或者被保险人造成损害的，应当依法承担赔偿责任。

第3节　保险合同内容

一、保险合同的条款

保险合同的条款，是指保险人和投保人约定而载明于保险合同，用以明确当事人相互间的基本权利和义务的条文。保险合同的条款，构成保险人承保风险、被保险人或者受益人享受利益的依据。

按照保险条款的性质不同，可将其分为基本条款和附加条款两大类。

1. 基本条款

基本条款是指保险人事先拟定并印就在保险单上的有关保险合同双方当事人权利和义务的基本事项。基本条款构成保险合同的基本内容，是投保人与保险人签订保险合同的依据，不能随投保人的意愿而变更。

2. 附加条款

附加条款是指保险合同双方当事人在基本条款的基础上，根据需要另行约定或附加的、用以扩大或限制基本条款中所规定的权利和义务的补充条款。附加条款通常也由保险人事先印就一定的格式，待保险人与投保人特别约定填好后附贴在保险单上，故又称附贴条款。

二、保险合同的基本事项

我国《保险法》第十八条规定，保险合同应当包括下列事项。

1. 保险人的名称和住所

2. 投保人、被保险人的姓名或者名称、住所，以及人身保险的受益人的姓名或者名称、住所

在保险合同订立后，凡有对保险费的请求支付、风险增加的告知、风险发生原因的调查、保险金的给付等，都会涉及当事人和关系人的姓名及住所事项，同时也涉及发生争议时的诉讼管辖和涉外争议的法律适用等问题。在保险合同中应载明名称、住所的，一般是对投保人、被保险人和受益人而言。保险人的名称、住所已在保险单上印就。

3. 保险标的

财产保险合同中的保险标的是指物、责任、信用。人身保险合同中的保险标的是指被保险人的寿命和身体。保险合同必须载明保险标的。

4. 保险责任和责任免除

保险责任是指在保险合同中载明的对于保险标的在约定的保险事故发生时，保险人应承担的经济赔偿和给付保险金的责任，一般都在保险条款中予以列举。

责任免除是对保险人承担责任的限制，指保险人不负赔偿和给付责任的范围。一般分为以下四类。

（1）不承保的风险，如战争、地震、核辐射等，对大多数财产险和人身险都是属于不可保风险。

（2）不承担赔偿责任的损失，即损失免除，如正常维修、保养引起的费用及间接损失。

（3）不承保的标的，包括绝对不保的标的，如土地、矿藏等和可特约承保的标的，如金银、珠宝、古董、书画等。

（4）投保人或被保险人未履行合同规定义务的责任免除，如投保人未履行如实告知义务导致保险人不承担相应赔付责任。

5. 保险期间和保险责任开始时间

保险期间是指保险合同的有效期间，即保险人为被保险人提供保险保障的起讫时间，一般可以按自然日期计算，也可按一个航程、一个工程期或农作物的一个生长期计算。保险期间是计算保险费的依据，也是保险人履行保险责任的基本依据之一。

保险责任开始时间是指保险人开始承担保险责任的起点时间，通常以具体的年月日和时点表示。《中华人民共和国保险法》第十四条规定："保险合同成立后，投保人按照约定交付保险费；保险人按照约定的时间开始承担保险责任。"由此可见，保险责任开始的时间由双方在保险合同中约定。

在保险实务中，保险责任的开始时间可能与保险期间一致，也可能不一致。保险客户要特别留意，以避免在保险"空窗期"发生保险事故，无法得到保险保障。

【专栏7-2】　保单生效日各有讲究　交纳保费不等于保单生效

近日，发生于南京的一桩驾车撞人逃逸案件颇为特殊。肇事者周某在驾车闯红灯时，撞伤了骑车人王某，但他并没有停下汽车救助伤者，而是快速逃离了现场。最终，警方通过监控探头找到了周某，他给出的逃逸理由是，自己的车辆当日新购，车险保单要到次日凌晨才能生效，因担心无力赔偿受害人，于是选择逃逸。

实际上，车险的保险责任期间一般都是以保单生效日为起点的，而并非交纳保费的时间。保单生效日对被保险人能否获取赔偿至关重要。车险和其他财产保险一般都没有即时生效的概念，当天办理完手续后，保险责任正式生效要等到第二天零时。在交纳保费至保单生效的这段期限内是保险的"真空期"，万一发生保险事故，保险公司是不会理赔的。据肇事者周某介绍，他的爱车就是事发当天下午交纳车险保费的，但工作人员提醒他，保单要从次日凌晨起才能生效，于是也就引出了他逃逸的想法。

健康类保险产品会设置"观察期"，目的是为了保护保险公司利益，防止被保险人带病投保。一般来说，普通住院类医疗保险的观察期为30~90天，而重大疾病险为半年，有的甚至一年。在观望期内发生保险事故的，保险公司只退还已交保费，观望期内发生的医疗费支出，保险公司不负责赔付。投保人在购买医疗类保险时，一定要仔细弄清险种的责任范围和生效时间。

资料来源：张安立："保单生效日各有讲究　交纳保费不等于保单生效"，《理财周刊》，2012年9月17日。

6. 保险金额

保险金额是保险人计算保险费的依据，也是保险人承担赔偿或者给付保险金责任的最高限额。

在不同的保险合同中，保险金额的确定方法有所不同。在财产保险中，保险金额要根据保险价值来确定；在责任保险和信用保险中，一般由保险双方当事人在签订保险合同时依据保险标的的具体情况商定一个最高赔偿限额，还有些责任保险在投保时并不确定保险金额；在人身保险中，由于人的生命价值难以用货币来衡量，所以是根据被保险人的经济保障需要与投保人支付保险费的能力，由保险双方当事人协商确定保险金额。

7. 保险费以及支付办法

保险费是指投保人支付的作为保险人承担保险责任的代价。交纳保险费是投保人的基本义务。保险合同中必须规定保险费的交纳办法及交纳时间。财产保险一般为订约时一次付清保险费；长期寿险既可以订约时一次趸交保险费，也可以订约时先付第一期保险费。在订约后双方约定的期间内采用定期交付定额或递增、递减保险费等办法。

8. 保险金赔偿或者给付办法

保险金赔偿或给付办法即保险赔付的具体规定，是保险人在保险标的遭遇保险事故，致使被保险人经济损失或人身伤亡时，依据法定或约定的方式、标准或数额向被保险人或其受益人支付保险金的方法。

9. 违约责任和争议处理

违约责任是指保险合同当事人因其过错致使合同不能履行或不能完全履行，即违反保险合同规定的义务而应承担的责任。保险合同作为最大诚信合同，违约责任条款在其中的作用更加重要，因此，在保险合同中必须予以载明。

争议处理条款是指用以解决保险合同纠纷适用的条款。争议处理的方式一般有协商、仲裁、诉讼等。

10. 订立合同的年、月、日

订立合同的年、月、日，通常是指合同的生效时间，以此确定投保人是否有保险利益、保险费的交付期等。在特定情况下，订立合同的年、月、日，对核实赔案事实真相起到关键作用。

除以上基本事项外，投保人和保险人可以约定与保险有关的其他事项。

综上可见，保险合同的内容既包括事先拟定的基本条款，同时也包括属于当事人签订合同时基于投保人、被保险人和保险标的的状况议定的条款，如当事人、保险标的、保险价值、保险金额、保险期间等条款，还包括基于投保人或被保险人的特殊需要协商确定的附加条款。

为了保护投保人和被保险人的利益，《保险法》第十九条规定：“采用保险人提供的格式条款订立的保险合同中的下列条款无效：（一）免除保险人依法应承担的义务或者加重投保人、被保险人责任的；（二）排除投保人、被保险人或者受益人依法享有的权利的。”

三、保险合同的形式

在保险实务中，为了便于当事人双方履行合同，特别是在保险事故发生后，能够为被保险人、受益人索赔和为保险人承担保险责任提供法律依据，减少纠纷，也为了便于举证，如无特殊情况，保险合同通常采用书面形式。书面形式的保险合同包括投保单、保险单、保险凭证和暂保单等。

1. 投保单

投保单是指投保人向保险人申请订立保险合同的书面要约。投保单一般由保险人按照事先统一格式印制，通常为表格形式。投保单所列项目因险种不同而有所区别，投保人按照表格所列项目逐一填写并回答保险人提出的有关保险标的的情况和事实。投保单一经保险人接受并签章，即成为保险合同的组成部分。

2. 保险单

保险单或称“大保单”，是指保险合同成立后，保险人向投保人（被保险人）签发的正式书面凭证。保险单由保险人制作，经签章后交付给投保人。保险单具有证明保险合同的成立、确立保险合同内容、明确当事人双方履行保险合同的依据等作用。《保险法》第十三条规定：“投保人提出保险要求，经保险人同意承保，保险合同成立。保险人应当及时向投保人签发保险单或者其他保险凭证。保险单或者其他保险凭证应当载明当事人双方约定的合同内容。”

3. 保险凭证

保险凭证也称“小保单”，是指保险人向投保人签发的证明保险合同已经成立的书面凭证，是一种简化的保险单。保险凭证的法律效力与保险单相同，只是内容较为简单，一般仅在少数几种保险业务，如货物运输保险、汽车险及第三者责任保险中使用。另外，在团体保险中也使用保险凭证，即在大保单之外，对参加团体保险的个人再分别签发保险凭证。

4. 暂保单

暂保单也称临时保险单，是指由保险人在签发正式保险单之前出立的临时保险凭证。暂保单的内容比较简单，一般只载明被保险人、保险标的、保险金额、保险险种等重要事项，以及保险单以外的特别保险条件。有关保险双方当事人的权利和义务，都以保险单的规定为准。暂保单的有效期一般为 30 天。一旦保险公司出具正式保单，暂保单自动失效。在暂保单期限内发生保险事故，保险公司仍要承担赔付责任。

暂保单只在一些特殊情况下出具，例如：保险代理人在招揽到保险业务但还未向保险人办妥正式保险单时，可先出立暂保单，作为保险合同成立的证明；保险公司的分支机构在接受投保人的要约后，尚需获得上级保险公司或者保险总公司的批准，在未获得批准前，可先出立暂保单，证明保险合同的成立；在办理出口贸易结汇时，保险单是必备的文件之一，在保险人尚未出具保险单或保险凭证之前，先出立暂保单，以证明出口货物已经办理保险。

5. 批单

批单也称背书，是指保险双方当事人协商修改和变更保险单内容的一种单证，实际上是对已签订的保险合同进行修改、补充或增减内容的批注，一般由保险人出具。批单列明变更条款内容事项，须由保险人签章，一般附贴在原保险单或保险凭证上。批单也是保险合同的重要组成部分。

批单的法律效力优于原保险单的同类款目。凡经批单改过的内容均以批单为准；多次批改，应以最后的批改为准。

6. 其他书面形式

除了以上印刷的书面形式外，《保险法》第十三条规定："当事人也可以约定采用其他书面形式载明合同内容。"

保险协议书也是重要的书面形式。当保险标的较为特殊或投保人的要求较为特殊，不能采用标准化的保险单或保险凭证时，可以采用保险协议书的形式。保险协议书是投保人与保险人经协商一致后共同拟定的书面协议，当事人的权利义务在协议书中载明，并由当事人双方盖章或签字。

除上述保险合同的书面形式外，在订立和履行保险合同过程中形成的所有文件和书面材料都是保险合同的组成部分，不仅包括投保单、保险单、保险凭证等，还包括投保人的说明、保证，关于保险标的风险程度的证明、图表、鉴定报告（如人身保险中被保险人的体检报告）、保险费收据、变更保险合同的申请，发生保险事故的通知、索赔申请、损失清单、损失鉴定等，都可以作为保险合同关系的证明。

四、保险条款的解释原则

保险合同素有"最大善意合同"之称①，但面对复杂的现实，保险双方当事人在保险合

① 高定中："保险合同最大善意性之研究——以海峡两岸保险法制为中心"，中国政法大学博士学位论文，2007。

同的签订和执行过程中亦难免发生争议，甚至引起仲裁和诉讼。强化与完善保险合同解释制度关系到这些争议的化解，受到许多国家和地区立法和司法的重视。

保险合同的条款争议，是指当事人对保险合同所使用的语言文字的含义有不同的理解或者认识，或者依照社会观念，保险合同所使用的语言文字的含义不清楚或有两种以上的解释。

我国《合同法》第一百二十五条规定："当事人对合同条款的理解有争议的，应当按照合同所使用的词句、合同的有关条款、合同的目的、交易习惯以及诚实信用原则，确定该条款的真实意思。"保险合同的解释，是保险合同内容发生争议时，由法院和仲裁机构对保险合同的内容予以确定和说明。因保险具有专业性、社会互助性以及保险合同条款的标准化，保险合同的解释原则和方法不同于一般合同解释。

1. 保险合同条款的解释效力

对于保险合同条款的解释，依据解释者身份的不同进而导致解释的效力差异，可以分为有权解释和无权解释。

（1）有权解释。有权解释指具有法律约束力的解释，其解释可以作为处理保险合同条款争议的依据。对保险条款有权解释的机关主要包括全国人大及其工作机关、人民法院、仲裁机构和保险监督管理部门。有权解释可以分为立法解释、司法解释、行政解释和仲裁解释。

①立法解释：指国家最高权力机关的常设机关，也是最高立法机关的全国人大常委会对保险法的解释，是最具有法律效力的解释，其他解释不能与此相冲突，否则无效。

②司法解释：指国家最高司法机关在适用法律的过程中对于具体应用法律问题所作的解释。国家最高司法机关是最高人民法院。对于保险合同条款中有关保险法的内容，在适用法律时，必须遵守司法解释。

③行政解释：指国家最高行政机关及其主管部门对自己根据宪法和法律所制定的行政法规及部门规章所作的解释。中国保险监督管理委员会是中国保险业的最高行政主管机关，其有权解释保险合同条款中有关规章类或视同规章部分，有权解释由中国保险监督管理委员会审批的保险条款。

④仲裁解释：指保险合同争议的双方当事人达成协议把争议提交仲裁机构仲裁后，仲裁机构对保险合同条款的解释。仲裁机构对保险合同条款的解释同样具有约束力。当一方当事人不执行时，另一方当事人可以申请人民法院强制执行。

（2）无权解释。除有权解释外，其他单位和个人对保险条款的解释均为无权解释。保险合同争议的当事人双方均可对保险条款作出自己的理解和解释。对于这些解释，法院在判决时可以参考，但不具有法律上的约束力。一般社会团体、专家学者等均可对保险条款提出自己的理解和解释。对于这部分的解释，一般称为学理解释。学理解释同样只能作为仲裁、审判过程中的参考，不具有法律效力。

2. 保险条款的一般解释原则

（1）文义解释。文义解释是指对合同条款的文字应按照其通常的含义并结合上下文来解释；同一个合同中出现的同一个文句，前后的解释应当相同；条款中出现的专业术语，应按照其所属行业的通常含义进行解释。

具体到保险合同中特定语句的使用，首先按照正常的语法来把握当事人意图，准确理解保险条款含义。对一般条文的解释，应该按照该文字通常的含义并结合合同的整体内容来解释；对保险专业术语、法律术语及其他专业术语，可以依据《保险法》及相关的法律、法规或行业惯例等进行解释。只有在合同文字确实存在表述不清的情况下，才能借用其他的解释原则加以补充。

例如，中国人民保险公司企业财产保险条款第二条规定，除非特约，“金银、珠宝、玉器、首饰、古玩、古书、古画、邮票、艺术品、稀有金属和其他珍贵财物”不属保险财产范围，“其他珍贵财物”应当解释为前文所列举的其他同类物品，非同类的珍贵物品不在此限。

（2）意图解释。在双方对合同条款有歧义而又无法运用文义解释原则时，应通过分析背景材料等方式，对签约当时双方当事人的真实意图进行逻辑上的推断。

意图解释是指对保险合同条款应遵循签约当时双方当事人的真实意图，从当时的客观情况出发来进行解释。保险合同的条款是保险双方当事人意思表示一致而确立的。运用意图解释，要根据保险合同条款所用文字、订约时的背景、客观情况以及当事人在订约时对未来的可能判断等综合因素，推测出当事人订约所采用的条款的真实意图。

（3）有利于被保险人。所谓“不利保险人解释规则”，是指当保险人与投保人、被保险人或者受益人对保险合同条款理解存在争议时，在满足一定条件的情况下，法院或仲裁机关应对争议条款作出不利于保险人的解释。

世界各国在解释保险合同时，均采用此原则。我国《保险法》第三十条规定：“采用保险人提供的格式条款订立的保险合同，保险人与投保人、被保险人或者受益人对合同条款有争议的，应当按照通常理解予以解释。对合同条款有两种以上解释的，人民法院或者仲裁机构应当作出有利于被保险人和受益人的解释。”

之所以要强调该原则，主要原因如下。

首先，保险合同是附合性的格式合同，其条款是由保险人事先拟订的，充分考虑了保险人的自身利益，而较少反映投保人、被保险人或受益人的意思，《合同法》第四十一条规定：“对格式条款的理解发生争议的，应当按通常理解予以解释。对格式条款有两种以上解释的，应当作出不利于提供格式条款一方的解释。格式条款和非格式条款不一致的，应当采取非格式条款。”

其次，保险合同内容复杂，并且其中有很多普通人不易理解的专业术语。投保人受专业知识和时间的限制，往往不可能对保险条款予以细致研究。

再次，保险人因其对保险具有的专业优势，使其对保险业务操作的熟悉程度远远超过被保险人和受益人。

这些原因使被保险人在订立保险合同的过程中明显处于弱势地位。因此，为了保护投保人、被保险人或者受益人的利益，避免保险人拟订的保险条款含义模糊，损害投保人、被保险人或者受益人的利益，各国纷纷引入不利保险人解释规则，通过事后司法救济的方式，削弱保险人在合同中的优势地位，重新平衡保险合同双方的利益。这实际上是一种公平原则在格式条款解释中的体现。

需要注意的是，不利保险人解释规则适用需要具备一定的前提条件，不能一味“滥用”。

其一，是保险合同条款的文字存在“疑义”，致使对当事人的真实意图难以明确。如果合同文字语义清晰，双方意图明确，尽管当事人事后对保险条款理解发生争议，法院或仲裁机关也不能片面地做不利保险人解释。

其二，对由保险人拟定的格式条款，适用不利保险人解释规则是毫无异议的。但在特约条款中，当事人双方对于条款的制定拥有平等的权利，最后所达成的条款也是双方共同意志的体现。因此，不利保险人解释原则不应适用于保险合同特约条款的解释，否则将有违法律的公平原则。

4. 批注优于正文，手写优于打印

保险合同是标准化文本，条款统一，但在具体实践中，合同双方当事人往往会就各种条件变化进一步磋商，对此大多采用批注、附加条款、加贴批单等形式对原合同条款进行修正。依照保险惯例，批注、加贴或者附加条款和保险合同的原有条款有相同的效果。当修改与原合同条款发生冲突时，采用批注优于正文、后批优于先批、书写优于打印、加贴批注优于正文批注的解释原则。

5. 补充解释原则

法律有强制性规定的，应当依照法律解释保险合同。法律没有强制性规定的，应当借助法律的任意性规范（即可以自由选择做不做或者怎么做的指导性规范）、保险人或其代理人

的行为或交易过程、商业习惯、国际惯例以及公平原则等，对保险合同有欠缺的内容作出补充，以使保险合同的内容清楚、完整。在进行补充解释时，应当推定当事人意图订立具有法律约束力的保险合同，努力探求当事人订立保险合同的目的，并把保险合同的条款作为一个整体和相互联系的部分予以衡量，借助法律、习惯、当事人的行为等因素，以务实、合理和公正的态度解释保险合同。

【案例分析7-8】 未发生合同约定的保险事故，保险公司依法不应赔偿

2010年8月12日，北京圣凯华瑞工程机械有限公司作为投保人，为其车架号为LL13-H1760的神钢牌挖掘机向某保险公司投保工程机械设备综合保险，并附加碰撞、倾覆保险，附加第三者责任险，被保险人是购买该设备的张先生。保险公司予以承保，出具编号为ABEJ09053410Q000081M的保险单，保险期间为2010年8月12日零时起至2011年8月11日24时止。

2010年11月7日下午1点左右，驾驶员操作该挖掘机在河北省承德市滦平巴克什营进行道路平整施工作业，不慎滑入水塘，致使挖掘机被水浸泡，造成损失。

保险公司调查后认为本次事故不属于保险责任范围，于2010年11月26日作出了拒赔通知。张先生不服，于2011年6月24日，向北京市西城区法院提起诉讼，要求保险公司赔偿保险金173470元、利息损失12121.22元，合计185591.22元。

律师向法院提出：投保人之所以向保险公司支付保险费，是为了换取保险公司转嫁风险。但保险公司承受的不是一切风险，只能是保险合同约定的特定风险。本案所可能涉及的保险责任事故实际上只有两项，一是“地面突然塌陷”，二是“倾覆”。

什么是地面塌陷？在工程机械设备综合保险条款第三十九条的释义中解释道：“是指地壳因为自然变异、地层收缩，以及由于海潮、河流、大雨侵蚀而导致的地面突然下陷下沉。对于因勘察、设计、施工、建筑材料缺陷而导致的地面下陷下沉，不属于地面突然塌陷责任。”被保险人提起诉讼的事实称是“地面突然塌陷”，而根据被保险人自己在事发后拍摄的现场照片，挖掘机周边的地面根本没有塌陷，更谈不上是“突然塌陷”。在被保险人签署的《出险通知书》中也称：“挖掘机在施工过程中，滑入水塘。”换言之，事发现场并没有地壳变异和收缩，也没有海潮、河流、大雨侵蚀而导致的地面突然下陷下沉。水塘不是地面塌陷形成的，而是早就存在的，挖掘机也不是地面塌陷陷进水塘的，而是滑进去的。所以，“地面突然塌陷”事故没有发生。

那么，是不是挖掘机“倾覆”造成损失呢？按照商务印书馆第5版《现代汉语词典》第1111页的解释，“倾，是歪、斜、倒塌的意思”；第433页的解释，“覆，是底朝上反过

来、歪倒的意思”。商务印书馆第5版《现代汉语词典》第1112页对“倾覆”的解释是“物体倒下的意思”。在本案中附加碰撞、倾覆保险条款的第五条释义中解释道：“倾覆，是指保险标的因自然灾害或意外事故，造成自身翻倒，失去正常状态或行驶能力，不经施救不能恢复使用。”倾覆之意，要么倾斜，要么翻倒，并且因为倾斜、翻倒而导致挖掘机的损失，才构成保险公司赔偿保险金的前提。事故现场照片显示，挖掘机是滑入水塘，端端正正停立在水塘中，既没有倾也没有覆，也没有倾覆，所以“倾覆”这一事故也没有发生。

综上所述，两个保险险种所约定的全部保险事故均未发生，很可能被保险挖掘机是由于驾驶员操作失误或者滑行，才滑到水塘里被水浸泡造成损失的。由于该损失并非合同条款约定保险责任事故，保险公司不应承担任何保险责任。

北京市西城区法院经审理作出（2011）西民初字第16468号民事判决书，判决书称，导致保险标的挖掘机受损的原因，并不属于保险合同所约定的保险责任范围，因此保险公司无需就该挖掘机的损失承担保险责任。驳回原告的诉讼请求。

分析

你是否认可法院对本案的判决，为什么？

资料来源：郭玉涛：“未发生合同约定的保险事故，保险公司依法不应赔偿”，智飞法律网（http：//www.lawbang.com/index.php/topics－list－baikeview－id－149230.shtml，2016年7月15日）。

第4节　保险合同从订立到终止

一、保险合同的订立

与其他合同一样，保险合同的订立过程往往是一个反复协商的过程。要成为有效合同，保险合同需要具备以下四项要素。

1. 要约与承诺

保险合同订立是指投保人与保险人之间基于意思一致而进行的法律行为。《保险法》第十三条规定：“投保人提出保险要求，经保险人同意承保，保险合同成立。”

（1）要约。要约就是以缔结合同为目的，希望相对人予以承诺的意思表示。

在订立保险合同的过程中，一般先由投保人向保险人提出要约，即投保申请。投保人首先对自己面临的风险以及所需要的风险保障进行全面的评估，通过咨询或保险业务人员的宣传，结合自身的财务计划明确所要投保的保险险种，并以填写投保单的方式向保险人或保险代理人提出投保的申请。

（2）承诺。承诺是指受约人在收到要约后，对要约的全部内容表示同意并作出愿意订立合同的意思表示。

在投保人提出投保申请后，保险人通过对投保单的审核、对保险标的的查勘以及对投保人的询问，确定承保的具体条件，对投保人作出承保的承诺，保险合同正式成立。判断保险人的承诺是否具有法律效力，关键是看保险人的承诺内容是否包括了保险合同的实质内容，如保险标的、保险金额、保险险种等，并且双方就这些内容完全协商一致。

如果保险公司通过审核，认为保险标的风险较大，可以拒绝该要约即拒绝承保；也可以提出一个反要约，即采用有条件承保的方式，要求投保人适用较高的保费，或者是以附加条款的方式对安全措施等提出更高的要求。如果投保人愿意接受这个反要约，则相当于投保人给出了承诺，双方达成一致；如果投保人不愿意接受，则合同无法成立。

以上是保险合同订立的一般程序，也有一些保险活动可采用简易程序。例如，航空运输旅客意外伤害保险就采取较灵活的形式，投保人一手支付保险费，一手领取保险单，即所谓“买保单”。

2. 对价

对价是指合同各方交换的代价，即合同各方给予另一方的有价值物品、服务或承诺。双方承担的义务是对等的。在订立保险合同过程中，投保人的对价是支付保费和同意遵守合同的规定；保险人的对价是承诺当被保险人发生保险责任范围内的损失时按合同规定履行赔偿或给付义务。

3. 当事人具有法定资格

保险合同的当事人必须有订立合同的民事权利能力和民事行为能力。对投保人来说，法人一般都具有民事行为能力，自然人中的成年人大多数有民事行为能力，但精神病患者、醉酒的人，通常不具有订约的法定资格，未成年人一般也没有订约的法定资格。保险人一般是法人，都有订立合同的法定资格。

假设你所在学校的登山协会组织会员同学去野营爬山，考虑到活动有一定的危险性，准备给活动参加者购买意外伤害保险。请问，登山协会是否可以以投保人的身份为会员投保？为什么？

4. 合法的动机

保险合同必须具备合法动机，即法律许可的意图或目的。以非法的目的签订的保险合同在法律上是无效的。例如，承保非法获得或违禁走私物品的保险合同无效；承保责任明显违反公共利益的保险合同无效；可能产生鼓励投保人或被保险人错误行为后果的保险合同也无效。

二、保险合同的变更

保险合同变更是指在保险合同有效期内，经当事人双方协商一致，以法定的形式，对保险合同的内容所作的修改或补充。

保险合同变更必须由投保人与保险人协商而定。变更保险合同的内容表现为修改合同的条款。变更保险合同的结果是产生新的权利和义务关系。

保险合同的变更通常包括合同主体变更、合同内容变更和合同效力变更。

1. 主体变更

保险合同主体变更是指保险合同当事人和关系人的变更。在保险合同有效期内，投保人、被保险人和受益人均可进行变更。

（1）财产保险中的主体变更。

财产保险合同生效后，作为保险标的的保险财产及其有关利益，可能会由于买卖、赠与、继承等原因而发生所有权的转移。当保险标的被转让，保险利益也随之转移给保险标的的受让人。由于投保人必须对保险标的具有保险利益，而被保险人是保险事故发生后利益受损的人，因此，保险标的转让会相应的带来保险合同主体的变更。如果保险合同要继续有效，需要履行法定的手续。

2009 年修订前的《保险法》第三十四条规定："保险标的的转让应当通知保险人，经保险人同意继续承保后，依法变更合同。但是，货物运输保险合同和另有约定的合同除外。"

在货物运输保险合同中，保险标的是在运输过程中的货物。由于运输中的货物流动性大，货物在远地易主，很难事先通知保险人，并取得保险人的同意。为了方便合同当事人的交易，国际上的保险惯例是只要保险合同没有另作规定，凡运输保险，其保单可随货物的转移而背书转让。也就是说，除合同另有约定外，货物运输保险合同保险标的的转让，投保人不必征得保险人的同意，保险合同随保险货物的转让而自动变更，原被保险人与保险人之间的保险关系即行消灭，受让人与保险人之间新的保险关系随即建立。

但是，对于当时《保险法》中只有取得保险人的同意才能变更合同的规定，业界长期存在不同看法。以机动车辆的转让为例，车辆的转让、过户需要时间，而通知保险人、保险人审核批准后再办理变更合同的手续也需要时间，二者很难做到完全同步进行，可能导致保险标的处于一段没有保险保障的"空窗期"，保险公司事先已经收取了足额保费，这对被保险人而言是不公平的。实践中，保险标的转让后转让人与受让人未将转让的情况通知保险人的现象屡见不鲜。保险标的转让后在保险合同期间发生保险事故，保险人往往以转让人、受让人未履行《保险法》第三十四条规定的通知义务、未经保险人同意继续承保为由拒赔，引发纠纷。

2009 年 10 月 1 日生效后的《保险法》第四十九条对修订前原三十四条的规定作出了重大修改：“保险标的转让的，保险标的的受让人承继被保险人的权利和义务。保险标的转让的，被保险人或者受让人应当及时通知保险人，但货物运输保险合同和另有约定的合同除外。”

根据新的规定，当保险标的的所有权发生转移，保险合同也自动实现转让，无需得到保险公司同意，只是必须及时通知保险公司。

【案例分析 7－9】　被保险车辆转让后未通知保险公司的后果

某商贸公司有一辆面包车，向 A 保险公司投保车损险、第三者责任险，保险期限为 2008 年 12 月 1 日到 2009 年 11 月 30 日。2009 年 10 月 5 日，商贸公司因欠供货商 B 公司货款无力偿还，将这辆越野车转让给了 B 公司抵债，并办理了过户手续，但没有通知保险公司。一个月后，该车辆在行驶途中发生侧翻事故。B 公司向保险公司提出索赔，保险公司以 B 公司并非保险合同当事人为由拒绝赔偿。

分析

本案中保险标的转让后没有通知保险人会导致何种后果？

2009 年修订后的《保险法》第四十九条还规定：“因保险标的转让导致危险程度显著增加的，保险人自收到前款规定的通知之日起三十日内，可以按照合同约定增加保险费或者解除合同。保险人解除合同的，应当将已收取的保险费，按照合同约定扣除自保险责任开始之日起至合同解除之日止应收的部分后，退还投保人。被保险人、受让人未履行本条第二款规定的通知义务的，因转让导致保险标的危险程度显著增加而发生的保险事故，保险人不承担赔偿保险金的责任。”

按照新的规定，保险标的转让的，保险也相应地转让，无需保险人再次承保，保险标的的受让人自然成为新的被保险人。无论保险人是否知道这个转让事宜，都应该对受让人承担保险责任，受让人的利益得到了充分的保护。而被保险人、受让人“应当及时通知保险人”中的通知不是一种法律规定的强制性义务，只是一种应然性规定。通知是否为必要，取决于转让是否导致危险程度显著增加。因此，本案的关键在于车辆的转让是否显著增加危险程度。如果没有，则 B 公司可以向 A 保险公司索赔。

假设原商贸公司的车辆主要是在市区内送货，转让给B公司后经常用于长途，那本案又该如何处理呢?

（2）人身保险中的主体变更。

人身保险的投保人可以变更。例如，丈夫为妻子投保需要长期缴费的人寿保险，丈夫是投保人，妻子是被保险人。日后二人因感情破裂而离婚，男方不愿意再为女方交纳保险费，如果女方希望保单继续存续，则可以到保险公司申请将投保人变更为自己，由自己继续缴费。此时，投保人和被保险人均为女方。

由于被保险人本人的寿命或身体是保险标的，所以被保险人的变更可能导致保险合同终止，因此，人寿保险一般不允许变更被保险人。但在一些特定险种中，人身保险的被保险人亦可变更。以团体人身意外伤害险为例，团体人身意外伤害保险是指以机关、团体、企事业单位中身体健康能正常劳动或工作的在职人员为保险对象，当被保险人在保险期内因意外事故造成伤残或死亡，由保险人给付保险金的一种人身保险。投保人是机关、团体或企事业单位，被保险人则是该单位的在职人员。如果团体的成员发生变动，离开团体的成员不再作为被保险人，而新进入团体的成员可以成为新的被保险人。

人身保险除了投保人、被保险人可以变更外，受益人也是可以变更的。我们在第二节中已经了解到，被保险人或投保人可以变更受益人，但必须通知保险人，履行必要的变更手续；投保人指定或变更受益人时，须经被保险人同意。

【案例分析7-10】 谁动了采石工人的保险

据中央电视台2004年11月4日《经济与法》节目报道，黄梅根是江西省新余市人，靠着多年打工的积累，终于在2003年6月开办了自己的采石场。谁知好景不长，当年8月18日下午，他在山上采石作业施放炸药时发生意外身受重伤，失去了整个右臂和一只左手。巨额的医药费和收入来源的丧失使得黄梅根一家陷入困境。此时，黄梅根想起年初在另外一家采石场打工时，老板简冬根为他们几个工人在中国人寿新余分公司投保了两份人身意外伤害保险，每份的保险金额是3.6万元。黄梅根委托叔叔黄正生去保险公司咨询能否得到保险金的给付。保险公司的回复是，该保险合同的被保险人已进行了变更，黄梅根不再是被保险人，因此保险公司不承担赔付责任。

黄梅根对自己原本有保险，但后来又没有了保险感到疑惑不解。记者采访了保险公司的总经理助理刘冬发，刘冬发出示了保险合同变更申请书，在变更项目栏中写着：被保险人黄梅根等四人变更，其中黄梅根变更为马和兴。原来，在采石场老板简冬根为黄梅根等人投保了意外伤害险之后三个月，黄梅根等人就离开了采石场。简冬根又另外雇了四名工人。由于采石业属于高危行业，采石工人投保意外伤害险的费率比较高，经咨询得知，可以对原保险合同中的被保险人进行变更。为了节省成本，简冬根于2003年7月15日到保险公司申请保险合同变更，将黄梅根等已经离职的四人换成了新雇佣的四人。刘冬发强调，根据《保险法》第二十一条，在保险合同有效期内，投保人和保险人经协商同意，可以变更保险合同的有关内容。投保人是负责交纳保费的人，他为谁投保，不为谁投保，是他的权利。保险公司没有规定、没有理由限制他（投保人简冬根）的权利。

黄梅根认为变更被保险人却没有通知自己是没有道理的，而简冬根认为你不在这里做事情肯定不给你保险，黄梅根的负伤和自己完全没有关系。黄梅根聘请的诉讼代理人认为，按照《合同法》的规定，合同的变更不得损害第三人的利益。被保险人是享有保险金请求权的人，这种权利不能无端地丧失。2003年10月，黄梅根将保险公司和简冬根作为被告向法院提起了诉讼，要求保险公司给予自己赔付。

分析

请查阅当时的《保险法》和《合同法》相关规定，分析本案应如何处理？

针对本案，有学者提出了“被保险人的知情权”问题。如果黄梅根知道自己已经不再作为被保险人，可能会在自己开办采石场后去为自己及雇佣的工人投保一份新的保险。由于他对合同状况的不知情，以至于意外伤害发生时还不知道自己早已处于没有保险保障的状态。由此提出建议，当投保人与被保险人并非同一人时，如果投保人和保险人协商变更合同内容，应保障原被保险人的及时知情权。

2. 保险合同内容的变更

保险合同内容的变更实际上是当事人权利与义务的变更。《保险法》第二十条规定：“投保人和保险人可以协商变更合同内容。变更保险合同的，应当由保险人在保险单或者其他保险凭证上批注或者附贴批单，或者由投保人和保险人订立变更的书面协议。”

保险合同内容需要遵循法律、法规规定的程序，采取一定的形式完成。程序一般为：首先，投保人向保险人及时告知保险合同内容变更的情况；保险人接到申请后进行审核，若需增加保险费，则投保人应按规定补交，若需减少保险费，则投保人可向保险人提出要求，无论保险费的增减或不变，均要求当事人取得一致意见；最后是保险人签发批单或附加条款。

在保险合同当事人双方协商一致的前提下，财产保险的以下内容均可进行变更：①被保险人地址；②保险标的种类、数量、价值、存放地点；③保险期限、保险金额；④保险责任范围；⑤运输合同中的航程、航行期等。

人身保险保险合同内容变更指在主体不变的情况下，被保险人职业、居住地点发生变化，或者是改变合同保险责任、保险期限、保险金额等约定事项。

三、保险合同效力的中止和恢复

1. 保险合同的中止

保险合同中止是指在保险合同存续期间，由于某种原因的发生而使保险合同暂时失去效力。

保险合同的中止一般适用于人寿保险合同。人寿保险合同大多期限较长，有数年至数十年不等，故其保险费大多采用分期交纳的方式。《保险法》第三十六条规定："合同约定分期支付保险费，投保人支付首期保险费后，除合同另有约定外，投保人自保险人催告之日起超过三十日未支付当期保险费，或者超过约定的期限六十日未支付当期保险费的，合同效力中止，或者由保险人按照合同约定的条件减少保险金额。"

在宽限期内发生保险责任范围内的事故，保险人依旧承担赔付责任；但会从保险金中扣除欠交的保费及利息。但一旦保险合同效力中止，则保险人不承担给付责任。

2. 恢复

保险合同复效指保险合同效力暂时中断后，经过一定程序而恢复合同效力。

《保险法》第三十七条规定："合同效力依照本法第三十六条规定中止的，经保险人与投保人协商并达成协议，在投保人补交保险费后，合同效力恢复。但是，自合同效力中止之日起满二年双方未达成协议的，保险人有权解除合同。"

由此可见，被中止的保险合同可以在合同中止后的二年内申请复效。投保人申请恢复合同效力的，应填写复效申请书，并按保险人的规定提供与被保险人身体状况有关的健康告知书或体检报告书，经保险人审核同意，双方达成复效协议，投保人补交保险费及利息后，合同效力恢复。复效后的合同与原合同具有同样的效力。

如果保险人经过审核不同意以原条件承保，双方不能达成一致意见，可以解除原保险合同；如果合同效力中止超过两年双方未达成协议的，保险人也有权解除合同。解除保险合同后的一般做法是，投保人已交足二年以上保险费的，保险人将按照合同约定退还保险单的现金价值；如果投保人未交足二年保险费的，在扣除手续费后退还保险费。

【案例分析 7－11】 保险合同复效后不足两年自杀是否能得到赔付

齐某于2000年为自己投保了一份终身寿险保单，保险金额10万元，指定受益人为其妻子。该合同成立并生效的时间为2000年3月1日。2003年，因王某未履行按期交纳续期保费的义务，在超过 60 天的宽限期后，保险合同的效力于 2003 年 5 月 2 日中止。2004 年 5 月 1 日，王某申请复效，经保险公司审核同意，补交了其所拖欠的保险费及利息，合同效力恢复。

2005 年 12 月 10 日，王某因借钱炒股发生巨亏，被人逼债走投无路自杀身亡。齐某的妻子向保险公司提出给付保险金的请求。保险公司提出，根据 2002 年修订的《保险法》第六十六条规定："以死亡为给付保险金条件的合同，被保险人自杀的，除本条第二款规定外，保险人不承担给付保险金的责任，但对投保人已支付的保险费，保险人应按照保险单退还其现金价值。"而其第二款就是："以死亡为给付保险金条件的合同，自成立之日起满二年后，如果被保险人自杀的，保险人可以按照合同给付保险金。"该保险合同的"复效日"应为合同效力的起算日，从 2004 年 5 月 1 日到 2005 年 12 月 10 日尚不足两年，保险公司以此为由予以拒赔。

分析

（1）保险公司拒赔的理由是否成立？如果你是齐某妻子聘请的律师，应当如何帮助她主张获得保险金给付的权利？

（2）如果齐某妻子得到保险金赔付，齐某的债主是否能主张以保险金来偿还齐某生前所欠债务，为什么？

这是一起非常典型的关于复效合同效力是以合同成立日还是以复效日作为起算日的保险纠纷案件。由于当时的《保险法》对此没有明确的规定，在实践中引发了很多的纠纷。2009 年及 2015 年修订的《保险法》第四十四条对原第六十六条"自杀条款"的规定进行了修改："以被保险人死亡为给付保险金条件的合同，自合同成立或者合同效力恢复之日起二年内，被保险人自杀的，保险人不承担给付保险金的责任，但被保险人自杀时为无民事行为能力人的除外。"按照修订后的规定，如果发生合同效力中止，要从合同效力恢复之日起重新计算。

四、保险合同的终止

保险合同的终止是指保险合同成立后，因法定的或约定的事由发生，使合同确定的当事人之间的权利、义务关系不再继续，法律效力完全消灭的事实。保险合同效力终止的结果是合同权利义务的消灭，是保险合同发展的最终结果。

保险合同终止的主要原因有合同的期限届满、履行完毕、主体消灭等法定或约定事由。

1. 自然终止

自然终止是指保险合同期限届满而终止。这是保险合同终止的最普遍、最基本的原因。无论在保险期限内是否发生过保险事故以及是否得到过保险赔付，保险期限届满后，保险合同按时终止。

保险合同期满后，如果需要继续获得保险保障，要重新签订保险合同，即续保。这里所指的续保并不意味着保险期限的延长或是原保险合同的继续，而是另一个新的保险合同的签订。

2. 履约终止

履约终止是指在保险责任期限内发生保险事故，保险人已经履行赔偿或给付全部保险金义务后，如无特别约定，保险合同即告终止。

以人身意外伤害保险为例，假设某份保险合同的保险金额为 10 万元，因被保险人在合同期限内遭受意外伤害导致严重残疾，保险公司给予了 10 万元的全额给付，则该合同虽然期限未满，但效力终止。

3. 因保险标的全部灭失终止

因保险标的全部灭失终止指由于非保险事故发生，造成保险标的灭失，保险利益自然也不复存在，保险合同就因为客体的消灭而终止。

以人身保险为例，人身保险合同以被保险人的生命或健康为保险标的，其保险利益是投保人对被保险人的生命或健康所具有的法律上承认的利益。被保险人如果非因保险事故或事件而死亡，如人身意外伤害保险中被保险人生病而死亡，保险合同也就随之效力终止。

4. 解约终止

保险合同解除是指保险合同有效期间，当事人依法律规定或合同约定提前终止合同效力的一种法律行为。保险合同解除时，原有合同并未履行完毕，期限也未届满，是将正在生效的保险合同提前终止其效力。

（1）投保人解除合同。

《保险法》第十五条规定："除本法另有规定或者保险合同另有约定外，保险合同成立后，投保人可以解除合同，保险人不得解除合同。"该规定赋予了投保人提前解除合同的权利。因为投保人订立保险合同的目的是保险事故或保险事件发生后，可以从保险人那里获得保险保障。如果主客观情况发生变化，投保人感到保险合同的履行已无必要，则可解除保险合同。

《保险法》第五十八条规定："保险标的发生部分损失的，自保险人赔偿之日起三十日内，投保人可以解除合同；除合同另有约定外，保险人也可以解除合同，但应当提前十五日通知投保人。”

不过《保险法》对投保人解除合同的权利也有必要的限制，第五十条规定：“货物运输保险合同和运输工具航程保险合同，保险责任开始后，合同当事人不得解除合同。如果合同当事人通过保险合同约定，对投保人的合同解除权做出限制的，投保人也不得解除保险合同。”

《保险法》第五十四条还规定：“保险责任开始前，投保人要求解除合同的，应当按照合同约定向保险人支付手续费，保险人应当退还保险费。保险责任开始后，投保人要求解除合同的，保险人应当将已收取的保险费，按照合同约定扣除自保险责任开始之日起至合同解除之日止应收的部分后，退还投保人。”

（2）保险人解除合同。

为了保护被保险人的利益，保险人在保险合同生效后不能随意解除合同，《保险法》对保险人解除合同的权利做出了限制性规定，只有当特定法定事由发生时，保险人才有权解除保险合同，具体如下。

①投保人故意或者因重大过失未履行前款规定的如实告知义务，足以影响保险人决定是否同意承保或者提高保险费率的。

②未发生保险事故，被保险人或者受益人谎称发生了保险事故。

③投保人、被保险人故意制造保险事故的。

④在人身保险合同中，投保人申报的被保险人年龄不真实，并且其真实年龄不符合合同约定的年龄限制的。

⑤分期支付保险费的保险合同，投保人在支付了首期保险费后，未按约定或法定期限支付当期保险费的，合同效力中止。自合同效力中止之日起满二年双方未达成协议的，保险人有权解除合同。

⑥投保人、被保险人未按照约定履行其对保险标的的安全应尽责任的。

⑦在合同有效期内，保险标的的危险程度显著增加，被保险人未履行及时通知的义务。

⑧因保险标的转让导致危险程度显著增加的。

五、保险合同争议的处理方式

保险合同争议是指在保险合同成立后，合同主体就保险合同内容及履行时的执行约定具体做法等方面产生不一致，甚至相反的理解而导致的意见分歧或纠纷，争议的处理方式包括协商、仲裁和诉讼。

1. 协商（negotiation）

协商是指合同双方在自愿、互谅、实事求是的基础上，对出现的争议直接沟通，友好磋商，消除纠纷，求大同存小异，对所争议问题达成一致意见，自行解决争议的办法。

通过协商解决争议，不仅可以节约时间和费用，更有助于在协商过程中充分沟通，增进彼此了解，强化双方互相信任，在圆满解决纠纷的同时，为继续执行合同及更长远的合作打下坚实基础。

2. 仲裁（arbitration）

仲裁是指由保险合同双方当事人协议将争议提交（具有公认地位的）第三者，由该第三者对争议进行评判并作出裁决，并受该裁判约束的一种解决争议的方法。

《中华人民共和国仲裁法》第二条规定："平等主体的公民、法人和其他组织之间发生的合同纠纷和其他财产权益纠纷，可以仲裁。"第四条规定："当事人采用仲裁方式解决纠纷，应当双方自愿，达成仲裁协议。没有仲裁协议，一方申请仲裁的，仲裁委员会不予受理。"

由此可见，申请仲裁必须以双方自愿基础上达成的仲裁协议为前提。仲裁协议可以是订立保险合同时列明的仲裁条款，也可以是在争议发生前、发生时或发生后达成的仲裁协议。较之诉讼，仲裁是一种自愿型公断，而诉讼则是强制型公断。

仲裁机构主要是指依法设立的仲裁委员会，它是独立于国家行政机关的民间团体，而且不实行级别管辖和地域管辖。仲裁委员会由争议双方当事人协议选定，不受级别管辖和地域管辖的限制。仲裁裁决具有法律效力，当事人必须执行。仲裁实行"一裁终局"的制度，即裁决书做出之日即发生法律效力，一方不履行仲裁裁决的，另一方当事人可以根据民事诉讼的有关规定向法院申请执行仲裁裁决。当事人就同一纠纷不得向同一仲裁委员会或其他仲裁委员会再次提出仲裁申请，也不得向法院提起诉讼，仲裁委员会和法院也不予受理，除非申请撤销原仲裁裁决。

3. 诉讼（litigation）

诉讼是指保险合同当事人的任何一方按法律程序，通过法院对另一方当事人提出权益主张，由人民法院依法定程序解决争议、进行裁决的一种方式。这是解决争议最激烈的方式。

在我国，保险合同纠纷案属民事诉讼法范畴。法院在受理案件时，实行级别管辖和地域管辖、专属管辖和选择管辖相结合的方式。《中华人民共和国民事诉讼法》第二十四条规定："因保险合同纠纷提起的诉讼，由被告住所地或者保险标的物所在地人民法院管辖。"最高人民法院《关于适用〈中华人民共和国民事诉讼法〉若干问题的意见》第二十五条规定："因保险合同纠纷提起的诉讼，如果保险标的物是运输工具或者运输中的货物，由被告住所地或者运输工具登记注册地、运输目的地、保险事故发生地的人民法院管辖。"所以，保险合同双方当事人只能选择有权受理的法院起诉。

我国现行保险合同纠纷诉讼案件与其他诉讼案一样实行的是两审终审制，且当事人不服一审法院判决的，可以在法定的上诉期内向高一级人民法院上诉申请再审。第二审判决为最终判决。一经终审判决，立即发生法律效力，当事人必须执行。否则，法院有权强制执行。当事人对二审判决还不服的，只能通过申诉和抗诉程序。

司法统计数据显示，我国各级人民法院受理各类保险纠纷案件呈大幅上升趋势，2005 年受理 14465 件，2010 年增加到 59747 件。2015 年前 10 个月的案件数即为 91555 件。如果将与保险有关的损害赔偿纠纷包括在内，保险诉讼案件在中国各级法院所审理的民商事案件中已成为数量最大的种类。在各类保险纠纷案件中，主要涉及保证保险、机动车辆保险、财产损失保险以及健康和意外伤害保险四大类，其中机动车辆保险的比重最高，保险争议的焦点主要集中在免责条款的适用范围、保险人是否履行了明确的说明义务、投保人是否履行了如实告知义务等方面。①

本章关键词

保险合同	射幸性合同	附合合同	单务合同	双务合同
要式合同	非要式合同	定值保险合同	不定值保险合同	投保人
保险人	被保险人	受益人	保险代理人	保险经纪人
保险公估人	投保单	保险单	保险凭证	暂保单
批单	有权解释	无权解释	文义解释	意图解释
要约	承诺	对价	中止与恢复	终止
协商	仲裁	诉讼		

思考与讨论

韩进海运公司破产事件涉及的货运保险事宜

韩进海运（Hanjin Shipping Co）为全球第七大、韩国第一大的航运公司，根据 Alphaliner

① 詹昊："保险争议案件快速增加值得深思"，《中国保险报》，2016 年 6 月 29 日。

的数据，截至2016年8月1日，韩进海运拥有的船队规模为100艘、61.68万TEU（标准箱），占据全球3.0%的市场份额。不过，近两年来受国际海运市场运力过剩、运费下降等不利因素的影响，韩进海运负债累累，经营状况堪忧。截至2015年年底，债务超过6.6万亿韩元（约合59亿美元），负债与股东权益比率将近850%。2016年上半年韩进海运累计亏损4730亿韩元。2016年8月31日下午，韩进海运向韩国首尔中央地方法院提交破产保护申请。因银行拒绝再贷款，包括全球各大港口和零售商都陷入混乱，韩进船只进出港受阻，集装箱被滞留。据报道，有多达85艘船舶处于“非正常”航行状态，其中包括了被港口扣押和漂泊在海上的船舶。同时导致短期航运费用大涨、货主资产受损等一系列问题。①

货运险保单承保风险要根据具体合同条款确定。目前常用的英国ICC（A）（1982版和2009版）条款以及人保财险《海洋运输货物保险（一切险）》（2009版）条款，均属于“一切险+除外责任”的方式，因此保单承保风险可以直接关注相应的除外条款。

问题

（1）请查询ICC（A）条款及人保《海洋运输货物保险（一切险）》条款，分析其“一切险+除外责任”中的保险责任主要有哪些？除外责任又有哪些？

（2）由于转运货物可能会被卸在中途港，韩进不再另行安排转运船舶运至目的港，在此种情况下，货主及货物代理（指在货主与承运人之间的中间人、经纪人和运输组织者）可能被要求自行另找船东安排转运。由此导致货物转运增加的费用是否属于保险人责任范围？

（3）因韩进海运未能支付港口的费用，造成中转港或目的港码头扣押或滞留货物，导致货物丢失或被转运，是否可以界定为“外来原因”，造成的损失是否属于一切险的承包范围？

（4）保险人是否有权以我国《保险法》“保险标的的危险程度显著增加”为由解除保险合同？

（5）保险人是否可以依据ICC（A）条款及人保海洋运输货物保险条款（2009版）下航程终止主张保险合同解除？保险人是否有权以承运人“破产或不履行债务”为由免除保险赔付责任？

（6）除此之外，保险公司还有哪些抗辩理由可能会成立？

（7）针对韩进破产带来的极大不确定性，相关货物运输险的被保险人和保险人应怎样积极应对？

---

① 达信Marsh：“韩进海运公司破产事件所涉及的货运保险事宜探讨”，达信微信公众号，2016年9月9日。

行驶证过期车被盗拒赔　车险免责格式条款是否无效①

2012 年 4 月 17 日，黄小姐为其所有的思威牌多用途乘用车向中华保险公司投保车辆损失险、第三者责任险、盗抢险等，支付保险费 4391.73 元。其中盗抢险的保险金额为 154000 元，保单生效日期至 2013 年 4 月 18 日 24 时。

2012 年 5 月 12 日，黄小姐将该车停放在广州市花都区龙珠路红菊花大厦东鹏陶瓷门口。次日发现车被盗，随后向公安机关及中华保险公司报案。广州市公安局花都区分局立案侦查未能侦破。8 月 14 日，花都公安分局向黄小姐出具了《被盗（抢）车辆证明》，确认黄小姐的车辆被盗未侦破情况。黄小姐向中华保险公司提出索赔申请。但中华保险公司认为，黄小姐的车辆行驶证到 2012 年 4 月 30 日有效，保险事故发生时已过期，保险公司不承担保险责任。黄小姐起诉到法院，请求判保险公司赔偿 15.4 万元。

庭上，中华保险公司出具了《机动车盗抢保险条款》，指出该条款第 5 条约定了保险公司责任免除的多种情形，其中第 9 项约定："除另有约定外，发生保险事故时被保险机动车无公安机关交通管理部门核发的行驶证或号牌，或未按规定检验或检验不及格的"，保险公司不予赔偿。中华保险公司指出，在 2012 年 4 月 17 日投保时，黄小姐的车行驶证并未过期，保险公司才同意承保，并签发保单及保险证。车辆的行驶证在 2012 年 4 月 30 日到期，黄小姐未按规定及时进行车辆检验办理行驶证年审，违反了法律的强制性规定。

法院审理认定，黄小姐在投保时已提交行驶证复印件给上诉人，上面明确显示行驶证的有效期。虽然她没有及时办理年审，具有一定的过错，但涉案车辆是因被盗窃而造成整车损失的，车辆行驶证是否已办理年审与保险事故的发生并没有直接的因果关系。保险公司以黄小姐未依法履行如实告知义务为由拒绝赔付，依据不足。

中华保险公司还指出，依据《机动车盗抢保险条款》第 5 条第 9 项约定："标的车辆无按规定检验而发生保险事故，保险人可以免责"，上述条款第 8 条还约定了"整车被盗免赔率 20% 的规定"。黄小姐否认保险公司这些条款作了特别说明。法院审理认定格式免责条款未提示无法律效力。一审花都区法院判决认定，黄小姐要求赔偿车辆损失 15.4 万元，数额并未超过合同约定的保险责任，合理有据，应予支持。中华保险公司的抗辩理由依据不足，遂判决中华保险公司在判决生效后十日内向黄小姐给付保险赔偿金 15.4 万元；案件受理费 1690 元由中华保险公司负担。

---

① 魏徽徽、马伟锋："行驶证过期车被盗拒赔　车险免责格式条款是否无效"，《信息时报》，2013 年 8 月 7 日。

问题

请查阅《保险法》《最高院关于适用〈保险法〉若干问题的解释（二）》及《机动车盗抢保险条款》相关规定，分析法院的判决具体依据是什么？是否合理？

被保险人死亡后保险金如何分配

夏日炎炎，小学生朱某随父亲前往水库游泳，不幸在深水区腿部抽筋，朱某父亲营救不及时，导致朱某溺水身亡。朱某的父亲悲伤欲绝，加上家人多加指责，喝农药自尽。朱某的母亲李女士在办理完父子俩的丧事后改嫁他人。由于朱某投保了学生平安保险，按照保险合同约定，保险公司应赔付10000元。由于该学生平安险是通过学校统一办理的，并未明确指定受益人。李女士与朱某的爷爷（奶奶已经去世）在究竟谁能领取这笔保险金的问题上产生了纠纷。李女士认为自己应该全额领取保险金，朱某的祖父认为李女士已经改嫁，丧失了领取保险金的权利，这笔保险金应该由其全额领取。

问题

请分析，本案中10000元的保险金应如何分配？为什么？

第8章 保险经营活动

>> 本章要点

- 保险精算的内涵及基本原理
- 财产保险和人寿保险费率厘定的基本原理
- 保险展业、投保、承保的基本内容
- 保险理赔的基本原则与程序
- 保险投资的资金来源、原则与形式
- 中国的保险投资发展历程

2016年9月下旬，两则南京外国语学校学生在美国遭遇车祸不幸身亡的消息对小赵、小孙触动极大。美国当地时间9月22日下午5时，西北大学18岁中国留学生邱楚圆在学校主路上骑车时，与一辆水泥车相撞，被送往医院后抢救无效身亡。邱楚圆是南京外国语学校2015届毕业生，因和同校6位女生共同考取美国名校，曾被亲切称呼为“南外七仙女”。9月24日下午5：30分，南京外国语学校OES交流访问团一行20人在加州41号高速公路发生车祸，造成1死11伤。据当地警方调查，事发时正在通过一处弯道，超速驾驶的车辆冲出马路撞上了路边的一棵松树。包括死者在内的22名乘客都有佩戴安全带。据当地司机称，这家名为A-Top Line Charter的旅游公司的司机开车经常横冲直撞，并且不打信号灯。

年轻人的突然意外离去总是会令人格外伤感。小赵和小孙决定趁着年轻，未雨绸缪，赶紧给自己做好保险安排。在联系了因购买蜜月旅行保险而结识的保险代理人后，他们很快拿到了几款寿险产品及重大疾病险产品的介绍材料和投保单样本。他们发现一个难以理解的现象：两人同岁，但有的险种小赵适用的费率高，而有的险种却是小孙适用的费率高。而此前在为蜜月旅行购买交通工具及旅行意外伤害险时，两人适用的费率都是一样的。男女区别对待，计算的依据是什么？是不是不公平呢？

本章内容将详细介绍保险公司从保险费厘定到最终理赔及保险投资的各个环节，小赵和小孙的疑问也将迎刃而解。

第1节　保险费与保险费率厘定

一、保险精算概述

1. 保险精算的内涵

保险精算最初的定义是“通过对火灾、盗窃以及人的死亡等损失事故发生的概率进行估算，以确定保险公司应该收取多少保费”。经过数百年的发展，保险精算的内涵已经得到了大幅度的拓展，成为依据经济学的基本原理和知识，利用现代数学方法，对各种保险经济活动未来的财务风险进行分析、估价和管理的一门综合性的应用科学。

（1）非寿险精算。非寿险精算是研究除人寿以外的保险标的的出险规律，出险事故损失额度的分布规律，保险人承担风险的平均损失及其分布规律，保费的厘定和责任准备金的提存等问题的学科。非寿险精算始终把损失发生的频率、损失发生的规模以及对损失的控制作为研究重心。现在，非寿险精算已经发展了两个重要分支：一是损失分布理论；二是风险理论。

（2）寿险精算。寿险精算是以概率论和数理统计为工具研究人寿保险的寿命分布规律、寿险出险规律、寿险产品的定价、责任准备金的计算、保单现金价值的估值等问题的学科。

在寿险精算中，利率和死亡率的测算是厘定寿险成本的两个基本问题。由于利率一般是由国家控制的，所以在相当长的时期里利率并非寿险精算所关注的主要问题，而死亡率的测算即生命表的建立成为寿险精算的核心工作。

（3）保险基金风险。伴随着金融市场的发展和利率市场化的推进，保险基金的风险也逐渐成为精算研究的核心问题。关注的问题包括投资收益的敏感性分析和投资组合分析、资产和负债的匹配等。

如今，在保险公司经营管理的计划、统计、展业、财务、投资、研究及培训等各个环节上，都需要精算发挥其计算、分析、预测、服务等职能。

2. 保险精算的基本原理

（1）收支相等原则。

所谓收支相等原则，是指使保险期内纯保费收入的现金价值与支出保险金的现金价值相等。由于寿险的长期性，在计算时要考虑利率因素，可根据不同需要，选择特定时点采取不同方式来计算。

①根据保险期间末期的保费收入的本利和（终值）及支付保险金的本利和（终值）保持平衡来计算。

②根据保险合同成立时的保费收入的现值和支付保险金的现值相等来计算。

③根据在其他某一时点的保费收入和支付保险金的“本利和”或“现值”相等来计算。

（2）大数法则。

很多看似随机的事件实际上是有规律的，这些“有规律的随机事件”在大量重复出现的条件下，往往呈现几乎必然的统计特性。例如抛掷硬币，就单次看，得到正面朝上还是反面朝上的结果是随机的，但如果抛掷的数量足够大，我们就会发现，硬币的正面或反面朝上的次数约占总次数的50%。可见偶然中包含着某种必然。

大数法则即对于大量的随机现象（事件），由于偶然性相互抵消所呈现的必然数量规律的一系列定理的统称。换而言之，大数定律是以确切的数学形式表达了大量重复出现的随机现象的统计规律性，即频率的稳定性和平均结果的稳定性，并讨论了它们成立的条件。常见的三个大数法则包括切比雪夫（Chehyshev）大数法则、贝努里（Bermulli）大数法则和泊松（Poisson）大数法则。同学们在《高等数学》中的“概率论与数理统计”部分应该已经学习到相关内容。

大数法则表明，样本数量很大的时候，样本均值和真实均值充分接近，这意味着当承保标的数量足够大时，被保险人所交纳的纯保险费与其所获得的赔款的期望值相等。因此，该法则实际上说明了保险人厘定纯保险费率的方法。

3. 保险精算师制度

保险精算师是在保险公司专职精算业务的人员。

（1）保险精算师的职能。

保险精算师的职能涵盖的范围非常广，主要包括如下项目。

①根据精算理论，科学地厘定各类险种的保险费率。

②计算责任准备金，支付准备金，以及多种累积金。

③按经济环境变动的趋势，为保险投资决策提供预测数据。

④根据保险市场的变化、对保险的需求及地区特点为保险公司设计新险种。

⑤参与保险公司的计划、展业、投资、财务等的经营管理决策。

⑥参与编制保险公司的各项年度报表（如财务报表、经营报表、税务报表、呈送给保险监督部门的报表等），负责其中精算部分的计算。

⑦协助职能部门根据统计资料研究各具体险种的效益，以及保险费率的调整，以适应市场竞争的需要。

⑧研究灾害损失的趋势，预测本公司的偿付能力；为防灾技术提供资料和研究手段；参与防灾、防损及风险管理。

⑨研究再保险的设置、再保险费率及再保险对本公司经营的作用等。

2016 年 9 月发布的《中国保监会关于进一步完善人身保险精算制度有关事项的通知》（保监发〔2016〕76 号）就有如下规定："保险公司总精算师作为公司产品精算管理的第一责任人，应严格按照监管规定和精算原理要求，切实履行责任。保险公司应建立产品定价回溯机制，总精算师应定期对产品定价假设合理性进行评估，对产品定价发生率或退保率与实际经营结果发生重大偏差的，要及时向中国保监会报告并进行说明；对于主观或故意原因导致的，中国保监会将依法追究总精算师责任。若保险公司出现利差损、偿付能力、现金流等方面重大风险，或产品精算方面出现重大违法违规行为，总精算师应及时向中国保监会报告；未及时报告的，中国保监会将依法追究总精算师责任。"

（2）保险精算师资格认定。

精算师在保险公司发挥的作用至关重要，在世界各国都是一种热门而诱人的职业。由于保险精算师工作的高度专业性和技术性，世界各国对精算师资格认定有较为严格的规定。具体方式包括：一是考试认可制度，只要通过全部考试，即可获得精算师资格。以北美精算师协会和英国精算师协会的考试最为典型；二是学历认可制度，在大学设立精算专业，分本科和研究生两个阶段，精算专业研究生毕业，即可获得精算师资格。此外，对保险公司的指定精算师或首席精算师，除要求获得被认可的精算师资格外，还要求最低的精算专业从业年限。

由于中国保险业起步较晚，精算教育在我国长期处于空白，直到 1987 年，精算教育系统才被引入中国。之后北美精算师考试、英国精算师考试、日本精算师考试陆续被引入，而中国精算师资格考试到 1999 年才正式开始。随着国内保险市场的快速发展，中国将对精算人才的需求不断扩大，在未来相当长的时期内，精算师都是职场上极为抢手的"金领贵族"。

二、保险费与保险费率的含义

1. 保险费的定义与构成

保险费（premium）是投保人与保险人签订保险合同时，依据相应的保险费率及投保的保险金额，向保险人交付的费用。保险费的金额一般等于保险金额与保险费率的乘积。

保险费由纯保险费和附加保费组成。

（1）纯保险费。

纯保险费是指保险费中用于支付保险赔偿金的部分，它是保险费的最低界限。纯保费与和保险标的的不确定密切相关。

对财产保险和而言，不确定性主要体现为实物标的发生风险事故及损失的不确定性，保险时限一般较短。因此，对财产险费率厘定的关键在于损失发生概率、损失发生的规模和对损失的控制。人身保险中的意外伤害险在风险特性上与财产保险相类似。

对人寿保险而言，不确定性主要体现在人的生命或身体机能发生风险事故的不确定性上，且保险时限一般较长，对人寿保险费率厘定的关键在于基于生命表确定的死亡率及利率。

（2）附加保费。

保险人在办理保险业务时，需要支付雇员工资、代理人佣金、宣传费用等营业费用，附加保费就是用于保险人各种业务及管理费用支出的资金的来源，它是根据预定费用率计算出来的。

附加保费包括的范围很广，各国对其分类采用的标准和方法有所差异，通常由营业费用、营业税和营业利润构成。附加保费的计算方法主要有如下几种。

①比例法，也就是将纯保费的一定比例作为附加费用。这种方式的附加保费与纯保费成正比，适用于与保费成比例变动的附加保费项目。

②固定法，是按保险金额的统一比例作为附加保费，一般表示为 1000 元保险金额固定数额的附加保费。这种方式适用于与保险金额有密切关系的费用项目，比如业务费佣金等。

③混合法，将附加保费分为两部分：一部分按保险金额的同一比例确定，另一部分按纯保费的一定比例确定，因此是比例法和固定法的结合。

④常数法，对每张保单一律加收相同数额的附加保费。该方法适用于仅与保单数目有关的费用项目。

2. 保险费率的含义与构成

保险费率（premium rate）是保险人按单位保险金额向投保人收取保险费的标准，是保险费与保险金额的比率。保险费率通常以每百元或每千元的保险金额的保险费来表示。

保险费率一般由纯费率和附加费率组成。纯费率又称为净费率，是纯保费与保险金额的比率。附加费率由费用率、营业税率和利润率等几部分构成。由纯费率和附加费率两部分组成的费率称为毛费率。

三、保险费率厘定的基本原则

保险在形式上是一种经济保障活动，本质上是一种特殊商品的买卖行为，制定保险商品的价格，即厘定保险费率，便构成了保险的基本要素。为保证保险双方当事人的利益，保险费率的厘定要遵循一些基本原则。

1. 公平性原则

公平性原则要求保险人收取的保险费与其承担的保险责任是对等的；同时，要求投保人交纳的保险费应与其保险标的的风险状况相适应。

2. 合理性原则

合理性原则是针对某险种的平均费率而言的。保险人向投保人收取的保险费，不应在抵补保险赔付以及有关的营业费用后，获得过高的营业利润，即要求保险人不为获得非正常经营性利润而制定高费率。

费率是否合理需要经过一段时间的使用后才能确定。可以通过一段时期（通常为5年）内的平均实际损失率与该类风险的标准损失率，即预期损失率进行比较，计算出原定费率应做的调整或修正。费率修正的计算公式如下：

$$M = A \div E$$

$$\text{费率调整率} = M - 1$$

其中：M 为修正费率，A 代表实际损失率，E 代表预期损失率。

例如：预期损失率为45%，实际损失率为50%，意味着原定费率偏低，需要调高。

则有：费率调整率 =（50% ÷45%） −1 =11.11%

对费率进行修正除了考虑实际平均损失率外，还需要考虑未来风险变化趋势、通货膨胀率变化趋势、防灾防损措施发展等因素。

3. 适度性原则

适度性原则要求保险人根据厘定的费率收取的保险费应能足以抵补一切可能发生的损失以及合理的营业费用、税收和公司的预期利润。如果保险费率偏高，超出投保人交纳保费的能力，会影响投保人的积极性，制约保险业务的发展；如果费率偏低，则会导致保险公司偿付能力不足，最终也将损害被保险人的利益。

4. 稳定性原则

稳定性原则是指保险费率在短期内应该是相对稳定的，既有利于保险业务开展，又有利于投保人续保。对于投保人而言，稳定的费率可使其对保费支出有明确的预期，有助于其综合财务安排的进行；对于保险人而言，尽管费率上涨可以使其获得一定的利润，但是费率的不稳定可能导致投保人的不满，对保险业务的拓展造成负面影响。

5. 弹性原则

弹性原则要求保险费率在短期内保持稳定的基础上，在中长期能根据实际情况的变动作适当的调整。随着社会、经济、技术、文化的不断进步与变化，保险标的风险状况发生变化，利率水平也会有所波动，保险费率水平应随之变动，以保持保费的适度、合理。

6. 促进防损原则

促进防损原则指保险费率的制定应有利于促进被保险人加强防灾防损，对防灾工作做得好的被保险人降低其适用费率；对无损或损失少的被保险人，实行优惠费率；而对防灾防损工作做得差的被保险人，实行高费率或续保加费。

为防止各保险公司借助保险费率进行恶性竞争，很多国家对保险费率的厘定方式都有具体规定。《保险法》的相关规定包括如下几条。

第一百一十四条："保险公司应当按照国务院保险监督管理机构的规定，公平、合理拟订保险条款和保险费率，不得损害投保人、被保险人和受益人的合法权益。"

第一百三十五条："关系社会公众利益的保险险种、依法实行强制保险的险种和新开发的人寿保险险种等的保险条款和保险费率，应当报国务院保险监督管理机构批准。国务院保险监督管理机构审批时，应当遵循保护社会公众利益和防止不正当竞争的原则。其他保险险种的保险条款和保险费率，应当报保险监督管理机构备案。保险条款和保险费率审批、备案的具体办法，由国务院保险监督管理机构依照前款规定制定。"

第一百三十六条："保险公司使用的保险条款和保险费率违反法律、行政法规或者国务院保险监督管理机构有关规定的，由保险监督管理机构责令停止使用，限期修改；情节严重的，可以在一定期限内禁止申报新的保险条款和保险费率。"

四、保险费率厘定的基本方法

1. 观察法

观察法又被称为个别法或判断法，是按具体的每一标的分别单独计算确定费率的方法。

之所以采用观察法，往往是因为保险标的的数量太少，无法获得充足的统计资料来确定费率。在厘定费率的过程中，保险人主要依据自己的判断。

2. 分类法

分类法是在按风险的性质分类基础上分别计算费率的方法。将性质相同的风险归于一类，对同一类的风险单位，根据它们共同的损失概率，订出相同的保险费率。

分类法是现代保险经营中经常使用的厘定保费的方法。采用分类法是基于这样一种假设：保险标的将来的损失很大程度上由一系列相同的因素决定。因此，最理想的分类费率的条件是每一类别中，各单位所有风险因素的性质完全一致，这样每单位的预期损失及费用都相同。

分类法的准确程度，既有赖于分类的适当性，又取决于各类别所包含的风险单位的数量。火灾保险、人寿保险及大多数意外伤害保险通常使用分类法。例如，各种人寿保险依据年龄、性别、健康状况分类，适用于不同的分类费率。

3. 增减法

增减法又称为修正法，是在分类法的基础上，在同一费率类别中结合个别标的的风险状况予以变动调整确定费率的方法。

其调整或基于在保险期间的实际损失经验，或基于其预想的损失经验，或同时以两者为基础。增减法在实施中又有表定法、经验法、追溯法、折扣法等多种形式。

（1）表定法。

表定法以每一危险单位为计算依据，在基本费率的基础之上参考标的物的显著危险因素来确定费率。

例如，针对写字楼、厂房、公寓等的火灾保险，需要个别考虑的风险因素包括所处地段周边情况、建筑结构（木、砖混、钢架、高层或多层）、占用性质（用途、堆放物品）、消防设施、日常维护保养情况等。

表定法能较客观地反映保险标的的风险状况，适用于任何大小的危险单位，适用性较强；若被保险人的防灾防损意识不强，可能会面临较高的保险费率，因而能够促进防灾防损。不过，由于保险人需要详细了解保险标的的具体情况，经常要支付大量营业费用，采用表定法的成本较高。

（2）经验法。

经验法是根据被保险人过去的损失记录，以过去数年的平均损失对按分类法计算的费率加以增减，来修订未来年份的保险费率。

经验法隐含的前提是，影响风险的各因素均已体现在过去实际发生的损失数据中了。因此，相较于表定法仅考虑若干个重要因素，经验法考虑到影响风险的因素更全面，因而相对更合理、科学。经验法大多适用于主观风险因素较多、损失变动幅度较大的风险，如公众责任保险、汽车保险、团体人寿保险等。

保险费率调整的百分比计算公式为：

$$M = \frac{A - E}{E} \times C \times T$$

其中，M 为保险费率调整的百分比，A 为经验期被保险人的实际损失，E 为被保险人适用某分类时的预期损失，C 为置信系数，T 为趋势因素（考虑平均赔偿金额支出趋势及物价指数的变动）。

采用经验法调整费率，其调整百分率的大小，还须考虑所能获得被保险人损失经验资料的多少。而所获经验资料的多少，也就是损失经验置信系数的大小。因此在计算时，须考虑置信系数。

其次，保险费率调整时，为获得数量较多的损失经验资料，通常必须依据较长期间的损失经验。但如果期间过长，致使足以影响损失频率及损失程度的各种条件常常会发生变动，因而在计算调整费率时，也需要将此种变动趋势加入考虑。通常处理的方法为：对置信度采用加权方法，较近年份的经验加权较多，较早年份的经验加权较少。对变动趋势采用趋势因数，依照平均补偿金额支出趋势、物价指数变动趋势等资料，用统计的方法计算其乘数，用以修正费率调整的程度。各项趋势的考虑应以延伸至调整费率将来适用期间的中点为准。

例如，某企业投保产品责任保险，按分类费率计缴保险费总额为 5000 元，其中 80% 为纯保险费（预期损失），过去 3 年平均实际损失为 3000 元，假定置信系数为 38%，趋势因数为 1，则其费率调整幅度为：

$$\frac{3000 - 5000 \times 80\%}{4000} \times 38\% \times 1 = -9.5\%$$

即该企业投保时实际保险费率应比分类费率减少 9.5%。

（3）追溯法。

追溯法是依据保险期间的实际损失为基础来调整费率的，即确切应交纳的保险费需要等到保险期满才能计算出来。投保人在签订保险合同时先依据其他方法（如表定法或经验法）确定的费率交纳保险费，在保险期届满后，再依照本法最后确定保费。如果实际损失大，缴付的保费就多；实际损失小，缴付的保费就少，多退少补。追溯法的计算方法有多种，视具体情况而定。

追溯保险费的一般计算公式是：

$$RP = (BP + L \times LCF) \times TM$$

其中，RP（Retrospective Premium）为计算所得的追溯保险费，BP（Basic Premium）为基本保险费，L（Loss）为实际损失金额，LCF（Loss Conversion Factor）为损失调整因子

（数值大于1），*TM*（Tax Multiplier）为税收系数（数值大于1）。

基本保险费由两部分组成，一部分用于支付与理赔有关的各种费用，一部分用于弥补超过最大保险费的损失额。基本保费经常为标准保险费的某一百分比。损失调整因子将随着损失变动而变动的费用考虑在内，税收系数则是将税收因素考虑在保费之内。

例如，某企业投保企业财产险，期初交纳的标准保费是依据经验法而定的，为5万元。追溯法中的基本保险费为标准保险费的20%，损失调整因子为1.1，税收系数为1.2。保费缴纳的最高和最低限额是标准保费的150%和50%。

当实际损失为1万元时，期末计算得到的实际应交保费为：

$$RP = (5 \times 20\% + 1 \times 1.1) \times 1.2 = 2.52(\text{万元})$$

标准保费5万元的50%即2.5万元是保费交纳的最低限额，小于2.52万元，因此期末需要交纳2.52万元。

当实际损失为10万元时，期末计算得到的实际应交保费为：

$$RP = (5 \times 20\% + 10 \times 1.1) \times 1.2 = 14.4(\text{万元})$$

标准保费5万元的150%即7.5万元是保费交纳的最高限额，小于14.4万元，因此期末只需要交纳7.5万元。

由此可见，追溯法有助于推进防灾防损，只要在保险期间内减少损失，就能在期末时降低当期交纳的保险费。不过，由于追溯法计算复杂，一般仅局限于少数大规模投保人。

五、财产保险费率厘定的基本步骤

1. 确定纯费率

（1）计算保额损失率。

损失率是指作为保险标的的财产价值遭受损失的比率。损失率是计算纯费率的关键。保险损失率的计算公式为：

$$\text{保额损失率} = \frac{\text{保险赔偿金额}}{\text{保险金额}}$$

假设*A*为保险标的件数，*B*为总保险金额，*C*为保险事故次数，*D*为受损保险标的件数，*E*为受损保险标的的保险金额，*F*为总赔偿金额。

影响损失率的因素主要包括如下几下。

①保险事故的发生频率（*C/A*），即发生保险事故的次数与保险标的的件数的比率，即每百件保险标的会发生多少次保险事故。

②保险事故的损毁率（*D/C*），即每次保险事故损毁多少件保险标的。

③保险标的的损毁程度（F/E），即总赔款额与受损标的的保险金额的比率，表示受损保险标的的价值减少的百分比。

④受损标的的平均保险金额与总平均保险金额的比率（E/D） ÷ （B/A）。

以上各因素相乘，得到的即为损失率（F/B）：

$$F/B = (C/A) \times (D/C) \times (F/E) \times (E/D) \times (A/B)$$

（2）计算均方差。

在实际业务中，保险人不能仅依据一期或某一时期的赔款来计算保额损失率，否则就只能反映保险损失的偶然性而不具有客观规律性。一般做法是，选取业务较稳定的年份，分别计算每年的保额损失率，再计算均方差。

保额损失率的均方差指的是各保额损失率与平均损失率离差平方和平均数的平方根。

如表 8－1 所示，假定有 5 年的保额损失率数据，各年度损失率的算术平均数为 0.21。各保额损失率与平均损失率离差平方和为 0.0026，除以自由度（5－1）得到平均数为 0.00065。

表 8－1　保额损失率的均方差计算

年　份	保额损失率 X	保额损失率平均值	离差 $(X-M)$	$(X-M)^2$
1	0.21	0.21	0	0
2	0.19	0.21	－0.02	0.0004
3	0.23	0.21	＋0.02	0.0004
4	0.18	0.21	－0.03	0.0009
5	0.24	0.21	＋0.03	0.0009
$n=5$	$\sum X = 1.05$		0	$\sum (X-M)^2 = 0.0026$

保额损失率的均方差 $= \sqrt{0.00065} = 0.0255$。

（3）计算稳定系数。

稳定系数是均方差与平均保额损失率之比，该指标衡量的是期望值与实际结果之间的密切程度，即平均保额损失率对各实际保额损失率（随机变量各观察值）的代表程度。

继续上例，稳定系数 $= \frac{0.0255}{0.21} \times 100\% = 12.14\%$

稳定系数愈低，说明保险经营稳定性愈高；反之，稳定系数愈高，则保险经营稳定性愈低。一般为 10%～20% 较为合适。

（4）计算纯费率。

纯费率＝保额损失率×［1＋（－）稳定系数］

2. 确定附加费率

附加费率是附加保费与保险金额的比率。计算公式为：

$$附加费率=\frac{附加保费}{保险金额}\times 1000‰$$

在实践中，附加费率通常以占纯费率的一定比例表示，即：

$$附加费率=纯费率\times附加费率占纯费率的比例$$

3. 确定毛费率

$$毛费率=纯费率+附加费率$$

【专栏8-1】　基于车联网的保险新模式：UBI模式车险

所谓UBI模式车险（Usage Based Insurance），指搜集车主驾驶行为和习惯数据，通过车联网设备综合起来，保险公司可以通过这些数据对车主的驾驶风险作出比较精确的度量，通过大数据技术处理，评估车主驾车行为的风险等级，从而实现保费的个性化定价。

目前，UBI用户主要集中在欧洲和美国，2015年底，UBI用户大约在1200万。UBI在最发达的意大利，其渗透率达到14%，其他国家均低于5%。根据普华永道旗下咨询机构思略特预计，到2020年，UBI及其相关产业链的市场规模，全球市场将达到2400亿元人民币。

以美国车险提供商Progressive为例。Progressive是美国第四大汽车保险公司，成立于1937年，一直是美国汽车保险业的创新力量。2009年，Progressive推出MyRate项目，引入了UBI业务，是美国最早引入UBI模式的保险公司。车主在Progressive购买车险，可以选择加入UBI车险并安装车载信息终端Snapshot，即OBD盒子。该终端将实时记录车主驾驶时间、驾驶习惯，包括急刹车、油离配合、换挡等一系列信息数据。30天后进行保费初步定价，半年后再计算优惠折扣。用户可以通过自己的驾驶表现获得保险公司的现金奖励，最高获得车险的7折优惠。引入UBI业务后，Progressive保险公司的保费收入及渗透率逐步提升。2014年UBI保费收入超过26亿美元，渗透率也逐步提升，达15.5%，公司个人车险业务承保费用率由2010年的21.6%下降到2014年的19.9%。

Unipol在意大利是寿险和非寿险方面的领先公司。截至2015年末，Unipol已经给超过300万辆汽车装载了智能终端。Unipol将车联网设备白送给车主，车主安装后即可直接在原有保费基础上打85折。一年后，保险公司获得了客户驾驶行为的数据，再根据驾驶行为数据进行定价。驾驶行为良好的车主可以再次得到折扣。Unipol正是用这样的方式在三年左右的时间，成为意大利车险市场份额第一。Unipol通过车联网设备区分了驾驶行为较好的客户和不太好的客户，提高了优质客户对保险公司的忠诚度，有益于建立长期友好、透明的客户关系。一些更专业的车联网设备还可监控客户出险后的事故情况，即进行事故重构，实现精准地防欺诈，节省了大量时间成本和理赔成本。

2015年中国乘用车保有量1.72亿，乘用车驾驶人则为2.8亿，车险是一个非常大的市场。作为一种新兴的车险模式，UBI车险无论是线上系统的开发还是线下设备的研发维护，都需要大量的人力、物力，需要具备一定实力的保险公司才能做到。目前仅在我国一些大城市试点，还有巨大的发展空间。

资料来源：杨芮："车联网引发的保险革命：UBI准备好了吗"，《第一财经日报》，2015年9月1日；杨倩雯："多家险企已摩拳擦掌　UBI车险还有多远?"，第一财经网，2016年7月18日；响铃："UBI能否成为开启'车联网+保险'大门的金钥匙"，亿欧网（http://auto.iyiou.com/p/31073），2016年8月29日。

六、人寿寿险保费费率的厘定

1. 人寿保险保险费率厘定的基本原则

人寿保险的保险费率厘定是寿险业务开发的重要组成部分。

寿险业务保险费率计算应遵循的基本原则是收支平衡原则。我们可以从以下几方面来探讨收支平衡原则的内涵。

从保险人角度看，"收"是指保险人收取的保费总额，"支"则是指保险人的保险金给付和支出的各项经营费用。

收支平衡关系建立的时点通常在投保生效之日，由于保费交纳和保险金给付在时间上是分离的，因而需要进行一定的换算，可由以下方式描述：

保险费的精算现值 = 保险金的精算现值 + 各项业务费用的精算现值

人寿保险的保费由纯保费和附加保费两部分构成。以预定死亡率和预定利率为基础所计算的保险费称为纯保险费。纯保险费是保险金给付的来源，纯保险费总额与保险金给付总额应达到平衡。在纯保险费中未计入保险业务经营中所需要的业务费用。附加保费用于保险经营过程中的一切费用开支。保险费精算现值为纯保费精算现值与附加保费精算现值之和，可以得到：

纯保费精算现值 + 附加保费精算现值 = 保险金的精算现值 + 各项业务费用精算现值

分别计算纯保费和附加保费，有：

纯保费精算现值 = 保险金精算现值

附加保费精算现值 = 各项业务费用精算现值

2. 人寿保险业务保险费率的计算依据

人寿保险业务保险费率的计算依据主要包括预定死亡率、预定利息率和预定费用率。

（1）预定死亡率。

预定死亡率是指一组被保险人的预期死亡率。寿险公司将相同年龄、相同性别和相同风险等级的被保险人划分为同一保单组。为了估计未来需要多少资金来满足保险金给付，保险人必须预测出一组被保险人每年将发生的死亡人数。

确定死亡率依据的重要基础是生命表。生命表就是人们根据大数法则的原理，运用统计方法和概率论，编制出反映同批人从出生到陆续死亡的生命过程统计表。

国民生命表是以全体国民或特定地区的人口统计资料编制的统计表，它是根据政府机关的户口普查及死亡统计资料综合而成的生命表，又称普通生命表。

经验生命表是以人寿保险公司承保的被保险人实际经验的死亡统计资料编制的统计表，它是根据人寿保险业务经营中被保险人的死亡统计数编制而成的生命表。经验生命表更能反映各种被保险人的死亡率特征，在人寿保险费率计算中，一般采用经验生命表。

不同公司之间的经验死亡率存在一定的差别，同一公司不同险种的死亡率经验也有所不同，因此，不同的业务类型需采用不同的生命表。生命表中最重要的项目就是每个年龄的死亡率（影响死亡率的因素很多，包括年龄、性别、职业、习性、以往病史、种族等）。一般情况下，在设计生命表时，至少要考虑年龄和性别；在有条件的情况下，还可以考虑是否吸烟、保额大小等因素。在实际业务中，死亡率可能因组而异，有的高于预期水平，有的低于预期水平，在样本量足够大的前提下，这些差异可以互相抵消。

在英国，寿险经验生命表的编制主要由保险行业协会来完成。而在美国，作为寿险产品定价的基础，生命表完全由保险公司各自订制，效果也由市场去检验，不过美国监管机构对编制的审核和监管十分严格。

1981 年我国恢复寿险业务，由于缺乏自己的生命表，费率厘定只能借用日本的经验生命表。1982 年的第 2 次全国人口普查得到了完整的生命表资料。1992 年下半年，中国人民保险公司开始编制中国第一张寿险业生命表；1996 年 6 月，我国第一份《中国人寿保险业经验生命表（1990～1993）》发布，规定从 1997 年 4 月 1 日起，在中国境内开展人寿保险业务的保险公司统一使用此生命表。

平均预期寿命也叫平均寿命，指 0 岁年龄组人口的平均生存年数。它是生命表中的重要内容，是国际上用来评价一个国家人口的生存质量和健康水平的重要参考指标之一。随着我国经济的迅速发展，医疗水平的显著提高，人民物质生活水平的改善，人口平均寿命有较大幅度的提高。因此，生命表也应该随之进行修订。2003 年，中国启动寿险业经验生命表的修订工作，主要修订的是男性的寿险生命表和女性的寿险生命表。中国保监会和保险行业协会要求所有开业两年以上的公司向项目组提供理赔等业务数据。修订后的《中国人寿保险业经验生命表（2000～2003）》于2005年发布，作为寿险公司的准备金以及偿付能力评估的标准表和寿险定价的参考表。

请思考，在生命表修订后，以生存作为给付条件的寿险产品的价格会受到什么样的影响呢？

【专栏8-2】 中国人身保险业第三套生命表完成：编表样本量世界第一

2016年7月27日，中国人身保险业第三套经验生命表审定会在北京召开，来自中国保监会、国家统计局、北京大学、中国人民大学、南开大学、中国人寿、太平洋寿险的7位专家组成的审定委员会，一致通过了第三套生命表的编制结果。

中国保监会副主席黄洪表示，生命表是人身保险业的核心基础，编制生命表是服务国家治理体系现代化的现实需要，也是落实“新国十条”的重要举措。2014年国务院下发的“新国十条”明确提出，要“加快建立保险业分类风险数据库，修订行业经验生命表、疾病发生率表”。目前使用的第二套生命表是2005年底发布的，10年来人口死亡率发生了明显变化，预期寿命提高了近3岁；与此同时，保险产品类型日益多元，原有的养老和非养老两张表难以满足产品精细化定价的需要。此次生命表编制项目意义重大，影响深远，取得的成果值得高度肯定。

此次生命表的编制工作历经两年，编制方法具有诸多亮点和创新点。一是样本数据量巨大，共收集了3.4亿张保单、185万条赔案数据，覆盖了1.8亿人口，编表样本数据量位居世界第一，为生命表编制打下了坚实基础。二是技术水平较高，运用数据挖掘等先进技术，利用计算机自动完成了全部理赔数据中95%的清洗工作，且准确率高于97%，大大提升了数据质量和处理效率，为行业大数据分析树立了榜样。三是成果上有多处创新，首次编制出真正意义上的养老表等三类针对不同保险人群的生命表，夯实了保险发展的技术基础，以满足精细化定价和审慎评估的需要。

黄洪强调，下一步，中国精算师协会应当建立制度化常态化工作机制，把经验生命表编制工作持续做深做好。一是要提高经验分析频率，及时反映死亡率最新变化趋势。二是要加强死亡率研究，深入挖掘现有数据，拿出更有价值的研究成果，为国家人口政策提供支持。三是要加强与行业内外各有关机构的交流合作，实现与各有关机构之间的数据对接，缩短生命表编制周期。四是要加强对行业内外的宣传，既要向国际保险业推广新生命表，同时也要加强行业内的培训宣传，让全行业共享生命表成果，为回归保险本源、实现

"保险姓保"提供基础支持。五是尽快启动重疾表的修订工作，及时反映当前保险市场的变化。

资料来源：赵广道，"中国人身保险业第三套生命表完成：编表样本量世界第一"，《中国保险报》，2016年7月28日。

死差损是指因预定死亡率同实际死亡率之间差异给寿险经营造成的亏损，是寿险亏损的原因之一。生存保险中实际死亡率低于预定死亡率，或死亡保险中实际死亡率高于预定死亡率，均会使保险金支出增加，给保险人带来亏损。减少死差损的方法包括以下几种。

①在预期死亡率之上附加一点余地，如寿险+10%，而年金-10%。

——请同学们思考，在调整预期死亡率时，为什么寿险要增加，而年金险要减少?

②将红利产品的红利分配与实际死亡率挂钩。当实际死亡率高于预期死亡率时，寿险红利较低；而实际死亡率低于期待死亡率，则红利较高。

③万能寿险的设计中，每月死亡风险的费用是危险保额和现今保险费率的乘积。保险费率可按实际死亡率每年调整，死亡率的不确定风险，将由全体投保人共同负担。

④合理使用再保险降低死差损风险。

⑤通过设立特别的保单条款，将自杀、犯罪、战争、恐怖袭击等原因所导致的死亡作为除外责任，以减少那些不可保的死亡风险。

（2）预定利率。

寿险公司的预期利率假设可以看作是被保险人未来的一种收益，也可看作是单纯根据死亡率计算的保费的折减。由于人寿保险大多是长期险，寿险公司假设的利率能否实现，要看其未来投资收益。预期利率对于保险公司的人寿保险费率厘定定价十分重要，特别是对于传统寿险，因为它们在保单有效期内是固定不变的。

当社会经济处于高速发展阶段或处于衰退和动荡阶段，往往伴随着市场利率的大幅度调整和振动，必将对寿险业产生极大的影响。因此，寿险公司在进行利率预测时需要非常谨慎，常常采用较为保守的态度，但过于保守的态度可能会损害被保险人的利益或丧失市场竞争能力。

（3）预定费用率。

由于人寿保险期限较长，有些费用只在保单第一年存在；有些费用分摊于保险合同有效的整个期间；有些费用可表示为固定常数；而有些费用表示为保费或保额的一定比例，因此附加保费计算需要考虑多种情况。

费用率一般因公司的不同而各异，费用可以有不同分类，各公司对费用可合并简化或划分得更加细致。一般寿险公司的费用可分为：合同初始费用，包括保单签发费用、承保费用等；代理人手续费与其他报酬；保单维持费用；保单终止费用，包括退保费用、无现金价值失效费用、死亡给付费用、到期费用等。

3. 人寿保险的均衡费率

由于人寿保险的交费期一般比较长，随着被保险人的年龄增加，其死亡的可能性将越来越高，保险费率也必然逐渐上升直到接近 100%。这样的费率，投保人难以承受，参加保险也几乎失去了意义。为此，保险公司在实际操作中一般采用“均衡保费”的办法，通过数学计算将投保人需要交纳的全部保费在整个交费期内均摊，使投保人每期交纳的保费都相同。

被保险人年轻时，死亡概率低，适用的保险费率实际上高于当期对应的风险水平，投保人交纳的保费比实际需要的多，多交的保费将由保险公司逐年积累。被保险人年老时，死亡概率高，投保人当期交纳的保费不足以支付当期赔款，不足的部分将由被保险人年轻时多交的保费予以弥补。这部分多交的保费连同其产生的利息，每年滚存累积起来，就是保单的现金价值，相当于投保人在保险公司的一种储蓄。

4. 人寿险保险费率的计算

（1）前提条件。

依据特定的生命表，假设符合如下条件。

①被保险人的生死遵循生命表所表示的生死规律。

②同一种类的保险全部于该年龄初时同时订立。

③保险金于每年度末同时支付。

④保险费按预定利率复利生息。

⑤生命表中某一年龄的人都向保险公司投保了某种保险。

保险费的交纳可以采用趸缴和分期交纳。趸交纯保险费是在长期寿险合同签订时投保人将保险期间应缴付保险人的纯保险费一次全部缴清；趸交纯保费应与保险合同所规定的保险人在整个保险期内的给付义务相等价。年交相当于将趸交纯保险费用年金公式均衡分配于每年年初交付。不过需要注意的是，只有生存者才会继续交费，所以每年交费的人是在不断递减的。

（2）趸交定期死亡险纯保险费的计算。

趸交定期死亡险直接以各年龄段的死亡率为标准计算应交纳的纯保险费。

假设 X 岁的人投保 1 年期死亡险，应交纯保费计算公式为：

X 岁的人当年应交纯保费 = X 岁的人的死亡率 ×1 元的现值 × 保险金额

假设 X 岁的人投保 n 年期死亡险，即被保险人在 n 年内死亡将可以获得保险金给付。由于每年都会有人死亡，在年末领取保险金。期初交费的人数为Lx，应交纯保费计算公式为：

$$\text{应交纯保费} = \frac{d_x V_1 + d_{(x+1)} V_2 + \cdots\cdots d_{(x+n-1)} V_n}{L_x}$$

其中，d_x 为X岁的人当年的死亡率；V_n 为基于预定利率i用复利法计算的折现系数，计算公式为：$V_n = 1/(1+i)^n$。

（3）趸交定期生存险纯保险费的计算。

假设X岁的人投保n年期生存险，只有在保险期满依旧存活的人才能得到保险金。期初交费的人数为 L_x，期末能得到保险金的人数为 $L_{(x+n)}$，应交纯保费计算公式为：

$$\text{应交纯保费} = \frac{L_{(x+n)} \times V_n}{L_x}$$

表8－2是每10万人寿命表摘录，对这10万人从0岁开始统计，直到所有人均死亡为止。到40岁时，年初生存人数为90352人，年内死亡人数为261人，到年末也就是41岁的年初生存人数为（90352－261）＝90091。当年的生存率为90091/90352＝0.99711，死亡率为261/90352＝0.00289。40岁的人活到45岁的概率是88902/90352＝0.983952。

假定有40岁的人投保5年期生存险，保险金额为10000元，预定利率为8%，分别计算趸交及年交纯保费的数值。

表8－2　　人口寿命表摘录

年龄X	年初生存人数	年内死亡人数	生存率	死亡率	折现系数	（2）×（6）
（1）	（2）	（3）	（4）	（5）	（6）	
40	90352	261	0.99711	0.00289	1	90352
41	90091	262	0.99709	0.00291	0.925926	83417.6
42	89829	287	0.99681	0.00319	0.857339	77013.9
43	89542	308	0.99656	0.00344	0.793832	71081.3
44	89234	332	0.99628	0.00372	0.73503	65589.7
45	88902				合计	387454.5

基于前文的假定，40岁共90352人在年初同时投保5年期生存险，有88902人能存活到44岁期末（45岁期初），得到10000元的保险金给付。

$$\text{折现系数} = \frac{1}{(1+8\%)^5} = 0.6806$$

投保时趸交的纯保险费应该与5年后的保险金给付等值，有：

$$\text{投保人的趸交纯保险费} = \frac{88902 \times 0.6806 \times 10000}{90352} = 6696.78\text{（元）}$$

如果采用年交保险费的形式，每年年初只有生存的人会继续交纳保险费，假设每人每年交纳的保费为1元，基于各年度对应的折现系数，这些保险费折算到40岁保险开始的期初的现值计算公式如下：

生存的人每年交纳1元纯保费的现值 $= 90352 \times 1 + 90091 \times 0.925926 + 89829 \times 0.857339 + 89542 \times 0.793832 + 89234 \times 0.73503 = 387454.5$

依据收支平衡原则，纯保费应该与期满后需要给付的保险金的折现值相等。可以得到：

$$\text{投保人的年交纯保险费} = \frac{88902 \times 0.6806 \times 10000}{387454.5} = 1561.65\ (\text{元})$$

第2节 保险展业与承保

一、保险展业概述

1. 保险展业的概念及观念演进

保险展业是保险业务活动的起点和基础，是指通过保险展业人员的宣传和引导，使有潜在保险需求的人购买保险的行为，也是为投保人提供投保服务的行为。保险展业是联结保险人与广大客户的重要纽带。

保险展业观念的发展经历了一个以产品为导向到以市场为导向的演进过程。在早期的保险展业活动中，秉持的是以产品为导向的理念，保险营销部门实际上只是一个保险推销部门，本公司有什么保险产品就推销什么产品，而不考虑市场是否有需求。此后，逐步发展到以销售为导向，营销部门在保险机构内部的地位得到提升，对销售业绩更为重视。第三阶段是以消费者为导向，保险营销人员更加关注客户的实际需求，能更多地从客户角度考虑，结合客户的实际情况制定合理的投保方案，销售保险产品。随着社会、经济的进步，保险展业又发展到以市场为导向的阶段。保险机构对市场需求进行调查研究，设计能顺应市场需求的产品，综合动员公司各方面的资源，做好产品设计与定价、促销、客户沟通及承保服务等工作。

2. 保险展业的基本原则

（1）创造需求原则。保险提供的风险保障是一种无形商品，风险在风险事故发生之前是看不见摸不着的，人们往往很难主动意识到对保险保障的需求；加上保险产品的抽象性和复杂性特征，人们一般不会主动购买保险产品。因此，保险产品的销售不能坐等客户上门，而是由展业人员主动开展营销活动，宣传保险的基本原理，使人们真正认识到保险的作用和意义，进而购买保险，成为保险客户。

（2）非价格竞争原则。价格竞争是市场竞争中常用的手段。保险产品的费率是依据对风险、保额损失率和利率等多种因素的综合分析，通过精确计算确定的，具有较强的科学性。为了保证保险人的偿付能力，保护被保险人的利益，各国的保险监管部门往往都会对保险费率加强管理。因此，价格竞争不宜用于保险展业。保险公司应通过非价格竞争手段，即提升对客户的保险服务性和专业性来拓展市场。保险服务应贯穿于从保险方案设计、投保手续办理、保险方案调整、理赔的全过程。

（3）有效激励原则。保险展业活动的高效率开展离不开高素质的专业营销人员。对于被保险人而言，购买保险并非只是单纯的消费行为，而是一项风险管理、投资理财的综合计划。保险营销人员不仅需要具备保险专业知识，熟悉保险基本原理和所推介的保险险种状况，还应该具备经济、法律、医学、心理学等相关方面的知识。对营销人员实现有效激励是至关重要的。在我国大部分寿险公司的薪酬体系中，大多采用基于保费收入提取的业务佣金来刺激寿险营销员的展业积极性；此外，还包括秉持业绩至上的晋升机制，业绩好，晋升就快；业绩差，晋升就慢，甚至被考核制度淘汰。完善的教育培训、增加对公司管理的参与度、加强感情沟通、构建奋发向上的企业文化氛围等手段措施也能成为保险机构提升营销人员专业技能、增强竞争力的必要激励。

3. 保险展业的内容

进行保险展业前，需做好准备工作，包括对保险市场环境、潜在顾客状况、保险公司自身优劣势、保险产品的特点等做到全面了解，制定展业计划和各种情况的应对策略。

接下来就是接触展业对象。保险营销人员可以通过第三者如亲友、同学等熟人的介绍接触展业对象，也可以采用对陌生人电话或拜访的方式接触展业对象。显然，前者更有利于使展业气氛轻松和谐，便于展业宣传深入进行进而达成展业成果。

与展业对象的面谈是展业工作的关键环节，展业人员的交谈方式和技巧是促成展业成果的重要因素。展业人员应该做到：大方开朗，充满信心；充分从客户角度着想，以满足展业对象的需求为前提；语言简明，通俗易懂，准确传递保险商品信息；不夸大其词，不蒙蔽误导客户，以诚心赢得客户的理解与合作。

二、保险展业渠道

1. 直接展业

直接展业是指保险公司以支付薪金的业务人员对保险客户直接提供各种保险产品的销售

和服务。直接展业适合于规模大、分支机构健全的保险公司以及金额巨大的险种；在保险业不够发达、市场不健全的时期，保险企业也较多采用直接展业的方式。

（1）直接展业的优势。

采用直接展业的方式，有助于保险机构有效控制承保风险，保持业务量的稳定。具体优势如下。

①展业人员作为保险机构的员工，工作稳定性高，且比较熟悉保险业务，对客户的欺诈、误导等行为不容易发生，有助于提升客户的信任度。

②由于员工享有相对固定的工资和福利，在超额完成预期展业任务的情况下，其收入不会随业绩增长而大幅度提升，有助于控制展业成本。

③保险公司的业务人员直接代表保险公司开展业务，有助于在客户中树立公司的良好形象。

（2）直接展业的不足。

①保险机构的员工数量有限，有限的员工只能提供有限的服务，不利于争取更多客户。

②有限的营销人员必然会将工作重心放在一些保费收入高的大保单业务上，如企业财产险、团体人身险等，对分散的家庭财产保险、个人寿险等业务则无力顾及，不利于扩大保险业务的经营范围。

③直接展业方式下，员工的收入与业绩没有必然联系，不利于充分激发营销人员的积极性。

中国保险发展早期一直采用直接展业的方式，导致市场营销的主动性不强，业务的发展相当大程度上依赖政府颁布政策。

对许多保险公司来说，单靠直接展业是不足以争取到大量保险业务的。在直接展业方式下，要扩大业务量就必须增配大量展业人员和增设机构，工资和费用支出亦会随之大幅度增加。而且保险展业具有一定的季节性特点，在淡季时，旺季中增设的人员会显得过剩。因此，国内外的保险公司除了使用直接展业外，还广泛地建立代理网，利用保险代理人和保险经纪人展业。

2. 保险代理人展业

保险代理人展业是指通过保险代理人实现保险产品销售并为客户提供相关服务的方式。

我国现行的保险营销体制是 20 世纪 90 年代初由美国友邦公司引入，其佣金计酬、人海战术的营销方式，推动了保险业的快速发展。保险营销队伍随着保险业务的发展而快速膨胀，到 2013 年已达 370 万，对保费收入的贡献超过六成。保险营销员成为我国保险市场的重要组成部分，也是广大保险客户日常接触最多的群体。

但是，保险公司与营销员签订的是代理销售合同而非劳动合同，营销员没有员工身份，不享受员工待遇。营销员的收入直接与销售挂钩，缺乏基本保障，形成了鼓励拉人头、发展下线和层层提成的寿险营销激励机制；还造成了行业人员大进大出、素质低下、销售误导严重，导致陷入行业形象不佳的窘境。粗放式的保险营销体制的矛盾和问题日益突出。

中国保监会于2006年颁布实施了《保险营销员管理规定》，要求保险营销员必须持有《保险代理从业人员资格证书》，与保险公司签订委托协议，由保险公司向当地保险行业协会办理该持有人的《保险营销员展业证》，登记注册并获得展业证后，方可从事保险代理业务。保险营销员可以代理销售保险产品，并代为收取保费，但不得签发保单。根据当时的规定，保险营销员不得同时与两家或者两家以上保险公司签订委托协议，即不能同时代理销售多家保险公司的保险产品。

2012年10月8日，保监会发布《关于坚定不移推进保险营销员管理体制改革的意见》（以下简称《意见》）。《意见》提出：一是鼓励探索保险营销新模式、新渠道；二是强化保险公司对营销员的管控责任；三是提升保险营销队伍素质；四是改善保险营销员的待遇和保障；五是建立规范的保险营销激励制度；六是持续深入地开展总结和研究工作。对于业内最为关注的员工制，《意见》要求保险公司逐步理顺与营销员的法律关系，切实保障营销员的合法权益，并采取多种灵活形式，为营销员提供劳动者基本的法律身份、薪酬待遇和社会保障等。

2013年7月1日开始实施的《保险销售从业人员监管办法》（以下简称《办法》），对保险销售从业人员的从业资格、执业管理、保险机构的管理责任等方面进行了规定。《办法》界定的保险销售从业人员是指为保险公司销售保险产品的人员，包括保险公司的保险销售人员和保险代理机构的保险销售人员。《办法》要求从事保险销售的人员学历要求为大专以上，应当通过中国保监会组织的保险销售从业人员资格考试，取得《保险销售从业人员资格证书》，保险公司、保险代理机构保险销售人员在中国保监会保险中介监管信息系统中办理执业登记，并发放《保险销售从业人员执业证书》。

2014年4月，保监会启动保险中介市场的全面清理整顿工作，鼓励行业创新变革，提出在培育一批具有专业特色和国际竞争力的龙头型保险中介的同时，还要发展一大批小微型、社区化、门店化经营的区域性专业代理机构，形成一个自主创新、自我负责、体现“大众创业、万众创新”精神的独立个人代理人群体。

诸多保险公司已经积极探索新的营销模式和渠道。有的探索营销队伍扁平化管理，完善收入分配结构；有的试点员工制，解决营销人员社会保障的问题；有的拓展网络销售、社区门店销售，走营销多元化道路；有的通过设立销售公司，走营销专业化道路。

3. 保险经纪人展业

保险经纪人是投保人的代理人，对保险市场和风险管理富有经验，能为投保人制订风险管理方案和物色适当的保险人，是保险展业的有效方式。

投保人或被保险人借助保险经纪人可以获得最佳的保险服务，即以较低的保费支出成本获得较充分的保险保障。如果因为保险经纪人的疏忽导致投保人或被保险人的利益受到损害，保险经纪人需承担相应责任。一般情况下，保险人从所收取的保险费中按一定比例支付佣金给保险经纪人，作为其销售保险业务的报酬，因此，不会给投保人增加费用负担。

2015 年 4 月 24 日，全国人民代表大会常务委员会第十四次会议对《中华人民共和国保险法》部分条款作出修改，取消了保险销售（含保险代理）、保险经纪从业人员资格核准审批事项。中国保监会随后发布通知，资格证书不再作为执业登记管理的必要条件。

4. 银行保险展业

银行保险是通过银行柜面或理财中心销售保险，由于具体运作的相似性，通过邮政渠道开展的保险业务通常也称为银行保险。

对于银行来说，该业务属于银行的中间业务，是银行借助自身良好的信用形象和接触潜在客户的便利，代替保险公司办理保险业务，从中获取手续费的一种服务。

银行保险具有以下特征。

第一，银行保险产品一般对核保要求不高，购买手续也很简便，客户只需在银行柜台填好投保单、提供银行账号或转账号码即可完成投保过程。银行保险可以结合信用卡、汽车贷款、住房贷款等金额产品组合销售，保费可以通过信用卡或账户定期扣款，操作非常简便。

第二，银行保险产品通常具备标准化条款，保险责任和除外责任等都相对更容易理解，险种的设计形式一般都比较简单。

第三，保险公司通过银行柜台销售保险只需支付少量的手续费，较之保险代理人的展业方式可以节省大量人力，降低成本。此外，银行保险的客户开拓成本和人员培训成本也相对较低。

【专栏 8-3】　银行与保险“联姻”信用卡

日前，安邦保险与光大银行共同推出了集金融支付与财产保险服务于一体的“光大安邦联名信用卡”，引来市场对银行与保险合作模式的关注和思考。

随着银行与保险合作的深入，银行与保险共同推出联名信用卡的合作模式由来已久，太平保险、中银保险、人保财险、工银安盛、光大永明、中美大都会人寿等都曾与银行有过类似“联姻”。具体到银行与保险联名信用卡的功能，通常兼具金融支付与保险服务。联名信用卡多数通过“开卡送保险、积分兑保险、刷卡送保险、持卡人自购保险优惠、保单质押贷款”等方式与保险“挂钩”。其中涉及的保险功能包括附送保险（以意外险为主，如航空险、女性险等）、购买保险优惠以及保单质押贷款等。

以此次发行的光大安邦联名信用卡为例，持卡客户通过安邦保险电销渠道购买其商业车险，将在电销优惠价格基础上再享受专享的积分返还；持卡客户通过安邦保险微信公众号享受“微信自助理赔”服务，针对无人员伤亡事故责任明确且车损金额在5000元以内的车险案件可快速自助理赔，最快结案时间10分钟。

此外，一些联名信用卡还具有保单质押贷款的功能。例如，此前太平保险和招商银行发布的联名信用卡，可以使购买太平保险的客户通过此卡在招商银行网点进行保险信息查询、保单贷款、保单还款、贷还款信息查询等多项业务，而这些业务平时必须去相应的保险网点才能办理。

一位大型保险公司人士对记者表示：“对于保险公司，将保险产品附加在信用卡上，可以增加客户规模，有效减少营销成本，提高知名度；对于银行，与保险公司合作为自己赢得了保险市场客户，既扩大了信用卡的发卡量，也能够分享到保险公司的客户资源。此外，保险产品的加入丰富了信用卡的功能，为持卡人带来了更多的利益。”

对于银行和保险的这种跨界合作，可以从合作模式、产品功能、营销推广、客户服务等方面来评价。在合作模式上，是保险与银行两种业态的结合；在产品功能上，是个人保险与银行信贷产品的结合；在营销推广上，既是线上、线下，大数据与互联网技术的结合，又是保险经纪人交叉营销与银行分支机构、营销团队的结合；在客户服务上，是保险服务体系与银行增值服务体系的结合。

当然，银行与保险在信用卡业务合作中也有不少值得完善之处，需要银行和保险公司切实改善服务，保障客户利益。

资料来源：李致鸿：“银行与保险‘联姻’信用卡”，《21世纪经济报道》，2016年7月15日。

5. 互联网展业

近年来，互联网日益成为保险展业所依托的重要渠道。互联网展业指保险公司应用互联网的技术和功能销售保险产品，提供保险服务，在线完成保险交易的一种销售方式。

互联网展业可以利用第三方网络产品提供商在互联网上建立的交易平台，也可以由保险公司、保险中介公司自己建设网络平台为客户提供保险咨询、承保、保单查询、保单事项变更、续期缴费管理、出险通知和网上投诉等全方位的服务。

互联网展业有利于降低营销成本，提高经营效率，降低各险种的保险费率，从而让客户受益。电子商务开放性、交互性的特点，为保险机构的服务创新提供了有利条件。较之以往业务员、代理人的服务，互联网打破了时间和空间上的制约，可以大大降低客户在获取保险服务过程中的各种隐性成本，解决公司与客户之间信息不对称的矛盾。网上提供的服务由保险公司直接监控，具有规范化、统一化和标准化的特点，防止了传统保险营销方式产生的许多弊端，能够改善服务质量、提高服务水平，提升客户的满意度。

当然，网上保险还面临许多诸如网络安全性、风险控制、信息披露的真实性、完整性和及时性等问题，其进一步发展有待于信息技术和相关法规的完善。另外，并非每一种保险产品都适合于网上销售，诸如投资连结保险、工程保险等复杂产品就不适合直接通过网络购买。成功的互联网展业策略必须根据保险机构的实际情况和保险产品的特性来决定。

中国保险行业协会数据显示，国内获准经营互联网保险业务的公司从 2011 年的 28 家上升到 2015 年的 110 家，保费规模也从 32 亿元激增至 2234 亿元，五年间翻了将近 69 倍。互联网保费在总保费收入中的占比从 2011 年的 0. 12% 上升到 2015 年的 9. 2%。据蚂蚁金服保险和 CBNData 联合发布的首份互联网保民报告显示，截至 2016 年 3 月，被互联网保险服务的用户已经超过 3. 3 亿。

2015 年 7 月，中国保监会发布《互联网保险业务监管暂行办法》。其界定的互联网保险业务是指保险机构依托互联网和移动通信等技术，通过自营网络平台、第三方网络平台等订立保险合同、提供保险服务的业务。它对互联网保险的风险管控、经营条件、经营区域、信息披露、经营规则、监督管理等方面都提出了明确的要求。可以预期的是，随着互联网和保险业的继续融合深化，以平台建设、渠道拓展、客户资源以及大数据精准营销为主要着力点的互联网保险将迎来高速发展的时代。

三、投保

投保是指投保人与保险人订立保险合同，并按照保险合同约定支付保险费的过程。

1. 保险人应为投保人提供的服务

当投保人表达出投保的意愿，保险人就应该为投保人提供一系列的服务，具体如下。

（1）帮助投保人分析自己所面临的风险。这实际上是风险管理中的风险识别和风险评估环节。不同的风险需要不同的保险规划来加以应对。对企业而言，面临财产损失风险、员工人身伤害风险、责任风险、技术风险、经济风险等；对个人而言，同样面临财产损失风险、人身伤害风险、疾病风险、病残或退休经济来源减少风险等。保险人需要帮助投保人分析各种风险的程度大小，以及哪些风险可能足以导致企业或家庭陷入困境。

（2）帮助投保人确定保险需求。在投保人明晰了自己所面临的风险状况后，可以将风险分类，有的风险可以自留或通过预防加以应对，而有的则可以通过保险实现风险的转嫁。我们在风险管理部分已经讨论过，那些风险事故发生概率较低，但一旦发生可能造成较大损失的风险是适合投保的。更进一步需要明确的就是应该投保哪些合适的保险险种。

对人而言，身故、残疾、重疾是需要面对的大事，而因为普通的意外伤害或疾病发生医疗费用，算是小事；如果平安无事，还需要考虑教育、养老等费用的支出，还有投资理财的需要。显然，这些大小事情，都能找到对应的人身保险险种。

（3）帮助投保人估算可用于投保的资金。通过保险实现风险的转嫁需要付出交纳保费的代价，投保人的经济实力不同，承担保费支出的能力存在差异。如果经济实力强，可以投保保险金额较高、保障较全面的保险；反之，如果经济实力有限，就必须优先投保少数必保的风险。

例如在人身保险中，经济宽裕的投保人可以选择死亡、伤残、疾病等各方面保障全且保额高的险种，还可以同时考虑有投资分红功能的万能险等险种；经济不宽裕的投保人则优先投保意外伤害险、定期死亡险等费率相对较低，提供残疾、死亡最基本保障的险种。

（4）帮助投保人制定具体的保险计划。保险人帮助投保人制定具体保险计划时应明确以下要素：保险标的、投保风险责任范围、保险金额、保险费率、保险期限等。合理选择综合投保或单项投保的方式，确保应保尽保，避免遗漏重要风险；此外，保险人应提醒投保人，首要注重保险的保障功能，不能一味追求高收益；保险人还要协助投保人根据保险价值选择合适的保险金额，既要避免超额投保造成浪费，也要避免因不足额投保使得出险后得不到充分赔偿。

有的父母出于对孩子的爱，会给孩子买很多保险，却忽视了自己，这实际上是非常错误的做法。一旦他们因疾病、意外伤害等丧失工作能力，减少或失去收入的时候，家庭就将陷入财务困境。对家庭而言，应该优先给家庭的经济支柱买保险，优先买意外伤害和健康保险，才是合理的保险规划安排。

2016 年 8 月 13 日，复旦大学环境与科学工程系副教授郝前进因突发消化道大出血，抢救无效不幸去世。郝前进副教授于 1980 年 11 月出生，河南焦作市武陟县人，2007 年获复旦大学经济学博士学位；生前在校内外还兼任复旦大学住房政策研究中心副主任、复旦大学国土资源经济研究中心秘书长、上海市土地学会副会长等职。他的夫人是复旦大学硕士毕业，在政府部门从事管理工作。郝教授身后留下两个幼女，大的 4 岁半，小的才出生 3 个月。由于郝教授夫妇工作时间不长，收入有限；又都是外地来的上海，双方家庭条件都不好，父母年迈且远在家乡生活。为了缓解郝前进家属将来的经济压力，上海城市与房地产青年学者联谊会和上海复旦大学校友会发起了募捐活动。请分析，类似郝教授这样的情况，应如何为家庭安排保险计划？

2. 投保人的注意事宜

（1）选择合适的保险公司和保险中介人。投保人在选择保险公司时，不能仅片面关注保险产品的价格——哪家费率最低就选择哪家，而是要综合考量保险公司的资质、服务水准、偿付能力、经营状况等各方面的因素。投保人在投保时，应该尽量选择大型保险公司和具有强大股东背景的中型保险公司。

当有保险营销人员上门拜访或通过其他方式推销保险时，要验明对方身份，避免上当受骗。

（2）了解拟投险种的保险责任，避免盲目投保。保险市场上有种类、数量繁多的险种，每个险种的适应对象以及保险责任、保障水平都是有区别的，每个险种的保额限定和费率水平以及保险金赔付水平亦不尽相同。即便是相同险种，不同保险公司的规定可能也存在差异。因此，投保人在做出投保的决定前，一定要请业务员认真、详细地对保险条款进行讲解，做到对保险条款中列明的保险责任特别是免除规定完全了解。以免投保后才发现不合适，带来不必要的麻烦和苦恼。

（3）遵守最大诚信原则，履行如实告知义务。保险合同要以当事人双方诚实信用为基础，投保人或被保险人对于投保单的有关事项应当如实填写，对保险公司的询问应如实告知。

（4）犹豫期与退保。《保险公司管理规定》（2015 年修订）第四十六条规定：“保险机构对保险合同中有关免除保险公司责任、退保、费用扣除、现金价值和犹豫期等事项，应当依照《保险法》和中国保监会的规定向投保人作出提示。”

《健康保险管理办法》第十五条规定：“长期健康保险产品应当设置合同犹豫期，并在保险条款中列明投保人在犹豫期内的权利。长期健康保险产品的犹豫期不得少于 10 天。”

投保人收到保险单后，会签署一张确认函，确认收到的保险合同没有问题。在签署确认函后 10 日内，是犹豫期，在犹豫期内退保，保险公司会全额退还投保人缴纳的首期保险费，不会有任何损失。如果在犹豫期后退保，则会遭受损失，而且损失的程度很可能较大。因此，购买保险需要谨慎决策，而购买了保险以后，则不要轻易退保。

【专栏8-4】 航意险怎么买

航意险的保险责任是被保险乘客在登机、飞机滑行、飞行、着陆过程中，即在保险期限内因飞机意外事故遭到人身伤害导致身故或残疾时，由保险公司按照保险条款约定给付身故保险金或残疾保险金。

对于偶尔坐飞机出行的人来说，除可直接在购票代理人、机场柜台购买之外，还可通过保险公司网站购买航意险。航空保险保障期间仅为几个小时的航程，一旦飞机抵达目的地，保障也随之结束，因此保费相对便宜。不同保险公司的价格略有差异，一般而言，20元以内保费可保40万元。

对于常坐飞机出行的商务人士来说，适合购买年度险，一次购买可以保障一年。

如果出差很多，而且希望有更全面和更高的保额，可以购买综合交通意外险，保障涵盖多种常见公共交通工具，包括飞机、汽车、轮船、火车、出租车、长途客车，保障时间灵活，从数天至一年不等。与每次搭乘飞机时单独购买航意险相比，既省钱又省力。

如果是出国旅行，则需要考虑出境旅行险，通常包括意外保障和意外医疗保障，以及多项增值服务，价格也相对较高。较之普通的意外伤害保险，出境旅游险保障范围更大，保障程度更高，确保足够支付国外高昂的医疗费用。保障范围除身故、残疾之外，还有旅途中突发疾病的紧急医疗救护和转运、门急诊治疗费用、住院补贴、未成年子女送返等。

四、承保

保险承保是指保险公司在收到投保人提出的保险申请后，经审核认为符合保险条件，同意其投保，并与之签订保险合同的过程。由于承保质量直接关系到保险机构经营状况的稳定性和盈利水平，承保也是保险人经营保险业务的关键环节。

1. 审核

（1）审核投保人的资格。保险人在收到投保人的投保申请后，首先要审核投保人是否符合资格条件。根据我国《保险法》的规定，投保人必须具有相应的民事权利能力和民事行为能力；投保人对保险标的还应该具有法律认可的保险利益。对投保人资格的审核，有助于确保签订的保险合同具有法律效力；还有助于防范投保人为不具有保险利益的标的投保，日后骗取保险赔款的道德风险。对投保人经济实力的审核，还能保证其具备保费交纳能力。

（2）审核标的。对财产保险而言，审核保险标的是指对照投保单或其他附件资料核查保险标的的结构性能、使用性质、所处地点、周边环境、防灾设施、安全管理等情况。审核保险标的时，尤其需要特别关注主要风险隐患，如是否易燃易爆品、是否对温度或湿度敏感；还要查验是否有正处于风险状态中的财产。被保险人的安全管理制度及落实情况是预防和控制风险的重要保障，也应加以关注。

对人身保险而言，审核标的需要核查的是被保险人的性别、年龄、财务状况、健康状况、个人和家庭病史、职业、是否吸烟或酗酒等生活习惯、是否从事高风险活动、生活环境等。

（3）审核保险金额。对保险金额的审核主要包括以下两个方面。

①审核保险金额与保险价值的拟合程度。避免出现超额投保，防止诱发道德风险；如果是不足额投保，需要提示告知被保险人出险后只能得到部分赔偿的情况，减少日后的理赔纠纷。

②审核保险金额的确定方法、计算公式是否应用得当，确保计算得到的保险金额符合法律法规的要求。

我们在前面章节中提到，根据保监发〔2015〕90 号文的规定，从 2016 年 1 月 1 日起，不满 10 周岁的被保险人，不论投保一家或多家的人身保险，身故保额累计不能超过 20 万元；已满 10 周岁，不满 18 周岁的被保险人，身故保额累计不能超过 50 万元。规定的限额中，不包含航空意外身故保险金和重大自然灾害意外身故保险金。保监会还要求保险公司在订立保险合同前，应向投保人询问并记录其未成年子女已经参保的以死亡为给付保险金条件人身保险的有关情况。如果已参保保险金额总和已经达到限额的，保险公司不得超过限额继续承保；尚未达到限额的，保险公司可以就差额部分进行承保，保险公司应在保险合同中载明差额部分的计算过程。

（4）审核费率。保险标的的风险状况与费率要一致，由于不同险种的保险费率确定方法存在较大差异，同一险种内部还需要基于对保险标的分类适用不同的费率，并进行增减调整。

2. 承保程序

保险人在完成审核环节的工作后，做出承保抉择：按照基本保险条款承保，特约承保，或者是拒保。

对一些不同于一般性风险的特殊风险，可以采取特约承保，即根据保险合同当事人的特殊需要，在保险合同中增加一些特别约定，满足被保险人的特殊需要，并以加收保险费为条件适当扩展保险责任；或者是在基本条款上附加限制条款，以限制保险责任。通过特殊的承保控制，将使保险人所支付的保险赔偿额与其预期损失额接近。如果投保标的的风险或者投保金额超出核保人员的权限，则其需要向上级部门请示后才能做出决定。

如果是接受投保，则进入缮制单证的环节。保险单或保险凭证需要明确载明合同双方当事人的权利和义务，是日后被保险人向保险人索赔的重要依据。因此，必须确保保险单证准确无误。

首先，应保证投保单、保险单、保险凭证、批单等单证均符合制单要求，且信息一致。

其次，保险合同所要求具备的内容应明确、完整。

再次，与保险价值、保险金额、保险期限等相关的数字应准确，以保障双方利益。

最后，每一种单证都需要业务所涉及的当事人的复核签章，手续必须齐备。

3. 保险公司的承保能力

保险公司的承保能力指基于保险公司净资产规模上的公司业务容量。保险人并非可以无限额地承保更多的业务，其承保能力限制了保险公司签发新保险单的能力。

《保险法》第一百零二条规定："经营财产保险业务的保险公司当年自留保险费，不得超过其实有资本金加公积金总和的四倍。"

第一百零三条规定："保险公司对每一危险单位，即对一次保险事故可能造成的最大损失范围所承担的责任，不得超过其实有资本金加公积金总和的百分之十；超过的部分应当办理再保险。"

保险人可以通过以下途径提高承保能力：①通过多种资金募集方式增加资本金规模。②通过对承保风险的全面分析与评估，保持风险的分散。③对于一些具有特殊风险的保险标的，与投保人充分协商后采用特约承保的方式承保。④安排再保险降低自留保费额，增加承保新保险单的数量。

4. 续保

续保是指原有保险合同即将到期时，投保人在原有合同基础上提出继续投保的申请，保险人经审核后，与投保人继续签订合同承保的行为。

投保人愿意续保的前提往往是在上一期的保险中，得到了保险人的良好服务。续保较之初次承保手续更简便，保险人可能还会给予老客户在费率等方面的优惠；有助于增进彼此的了解和信任，与客户形成长期合作关系，增强保险业务的稳定性，降低营销及其他业务费用。

在办理续保手续时，保险人需要对保险标的进行再次审核，以明确其风险状况是否较初次承保发生变化。若保险标的的危险程度有变化，需要调整费率。风险变大，将适用更高费率；反之，风险变小，可以降低费率水平。续保时可能还需要根据上年的经营状况适当调整承保条件，调整免赔或共保的设置。如果保险标的的市场价格因通货膨胀或通货紧缩有较大的变化，则续保时需要相应调高或调低保险金额，以使保险金额与保险价值保持拟合。

第 3 节　保险理赔

一、保险理赔概述

理赔指保险事故发生后，被保险人或受益人向保险人提出索赔，保险人进行调查、索核、确定保险责任和损失金额，并根据保险合同的规定，履行经济赔偿或保险金给付义务的行为。

保险理赔是保险经营活动的最后一个环节，也是保险人履行保险责任、被保险人享受保险权益的实现形式。保险理赔能使保险经济补偿或给付的基本职能得到实现，有助于恢复被保险人的生产，安定其生活，促进社会生产平稳进行与社会生活的安定，提高保险的社会效益。

保险人通过保险理赔的状况，还能反思和检验保险产品设计、定价及展业承保工作的质量。

保险理赔人员主要包括两种类型：一是保险公司的专职核赔人员；二是保险代理人。前者直接根据被保险人的索赔要求处理保险公司的理赔事务；后者则接受保险公司的委托从事理赔工作。

二、保险理赔的基本原则

1. 重合同、守信用原则

保险合同所规定的当事人和关系人各方的权利和义务关系受法律保护。对于被保险人或者受益人提出的索赔案件，保险人应当严格按照法律法规及保险合同的条款规定，接受报案，认真审核责任，准确、合理地确定损失，恪守诚信，履行赔付责任，维护客户的权益。

2. 实事求是的原则

保险理赔人员还应当实事求是，根据具体情况正确确定保险责任、赔付标准、赔付额度，合情合理地处理赔案。

除了正常赔付外，对于一些有利于保险公司业务稳定与发展、保险公司市场地位和竞争力改善、社会安定等保险赔案，保险公司应当本着实事求是的原则，进行必要的通融赔付。所谓通融赔付，是指按照保险合同条款的规定，本不应由保险人赔付的经济损失，由于一些其他原因的影响，保险人给予全部或部分补偿或给付。通融赔付有点“擦边球”的意味，对于那些在赔偿责任上不大明晰的，或者是损失程度上不太好确定的，尤其是对于一些重点客户、往年赔付率低的客户等，在客户提出需求的情况下，可以选择通融赔付来加强和巩固业务关系。

3. 主动、迅速、准确、合理原则

主动和迅速是指保险人在处理赔案时积极主动，不拖延，并及时深入事故现场进行勘察，及时理算损失金额，对属于保险责任范围内的损失迅速赔付。保险人理赔的这一原则旨在提高保险理赔的水平和质量，提高保险人的社会声誉和地位，争取更多的客户。

三、保险理赔的程序

1. 出险通知

保险事故发生后，投保人、被保险人或者受益人在采取合理施救措施的同时，应及时将事故发生的时间、地点、原因及其他相关情况，以最快的方式通知保险人，提出索赔请求。通知方式依合同约定。《保险法》第二十一条对出险通知有明确规定：“投保人、被保险人或者受益人知道保险事故发生后，应当及时通知保险人。故意或者因重大过失未及时通知，致使保险事故的性质、原因、损失程度等难以确定的，保险人对无法确定的部分，不承担赔偿或者给付保险金的责任，但保险人通过其他途径已经及时知道或者应当及时知道保险事故发生的除外。”

索赔是有时效规定的，具体情况视不同险种而定。如果索赔超出合同所规定的请求权存在的期限，请求权即因为逾越失效期而消灭。对于受损标的价值较高，可能涉及身故、残疾等索赔金额较高的保险事故，应在事故发生后第一时间通知保险人，否则有可能要承担因迟缓通知而致使保险公司增加的调查费用。如果因为未报案而导致未固定的证据灭失，保险责任难以认定，客户面临的损失可能更大。所以，及时报案，不仅能即刻得到保险工作人员的指导，还避免了日后再回出险地收集理赔资料的麻烦。

【专栏8-5】　车险事故延迟报案保险公司可以拒赔

不久前，马某驾车在行驶过程中撞到异物，停车熄火后，并未发现异常，于是继续赶路。两天后，马某突然发现车在行驶过程中，发动机发出明显异响。经4S店检查后，被告知车辆变速箱内部已经损坏，需要维修，有可能需要更换新变速箱。为此，马某向保险公司报案。

经保险公司查勘员的现场勘察发现，车辆变速箱损坏的原因是由于变速箱外壳在破裂以后润滑油全部泄露，内部齿轮在没有润滑油作用的情况下，齿轮间干枯摩擦，从而导致变速箱损坏。

通过现场询问事故经过，查勘员了解到事故发生在 3 天前，但马某无法说清事故实际发生的具体地点，无法对事故现场进行取证。保险公司依据《保险法》的相关规定及保险合同中的免责条款做出了拒赔决定。马某对此并不认可，并且就此事情进行投诉。保险公司则将此次保险合同纠纷向调解委员会申请进行调解。

调解委员会接到申请以后，组成合议制调解室对本案进行了调解。调解过程中，调解员们对此案处理过程中争议焦点进行了深入分析，并根据《保险法》及行业的相关规定向客户进行了讲解。由于马某对车辆性能并不完全了解，导致事故发生后仍然继续驾驶，不仅给自己造成了损失，同时给后续保险理赔带来了风险。经过调解员细致的调解，最终双方达成一致意见并签署了调解协议。

本案表明，保险公司在客户投保时应提示客户注意阅读相关免责条款事项，同时，客户也需要仔细阅读合同条款，避免出现本案中因未及时采取措施而扩大损失，导致保险公司部分拒赔的情况。

资料来源：由北京保险行业协会提供，记者牛颖惠整理："车险事故延迟报案保险公司可以拒赔"，《京华时报》，2016 年 6 月 16 日。

2. 审核

保险人在接到索赔申请后，要对投保人、被保险人或者受益人提供的有关证明和资料进行审核，审核的内容包括以下几个方面。

（1）确定保险单是否有效。主要是看风险事故是否发生在保险有效期内，投保人、被保险人是否已经履行了有关交纳保险费、如实告知等义务。

（2）审核事故是否构成保险事故。判断的依据包括：风险事故发生地点是否在承保范围；受损的是否是保险标的；事故近因是否在保险责任范围内；请求赔偿的人是否有权提出索赔；索赔是否存在欺诈等。

（3）审核各种单证的真实性。《保险法》第二十二条规定："保险事故发生后，按照保险合同请求保险人赔偿或者给付保险金时，投保人、被保险人或者受益人应当向保险人提供其所能提供的与确认保险事故的性质、原因、损失程度等有关的证明和资料。"

投保人、被保险人或者受益人应当向保险人提供的单证包括保险单、账册、收据、发票、装箱单等保险标的原始单据；相关人员的身份证明；出险调查报告、出险证明书、损失鉴定、事故责任鉴定；受损财产清单、施救费用的原始单证；保险合同约定的其他证明文件。

保险公司需要对上述单证的真实性进行审核。

3. 现场勘察

保险公司在接到出险通知后，应立即派人去现场勘察。现场勘察的职责包括以下三点。

（1）调查核实出险的时间、地点。

（2）了解事故发生的原因、经过及施救情况，尤其要注意有无道德风险迹象。

（3）调查核实事故损失的范围、程度，并协助采取措施防止损失扩大。

4. 核定损失，计算并给付赔款

保险人收到索赔申请，经过对事实的查验和对各项单证的审核后，应依据合同约定，及时作出自己是否承担保险责任及承担多大责任的决定，并及时通知被保险人或受益人。对属于保险责任的，在和被保险人或者受益人达成赔偿协议后履行赔偿义务，给付保险金，保险理赔结束。

《保险法》第二十三条规定："保险人收到被保险人或者受益人的赔偿或者给付保险金的请求后，应当及时作出核定；情形复杂的，应当在三十日内作出核定，但合同另有约定的除外。保险人应当将核定结果通知被保险人或者受益人；对属于保险责任的，在与被保险人或者受益人达成赔偿或者给付保险金的协议后十日内，履行赔偿或者给付保险金义务。保险合同对赔偿或者给付保险金的期限有约定的，保险人应当按照约定履行赔偿或者给付保险金义务。

保险人未及时履行前款规定义务的，除支付保险金外，应当赔偿被保险人或者受益人因此受到的损失。"

《保险法》第二十五条还规定："保险人自收到赔偿或者给付保险金的请求和有关证明、资料之日起六十日内，对其赔偿或者给付保险金的数额不能确定的，应当根据已有证明和资料可以确定的数额先予支付；保险人最终确定赔偿或者给付保险金的数额后，应当支付相应的差额。"

【专栏 8-6】 "不计免赔"不一定能赔

赵小姐元旦假期与家人自驾车从广州回东莞老家，在广深高速路段被追尾了，幸好当时车速缓慢，车辆只是受到"轻伤"。对方车主承认是自己的责任，赵小姐考虑到理赔程序复杂，而且耽误行程，最后同意用1000元私了。回到广州后赵小姐把车辆开到4S店进行维修，才发现车辆整个后盖和保险杠都要修复，需要 3000 元，于是赶紧打电话给保险公司，得到的结果却是不予理赔。

平安直销车险相关负责人表示，机动车手续不全、故意或伪造事故、酒后或驾车从事违法犯罪活动、车辆被盗期间等情况是不能获得赔偿的。在生活中常见的免赔责任还有：发现自己的车被人撞了，但又无法找到肇事者，车主只能获得70%的车险赔偿，另外30%需要车主自行承担。

大多数车主在购买车险的时候，基本都会一同购买“不计免赔险”。所谓不计免赔特约险，指车险中的不计免赔特约条款，通常是指保险事故发生后，按照对应投保的主险条款规定的免赔率计算的、应当由被保险人自行承担的免赔额部分，保险人负责赔偿的一种保险。投保后，车主不仅可以享受到按保险条款应由保险公司承担的那一部分赔偿，还可享受到由于车主在事故中负有责任而应自行承担的那部分金额赔偿。

很多车主都以为购买了不计免赔险后，无论出了什么事故保险公司都 100% 进行赔付。但事实并非如此。不计免赔险免责条款第四条中指出，因应当由第三者负责赔偿但无法找到第三者而增加的免赔金额，不赔。也就是说，若双方事故发生后，因为对方逃逸或者其他原因无法找到第三者的，不计免赔不生效。本来这类事故全部损失应该由对方来承担，所有损失均应该由肇事者承担，保险公司不需要承担赔偿责任，但是因为找不到肇事方，车受了损失，保险公司承担大部分的修车费，车主承担小部分的修车费。

不计免赔险是根据车主自身的责任比例来决定赔付的。如果双方报险资料不足、事故责任难确定，则无法作为理赔依据。比如案例中赵小姐在车辆被追尾后选择“私了”，并没有现场拍照留证，交警事后无法作出事故责任判定，因此，赵小姐就不能得到保险公司的赔付。

资料来源：保险网（http：//www.okbao.com/shijie/lc/2016/0114/230935.html）。有删改。

【专栏 8－7】　保险理赔被用来行骗，是怎样一个局

据 2016 年 7 月 19 日《信息时报》报道：7 月 17 日，广州市公安局反电信诈骗中心接贝先生报警，称其当天接到一个号码开头为“170”的电话，自称是某保险公司工作人员，说出险车辆已经定损完毕，理赔款也打到贝先生银行卡上，要求贝先生到柜员机核查。由于前段时间贝先生开车时的确发生过轻微碰撞和向保险公司报案申请理赔，对方也能报出自己姓名与车牌号码，贝先生随即在附近找了一台柜员机，按照对方指示，选择英文界面核查资金到账情况。直到收到工商银行发来被跨行转账 460 元的短信，他才发现被骗，马上拨打110向反电信诈骗中心报警。

最近，广州市公安局反电信诈骗中心接报了20多宗冒充保险公司工作人员的诈骗警情。这类警情有以下共性：一是事主近期刚好发生交通事故，进入保险理赔阶段；二是不法分子所用的号码多为“170”开头的手机号码；三是不法分子冒充保险公司理赔部、财务部专员联系客户，能够准确报出事主的姓名及理赔信息；四是利用一些市民不懂英语，指引事主选择英文界面操作转账。

如何应对这类诈骗呢？第一，要了解保险理赔流程。目前车险理赔中赔款支付只有一种方式，就是客户先垫付修理费用，后凭发票等资料向保险公司索赔，保险公司将赔款直接转入客户指定的账户。不存在要求客户到ATM机进行操作的流程。第二，在保险理赔过程中，如遇到可疑问题，应及时通过官方客服电话与保险公司取得联系核实，不要轻信来历不明的电话和短信，更不要轻易选择英文界面进行转账。若有损失，请尽快致电110进行报警。

第4节　保险投资

一、保险投资的资金来源

保险投资指保险人在组织经济补偿或给付过程中，将积聚的各种保险资金加以运用，使资金增值的活动。保险投资能增加保险人收入、增强赔付能力，使保险资金进入良性循环。

保险企业可运用的保险资金是由资本金、各项准备金和其他可积聚的资金组成。

1. 自有资本金

保险公司的自有资本金包括注册资本和公积金。《保险法》第六十九条规定：“设立保险公司，其注册资本的最低限额为人民币二亿元。国务院保险监督管理机构根据保险公司的业务范围、经营规模，可以调整其注册资本的最低限额，但不得低于本条第一款规定的限额。保险公司的注册资本必须为实缴货币资本。”注册资本在公司开业时视作初始准备金，公积金则是依照法律规定从历年的利润中提取积累，注册资本与公积金一起构成了保险公司承保能力及偿付能力的重要保证。

2. 非寿险责任准备金

保险准备金是指保险人为保证其如约履行保险赔偿或给付义务，根据政府有关法律规定或业务特定需要，从保费收入或盈余中提取的与其所承担的保险责任相对应的一定数量的基金。为了保证保险公司的正常经营，保护被保险人的利益，各国一般都以保险立法的形式规定保险公司应提存保险准备金，以确保保险公司具备与其保险业务规模相应的偿付能力。《保险法》第九十八条规定："保险公司应当根据保障被保险人利益、保证偿付能力的原则，提取各项责任准备金。保险公司提取和结转责任准备金的具体办法由保险监督管理机构制定。"

非寿险的基本特点是期限一般在一年或一年以内，属于短期保险，且都属于补偿性保险。

人身意外伤害保险、健康保险大多属一年以内的短期险，与财产保险在费率计算方面具有类似性质，其责任准备金的计算原理与财产保险类似。

（1）未到期责任准备金。未到期责任准备金是指在准备金评估日为尚未履行的保险责任提取的准备金，主要是指保险公司为保险期间在1年以内（含1年）的保险合同项下尚未到期的保险责任而提取的准备金。

未到期责任准备金的提取一般采用平均估算法，又称50%估算法，1/2法。

未到期责任准备金 = 当年自留保险费总额 × 50%

其中：当年自留保险费总额 = 全年保费收入 + 分入保费 − 分出保费

（2）未决赔款准备金。未决赔款准备金是指保险公司为尚未结案的赔案而提取的准备金，具体又包括如下三种。

①已发生已报案未决赔款准备金：是指为保险事故已经发生并已向保险公司提出索赔，保险公司尚未结案的赔案而提取的准备金。

②已发生未报案未决赔款准备金：是指为保险事故已经发生，但尚未向保险公司提出索赔的赔案而提取的准备金。

③理赔费用准备金：是指为尚未结案的赔案可能发生的费用而提取的准备金。其中，为直接发生于具体赔案的专家费、律师费、损失检验费等而提取的准备金称为直接理赔费用准备金；为非直接发生于具体赔案的费用而提取的准备金称为间接理赔费用准备金。

（3）总准备金。总准备金又被称为自由准备金，是用来满足风险损失超过损失期望以上部分的责任准备金。总准备金是从保险公司的税前利润中提取的。

3. 寿险责任准备金

较之非寿险，寿险的保险责任一般在一年以上，甚至是终身，属于长期保险，且属于给付性保险。寿险的保险费可以采用趸交，即投保时一次性交纳，也可以采用按月度、季度或年度分期交纳。寿险的保险金给付也可能是期末一次性给付，或分期给付。

人寿保险采取均衡保费的缴费方式，因而在投保后的一定时期内，投保人缴付的均衡纯保费大于自然保费（或支出），此后所缴付的均衡纯保费又小于自然保费（或支出）。对于投保人早期缴付的均衡纯保费中多于自然保费的部分，不能作为公司的业务盈余来处理，只能视为保险人对被保险人的负债，须逐年提存并妥善运用，以保证履行将来的保险金给付义务。这种逐年提存的负债并累积生息就是寿险责任准备金。

寿险均衡纯保费的计算基于收支平衡原则，即在任何时点上保险人已收和未来应收的均衡纯保费应等价于保险人已付和应付的保险金额。

由于寿险保险费收取与保险金给付之间可能间隔的时间非常长，因此，对寿险责任准备金的保值增值提出了很高的要求。

4. 其他投资资金

其他可用于投资的资金还包括：结算中形成的短期负债、应付税款、未分配利润、公益金、企业债券等。

二、保险投资的原则

保险投资原则是保险投资的基本依据。早在1862年，英国经济学家贝利（A. A. Bailey）就提出了寿险业投资的五大原则：安全性；最高的实际收益率；部分资金投资于能迅速变现的证券；另一部分资金可投资于不能迅速变现的证券；投资应有利于寿险事业的发展。

随着市场经济的发展，金融工具日益多样化，保险业竞争不断加剧，保险投资的选择范围更加广阔，收益性得到提升，但面临的风险性也更大。1948年，英国精算师佩格勒（J. B. Pegler）修正了贝利的观点，提出寿险投资的四大原则：获得最高预期收益；投资应尽量分散；投资结构多样化；投资应将经济效益和社会效益并重。

如今，一般公认的保险投资有三大原则：安全性；收益性；流动性。

1. 安全性原则

保险企业可运用的资金，除资本金外，主要是各种保险准备金，它们是资产负债表上的负债项目，是保险信用的承担者。因此，保险投资应以安全为第一条件。

安全性是保险投资的第一原则，保险人的总资产可实现价值必须不少于其总负债的价值，还要考虑到有一部分资产能够随时变现，保证支付保险赔款和给付保险金的需要，以确保偿付能力。

安全性，意味着资金能如期收回，利润或利息能如数收回。为保证资金运用的安全，必须选择安全性较高的项目，避免投资失误以保证资金安全。为减少风险，要分散投资。

2. 收益性原则

保险投资的目的，是为了提高自身的经济效益，使投资收入成为保险企业收入的重要来源，增强赔付能力，降低费率和扩大业务。但在投资中，收益与风险是同增的，预期收益率高，对应的风险也大，这就要求保险投资把风险限制在一定范围内，实现收益最大化。

3. 流动性原则

流动性是指资产的变现能力。保险资金用于赔偿给付，受很多偶然因素的影响，因此，要求保险投资在不损失价值的前提下，能把资产立即变为现金，满足支付保险金的需求。流动性的关键在于资产业务与负债业务的期限匹配。保险投资要设计多种方式，寻求多种渠道，按适当比例投资，从量的方面加以限制；还要按不同险种特点，选择合理投资方向。

寿险与非寿险的业务性质的不同决定了投资的资产流动性要求方面的差别。人寿保险一般是长期合同，保险金额给付也较固定，流动性要求可低一些。国外人寿保险资金投资的相当部分是长期的不动产抵押贷款。财产险和责任险，一般是短期的，理赔迅速，赔付率变动大，应特别强调流动性原则。国外财产和责任保险资金投资的相当部分是商业票据、短期债券等。

三、保险投资的形式

1. 存款

存款指存款人在保留所有权的条件下把资金或货币暂时转让或存储于银行或其他金融机构，是最基本也是最重要的金融行为或活动。吸收存款是银行最重要的信贷资金来源。保险公司将资金存放银行可以保证流动性和安全性，但收益性也相对较低。

2. 债券

债券是一种有价证券，是政府、金融机构、工商企业等社会各类经济主体为筹措资金而向债券投资者出具的，并且承诺按一定利率定期支付利息和到期偿还本金的债权债务凭证。债券购买者与发行者之间是一种债权债务关系，债券发行人即债务人，债券持有人（投资者）即债权人。由于债券的利息通常是事先确定的，所以，债券又被称为固定利息证券。

3. 股权投资

股权投资是指通过投资取得被投资单位的股份的行为。对现代意义的有限责任公司而言，股东是公司的所有者，以其出资额为限对公司负有限责任，承担风险，分享收益。

保险公司进行股权投资可以通过如下几种方式：购买上市公司股票，购买准备上市、未上市公司的股票，或以货币资金、无形资产和其他实物资产直接投资于其他单位。股权投资的目的是为了获得较大的经济利益，这种经济利益可以通过分得利润或股利获取，也可以通过股权溢价转让等方式取得。

股权投资属于典型的高风险投资，投资能力是开展业务的基础和关键。保险资金进行股权投资需要根据自身的特点选择合适的投资方式，明确以下几个方面的问题：①投资目的，是以战略投资为主还是以财务投资为主；②投资模式，是以纯股性为主还是股债结合为主；③投资范围，是限于部分行业还是放开大部分行业；④投资方式，是以直接投资为主还是以间接投资为主。

4. 抵押贷款

抵押贷款指借款人在法律上把自己的财产所有权作为抵押而取得的贷款。抵押品通常包括有价证券、国债券、各种股票、房地产以及货物的提单或其他各种证明物品所有权的单据。贷款到期，如果借款者不能还本付息，则债权人有权处理抵押品。抵押贷款一般期限较长，还款因抵押品的存在较有保障，适合寿险资金的长期运用。

5. 寿险保单贷款

寿险保单具有现金价值。保险合同规定，保单持有人可以本人保单抵押向保险企业申请贷款，但需负担利息，这种贷款属保险投资性质。保单贷款金额限于保单当时的价值，如果贷款人不能偿还贷款，保单将会失效，保险企业无需承担给付保险金的责任。

实际上，在寿险保单贷款中保险人不担任何风险。在寿险发达国家，此项业务十分普遍。

6. 不动产投资

不动产是指保险资金用于购买土地、房屋等不动产。此类项目的变现性较差，故只能限制在一定的比例之内。

7. 基础设施项目投资

基础设施项目投资的特点是投资大、收益长期稳定、管理简单，往往还能获得政府的支持并有良好的公众形象，能较好地满足保险基金使用周期长、回报要求稳定的特点。

目前我国的保险基金允许采用信托方式间接投资于交通、通信、能源、市政、环境保护等国家级重点基础设施项目。具体做法是：保险公司（作为委托人）将其保险资金委托给受托人，由受托人按委托人意愿以自己的名义设立投资计划，投资基础设施项目，为受益人利益或者特定目的进行管理或者处分。

8. 和金融机构的合作和往来

拆借是指通过融资中介进行的一种场内的、有组织的、竞价性的资金融通方式，这种规范的拆借业务风险小，流动性强，能获得比同期银行存款或国债高出1~3个百分点的收益。

委托资金运用是指保险企业选择一些实力强、信誉好的非银行金融机构，如信托公司、投资基金公司等，与其建立长期合作关系，委托其运用资金。

9. 向为保险配套服务的企业投资

比如为保险汽车提供修理服务的汽车修理厂，为保险事故赔偿服务的公证行或勘察公司等。这些企业与保险事业相关，把保险资金投向这些企业，有利于保险事业的发展。

10. 海外投资

全球化的资产配置有助于扩大保险投资空间。随着人民币国际化推进以及境内外市场联通、联动加强，保险资金走出去的投资渠道和空间更为广阔。政策为保险资金“出海”提供越来越多的便利。2012年以来，支持险资“走出去”的政策不断加码，在可投资品种、投资渠道数量、标的所在地区范围等多个方面逐步趋于宽松，保险资管机构与境外机构的合作也在加深。

四、中国的保险投资

1. 中国保险投资范围的演变历程

中国的保险投资经历了一个从无到有，投资规模从小到大、投资对象从简单到复杂、投资地域从国内到国际的逐渐演变过程。

1987年以前，保险投资几乎不存在，保险公司的资金仅限于存入银行；1987~1995年属于盲目投资阶段，保险资金除了存放银行、发放贷款外，还投向房地产业和投资证券，导致了一些呆账和坏账；1995年以后，保险投资逐渐得以规范发展。中国保险投资投资范围的逐渐演变过程如表8-3所示。

1995年颁布实施、2002年修订的《保险法》第一百零五条有同样的规定：“保险公司的资金运用必须稳健，遵循安全性原则，并保证资产的保值增值。”“保险公司的资金运用，限于在银行存款、买卖政府债券、金融债券和国务院规定的其他资金运用形式。”“保险公司的资金不得用于设立证券经营机构，不得用于设立保险业以外的企业。”“保险公司运用的资金和具体项目的资金占其资金总额的具体比例，由保险监督管理机构规定。”

此后，保险投资的范围被逐渐放开。例如，1998年10月，保险公司被允许加入银行间同业拆借市场。1999年10月，保险资金被允许购买债券基金。2003年，保险公司不仅可以

表 8 – 3　　中国保险投资投资范围演变过程

年　份	投资范围
1985 ~ 1987	银行存款
1987 ~ 1995	银行存款、贷款、房地产、证券
1995 ~ 1998	银行存款、政府债券、金融债券
1998 ~ 2004	银行存款、政府债券、金融债券、企业债券、证券投资基金
2004 ~ 2006	银行存款、政府债券、金融债券、企业债券、证券投资基金、股票
2006 ~ 2009	银行存款、政府债券、金融债券、企业债券、证券投资基金、股票、基础设施债权投资计划
2009 年后	银行存款、政府债券、金融债券、企业债券、证券投资基金、股票、基础设施债权投资计划、不动产和金融衍生品等

购买政府债券、金融债券和一些央企债券，还可以购买高质量的企业债券。2004 年，保险公司可以直接投资股票市场。2006 年，保险资金被允许通过一些信托、资管计划间接投资基建项目；保险机构被允许投资商业银行的股权，这也是保险资金第一次被允许加入股权投资中去。

以 2003 年为例，当年我国保险可运用资金余额是 8739 亿元，其中银行存款 4549. 67 亿元，占比为52. 06%；国债1406. 9 亿元，占比为16. 09%；金融债券是828. 72 亿元，占比为9. 48%；投资证券投资基金456. 60 亿元，占比为5. 2%；购买企业债券389 亿元，占比4. 45%；其他业务 45. 3 亿元，占比 0. 05%。2003 年整个保险业的资金运用收益率是2. 68%。

中国保险业资金运用的收益率水平较之欧美发达国家保险资金运用收益水平长期偏低。有观点认为主要原因是《保险法》对保险资金的运用限制过紧，如果放开限制，投资收益就会上升。

2. 2009 年后保险投资范围的进一步拓宽

2009 年以后修订的《保险法》第一百零六条对保险资金的运用形式较之前有所调整，具体规定为："保险公司的资金运用限于下列形式：（1）银行存款；（2）买卖债券、股票、证券投资基金份额等有价证券；（3）投资不动产；（4）国务院规定的其他资金运用形式。

保险公司资金运用的具体管理办法，由国务院保险监督管理机构依照前两款的规定制定。"

此后，《保险资金投资股权暂行办法》（保监发〔2010〕79 号）、《保险资金投资不动产暂行办法》（保监发〔2010〕80 号）、《关于保险资金投资股权和不动产有关问题的通知》

(2012 年)、《关于加强和改进保险资金运用比例监管的通知》(保监发〔2014〕13 号)、《保险资金间接投资基础设施项目管理办法》〔2016 年发布，替代《保险资金间接投资基础设施项目试点管理办法》（保监会令〔2006〕1 号）〕等新规陆续出台，不断拓宽保险投资的形式。

以中国保监会 2012 年 10 月 22 日发布的《关于保险资金投资有关金融产品的通知》为例，通知明确了保险资金可以投资的金融产品范围，以及保险公司投资金融产品应当满足的条件。保险公司投资理财产品、信贷资产支持证券、集合资金信托计划、专项资产管理计划和项目资产支持计划的账面余额，合计不高于该保险公司上季度末总资产的 30%。保险公司投资基础设施投资计划和不动产投资计划的账面余额，合计不高于该保险公司上季度末总资产的 20%。

2015 年 7 月，国务院原则同意《中国保险投资基金设立方案》(国函〔2015〕104 号)。基金在市场化和支持国家重大战略的总体思路下，一方面作为直投基金，满足国家经济战略、混改等需求；另一方面作为母基金对接国内外各类特别是政府参与的类似投资基金。基金总规模预计为 3000 亿元，首期 1000 亿元，存续期限 5 ~ 10 年；基金主要向保险机构募集，保险机构出资不低于基金总规模的 80%。基金投资范围以国家战略性项目为基础，并可投资于战略性新兴产业、现代物流、健康养老、能源资源、信息科技、绿色环保、中小微企业等领域。基金投资形式主要包括上市和非上市股权、优先股、债权、资产证券化产品，以及股权基金、并购基金、夹层基金等各类投资基金。

2016 年 3 月，中国保监会发布《关于修改保险资金运用管理暂行办法的决定（征求意见稿)》,“拓宽保险资金投资范围”成为行业关注焦点。征求意见稿显示，保险资金将可以投资创业投资基金等私募基金；保险资金可以投资设立不动产、基础设施、养老等专业保险资产管理机构，专业保险资产管理机构可以设立夹层基金、并购基金、不动产基金等私募基金，具体办法由中国保监会制定。这些政策落实后，对于保险资金探索新的投资渠道，尤其是在股市波动、债市收益率下行的背景下，寻找更多的优质资产将大有裨益。

3. 中国保险企业的境外投资①

进行全球资产配置是保险大国的内在需求，资本追逐海外利润空间是保险资金运用的必经之路。保险资金境外投资的法律框架构建起始于 2004 年 8 月 9 日颁布实施的《保险外汇资金境外运用管理暂行办法》，之后陆续颁布实施了《关于保险外汇资金投资境外股票有关问

---

① 詹昊、吴珊珊：“中国保险资金境外投资的法律合规要点分析”，《中国保险资产管理》2016 年第 2 期。

题的通知》（保监发〔2005〕55号）、《保险外汇资金境外运用管理暂行办法实施细则》（保监发〔2005〕77号）、《保险资金境外投资管理暂行办法》（中国保监会、中国人民银行、国家外汇管理局令2007年第2号）、《保险资金境外投资管理暂行办法实施细则》（保监发〔2012〕93号）等一系列关于保险资金境外投资的监管规定。保险资金境外投资在投资角色定位、投资人的资质条件、投资品种、投资比例、资金托管、投资地域等方面都发生了较大的变化，总体呈现出监管不断放宽的趋势。

保监会发布的《关于调整保险资金境外投资有关政策的通知》（保监发〔2015〕33号）中，将受托管理保险资金可投资市场由香港扩展到包括香港在内的25个发达市场，以及20个新兴市场；投资境外股票由上述发达市场、新兴市场的主板市场，扩展了香港创业板市场；投资境外债券类固定收益产品时，其计价货币不再限于国际主要流通货币，同时评级要求也有所放宽。

根据相关监管规定，目前保险资金境外投资领域包括货币市场类、固定收益类、权益类、不动产、股权投资基金、证券投资基金、房地产信托投资基金等。保险资金境外投资可以运用利率远期、利率掉期、利率期货、外汇远期、外汇掉期、股指期货、买入股指期权等衍生产品规避投资风险，但不得进行投机。

2014年8月10日，国务院公布的《关于加快发展现代保险服务业的若干意见》（“新国十条”）指出，要提升保险业对外开放水平，支持中资保险公司通过国际资本市场筹集资金，多种渠道进入海外市场。国务院的“新国十条”及“一带一路”政策的提出为保险资金进行境外投资提供了顶层设计与政策上的支持，众多保险机构如中国平安、安邦集团、中国人寿等均已积极参与到保险资金境外投资中。如中国人寿、中国平安等保险机构分别收购了伦敦地标性建筑金丝雀10 Upper Bank Street、劳合社大楼。

根据中国保监会公布的统计数据，截至2015年末，共有49家保险机构获准投资境外市场，保险资金境外投资的总额已超过330亿美元，折合人民币2142亿元（按照当时的汇率折算）。而当年我国保险总资产为123597.76亿元，较年初增长21.66%。由此可见，保险资金境外投资还有很大的拓展空间。

4. 2015年中国保险资产管理发展概况①

中国的保险公司资金运用可以通过不同渠道，可以在公司内部设立一个部门来管理，名称可能是资金运用部或资金运用中心等；还有少数公司到外面委托一些机构。而按照国际上

① 中国保险资产管理业协会（IAMAC）：“2015年中国保险资产管理发展概况”，《中国金融》2016年第6期。

比较通行的惯例，一个保险集团大公司组建自己的资产管理公司，名称也可以叫投资管理公司或基金管理公司，是一个独立的法人机构。

2003 年，中国首家保险资产管理公司设立，标志着保险资产管理市场化、专业化改革进程的开启。随着大资管时代的来临，保险资产管理业在服务保险主业的同时，加快业务创新，积极拓展市场，大力发展第三方受托业务，已成为大资管市场上具有重要竞争力和影响力的主体之一。

截至 2015 年底，中国的保险资产管理业市场主体主要包括 21 家综合性保险资产管理公司、10 多家专业性保险资产管理机构、11 家保险资产管理公司香港子公司、6 家养老基金管理（或养老保险）公司、2 家私募股权投资管理（GP）公司、1 家财富管理公司。此外，还有 173 家保险公司设立了保险资产管理中心或保险资产管理部门。这些专业管理机构或部门管理资产规模超过 14 万亿元（含约 2. 43 万亿元业外资产）。

保险资产管理机构受托业务的投资标的较为广泛，基本实现了从传统到另类、从公募到私募、从虚拟到实体、从境内到境外的全覆盖。具体包括存款、债券、基金、股票，基础设施、不动产、股权、衍生金融工具，保险资产管理产品、私募股权基金、信托产品、信贷资产支持证券、券商资产支持证券、商业银行理财产品等各类金融产品，能为保险机构、银行、企业年金等客户提供企业年金投资管理、金融同业业务、财富管理服务、资产管理产品、养老金产品、境外理财产品、QDII（合格境内机构投资者）专户、私募基金产品等各项产品和服务。

截至 2015 年底，保险资产配置中固定收益类资产占比为 56. 17%，其中各类债券余额 38446. 42 亿元，占比 34. 39%。权益类资产占比为 15. 18%，其中股票 8112. 49 亿元，占比 7. 26%；另类投资占比为 23. 31%；其他投资为 4011. 92 亿元，占比为 3. 59%。

截至 2015 年底，保险资金运用收益共计 7803. 63 亿元，资金运用平均收益率为 7. 56%，创近四年新高。2004 ~ 2014 年，保险资金累计实现投资收益总额 21425 亿元，平均投资收益率为 5. 32%，平均每年贡献近 2000 亿元的收益，对提升保险业利润水平、改善偿付能力、壮大资本实力、支持业务创新、有效化解风险发挥了十分重要而积极的作用。

【专栏 8 -8】　险资举牌潮的是与非

从 2014 年开始，大量保险资金投入股市，与此同时，保险公司频频的举牌行为引起了广泛关注。这些举牌的保险公司以靠万能险做大的二线寿险公司为主，典型的如安邦保险利用万能险扩大负债端开始举牌银行、地产等蓝筹股，同时也在海外收购金融机构和著名地产公司。

保险机构传统意义上愿意持有的上市公司是低估值、高股息率、能够有稳定现金流的大盘蓝筹股。持有这些公司股份，权益法核算下保险公司可以规避股价波动风险，同时享受上市公司的分红和利润并表。这类公司主要分布在金融、地产、商贸领域，且估值多在20倍以内。

2016年上半年，近百家险企在A股市场共投资了612家上市公司，截至半年报，共持有728.38亿股股权。根据保险机构持仓市值行业排名看，2016年最受险资追捧的行业较之2015年并没有太大改变，银行和房地产行业是险资持股最多的行业。在房地产行业被举牌的公司中，万科A当然是最受关注的公司，备受瞩目的“宝万之争”成为资本界的标志性事件。2016年险资的亮点是加大了对电子元器件、汽车、电力及公用事业、计算机、家电、通信等行业的投资比重，而对房地产、医药、商贸零售、食品饮料等之前大力追捧的行业进行了减持。

截至2016年8月23日，当年全部A股上市公司共发布举牌公告69次，其中险资举牌8次，涉及6家上市公司；2015年发布过155次举牌公告，险资举牌61次，涉及31家上市公司。2016年尽管险资举牌数量大幅减少，但相较于此前通过二级市场抢筹的单一举牌形式，险资采取了更多元化的举牌方式。如恒大人寿和泰康人寿就以购买非公开发行股份方式，参与了宝鹰股份和保利地产的定增。险资开始与上市公司控制人通过协商方式对所购股份进行定价。这不但在一定程度上避免了二级市场的股价波动风险，也有利于险企与上市公司展开深入的战略合作，避免出现类似于“门口野蛮人”之类的斗争。

市场对保险资金举牌的解释大多认为是在“资产荒”背景下，由于缺乏高收益资产的匹配，所以再寻求预期收益率更高的股权类资产，并从中找寻风险可控的标的。从安邦、前海、生命人寿的举牌路径来看，都是在举牌前集中扩张了负债，靠的就是一两款成本率非常高的产品。但这并非“因为缺乏高收益的其他资产，所以投资股权”，而更像是“因为有好的股权类资产，所以努力地筹钱”。安邦人寿、富德生命人寿、前海人寿等风格激进的保险公司都是主动进行负债端扩张，追求高收益资产匹配，寻求预期收益率更高的股权类资产，并从中找寻风险可控的标的。

以宝能系子公司前海人寿为例，2015年前海的资金来源主要是万能险的销售，增量大概有340亿元。2015年前海的原保险保费收入达到606亿元，是2014年（174亿元）的3.48倍。2015年前海激增的万能险结算利率都非常高，比如2015年新发行的前海海鑫利3号（A）年金保险（万能型）的结算年化利率高达7.45%。如果用万能险利息支出/保户储金及投资款，估算的净成本率达到7.9%。如果再加上4%~5%的手续费率（主要是渠道佣金)，总成本率可以达到11.9%～12.9%。如此高的成本率，更像是先盯上了目标资产，然后再去集中筹措资金。

对于险资举牌，业界有截然不同的看法。银河证券董事总经理、首席总裁顾问左小蕾认为，保险资金大量举牌上市公司是破坏金融市场秩序。保险资金在二级市场频繁进出，成了风险资金，是在非理性运作。东吴证券非银分析师胡翔则认为，险资举牌对于整个资本市场的改善有利，保险长期资金进入，对于资本市场起到有效的稳定器作用，有利于其定价合理性和长期发展。在资产荒和利率水平下滑的历史趋势中，保险对于股权类资产配置比例将会继续上行。针对险资举牌，中国保监会主席项俊波多次高调警示，保险业要始终坚持"保险姓保"，发展绝不能"跑偏"。

资料来源：中信证券研究部："从'险资举牌'看价值重估"，《上海证券报》，2016年9月8日；王伟："险资举牌或成A股稳定器　监管难阻加速步伐"，和讯网（http：//news. hexun. com/2016－09－13/186011113. html），2016年9月13日。

本章关键词

保险精算	保险费	纯保费	附加保费	保险费率
纯费率	附加费率	毛费率	观察法	分类法
增减法	收支平衡原则	直接展业	保险代理人展业	保险经纪人展业
银行保险展业	互联网展业	投保	承保	理赔
保险投资	准备金	境外投资	保险资产管理	

思考与讨论

"互联网＋保险"的奇妙"化学反应"①

"4年增长69倍，互联网＋保险已产生了奇妙的化学反应，而一切才刚刚开始。"在7月14日举办的第九届中国保险业信息化发展座谈会上，蚂蚁金服总裁井贤栋发表了如上观点。

① 秦嘉敏："蚂蚁金服井贤栋：互联网＋保险的化学反应才刚刚开始"，《中国保险报》，2016年7月15日。

根据中国保险协会的统计，2015 年，互联网保险保费收入 2223 亿元，比 2011 年增长近 69 倍。井喷式的发展，让行业愈发期待互联网技术能为保险业创造更大的价值。

井贤栋表示，以移动互联网、云计算、大数据等为代表的互联网技术，正在有效助力保险行业的“互联网+”进程。要让保险在互联网时代更好地服务社会，服务民生，需要互联网技术和保险行业的深入融合，蚂蚁金服正携手保险从业伙伴共同打造一个开放的保险服务平台。

以蚂蚁金服联合保险公司推出的支付宝账户安全险为例——这款数亿用户使用的新型险种，平均 1.6 元的保费，保额却高达 100 万元，这背后，正是多项互联网技术在发挥作用。

一方面，支付宝的安全大脑通过 80 多个风控模型、数千条风控规则，能有效降低被盗事件发生的概率，发现不良风险，这让保险公司可以用极低的费率来承接保险产品，控制风险。

另一方面，借助移动互联网和人工智能技术，保险公司在理赔上释放了大量人力资源，一部分账户安全险保民可以使用自动理赔，提交申请后，无需人工审核，系统自动判断被盗事实是否成立，如果成立，用户扫脸证明身份，即可获得理赔款。

据统计，目前这一保险，有 83% 的理赔都在 24 小时之内完成，最快的理赔甚至只花了 3 秒钟。

井贤栋表示：“这充分说明了大数据驱动下互联网保险的创新发展，未来的趋势是更加的场景化、碎片化和透明化。”“如果没有互联网技术的支撑，这样的低成本和理赔体验都很难实现，互联网技术正在助力普惠金融，保险公司得以满足更多的保险需求。”

井贤栋强调，“互联网保险应该聚焦创新，与保险机构一起做大蛋糕，而不是分蛋糕。”“蚂蚁金服期待和保险机构深度融合，实现更多数据方面的共创，双方互为生态，相互繁荣，未来让创新成为增长的动力，一起做大蛋糕，实现更为广阔的发展空间。”蚂蚁金服下一步将充分挖掘自身的互联网技术能力，在产品创新、定价、风险控制、销售、后端服务、金融云等方面，为保险公司提供助力，与保险合作伙伴实现端对端的全流程的深度融合。

目前，蚂蚁金服已经在银行、基金等行业吸引了大量合作伙伴，而越来越多的保险公司选择加入合作计划。据井贤栋透露，蚂蚁金服目前已经与 76 家保险机构开展合作，互联网技术在合作中发挥了核心作用。例如，蚂蚁金服通过大数据精准定价，帮助退货运费险、机票退票险等险种扭亏为盈；通过云计算帮助保险公司可以支撑单日亿级的出单量，大幅节约技术成本。据悉，截至目前，已经使用金融云服务的保险公司已超过 50 家。

问题

（1）请有支付宝的同学登录支付宝账户安全险界面，仔细阅读《保险条款协议》和

《自动续保协议》，了解投保人、保险公司和支付宝相关各方的权利义务信息。

（2）你本人及亲友是否投保了支付宝账户安全险，并因为账户资金被盗得到保险理赔的？如果有，请介绍理赔体验。

（3）请分析，以移动互联网、云计算、大数据等为代表的互联网技术将可能对传统保险业务产生什么样的提升或颠覆性冲击？

内地人为何热衷去香港买保险

近年来，内地人去香港买保险似乎成为一种潮流。2010年内地访客新造保单保费收入占个人业务总新造保单保费的仅7.5%，而2015年该比重上升至24.2%，助推香港保险全年保费收入达到1313亿元，同比上升15.1%。赴港购买保险产品的内地客户主要为年薪在30万元以上的中产阶级，有较高的保险意识，通过购买香港年金保险扩大保障，并以持有离岸美元资产进行汇率风险对冲和资产保值。

去香港购买的保险，主要集中在寿险、重大疾病保险，以及部分高端医疗保险上。与内地保险产品相比，香港保险以其较低的价格、较全面的保障和较高的分红吸引着内地投保人。

首先，从产品价格上来看，单纯就重疾险而言，香港产品较内地产品便宜近30%。以100万元保额的香港A款重疾险和内地B款终身健康险为例：均按照7岁幼童投保，前者保额100万元，年缴费13504.4元，缴费18年；后者保额仅20万元，年缴费10846.23元，缴费20年。香港的价格优势显而易见。

其次，从相同险种的保障范围上看，内地重疾险所保障的疾病种类一般在30种左右，而香港的产品可以覆盖53种严重疾病、3种非严重疾病、2种男性癌症，最全面的险种已经涵盖上百种大病。除此之外，还普遍覆盖轻疾和个别儿童疾病，对于早期出现的重疾症状也会做出赔偿。

再次，从投资回报上来看，由于监管环境和资本管制的差异，香港保险市场的配置更加灵活有效，能获得较高的投资回报率。内地的人寿保险预期收益率最高在3%~5%之间，香港的人寿保险分红利率一般为5%~9%左右，近10年没有低过5%。

香港保险行业的成熟度更高，投保时审核非常严格，保险经纪人终身跟随保单，流程清楚透明，服务意识很好。香港保单是全球性医疗住院险种，无论在国内或是国外都可以得到理赔，而且无论客户身处国内或是香港和国外，都可以得到国际理赔支票。

问题

（1）香港保险产品定价的精算假设是基于香港保险群体做出的，请基于香港和内地平均寿命的差异分析，为何其寿险、重大疾病保险的费率要低于内地？请思考，人寿保险中哪一类险种的费率应该是香港高于内地？

（2）请搜集更多资料，分析内地人去香港购买保险，在期望获得更多保障更高受益的同时，面临哪些风险？

（3）面对来自香港及境外保险公司的竞争，内地保险公司应如何应对？

第 9 章

社会保险

>> 本章要点

- 社会保险的内涵与功能
- 社会保险的产生与发展
- 社会保险的财务制度
- 养老保险、医疗保险、失业保险、工伤保险、生育保险的基本内容
- 中国的社会保险制度

小赵在毕业后就职的第一家公司工作一段时间后，有了跳槽的机会。某外资企业看上了小赵的创意和娴熟技术，希望小赵加盟。谈及工资待遇，外企主管告诉他，公司给他 15000 元的月薪，较之其他企业同类职员要高不少。但作为一家外资企业，除工资外没有其他福利待遇，养老、医疗保险等问题都需要员工自己解决。同时，主管还表示，公司为了激励员工积极工作，每年会评出优秀员工并为其购买下一年度的商业保险以资鼓励。小赵想到，妻子小孙号称月薪 10000 元，但每个月各项扣除后进账也就 7000 元多一点，而这家外企给的 15000 元仅需缴纳个人所得税，不会再有其他扣除，自己刚工作不久离退休还早，身体也不错，看上去可以接受。不过，小赵依稀听说过，按照我国的法律规定，规范的企业都应该给员工办理“五险一金”，这家外企用高薪来代替社会保险的做法岂不是违法了？这样的条件能接受吗？

社会保险与每个人的利益息息相关，本章内容不仅解答小赵的疑惑，还能让大家了解相关知识，以便个体知道如何维护自身及亲友权益；如果成为企业家，则是知道如何履行企业职责，保护员工权益。

第1节　社会保险概述

一、社会保险的内涵与功能

1. 社会保险的定义

社会保险是国家或政府通过立法形式，采取强制手段，对全体公民或劳动者以年老、疾病、生育、伤残、失业和死亡等特定风险为保障内容的一种保障制度。不同国家的社会保险制度，不论其是否完善，一般都具有强制性、社会性和福利性的特点。

2. 社会保险的主要功能

（1）稳定社会生活的功能。从社会保险的项目内容看，是以经济保障为前提的，目的是使劳动者因年老、失业、患病、工伤、生育等特定风险而减少或丧失劳动收入时，能从社会获得经济补偿和物质帮助，保障基本生活。从某种程度上说，社会保险是民众的“安全网”，是社会稳定的“减震器”，具有稳定社会生活的功能。

（2）再分配的功能。社会保险是现代社会缓解收入分配差距、促进社会和谐稳定的制度安排。在再分配领域，通过发挥政府的主导和调节作用，运用社会保险的资源和机制，实现扶弱济困的目的。

例如，社会保险中的养老保险、医疗保险等险种，参保人个人交纳的保费与其能得到的保险金给付不是完全对应的。通过政府的财政转移支付机制和社会保险的资金筹集与待遇支付机制，实现对弱者和贫困人口的直接帮助，进而实现不同人群之间的收入分配调节，即实现收入分配上的“损有余补不足”。国际经验表明，发达国家社会保障调节收入分配差距的作用要大于税收。

（3）促进社会经济发展的功能。促进经济发展的功能表现在两个方面：一是社会保险制度作为需求管理的一个重要工具来发挥作用，从而对经济起正面的作用；二是社会保险基金的有效利用可以促进经济的持续繁荣。

二、社会保险的产生与发展

19世纪的欧美，资本主义经济得到了快速的发展，但与物质财富极大丰富相伴随的，还有严重的社会问题：大规模机器的使用及恶劣的生产环境增加了工人伤残和罹患职业病的风险；城市因人口密集、大气和水污染严重、公共环境恶化，增加了疾病产生及迅速蔓延的风险；贫富水平的分化恶化了底层民众的生活及健康状况……社会矛盾空前尖锐，各种社会运动此起彼伏。如果任由贫富分化造成社会下层的贫困引发政治上的动荡，往往是玉石俱焚、两败俱伤的局面。为穷人提供基本的生存保障，改善公共卫生、教育等方面的服务成为缓和社会矛盾、维护统治秩序的需要。

各国政府为了维持政权的稳定，开始社会福利制度的建设。在社会保障制度建设的历史上有两个里程碑：一是德国在俾斯麦时期首创社会保障制度；二是 1935 年美国建立全面社会保障制度，并将社会保障制度化，这对二战后社会保障制度的全球化产生了很大影响。

1. 俾斯麦在德意志帝国建立世界首个社会保险计划①

1871 年，在相继取得了对丹麦、奥地利以及法国的战争胜利后，铁血宰相俾斯麦终于成功地统一了德意志帝国。富庶的工业区和大量赔款支撑起俾斯麦发展经济强国的野心。在德意志工业化的滚滚洪流中，原来的无业国民以及底层农民纷纷成为产业工人。到 19 世纪 80 年代，德意志的产业工人超过了 1000 万，工人阶级变得空前强大。国际工人运动在法国失败后很快转战德国，罢工潮席卷柏林等多个城市。工人阶级党派——社会民主党于 1869 年成立，在 1877 年的议会选举中获得近 50 万张选票，接近当时选民总数的 1/10。

俾斯麦意识到工人势力已经成型，过多的打压反而会导致问题恶化，他决定提高工人阶级的经济利益以平衡对其政治空间的压缩。1882 年俾斯麦正式提出了《疾病保险法》和《意外灾难保险法》草案。由于新兴的资本家阶层自由党的反对，这两部法案分别在 1883 年和 1884 年才艰难获得通过。巨大的阻力迫使俾斯麦对酝酿中的《残疾和老年保险法》进行了一定程度的调整，规定保险费用由国家、资本家以及工人三方共同承担，这一策略导致中央党、自由党以及民主党谁也不能以“分担不均”为理由加以反对，1889 年该法案也最终获得通过。

铁血宰相俾斯麦建立起的世界首个社会保险计划让大部分德意志国民，尤其是底层人士受益，缓和了帝国的政治矛盾，为维护国家稳定奠定了重要基础。其普惠性和强制性的做法成为日后其他国家制定社会保险政策的重要参考。例如英国在 1911 年通过了《国民保险法》，采用强制性的纳捐制度，实行国家负责的由雇员、雇主、国家三方出资的社会保险，为所有的投保人员提供疾病、伤残、产妇等项目的现金补助。

① 孙涛：“社保诞生：俾斯麦的谢幕之作”，《英大金融》，2015 年第 10 期。

2. 美国 1935 年《社会保障法案》将社会保障制度化①

福利制度真正作为一个牢固的制度确立下来，成为国家调节社会关系、控制社会矛盾的工具，是在经历了一战和大萧条的洗礼之后。一战强化了政府对经济和社会生活各方面的干预，1929～1933 年的经济危机则导致阶级矛盾空前激化。凯恩斯理论否定了资本主义经济体系可以自行调节的观点，为国家大规模干预经济、建立福利国家和全面的调控机制奠定了理论基础。

美国社会中坚力量的中产阶级原本持保守主义观点，坚信个人应对自己命运负责，但这一理念被 1929 年爆发的大危机所击碎。残酷的现实使人们逐渐认识到，个人的困境不完全是因为个人的因素造成的，传统的以自由主义为导向的理念发生了动摇，人们开始寻求国家在个人努力不能发挥作用的领域中应当承担的责任。罗斯福新政的主要内容之一就是通过立法，建立“安全网”式的社会保险和社会福利体系。1935 年正式生效的《社会保障法案》确定了联邦政府有责任向老年人、遗属、儿童、残疾人、失业者等对象提供福利援助，标志着美国社会福利政策由“自由放任”到“积极承担责任”的重大转变，成为美国社会福利史的里程碑。

在此后的 70 多年里，《社会保障法案》不断得到修改和补充，逐步形成了由社会保险、社会福利、社会救济三部分组成的一整套美国社会福利保障体系。

【专栏 9－1】　社会保障制度领域的传世经典：贝弗里奇报告

1941 年，英国成立社会保险和相关服务部际协调委员会，着手制定战后社会保障计划。经济学家威廉·亨利·贝弗里奇爵士（William Henny Beveridge，1879－1963）受英国战后重建委员会主席阿瑟·格林伍德先生委托，出任“调委会”主席，负责对当时的国家社会保险方案及相关服务进行调查，并就战后重建社会保障计划进行构思设计，提出具体方案和建议。

1942 年，贝弗里奇提交了题为《社会保险和相关服务》（*Social Insurance and Allied Services*）的报告。报告分析了英国社会保障制度的现状及所存在的问题，对以往提供的各种福利进行了反思，系统勾画了战后社会保障计划的宏伟蓝图。

报告指出：“社会保障就是对收入达到最低标准的保障。”社会保障有三种方式，即满

---

① 牛文光：《美国社会保障制度的发展》，中国劳动社会保障出版社 2004 年版；李超民：《美国社会保障制度》，上海世纪出版股份有限公司 2009 年版。

足基本要求的社会保险、满足特殊需要的国民补助和满足较高收入者的自愿保险。国家提供福利的原则是基于国家利益而不是某些群体的局部利益，社会保障必须由国家和个人共同承担责任，通过国家和个人共同的合作来实现。社会保障应遵循四个基本原则：一是普遍性原则；二是保障基本生活原则；三是统一原则，即社会保险的缴费标准、待遇支付和行政管理必须统一；四是权利和义务对等原则。这些原则的提出和实施使社会保障理论更加丰富和趋于成熟。

报告设计了一整套“从摇篮到坟墓”的社会福利制度，提出国家将为每个公民提供9种社会保险待遇，还提供全方位的医疗和康复服务，并根据本人经济状况提供国民救助。

贝弗里奇报告是社会保障发展史上具有划时代意义的著作，对英国、欧洲乃至整个世界的社会保障制度建设和发展进程产生了重要的影响。

资料来源：［英］威廉·贝弗里奇：《贝弗里奇报告——社会保险和相关服务》，中国劳动社会保障出版社 2008 年版；关信平：“西方‘福利国家之父’贝弗里奇——兼论贝弗里奇报告的诞生和影响”，《社会学研究》，1993 年第 6 期，第 71 ~ 79 页。

3. 二战后福利国家出现

二战以前，各国的社会保障制度虽然在保障的项目、覆盖率和保障水平等方面存在差异，但大多只是保证居民拥有维持生存所必需的生活资料。二战以后，社会保障进入到另一个阶段——福利国家纷纷出现。国家通过政策或者制度，规定最低的住房、医疗、工资和教育等标准，通过高税收缩小贫富差距，以最大限度保证所有公民享有最低标准的收入、营养、健康、住房、教育和就业机会，其主要载体就是社会保障制度。正如肯尼迪所言，“如果自由社会不能帮助众多的穷人，也就不能保全少数的富人”，制定有利于社会下层的福利政策实际上是有利于社会各阶层的稳定。

在贝弗里奇报告的基础上，英国政府于 1944 年发布了《社会保险白皮书》，制定了《国民保险法》《国民卫生保健服务法》《家庭津贴法》《国民救济法》等一系列法律。1948 年，英国首相艾德礼宣布英国第一个建成了福利国家。贝弗里奇也因此获得了“福利国家之父”的称号。此后，瑞典、芬兰、挪威、法国、意大利等国也纷纷效仿英国，致力于建设福利国家。

1954 年，美国《社会保障法案》保障的对象扩大到农场主、农场工人、家庭服务员、自由职业者以及州和地方政府的雇员。20 世纪 60 年代，美国经济繁荣，但黑人“民权运动”与“反贫困运动”高涨，约翰逊总统提出“伟大社会”计划和“向贫困开战”，社会保障政策扩张达到高峰。到 70 年代中期，美国已建立起一个社会安全网，使 90% 以上的人享受到了社会福利。

健全完善的社会保障制度使各国政府背上沉重的财政包袱，社会保障支出巨大，增加了人们的税赋，影响国内投资，削弱了产品的竞争力。政府举办的社会福利项目日益增多，开支空前增长。到20世纪70年代末80年代初，许多发达资本主义国家的社会福利开支（包括公共教育开支），有的已占本国政府总开支的1/2～2/3，约占本国国内生产总值的1/5以上。福利过度发展带来的“福利病”已经影响了一些福利国家的经济增长，“福利国家制度”也陷入进退维谷的境地。许多国家的政府开始对福利主义进行“重新估价”，对“福利国家制度”进行调整或“改革”，竭力控制和削减社会福利开支。①

三、社会保险与商业保险的区别

保险可以依据是否盈利分为社会保险和商业保险。本教材前面章节的内容都是关于商业保险的。但是否盈利仅反映了二者之间的一项区别，它们之间的其他区别具体如下。

1. 实施目的不同

社会保险是强制实施的社会保障措施，为社会成员提供必要时的基本保障。它以财政作后盾，不以盈利为目的。

商业保险则是保险公司的商业化运作，属于盈利性质的商业经济活动。商业性保险公司独立核算，自负盈亏，国家不予补贴。

2. 实施方式不同

社会保险是根据国家立法强制实施，只要在法律规定范围之内，无论是否愿意，均应参保。

商业保险遵循“契约自由”原则，由企业和个人自愿投保；保险人和被保险人双方都有自由选择的权利，按投保的保险金额及保险事故发生后的损失情况，给予被保险人一定的经济补偿或人身给付。

3. 管理体制不同

社会保险由中央、地方政府集中领导，成立的专门性社会保险管理机构进行基金的筹集、管理及发放，属于行政管理体制。

商业保险则是由保险公司来经营管理的。各保险公司是自主经营、独立的经济实体，管

---

① 余立涵：“二战后西方福利国家制度确立的战略背景与外部因素：以英国为例”，《战略决策研究》，2014年第4期，第34～42页。

钱不管人，属金融管理体制。

4. 立法不同

社会保险体现国家机关、企事业单位与职工之间的劳动关系，属于劳动立法范畴。

商业保险是金融企业的经营活动，体现投保人与被保险人之间等价交换的商品关系，双方的权利、义务以保险合同为依据，属于经济立法范畴。

5. 保障水平不同

社会保险为被保险人提供的保障是以满足基本生活需要为标准，保障程度较低，并随着社会的发展有所提高。

商业保险提供的保障水平完全取决于保险双方当事人的约定，投保人所缴保费和投保保险金额成正比，多投多保，少投少保，不投不保。与投保人的工作年限、工资收入、社会地位均不发生关系，权利与义务是货币关系的对等。

让我们再来看看本章开篇小赵的困惑，外资公司是否能用高薪或商业保险替代社会保险呢？

《劳动法》第七十条规定："国家发展社会保险事业，建立社会保险制度，设立社会保险基金，使劳动者在年老等情况下获得帮助和补偿。"《劳动法》第七十二条规定："社会保险基金按照保险类型确定资金来源，逐步实行社会统筹。用人单位和劳动者必须依法参加社会保险，缴纳社会保险费。"《中华人民共和国社会保险法》第四条规定："中华人民共和国境内的用人单位和个人依法缴纳社会保险费。个人依法享受社会保险待遇，有权监督本单位为其缴费情况。"由此可见，社会保险是劳动者在与用人单位发生劳动关系时应享有的权利，企业和劳动者必须依法参加。参加社会保险、交纳社会保险费不仅是用人单位的义务，也是劳动者的义务。劳动者可以放弃权利，但必须履行义务。该外资公司希望以高薪或商业保险替代社会保险的做法，显然违反了法律规定。小赵应该依法主张自己应享有的社会保障权益，同时履行自己应该承担的缴费责任。

四、社会保险的财务制度

1. 随收即付制

随收即付制度是指当期所收保险费用于当期的给付，使保险财务收支保持大体平衡的一种财务制度。除养老保险项目外，一般社会保障项目都是采用这种财务制度。

养老保险采用随收即付制度有利有弊。随收即付制度最大的优点是费率计算简单，同时因为没有巨额基金，不会有保值增值的压力，不会受到货币贬值的不利影响。但这一制度的缺点也是明显的。它必须经常重估财务结构，调整费率，而由于人口结构趋于老化、福利水平的刚性等原因，费率一般是日益提高的。同时，从分配关系看，在退休金保险方面，随收即付制度实质上是代际间的再分配关系，日益上升的费率，会加深代际矛盾，如果与经济危机等因素叠加，甚至可能造成政治危机。

2. 完全积累制

完全积累制度是在对影响费率的相关因素进行长期测算后，确定一个可以保证在相当长的时期内收支平衡的平均费率，并将所收保险费（税）全部形成社会保险基金的一种财务制度。企业年金制度及社会保险制度框架下的养老保险个人账户较多采用完全积累制度。

完全积累制度最明显的优势是由于有基金的积累，在人口老龄化的情况下能保持保险费率的相对稳定。但这一优点是以基金收益率高于工资增长率为前提的。

该制度的缺陷也是明显的，一是在制度运行初始就要求较高的费率；二是基金受通货膨胀的压力较大，如果基金运用得当，不但社会保险制度能从中受益，而且整个经济将由于基金的有效配置而受益，反之，如果基金管理不善，不能保值增值，则比随收即付制度的成本更高。

3. 部分积累制

部分积累制是随收即付制度和完全积累制度的混合物。这一制度是要在迎接人口老龄化和初始的高保费制度中寻找一条中间道路。通常的做法是，将原来随收即付制度所交保费中的一小部分积累于个人账户制度，或在原来制度之上提高费率，并将增量部分全部积累于个人账户制度。这一制度也同样面临基金的管理和保值增值问题。

在初始时，部分积累制的费率高于随收即付制度而又低于完全积累制度，在准备金方面，它会多于随收即付制度而低于完全积累制度。

中国1997年建立的社会养老保险制度采用的就是这种部分积累的混合财务制度，称之社会统筹与个人账户制度相结合的社会养老保险制度。

第2节　中国社会保险的基本构成

2010年10月28日，经全国人大常委会审议通过，《中华人民共和国社会保险法》正式颁布，2011年7月1日起正式实施。这是我国社会保障体系建设中具有重大意义的一个事件。《社会保险法》是有关社会保障制度方面的综合性基本法，以法律的形式确定了我国覆盖城乡全体居民的社会保障体系，确定了统筹城乡社会保障发展的要求，从制度上保障了劳动者在养老、医疗、失业、工伤、生育等方面的合法权益，明确政府机构和企事业等用人单位的责任与义务，并规定了对有关违法失职行为的处罚。自 2010 年社保法出台以来，国家先后制定、修订了包括《工伤保险条例》《工伤认定办法》等在内的 40 多个配套法律法规，同时对其他领域与社会保险法存在抵触的一些法律进行修订，逐步形成了以《社会保险法》为中心，以一系列法规政策为依托的社会保险法制度体系。这套制度体系规定了中国社会保险的基本构成及具体运行。

一、养老保险

1. 养老保险的内涵及构成

养老保险是国家和社会根据一定的法律和法规，为解决劳动者在达到国家规定的退休年龄或解除劳动义务的年龄界限，或因年老丧失劳动能力退出劳动岗位后的基本生活而建立的一种社会保险制度。

中国的养老保险由三个部分（或层次）组成。第一部分是基本养老保险，第二部分是企业补充养老保险，第三部分是个人储蓄性养老保险。其中的基本养老保险就是社会保险中讨论的养老保险。

根据《中华人民共和国社会保险法》的规定，基本养老保险又包括职工基本养老保险、新型农村社会养老保险和城镇居民社会养老保险。

该法对职工基本养老保险制度的覆盖范围、基本模式、资金来源、待遇构成、享受条件和调整机制等作了比较全面的规范，并规定了病残津贴和遗属抚恤制度。

《社会保险法》规定，各省、自治区、直辖市人民政府可以根据实际情况，将城镇居民社会养老保险和新型农村社会养老保险合并实施，为逐步建立统筹城乡的养老保障体系奠定了法律基础。2014 年 2 月 21 日，国务院出台《关于建立统一的城乡居民基本养老保险制度的意见》，决定将新型农村社会养老保险（新农保）和城镇居民养老保险（城居保）两项制度合并实施，在全国范围内建立统一的城乡居民基本养老保险制度。

2. 基本养老保险的主要内容

（1）基本养老保险的征缴范围。

①所有企业、城镇个体经济组织和与之形成劳动关系的劳动者：由用人单位和职工共同缴纳基本养老保险费。

②无雇工的个体工商户、未在用人单位参加基本养老保险的非全日制从业人员以及其他

灵活就业人员，由个人缴纳基本养老保险费。

③国有企业、事业单位职工：参加基本养老保险前，视同缴费年限期间应当缴纳的基本养老保险费由政府承担。

④公务员和参照公务员法管理的工作人员：养老保险的办法由国务院规定。

（2）基本养老保险账户设置及基金构成。

基本养老保险实行社会统筹与个人账户相结合。用人单位应当按照国家规定的本单位职工工资总额的比例缴纳基本养老保险费，记入基本养老保险统筹基金。职工应当按照国家规定的本人工资的比例缴纳基本养老保险费，记入个人账户。

基本养老保险基金由用人单位和个人缴费以及政府补贴等组成。如果基本养老保险基金出现支付不足时，政府给予补贴。

（3）基本养老金给付。

基本养老金由统筹养老金和个人账户养老金组成。

基本养老金根据个人累计缴费年限、缴费工资、当地职工平均工资、个人账户金额、城镇人口平均预期寿命等因素确定。参加基本养老保险的个人，达到法定退休年龄时累计缴费满 15 年的，按月领取基本养老金。达到法定退休年龄时累计缴费不足 15 年的，可以缴费至满 15 年，按月领取基本养老金；也可以转入新型农村社会养老保险或者城镇居民社会养老保险，按照国务院规定享受相应的养老保险待遇。

中国是从 1984 年开始对原有的以单位为依托的退休金制度进行改革探索，1997 年构建了社会统筹与个人账户相结合的基本养老保险制度框架。鉴于养老保险制度逐渐演进的现实，针对劳动者参加工作及退休时间的差异，养老金的发放也采用了“老人、中人、新人”三种不同的制度。

1998 年 1 月 1 日以后参加工作、缴费年限满 15 年的人员，也就是所谓的“新人”，退休金按照以下月标准计发：

基本养老金 = 基础养老金 + 个人账户养老金

其中：

基础养老金 =（本市上年度在岗职工月平均工资 + 本人指数化月平均缴费工资）/2 × 截至退休时本人缴费年限 ×1%

本人指数化月平均缴费工资的计算方法较为复杂，为参保人员退休时全省上年在岗职工月平均工资乘以本人平均缴费工资指数。

$$本人平均缴费工资指数 = \frac{\frac{a_1}{A_1} + \frac{a_2}{A_2} + \cdots\cdots + \frac{a_{(n-1)}}{A_{(n-1)}} + \frac{a_n}{A_n}}{N}$$

公式中：a_1、a_2……$a_{(n-1)}$、a_n 为参保人员至退休上一年各年的缴费工资；A_1、A_2……$A_{(n-1)}$、A_n 为至参保人员退休上一年各年的全省职工年平均工资（2001 年起为全省在岗职工年平均工资）；a_i/A_i（$i=1\sim n$）实际上对应的是职工在缴费期间，当年单位和个人缴费基数与当年在岗职工平均工资之比。如果所在单位的缴费基数恰好与在岗职工平均工资相等，那么 a_i/A_i 之值为 1，否则大于或小于 1。N 为参保人员至退休上一年年底的实际缴费年限与视同缴费年限合计数。

$$个人账户养老金=\frac{退休时的个人账户储存额}{计发月数}$$

不同年龄退休有不同的对应计发月数，如 50 岁是 195 个月，55 岁是 170 个月，60 岁是 139 个月。

假设某“新人”职工 60 岁退休领取养老金，其缴费年限刚好 15 年，当地上一年在岗职工月平均工资 5000 元，其指数化的月平均缴费工资为 4000 元，个人账户存储额为 60000 元。计算其每月能领取的退休金为多少？

$$基础养老金=\frac{5000+4000}{2}\times15\times1\%=675（元）$$

$$个人账户养老金=\frac{60000}{139}=431.65（元）$$

则该职工每月能够领取的退休金为：675 + 431.65 = 1106.65（元）

对于 1997 年 12 月 31 日以前参加工作、2006 年 1 月 1 日以后至 2014 年间办理退休且缴费年限满 15 年的人员，退休金按照以下规定的月标准计发：

$$基本养老金=基础养老金+个人账户养老金+过渡性养老金$$

其中：

$$过渡性养老金=本人指数化月平均缴费工资\times统账结合前的缴费年限\times1.2\%$$

显然，退休后通过社会保险领取的基本养老金远远低于退休前的工资收入，建立基本养老保险制度的目标只是为被保险人提供最基本的生活保障。为了有更充足的养老金保障，需要通过发展企业年金、职业年金、个人年金，结合商业性养老保险，作为补充养老保险。

参加基本养老保险的个人，因病或者非因工死亡的，其遗属可以领取丧葬补助金和抚恤金；在未达到法定退休年龄时因病或者非因工致残完全丧失劳动能力的，可以领取病残津贴。所需资金从基本养老保险基金中支付。

3. 养老保险并轨改革

中国的养老保险制度长期存在“双规制”的现象，即政府机关、事业单位人员和城镇企业职工两大类人员采取两种不同的养老保险模式，享受不同水平养老金待遇的养老保险制度。社会上对养老金实施“并轨”改革的呼声一直很高，希望能通过改革消除不同身份间退休人员养老金悬殊的不公平状况。

2008 年初，国务院通过《事业单位工作人员养老保险制度改革试点方案》，确定在山西、上海、浙江、广东和重庆 5 省市先期开展试点工作。

2009 年 1 月，人力资源和社会保障部正式公布《事业单位养老保险制度改革方案》，由于受多重因素限制，各试点省市进展缓慢。

2014 年 12 月 23 日，国务院常务会议和中央政治局常委会通过养老金并轨方案。2015 年 3 月，人社部、财政部下发《关于贯彻落实〈国务院关于机关事业单位工作人员养老保险制度改革的决定〉的通知》，要求各地区结合本地实际情况，制定本地区的机关事业单位养老保险制度改革实施办法，并在 2015 年 5 月底前报人社部、财政部备案。通知要求同步推进机关和事业单位的养老保险改革，以免造成机关和事业单位职工之间的群体分化和新的社会不公；并且要将机关和事业单位职工纳入统一的职工基本养老保险制度；机关事业单位的基本养老保险交纳，也按照企业职工的模式推进，应明确是由用人单位和职工双方依法缴费。

改革重在转机制，而非降待遇，因此需要适当调整公务员和事业单位职工工资水平，弥补因个人缴费而增加的支出，维持改革前后职工的基本生活水平。进入 2015 年 10 月以后，各省市自治区密集公布养老金并轨实施意见和办法。养老金并轨改革后，机关事业单位人员将告别“免缴费”时代，每月交纳本人缴费工资基数的 8% 作为养老保险费用。对于改革前已经退休的“老人”，享受原制度保障不变；改革后参加工作的“新人”则直接依照新制度执行。关键在于改革以前已参加工作、改革后退休的“中人”，多地方案均提出设立 10 年过渡期，确保“中人”的待遇不降低。

为实现该目标，“中人”的养老金待遇将由四部分构成，基础养老金（单位缴纳 20%，进入社会统筹账户）、个人账户养老金（个人缴纳 8%，进入个人账户）、职业年金（单位缴纳 8%，个人缴纳 4%，全部计入职业年金个人账户）和过渡性养老金。

二、医疗保险

1. 基本医疗保险概述

医疗保险是为劳动者疾病医疗提供费用保障的一种社会保险。《社会保险法》规定，基本医疗保险包括职工基本医疗保险、新型农村合作医疗和城镇居民基本医疗保险。

国务院早在 1998 年 12 月就下发了《国务院关于建立城镇职工基本医疗保险制度的决定》。城镇职工基本医疗保险制度的原则是：基本医疗保险的水平要与社会主义初级阶段生产力发展水平相适应；城镇所有用人单位及其职工都要参加基本医疗保险，实行属地管理；基本医疗保险费由用人单位和职工双方共同负担；基本医疗保险基金实行社会统筹和个人账户相结合。

医疗保险的征缴范围包括：所有企业、机关、事业单位、社会团体、城镇个体经济组织、民办非企业单位及其所属全部员工及退休人员、城镇自由职业者。

2010 年 1 月，人力资源和社会保障部公布《流动就业人员基本医疗保障关系转接接续暂行办法》，规定从 2010 年 7 月 1 日开始，流动人员跨省就业时可以转移自己的医保关系，个人账户也跟随转移划转。除医保关系可跨省转移之外，随参保人身份的变化，职工医保、居民医保、新型农村合作医疗三种不同类型的医疗保险关系，也可互相转移。

根据现行规定，退休人员参加城镇职工基本医疗保险，个人不缴纳基本医疗保险费。该制度的初衷，是社会医疗保险要体现互助共济。退休职工一般患病较多，而退休后收入低、医疗负担较重，考虑到退休人员在以前的工作期间已经为社会做出了贡献，因而不需缴费。

2. 基本医疗保险的支付

统筹基金和个人账户要划定各自的支付范围，分别核算，不得互相挤占。

个人账户一般支付下列医疗费用：①门诊、急诊的医疗费用；②到定点零售药店购药的费用；③基本医疗保险统筹基金起付标准以下的医疗费用；④按照报销比例应当由个人负担的医疗费用。个人账户不足支付部分由本人自付。个人账户资金当年用不完可积累到下一年使用。

统筹基金用于符合基本医疗保险药品目录、诊疗项目、医疗服务设施标准以及急诊、抢救的医疗费用，按照国家规定从基本医疗保险基金中支付。基本计算公式为：

报销金额 =（治疗总费用 – 起付线 – 自费部分）× 报销比例

参保人员医疗费用中应当由基本医疗保险基金支付的部分，由社会保险经办机构与医疗机构、药品经营单位直接结算。

三、失业保险

1. 失业保险概述

失业保险是指国家通过立法强制实施，由政府负责建立失业保险基金，对非因本人意愿中断就业而失去工资收入的劳动者提供一定时期的物质帮助及再就业服务的一项社会保险制度。失业保险的目的是为了保障失业人员失业期间的基本生活，促使其再就业。

1998 年 12 月 26 日国务院第 11 次常务会议通过《失业保险条例》，1999 年 1 月 22 日发布并实施。

我国失业保险的适用范围呈逐步扩大的趋势，从国营企业的四种人到国有企业的七类九种人和企业化管理的事业单位职工，再到《失业保险条例》规定的城镇所有企业事业单位及其职工，充分体现了普遍性原则。失业保险的征缴范围包括了所有企业、机关、事业单位、社会团体、民办非企业单位、城镇个体经济组织及与之形成劳动关系的劳动者。

2. 失业保险基金来源及给付

（1）失业保险基金的来源。失业保险基金的来源包括：①城镇企业事业单位按照本单位工资总额的一定比例交纳的保险费；②职工按照本人工资的一定比例交纳的失业保险费；③失业保险基金的利息；④财政补贴；⑤依法纳入失业保险基金的其他资金。

筹集的失业保险费，不分来源渠道，不分缴费单位的性质，全部并入失业保险基金，在统筹地区内统一调度使用，发挥互济功能。

（2）失业人员领取失业保险金的条件。

①失业前用人单位和本人已经缴纳失业保险费满一年的。

②非因本人意愿中断就业的。

③已经进行失业登记，并有求职要求的。

（3）失业保险的领取时限。失业人员失业前用人单位和本人累计缴费满一年不足五年的，领取失业保险金的期限最长为 12 个月；累计缴费满五年不足十年的，领取失业保险金的期限最长为 18 个月；累计缴费十年以上的，领取失业保险金的期限最长为 24 个月。重新就业后，再次失业的，缴费时间重新计算，领取失业保险金的期限与前次失业应当领取而尚未领取的失业保险金的期限合并计算，最长不超过 24 个月。

（4）失业保险金给付种类和标准。失业保险金给付种类包括：失业保险金，领取失业保险金期间的医疗补助金，领取失业保险金期间死亡的失业人员的丧葬补助金和其供养的配偶、直系亲属的抚恤金，领取失业保险金期间接受职业培训、职业介绍的补贴等。

失业保险金的标准由省、自治区、直辖市人民政府确定，不得低于城市居民最低生活保障标准。

四、工伤保险

1. 工伤保险的定义

所谓工伤保险，是指集中用人单位交纳的工伤保险费，建立工伤保险基金，对劳动者在生产经营活动中遭受意外伤害或职业病，并由此造成死亡、暂时或永久丧失劳动能力时，给予劳动者医疗救治，以及必要的经济补偿。这种补偿既包括医疗、康复所需费用和保障劳动者基本生活的费用，也包括为因工伤死亡的劳动者的供养亲属提供遗属抚恤。

2. 工伤保险的特征

（1）强制性及非营利性。工伤保险由国家立法强制执行，在一定范围内的用人单位职工必须参加；经营工伤保险不以盈利为目的，实际是国家对职工履行的社会责任，体现出国家和社会对职工的尊重，也是职工应该享受的基本权利。工伤保险的实施可以说是人类文明和社会发展的标志和成果。

（2）遵循即补偿不究过失原则。只要劳动者因工负伤或职业病暂时失去劳动能力，不管是什么原因所致，不管责任在个人或在企业，都享有工伤保险待遇。

（3）保障性。工伤即职业伤害所造成的直接后果是伤害到职工生命健康，并由此造成职工及家庭成员的精神痛苦和经济损失，也就是说劳动者的生命健康权、生存权和劳动权受到影响、损害甚至被剥夺了。工伤保险保障了工伤职工医疗以及其基本生活、伤残抚恤和遗属抚恤，在一定程度上解除了职工和家属的后顾之忧。

（4）互助互济性。工伤保险的互助互济性是指通过强制征收保险费，由社会保险机构在人员之间、地区之间、行业之间对费用实行再分配，调剂使用。

在我国，工伤保险的投保人为用人单位，全部费用由用人单位负担，劳动者不交纳保险费。

国家根据不同行业的工伤风险程度确定行业的差别费率，风险越大对应的费率越高，并根据工伤保险费使用、工伤发生率等情况在每个行业内确定若干费率档次。行业差别费率及行业内费率档次由国务院社会保险行政部门制定，报国务院批准后公布施行。工伤保险基金逐步实行省级统筹。

（5）经济赔偿与事故预防、职业病防治相结合。工伤保险与生产单位改善劳动条件、防病防伤、安全教育、医疗康复、社会服务等工作紧密相连，对提高生产经营单位和职工的安全生产，防止或减少工伤、职业病，保护职工的身体健康，至关重要。

3. 中国的工伤保险立法

1951年2月26日，原劳动部颁布了《劳动保险条例》，确立了我国的工伤保险制度。

1995年1月1日起施行的《中华人民共和国劳动法》对工伤保险有专门规定。其第七十条规定："国家发展社会保险事业，建立社会保险制度，设立社会保险基金，使劳动者在年老、患病、工伤、失业、生育等情况下获得帮助和补偿。"第七十三条规定："劳动者因工伤残或者患职业病，依法享受社会保险待遇。”1996 年，劳动部根据《劳动法》的规定发布了《企业职工工伤保险试行办法》（劳部发〔1996〕266 号），并在全国逐步推开。

随着社会经济形势的发展和工伤保险制度改革的深入，原有的部颁规章难以适应实际工作需要。按照建立完善的社会保障体系和完善的社会主义市场经济法律体系的要求，2003 年 4 月 27 日国务院颁布《工伤保险条例》，自 2004 年 1 月 1 日起施行。2010 年 12 月，《国务院关于修改〈工伤保险条例〉的决定》通过，对《工伤保险条例》的部分规定进行了修订。

《工伤保险条例》第二条规定：“中华人民共和国境内的企业、事业单位、社会团体、民办非企业单位、基金会、律师事务所、会计师事务所等组织和有雇工的个体工商户应当依照本条例规定参加工伤保险，为本单位全部职工或者雇工缴纳工伤保险费。”

4. 工伤保险的认定

（1）工伤的认定条件。

此处的“工伤”是指职工在工作过程中因工作原因受到事故伤害或者患职业病。

根据《工伤保险条例》第十四条的规定，职工有下列情形之一的，应当认定为工伤：

①在工作时间和工作场所内，因工作原因受到事故伤害的。

②工作时间前后在工作场所内，从事与工作有关的预备性或者收尾性工作受到事故伤害的。

③在工作时间和工作场所内，因履行工作职责受到暴力等意外伤害的。

④患职业病的；按照《职业病防治法》的规定，职业病是指企业、事业单位和个体经济组织的劳动者在职业活动中，因接触粉尘、放射性物质和其他有毒、有害物质等因素而引起的疾病。

⑤因工外出期间，由于工作原因受到伤害或者发生事故下落不明的。

⑥在上下班途中，受到非本人主要责任的交通事故或者城市轨道交通、客运轮渡、火车事故伤害的。

⑦法律、行政法规规定应当认定为工伤的其他情形。

第十五条规定，职工有下列情形之一的，视同工伤：

①在工作时间和工作岗位，突发疾病死亡或者在 48 小时之内经抢救无效死亡的。

②在抢险救灾等维护国家利益、公共利益活动中受到伤害的。

③职工原在军队服役，因战、因公负伤致残，已取得革命伤残军人证，到用人单位后旧伤复发的。

【案例分析9-1】 工作中晕倒，抢救超过48小时是否算工伤

童先生与妻子程女士同在深圳某制鞋工厂工作，育有3子女（男童6岁，女童10岁和14岁）。2015年12月29日，程女士在公司厂房车间突然晕倒、神志不清，被紧急送往深圳龙岗中心医院。从医院记录可见，程女士于12月29日10时48分入院抢救。医生入院诊断为右侧小脑出血破入脑室系统；脑疝形成；脑室积血；脑积水；吸入性肺炎。

医生随即为程女士上了呼吸机，急诊行双侧额角锥颅脑穿刺外引流手术，术后程女士意识依旧是深度昏迷，病情不可逆发展。医生向患者家属交代病情，告知病情危重性，随时可能出现死亡。随后，程女士病情持续危重，神志深昏迷，无自主呼吸，脑干等各种反射均消失。次日（12月30日）院方告知家属，程女士已基本脑死亡，没有抢救价值，劝童先生放弃治疗。童先生坚持要求医生尽一切力量继续抢救。12月31日3时40分，程女士无血压，无自主呼吸，院方再次告知可以放弃抢救，但童先生心有不甘，继续要求医生抢救。直至2015年12月31日13时35分，程女士被宣布抢救失败临床死亡。

童先生告诉记者，就在妻子去世前一个月，她下班总觉得身体疲乏，哪知道这一次突然倒下就再没有醒过来。由于程女士是在工作时间突发疾病身亡的，制鞋厂为程女士向深圳市人社局申请了工伤认定。但令童先生始料不及的是，深圳市人社局作出不予以工伤认定的回复。童先生将深圳市人社局告上法庭。

深圳市人社局的依据是《广东省工伤保险条例》在第十条（一）中的规定："职工在工作时间和工作岗位，突发疾病死亡或者在四十八小时之内经抢救无效死亡的视同工伤。"程女士在车间突发疾病，送医院抢救"超过48小时"，不符合《广东省工伤保险条例》规定，因此认定程女士不属于或不视同工伤。

童先生一方则主张程女士于12月30日已经脑死亡了，我国医学的死亡与法律的死亡定义不相统一，起诉状中写到："虽然脑死亡是人的真正死亡。法律一定不会鼓励原告采用利己的方式，尽早让亡妻在48小时内死亡以获得工伤赔偿，原告相信也没有任何一部法律会让原告去作这样的选择。"

深圳市盐田区法院认为，程女士的死亡时间应以深圳龙岗中心医院出具的《死亡医学证明书》为准，即12月31日13时35分，并不是原告童先生主张的12月30日。程女士从突发疾病到经抢救无效死亡已超过48小时，不符合《广东省工伤保险条例》第十条第一款（一）规定，不能视同工伤。最终，法院驳回了童先生一方的诉讼请求。

分析

很多人都认为“抢救超过48小时不能认定为工伤”的规定不合理，关键不应该是发病后抢救时间的长短，而是造成职工死亡的致病原因是否与工作有关。你们对此问题的观点是什么？请同学们了解更多相关法规及案例，交流彼此的看法。

资料来源：郑雁虹：“深圳女子上班猝死丈夫坚持抢救　人社局拒认工伤”，《新快报》，2016年9月6日。

对于“在工作时间和工作岗位，突发疾病死亡或者在48小时之内经抢救无效死亡的视同工伤”的规定，在现实中引发了很多争议。根据人社部门的解释，用工期间突发疾病导致的死亡，严格来讲其实原本不属于工伤范围，但为了加强对职工权益的保护，《工伤保险条例》第十五条规定了“视同工伤”，已经考虑到对职工的权益保护。“48小时”的规定则是考虑抢救的黄金时间，便于操作。

根据《工伤保险条例》，职工因工死亡，其近亲属按照规定从工伤保险基金领取丧葬补助金、供养亲属抚恤金和一次性工亡补助金。而非工伤死亡的职工待遇，仅包括供养直系亲属生活困难补助、抢救产生医疗费用、丧葬费以及一次性救济金。两者之间的数额差距可达数十万元。除了像童先生这样因坚持不肯放弃抢救导致超时不能认定为工伤的，也确实存在另外一种极端案例，即病患家属为了获得工伤给付在希望尚存的情况下要求医院放弃抢救。情与法的碰撞让很多病患家属倍感煎熬。

（2）不作为工伤的情况。

根据《工伤保险条例》第十六条的规定，由于下列情形不得认定为工伤或者视同工伤：

①因犯罪或者违反治安管理伤亡的。

②醉酒导致伤亡的。

③自残或者自杀的。

（3）申请工伤认定的要求。

根据《工伤保险条例》第十八条的有关规定，提出工伤认定申请应当提交下列材料：

①工伤认定申请表。

②与用人单位存在劳动关系（包括事实劳动关系）的证明材料。

③医疗诊断证明或者职业病诊断证明书（或者职业病诊断鉴定书）。

④工伤认定申请表应当包括事故发生的时间、地点、原因以及职工伤害程度等基本情况。

工伤认定申请人提供材料不完整的，劳动保障行政部门应当一次性书面告知工伤认定申请人需要补正的全部材料。申请人按照书面告知要求补正材料后，劳动保障行政部门应当受理。

（4）劳动能力鉴定。

劳动能力鉴定是指劳动者因工负伤或非因工负伤以及疾病等原因，导致本人劳动与生活能力产生不同程度的影响，由劳动能力鉴定机构根据用人单位、职工本人或者亲属的申请，组织劳动能力鉴定医学专家，根据国家制定的标准，确定劳动者劳动功能障碍程度和生活自理障碍程度。

劳动能力鉴定的标准是劳动能力鉴定时所依据的尺度，是确定工伤职工伤残等级的标准，根据《工伤保险条例》的规定，劳动能力鉴定标准由国务院劳动保障行政部门会同国务院卫生行政部门等制定。我国目前实施的工伤职工劳动能力鉴定标准是 1996 年发布的《职工工伤与职业病致残程度鉴定标准》（GB/T 16180—1996），标准共分十级，其中，符合标准一级至四级的为全部丧失劳动能力，五级至六级的为大部分丧失劳动能力，七级至十级的为部分丧失劳动能力。

对于职工非因工伤残或因病丧失劳动能力后的劳动能力鉴定，是以《职工非因工伤残或因病丧失劳动能力程度鉴定标准（试行）》（劳社部发〔2002〕8 号）作为劳动能力鉴定的标准。

根据《工伤保险条例》的有关规定，申请劳动能力鉴定应提交工伤认定决定和职工工伤医疗的有关资料。工伤认定决定是由劳动保障行政部门根据国家的政策、法规的规定，确定职工受伤或者职业病是否属于工伤范围，是否符合工伤的基本条件的书面决定。职工工伤医疗的有关资料是指职工受到事故伤害或者患职业病，到工伤保险指定的医疗机构进行治疗过程中，由医院记载的有关工伤职工的病情、病志、治疗情况等资料。劳动能力鉴定机构据此审查工伤职工的伤情状况，并进行劳动能力鉴定。

【专栏 9－2】　“开胸验肺”折射职业病认定困境

张海超是河南新密市刘寨镇老寨村人，2004 年到郑州振东耐磨材料有限公司上班，先后从事过杂工、破碎、开压力机等工作。工作 3 年多后，张海超感觉身体不适，被多家医院诊断为尘肺。按照我国《职业病防治法》的有关规定，申请职业病鉴定时，必须出具用人单位提供的工作证明。但振东公司拒绝为其出具工作证明并提供相关资料。在辗转劳动局、卫生局、防疫站、职业病防治所、信访办等多个主管部门投诉后，终于得以被鉴定。不过，郑州市职业病防治所为其作出的是“无尘肺 0＋期合并肺结核”的诊断，这一结果引起他的强烈质疑。

2009 年 6 月 22 日，多方求助无门的张海超不顾劝阻在郑大一附院进行了“开胸验肺”，希望能以此证明自己确实患上了“尘肺病”。事件经媒体广泛报道，社会反响强烈，引起了卫生部的高度重视。卫生部派出专家督导组赶到河南，督导事件尽快解决。督导组专家还专程来到张海超家中看望会诊。郑州市立即开展职业病防治工作执法大检查，严肃查处危害劳动者身体健康的各种违法行为，防止类似事件再次发生。张海超和同在一家公司上班的患病工友终于得以进行职业病鉴定，张海超被认定为工伤三级伤残，最终拿到了 61.5 万元的赔偿款。

尘肺病是当今中国“第一大职业病”。据国家卫计委发布的《2014 年全国职业病报告》，我国 2014 年共报告职业病 29972 例，其中尘肺病占 89.66%。从尘肺病患者构成来看，大多是 30～50 岁的农民工，40% 来自高粉尘污染的工厂，60% 是矿工。2005～2013 年间，中国尘肺病新增诊断病例年均增幅达到 35%，病死率更是高达 22.04%。

由于尘肺病属于职业病，不能通过新农合报销，获得“职业病诊断证明”并争取工伤赔偿是尘肺病患者最后可以抓住的救命稻草。由中华社会救助基金会大爱清尘基金近 100 名志愿者完成的《中国尘肺病农民工生存状况调查报告（2014）》显示，88% 的被调查尘肺病劳工只有小学及以下文化程度，他们根本没有合同意识；93.18% 的被调查尘肺病患者从来没有与工作单位签订劳动合同。职业病鉴定所需要提供的证明材料和繁复的程序成为很多职业病患者难以逾越的障碍。

我国是职业病高发国家，但职业病防治工作基础薄弱。随着城镇化、工业化发展进程，新的职业危害风险以及职业病还会不断出现。《国家职业病防治规划（2009—2015 年）》提出，要将职业病防治列入政府绩效考核体系。尘肺病属于职业病，企业有重要责任。政府相关部门应该监督企业去履行责任，既包括事前的预防措施要到位，也包括得了尘肺病的善后问题。首先要确保企业在雇工之前，明确向工人告知所从事职业有可能承担的职业风险。雇主应该采取足够的安全保护措施，并提供定期体检。更重要的一点是，对职业病不应该延续“谁主张谁举证”的原则，把提供各种繁复证明文件的任务推给职业病受害者，建议在劳动者申请职业病诊断时，由用人单位提供诊断机构要求的材料。

资料来源：张德笔：“‘开胸验肺’事件后，尘肺病还要夺走多少矿工性命?”，腾讯－今日话题，第 3365 期，2015 年 12 月 6 日。

4. 工伤保险的赔偿

（1）残疾的工伤给付。

《工伤保险条例》第三十三条、第三十四条和第三十五条规定了职工因工致残后对应不同伤残等级应享受的待遇。如表9－1所示。

①被鉴定为一级至四级伤残。被鉴定为一级至四级伤残的，保留劳动关系，退出工作岗位。从工伤保险基金按伤残等级支付一次性伤残补助金；从工伤保险基金按月支付伤残津贴，伤残津贴实际金额低于当地最低工资标准的，由工伤保险基金补足差额。

工伤职工达到退休年龄并办理退休手续后，停发伤残津贴，享受基本养老保险待遇。基本养老保险待遇低于伤残津贴的，由工伤保险基金补足差额。

表9－1　不同工伤伤残等级的待遇

丧失劳动能力情况	全部丧失劳动能力				大部分丧失劳动能力		部分丧失劳动能力			
伤残等级	一级	二级	三级	四级	五级	六级	七级	八级	九级	十级
一次性伤残补助金标准	24个月的本人工资	22个月的本人工资	20个月的本人工资	18个月的本人工资	16个月的本人工资	14个月的本人工资	12个月的本人工资	10个月的本人工资	8个月的本人工资	6个月的本人工资
按月支付伤残津贴	本人工资90%	本人工资85%	本人工资80%	本人工资75%	本人工资70%	本人工资60%				
基本医疗保险	保留劳动关系，退出工作岗位。用人单位和职工个人以伤残津贴为基数交纳基本医疗保险费				解除劳动合同的，由单位支付一次性工伤医疗补助金和伤残就业补助金		劳动合同期满终止，或职工本人提出解除劳动合同的，由用人单位支付一次性工伤医疗补助金和伤残就业补助金			

由用人单位和职工个人以伤残津贴为基数，交纳基本医疗保险费。

②被鉴定为五级、六级伤残。职工因工致残被鉴定为五级、六级伤残的，从工伤保险基金按伤残等级支付一次性伤残补助金；保留与用人单位的劳动关系，由用人单位安排适当工作。难以安排工作的，由用人单位按月发给伤残津贴，并由用人单位按照规定为其交纳应交纳的各项社会保险费。伤残津贴实际金额低于当地最低工资标准的，由用人单位补足差额。

经工伤职工本人提出，该职工可以与用人单位解除或者终止劳动关系，由用人单位支付一次性工伤医疗补助金和伤残就业补助金。具体标准由省、自治区、直辖市人民政府规定。

③被鉴定为七级至十级伤残。职工因工致残被鉴定为七级至十级伤残的，从工伤保险基金按伤残等级支付一次性伤残补助金；劳动合同期满终止，或者职工本人提出解除劳动合同的，由用人单位支付一次性工伤医疗补助金和伤残就业补助金。具体办法由省、自治区、直

辖市人民政府规定。

(2) 死亡的工伤给付。

根据《工伤保险条例》第三十七条的有关规定，职工因工死亡，其直系亲属按照下列规定从工伤保险基金领取丧葬补助金、供养亲属抚恤金和一次性工亡补助金。

丧葬补助金为6个月的统筹地区上年度职工月平均工资。

供养亲属抚恤金按照职工本人工资的一定比例发给由因工死亡职工生前提供主要生活来源、无劳动能力的亲属。核定的各供养亲属的抚恤金之和不应高于因工死亡职工生前的工资。供养亲属的具体范围由国务院劳动保障行政部门规定。

一次性工亡补助金标准为48~60个月的统筹地区上年度职工月平均工资。具体标准由统筹地区的人民政府根据当地经济、社会发展状况规定，报省、自治区、直辖市人民政府备案。

《工伤保险条例》第三十九条规定，职工因公外出期间因意外事故下落不明的，从事故发生当月起3个月内工资照发，从第4个月起停发工资，由工伤保险基金向其供养亲属按月支付供养亲属抚恤金。生活有困难的，可以预支一次性工亡补助金的50%。职工经人民法院宣告死亡的，按照职工因工死亡的规定处理。

【案例分析9-2】 环卫工扫马路被撞身亡竟不算工伤

2007年4月6日上午10点多，绕城公路连接线马东广场东1公里左右发生一幕惨剧，建邺区环卫所河西新城站女环卫工丁双红正在清扫马路，一辆银灰色的轿车从她身后高速驶来，将其撞飞达五六米，致其当场身亡。据了解，54岁的丁双红是家里的经济支柱，丈夫在双闸街道五星村务农，女儿在新街口一家商场做营业员，家里还有两个年近80岁的老人要赡养。丁双红在环卫所只是一名临时工，每天早上5点就要到岗，一直工作到晚上6点多才能到家，一直拿着640元的工资，直到2007年，工资才上调了90元。丁双红的小叔子透露，他有一个表妹也是环卫工人，就在两年前在梦都路被车撞死了。建邺区环卫所一名负责人表示，他们所里的环卫工最近几年被车撞伤的事屡有发生。工作苦、高风险、收入低、无保障成为这些“城市美容师”的真实写照。

记者从南京市市容局了解到，南京市共有编制内保洁员近2000名、民工保洁员8800多名，他们承担着每天清扫3000吨生活垃圾的重任。根据不完全统计，每年至少有3~5起保洁员在正常作业中遇到交通等突发事故身亡的事件发生。民工保洁员每月平均收入在400~700元不等，大多存在无任何用工合同及无社会保障等问题。

建邺区环卫所办公室杨主任告诉记者，整个环卫所有环卫工400多人，基本上都是农村人，除了来自南京本地城郊结合部外，大都来自苏北和安徽农村。这些外来环卫工并没有与单位签订劳动合同，当然也没有任何保险。对此，杨主任表示，南京每个区的环卫所都是如此，主要原因是环卫所的经费不足，因为环卫所实行的是差额拨款，经费问题一直困扰着各个环卫所。杨主任表示，目前建邺区环卫所在编的环卫工只有30个左右，他们有养老保险和失业保险，保障好一些。

分析

对于杨主任“这些外来环卫工并没有与单位签订劳动合同，当然也没有任何保险”的说法，你是否认可？换而言之，外来环卫工没有与单位签订劳动合同，发生工伤事故，职工是否能够享受工伤保险待遇？

资料来源：袁阳、方明、顾元森等：“环卫工扫马路被撞身亡竟不算工伤?”，《现代快报》，2007年4月7日。

《中华人民共和国劳动合同法》第七条规定：“用人单位自用工之日起即与劳动者建立劳动关系。”第十条规定：“建立劳动关系应当订立书面劳动合同。已建立劳动关系，未同时订立书面劳动合同的，应当自用工之日起一个月内订立书面劳动合同。”由此可见，在存在实际用工的情况下，超过一个月还没有签订书面劳动合同，属于企业违法用工，应当承担相应的法律责任。用人单位应该对受伤害的劳动者负赔偿责任，这种责任是基于法律规定而非合同约定所产生。因此，即便用人单位没有与职工签订书面劳动合同，发生工伤事故后职工依旧应该享受工伤保险待遇。

在案例中，环卫所作为用人单位没有依法为外来农民工交纳工伤保险，工伤事故发生后，工伤保险基金自然不会给予工伤赔偿。那么，受害农民工应该享受的工伤待遇由谁支付呢？

《社会保险法》第五十八条规定：“用人单位应当自用工之日起三十日内为其职工向社会保险经办机构申请办理社会保险登记。未办理社会保险登记的，由社会保险经办机构核定其应当缴纳的社会保险费。”由此可见，用人单位超过三十日没有为职工交纳工伤保险属于违法行为。为职工办理社会保险是用人单位的法定义务，用人单位没有履行法定义务，不应该由工伤职工自身承担不利后果。《社会保险法》第四十一条规定：“职工所在用人单位未依法缴纳工伤保险费，发生工伤事故的，由用人单位支付工伤保险待遇。用人单位不支付的，从工伤保险基金中先行支付。”因此，丁双兰的工伤保险待遇理应由环卫所支付。拨款不足不能成为环卫所推卸责任的理由。

交通事故发生后，交管部门会根据事故确定责任，肇事方要对受害者进行赔偿。环卫所是否能以肇事方对死者家属进行了赔偿为由，主张不应出现双重赔付而免除自己的工伤保险待遇支付责任？答案是否定的。在目前的司法理论和实践中，交通法规范畴内的赔偿与工伤保险赔偿并不矛盾，受害者并不是只能两选一，而是完全可以主张两方面的权利，维护自己的权益。

五、生育保险

生育保险是国家通过立法，为育龄女职工的生育行为提供收入保障及有关医疗费用的一种社会保险。其宗旨在于通过向职业妇女提供生育津贴、医疗服务和产假，帮助她们恢复劳动能力，重返工作岗位。生育保险费由企业按月交纳，个人不交纳。

1. 生育保险待遇构成

虽然各国在具体制度上存在差异，但生育保险待遇的基本内容大多是由产假，生育津贴，妊娠、分娩和产后的医疗服务三部分组成。

根据我国《社会保险法》的一般性规定，生育保险待遇包括生育医疗费用和生育津贴。

生育医疗费用包括：①生育的医疗费用；②计划生育的医疗费用；③法律、法规规定的其他项目费用。

职工有下列情形之一的，可以按照国家规定享受生育津贴：①女职工生育享受产假；②享受计划生育手术休假；③法律、法规规定的其他情形。生育津贴按照职工所在用人单位上年度职工月平均工资计发。

2. 北京市生育保险的具体规定

生育保险的具体实施办法由各地自行制定。我们不妨以《北京市企业职工生育保险规定》（北京市人民政府令 2005 年第 154 号）为例来加以了解。

（1）生育保险承保对象。

生育保险承保对象包括北京市行政区域内的用人单位，包括企业、机关、事业单位、社会团体、民办非企业单位、基金会、律师（会计师）事务所、有雇工的个体工商户和与之形成劳动关系的职工，应当参加生育保险。

（2）生育保险基金的构成、来源及管理。

生育保险基金由下列各项构成：①企业缴纳的生育保险费；②基金的利息；③滞纳金；④依法纳入生育保险基金的其他资金。

生育保险费由企业按月缴纳，职工个人不缴纳生育保险费。企业按照其缴费总基数的0.8%缴纳生育保险费。企业缴费总基数为本企业符合条件的职工缴费基数之和。职工缴费基数按照本人上一年月平均工资计算，计算依据的月平均工资上限和下限分别为上一年本市职工月平均工资的60%和3倍。

无论是女性还是男性员工，单位都要为其缴纳生育险，主要目的有两个：一是倡导男女公平就业，减轻就业单位对女性的歧视状况；二是如果男员工的妻子没有工作，则产检及生育费用可以在男方单位报销。

生育保险基金按照以支定收、收支平衡的原则统一筹集，纳入财政专户，实行收支两条线管理。

（3）生育保险基金支付。

生育保险基金支付的范围包括：①生育津贴；②生育医疗费用；③计划生育手术医疗费用；④国家和本市规定的其他费用。

生育保险基金支付标准需要调整时，由市劳动保障行政部门会同市财政部门提出调整方案，报市人民政府批准后公布施行。

原规定是女职工正常生育的产假为90天；难产的增加15天，多胞胎生育的每多生育1个婴儿增加15天，晚育的增加30天。流产也可以享受产假待遇。2016年初二胎政策放开以后，很多地区相继调整了产假的时间，取消晚育假，但同时给予一定的奖励假，北京市地区为最少128天，最多7个月。

生育津贴按照女职工本人生育当月的缴费基数除以30再乘以产假天数计算。生育津贴为女职工产假期间的工资，低于本人工资标准的差额部分由企业补足。

小赵和小孙蜜月旅行归来，很快有了爱的结晶。让我们按照北京市的标准，帮小孙算算等她生下宝宝后可以领到多少生育津贴。

假定产假天数为128天，小孙怀胎十月顺产生下一个宝宝。小孙所在单位员工的上一社保年度月平均工资为8000元，而上一社保年度小孙的月工资是1万元，小孙能领取的生育津贴由两部分构成：

由社保基金支付的部分 $=\frac{8000}{30}\times 128=34133.33$（元）

由于小孙的工资高于单位平均工资，单位补的差额 $=\frac{2000}{30}\times 128=8533.33$（元）

小孙总共可以领取的生育津贴金额 $=34133.33+8533.33=42666.66$（元）

企业未按照规定参加生育保险的，职工生育保险待遇由企业按照本规定的标准支付。企业欠缴生育保险费的，欠缴期间职工生育保险待遇由企业按照本规定的标准支付。

（4）2016 年北京职工生育保险政策的调整。

2016 年 3 月，北京市发布《关于调整本市职工生育保险相关政策的通知》，调整职工生育保险政策。根据新修订的《北京市人口与计划生育条例》，增加生育奖励假 30 天，取消晚育假 30 天的规定，本市参加生育保险人员按规定生育的，增加享受生育奖励假 30 天的生育津贴，取消晚育假 30 天的生育津贴。其享受的国家规定的产假和生育奖励假期间的工资，由生育保险基金按照生育津贴支付标准支付。

结合生育登记服务制度的实行，在申领生育津贴、生育医疗费等相关待遇时，本市户籍参保人员需提交《北京市生育登记服务单》或《北京市再生育确认服务单》，外埠户籍参保人员需提交《北京市流动人口生育登记服务单》或《北京市流动人口再生育服务单》。政策调整后，在不增加企业负担的基础上，确保参保人员享受现有生育津贴待遇标准不变。

第 3 节　中国社会保险发展现状

一、各项社会保险参保及基金收支状况

人力资源社会保障部从 2015 年开始定期以年度报告的形式向社会公众披露全国社会保险发展状况。包含基本养老保险、基本医疗保险、工伤保险、失业保险、生育保险 5 项基本保险和企业年金、补充医疗保险 2 个补充保险，以参保人数和基金收支为主线，主要从制度运行和管理服务等角度，全面反映社会保险事业发展的现状和趋势。

根据 2016 年 8 月发布的《中国社会保险发展年度报告 2015》及人力资源和社会保障部公布的 2016 年第四季度人力资源和社会保障工作进展情况，梳理得到了 2010 ~ 2016 年的社会保险各险种参保人数及基金收支概况。如表 9 - 2 所示。

近 6 年多来，社会保险各险种的参保人数及社保基金收支均呈现稳步增长态势。截至 2016 年底，基本养老、基本医疗、失业、工伤、生育保险参保人数分别达到 8.9 亿人、7.5 亿人、1.8 亿人、2.2 亿人、1.8 亿人；五项基金总收入为 5.3 万亿元，同比增长 14.7%，总支出为 4.7 万亿元，同比增长 19.3%。社会保障卡持卡人数达到 9.72 亿人，预计到 2017 年底我国社保卡持卡人数将超过 10 亿人。

表9－2 社会保险各险种参保人数及基金收支概况

年份	参保人数（亿人）					五项社保基金总收入（元）	五项社保基金总支出（元）
	基本养老保险	城镇基本医疗保险	失业保险	工伤保险	生育保险		
2010	—	4.32	1.34	1.62	1.23	1.86万亿	1.48万亿
2011	—	4.7	1.4	1.8	1.4	2.37万亿	1.79万亿
2012	8.02	5.36	1.52	1.90	1.54	2.85万亿	2.21万亿
2013	8.20	5.73	1.64	1.99	1.64	3.29万亿	2.65万亿
2014	8.42	5.98	1.70	2.06	1.70	3.96万亿	3.30万亿
2015	8.58	6.66	1.73	2.14	1.78	4.60万亿	3.90万亿
2016	8.90	7.50	1.80	2.20	1.80	5.30万亿	4.70万亿

二、社会保险基金运行状况

1. 基本养老保险基金

（1）基本养老保险基金概况。

截至2015年底，城镇职工基本养老保险参保人数达到35361万人，城乡居民基本养老保险参保人数达到50472万人，全国参加养老保险人数突破8.58亿人。

《2015年度人力社保发展统计公报》显示，全年城镇职工基本养老保险基金总收入29341亿元，比上年增长15.9%，其中征缴收入23016亿元，比上年增长12.6%。各级财政补贴基本养老保险基金4716亿元。全年基金总支出25813亿元，比上年增长18.7%。年末城镇职工基本养老保险基金累计结存35345亿元。全年城乡居民基本养老保险基金收入2855亿元，比上年增长23.6%，其中个人缴费700亿元。基金支出2117亿元，比上年增长34.7%。城乡居民养老保险基金结余4592亿元。两项养老保险累计结余近4万亿元。

2009～2014年的企业养老保险基金收益率分别为2.2%、2.0%、2.5%、2.6%、2.4%、2.9%。2015年企业养老保险基金收益率达到3.1%，是近6年以来的最高值。

《中国社会保险发展年度报告2015》显示，2015年企业离退休人员每月人均养老金2251元（离休人员人均5453元），相比2014年提高190元（离休人员人均养老金平均提高789元），当期发放无拖欠。全国城乡居民基本养老保险人均养老金为116.7元/月，比2014年提高26.8元。

养老金替代率指退休时养老金占退休前工资收入比例。2015年企业退休人员养老金替代率达67.5%，与2014年持平。

企业年金制度作为多层次养老保险制度的重要支柱之一，目前在全国并没有得到广泛推行。根据统计，截至2015年底，全国有7.55万户企业建立了企业年金，比上年增长3.0%。参加职工人数仅为2316万人，比上年增长1.0%。年末企业年金基金累计结存9526亿元。但建立企业年金制度的往往是效益较好的国企或者外资企业，国内绝大多数企业员工没有享受到企业年金。

（2）企业养老保险抚养比。

职工养老保险抚养比继续第四年下降，由2014年2.97:1降至2015年的2.87:1。2009～2013年，该数值分别为2.97、2.99、3.02、3、2.95。2.87为7年来最低水平，意味着不到三个人要“养”一个人，年轻人养老压力正持续增大。

广东地区的企业养老保险抚养比由2014年9.75:1微降至2015年的9.74:1，相当于保持“超过9个人养1个人”的水平，仍然是全国最高。辽宁、吉林、黑龙江三省的企业养老保险抚养比分别为1.79、1.53和1.33，与广东差异悬殊。

（3）基本养老保险基金累计结余的省际差异。

全国基本养老保险基金累计结余超过1000亿元的有10个省份，其中，广东省结余6158亿元居全国之首，北京、四川、江苏、浙江、山东省累计结余也均超过2000亿元。

与此同时，部分省市养老保险的“资金池”规模正迅速缩水。截至2015年底，陕西、河北累计结余分别为430亿元和636亿元，吉林仅383亿元，青海76亿元，黑龙江88亿元。企业养老保险基金可支付月数全国平均水平为17.7个月。辽宁、吉林、黑龙江三省企业养老保险基金可支付月数分别仅有8.9、7.5和1.0个月。当期收支情况的恶化是造成这一状况的重要原因。2015年，养老保险当期收不抵支省份数量由2013年的3个增加至6个，包括陕西、青海、河北及东北三省。

我国的养老保险长期存在地区间基金收支余缺无法调剂的问题。早在2012年，31个省份和新疆生产建设兵团就已实现养老保险省级统筹。但此后，全国统筹推进阻力重重，步伐缓慢。

就东北地区而言，由于老国企较多，国企职工养老金历史欠账问题比较严重。为弥补养老金缺口，东北三省企业基本养老保险统筹基金缴费比例一度比全国平均水平高2～6个百分点。2016年，全国养老保险费率普降后，东北三省的企业缴费率为20%，仍然比全国平均水平19%高出一个百分点。养老保险费率高、养老保险负担重，反过来又影响了东北企业的市场竞争力，形成恶性循环。

2. 基本医疗保险基金

（1）基本医疗保险基金收支状况。

根据人社部 2016 年 9 月公布的数据，2015 年，城镇职工基本医疗保险基金收入 11193 亿元，比 2014 年增长 15.5%；基金支出 9312 亿元，比上一年增长 14.5%。基金支出增幅略低于收入增幅 1 个百分点。这也扭转了三年来基金收入增长速度低于支出增长速度的倾向。

2012～2015 年城镇职工基本医疗保险基金收支状况如表 9－3 所示。从 2015 年数据看，医保基金当期运行平稳。

表 9－3　城镇职工基本医疗保险基金收支

年份	城镇职工基本医疗保险基金收入		城镇职工基本医疗保险基金支出	
	金额（亿元）	较上年增长	金额（亿元）	较上年增长
2012	6939	25.3%	5544	25.1%
2013	8248	18.9%	6801	22.7%
2014	9687	17.4%	8134	19.6%
2015	11193	15.5%	9312	14.5%

（2）城镇职工基本医疗保险统筹基金结余状况。

根据《关于城镇职工基本医疗保险基金的管理意见》，统筹地区城镇职工基本医疗保险统筹基金累计结余原则上应控制在 6～9 个月平均支付水平，累计结余低于 3 个月平均支付水平的，为结余不足状态。2015 年末，城镇基本医疗保险统筹基金累计结存 8114 亿元（含城镇居民基本医疗保险基金累计结存 1546 亿元），个人账户积累 4429 亿元。

不过，各地的结余状况存在明显差异。据《经济参考报》记者的初步统计，2015 年各省份全部实现当期基金收大于支，北京、天津、湖北、重庆、贵州和新疆建设兵团 6 个地区统筹基金累计结余不足 6 个月支出。

中国社科院发布的《“十三五”中国社会保障发展思路与政策建议》认为，从长远看，职工医保基金潜伏着严重的支付危机，全国多数地区的职工医保基金将在 2020 年前后出现缺口。目前医保覆盖面已达 95% 以上，进一步扩面的空间非常有限，提高缴费标准的可能性也不高，医保基金收入很难提高。有数据表明，1991～2013 年，我国人均医疗费用的年均增长率为 17.49%。从长期来看，随着老龄化程度加深，医疗费用持续增加则是大概率事件。

随着基金支出压力的增大，改革现有医保收支方式尤为迫切，需要建立有效机制，在增加医保资金收入的同时，控制医疗费用不合理增长，杜绝医疗保障资源的浪费。财政部部长楼继伟在《求是》2016 年第 1 期上发表《中国经济最大潜力在于改革》一文，提出要深化社保制度改革，改革医疗保险制度，建立合理分担、可持续的医保筹资机制，研究实行职工医保退休人员缴费政策，建立与筹资水平相适应的医保待遇调整机制，全面实施城乡居民大病保险制度，改革医保支付方式，整合基本医疗保险制度，推进公立医院去行政化改革，结合新型城镇化，办好乡、村医院，真正建立有序分级诊疗格局。由于此政策涉及范围较大，政策何时出台以及退休人员以什么作为缴费基数等细则问题都尚未明确。退休人员可能会以养老金额度作为基数进行医保缴费，该医保新政一旦落地，将重塑中国的城镇职工医保体系，尤其是在医保基金的收入端。①

3. 失业保险

2015 年全国参加失业保险人数为 17326 万人，比 2014 年末增加 283 万人。其中，参加失业保险的农民工人数为 4219 万人，比 2014 年末增加 148 万人。2015 年末全国领取失业保险金人数为 227 万人，比 2014 年末增加 20 万人。全年共为 456.8 万人发放不同期限的失业保险金，共为 71 万名劳动合同期满未续订或提前解除劳动合同的农民合同制工人支付了一次性生活补助。

2015 年失业保险基金收入 1368 亿元，比 2014 年下降 0.9%；支出 736 亿元，比 2014 年增长 19.8%。2015 年末失业保险基金累计结存 5083 亿元。

4. 工伤保险

2015 年末全国参加工伤保险人数为 21432 万人，比 2014 年末增加 793 万人。其中，参加工伤保险的农民工人数为 7489 万人，比 2014 年末增加 127 万人。全年认定（视同）工伤 107.6 万人，比 2014 年减少 7.1 万人。全年评定伤残等级人数为 54.2 万人，比 2014 年减少 1.6 万人。全年享受工伤保险待遇人数为 202 万人，比 2014 年增加 4 万人。

全年工伤保险基金收入 754 亿元，支出 599 亿元，分别比 2014 年增长 8.6% 和 6.8%。年末工伤保险基金累计结存 1285 亿元（含储备金 209 亿元）。

5. 生育保险

2015 年末全国参加生育保险人数为 17771 万人，比 2014 年末增加 732 万人。全年共有 642 万人次享受了生育保险待遇，比 2014 年增加 29 万人次。

2015 年生育保险基金收入 502 亿元，支出 411 亿元，分别比 2014 年增长 12.5% 和 11.8%。2015 年末生育保险基金累计结存 684 亿元。

---

① 王延中等：《中国社会保障发展报告（2015）——十三五时期的社会保障》，社会科学文献出版社 2015 年版；李唐宁："人社部公布 2015 年社保数据　六地区医保基金可支付不足半年"，《经济参考报》，2016 年 9 月 19 日。

三、中国社会保险缴费标准的调整

1. 中国现行的“五险一金”缴费标准

中国现行的是七级超额累进税率，即超过一定金额的部分以相应的税率征收，挣得越多，交得越多，最高级的个人所得税税率为45%。除此之外，个人所得税的计算是要扣除个人所交“三险一金（养老保险、医疗保险、失业保险与住房公积金）”以及免征额3500元的。

人们在求职时，往往会对是否有“五险一金”表示关注，而“五险一金”指的是养老保险、医疗保险、失业保险、工伤保险、生育保险以及住房公积金。

“五险一金”缴费标准全国并不统一。以北京为例，个人需要交纳养老保险8%、医疗保险2%、失业保险0.2%，住房公积金12%。单位需要交纳的更多，包括养老保险20%、医疗保险10%、失业保险1%、工伤保险0.3%、生育保险0.8%。假定小孙上一社保年度的税前工资为10000元，单位及个人“五险一金”的缴纳大致情况如表9-4所示。

表9-4　“五险一金”缴费举例

类　别	缴纳比例		缴纳金额（假设税前工资10000元）	
	单位	个人	单位	个人
养老保险	20%	8%	2000	800
医疗保险	10%	2%	1000	200
失业保险	2%	1%	200	100
工伤保险	1%	0	100	0
生育保险	0.5%	0	50	0
住房公积金	10%	10%	1000	1000
合　计	43.5%	21%	4350	2100

对于一位税前工资10000元的职员，单位需要为其缴纳的“五险一金”总金额达4350元，个人需要交纳的“三险一金”为2100元。根据七级超额累进税率计算，小孙还需要交纳个人收入所得税322.7元。在单位总共支出14350元的前提下，扣除“三险一金”及所得税后，小孙最终能到手中的收入为7454.3元。这么一算，小赵和小孙终于弄明白名义上的工资和实际到手的工资落差那么大的原因了。

基于现行社会保险及公积金管理规定，无论是用人单位还是员工个人而言，缴费压力已经达到了较高的水平。我国的“五险一金”如此高的缴费水平从某种程度上看其实是在补社保制度建立前的欠账。我国的社会保险制度起步较晚，在社保制度建立之前，职工的养老、医疗、住房都是由所在单位来承担，对应这一福利承诺的是长期的低工资。社保基金需要承担对大量之前没有养老和医疗基金积累的人员的给付责任，加上人口老龄化问题加剧，自然是不堪重负。这也正是延迟退休的呼声越来越高的重要原因。

2. 适当降低社会保险费率的调整与改革

社保缴费基数和费率是社保制度的核心内容，涉及参保人的权益保障和社保制度的可持续发展。当下的政府面临一个两难抉择：社保费率低了，政府社会保障资金入不敷出，难以承受；社保费率高了，企业负担太重，难以承受。“皮之不存，毛将焉附”，企业的生存与发展无法得到保障，劳动者就业及权益保障自然也无从谈起。

2015 年，我国逐步开始降低失业、工伤和生育保险费率，这在一定程度上减轻了企业负担。不过，从总体看，目前社保缴费负担大头仍在养老保险和医疗保险。还需要合理设定缴费基数，划分缴费责任。出于经济社会发展全局的考虑，党的十八届三中、五中全会上都提出要适当降低社会保险费率的要求，这一次阶段性的降低社会保险费率是落实党中央决定的重要举措，也是更好地积极推进供给侧结构性改革、降低企业成本、增强企业活力、扎实做好化解过剩产能等一系列改革工作的重要举措。

人社部发布的《人力资源和社会保障事业发展“十三五”规划纲要》明确指出，“十三五”时期，我国将适当降低社会保险费率。这意味着未来五年我国将在确保基金安全可持续运行的基础上，继续秉持为企业降低社保负担的思路。按照国务院常务会议决定，从 2016 年 5 月 1 日起两年内，一是对企业职工基本养老保险单位缴费比例超过 20% 的省份，将缴费比例降至 20%；单位缴费比例为 20% 且 2015 年底基金累计结余可支付月数超过 9 个月的省份，可以阶段性降低至 19%。二是将失业保险总费率由现行的 2% 阶段性降至 1% ~1.5%，其中个人费率不超过 0.5%。截至 7 月 20 日，至少已有 17 个省份下调了企业养老保险费率。实施阶段性降低企业社保缴费费率政策后，每年总计可降低企业成本 1200 亿元以上。多地明确表态，此次降低社保费率，不会对参保人员的各项社会保险待遇造成影响，将确保参保人员各项社会保险待遇标准不降低和待遇按时足额支付。

本章关键词

社会保障	贝弗里奇报告	福利国家	随收即付制	完全积累制
部分积累制	基本养老保险	基本医疗保险	失业保险	工伤保险
职业病	生育保险	社会保障基金	企业年金制度	养老保险抚养比

思考与讨论

人口老龄化社会的保险应对策略

人口老龄化是指总人口中因年轻人口数量减少、年长人口数量增加而导致的老年人口比例相应增长的动态。根据1956年联合国《人口老龄化及其社会经济后果》确定的划分标准，当一个国家或地区65岁及以上老年人口数量占总人口比例超过7%时，则意味着这个国家或地区进入老龄化。1982年维也纳老龄问题世界大会确定60岁及以上老年人口占总人口比例超过10%，意味着这个国家或地区进入老龄化。人口老龄化的趋势大幅提升了对健康保障的需求，同时加剧了社会医疗保险可持续发展的压力，从而为商业健康保险提供了广阔的发展空间。

20世纪80年代以来，中国劳动年龄人口不断增多。15~64岁劳动年龄人口从1982年的62517万人增加到2012年的100403万人，年均增加1262.9万人；劳动年龄人口占比从1982年的61.5%增加到2012年的74.1%。与此同时，中国老年人口数量也在稳步增长，65岁及以上人口数量从1982年的4991万人增加到2012年的12714万人，年均增加257.4万人；老年人口占比从4.9%增加到9.4%。2012年，中国人均GDP虽然大幅增长至6188.2美元，但与美国、日本、德国、英国等多数发达国家仍然存在较大差距，未富先老迹象显现，经济发展压力增强。

中国老年人口规模呈现总量扩张、增量提速的发展态势，人口抚养负担正逐步加强。国家应对人口老龄化战略研究课题组的测算表明，全国60岁以上老年人口规模在2020年将达到2.55亿。2053年，老年人口规模将达到峰值4.87亿。全国60岁以上老年人口占比在2020年为17.8%，2054年，老龄化水平达到峰值34.9%。人口老龄化的趋势将大幅提升对健康保障的需求。①

研究显示，人均医疗费用和年龄密切相关，一般情况下，60岁以上年龄组的医疗费用是60岁以下年龄组医疗费用的3~5倍。平均每位80岁及以上高龄老人的照料与医疗成本开支约为65~74岁老人的14.4倍。随着人口老年期的延长，特别是高龄期延长，因疾病、伤残、衰老而失去生活能力的老年人将显著增加，医疗费用压力巨大。这就要求建立完善的医疗保

① 国家应对人口老龄化战略研究总课题组：《国家应对人口老龄化战略研究总报告》，《人口老龄化态势与发展战略研究》，华龄出版社2014年版。

障体系，提升医疗保障体系的承载能力，应对急剧攀升的疾病经济负担。健康险发展会逐步进入黄金期。

问题

（1）面对渐行渐近的人口老龄化社会，国家和社会应怎样完善社会保险，采取更多措施加以应对？

（2）老龄化人口从某种程度上说属于净消费人群，请同学们讨论分析，人口老龄化可能会给制造、服务、医药保健等诸多行业带来哪些新的商机，或许能成为你们将来就业的去向？

（3）请为父母亲友计算分析，基于社会保险，可以得到多少养老及医疗待遇？针对不足的部分，如何通过商业保险等方式予以补充？

春晚小品《扶不扶》吆喝“有医保”可能误导观众

2014 年中央电视台春节联欢晚会上演的小品《扶不扶》聚焦了当下热点：见老人摔倒，因担心被讹，犹豫扶还是不扶？经过一系列误会，最终因警察的意外出现而真相大白。老人是自己摔倒，身体无大碍，小伙子是好心相助，老大娘临下场前大声吆喝了一声“有医保”，皆大欢喜。这一声“有医保”的吆喝不禁让人联想到发生在 2013 年 12 月的“沈阳好大爷”事件。

2013 年 12 月 19 日，60 岁的沈阳大爷王福顺在雪中被一辆电动自行车撞倒，他说：“孩子，我没事，我有医保，你赶紧上班去吧”，放走了撞人的小伙子。这一幕被路人恰巧拍到传到网上，好心的王大爷感动了千千万万网友。媒体随后的追踪采访发现，王福顺的腿确实受伤了，并非如他所说的那样“没事”。王大爷是被原单位买断工龄后做了保安，已经干了 8 年，每月工资 1700 元左右。因为是临时工身份，他根本没有医保，也不知道怎么上医保。

在各种媒体的立体式传播下，“沈阳好大爷”事件得到进一步“发酵”：为褒奖王大爷“传递正能量”，其所在的物业公司将他破格提拔为保安班长，并承诺予以重奖；沈阳一家医院愿意提供今后的免费体检和免费医疗救治；沈阳市社会医疗保险管理局派专人向他了解具体情况，并表示将密切关注；北京某 IT 公司老总承诺为王福顺夫妇办理商业医疗保险……

问题

（1）“有医保”是王大爷体谅他人撒的一个善意谎言。阅读材料中提到，因为是临时工身份，他根本没有医保。临时工身份是否构成没有医保的充分条件？为什么？

（2）假设王大爷确有医保，对于因电动自行车撞伤所导致的医疗费用支出是否能得到赔偿呢？

（3）再进一步假设，如果王老爷参保了商业医疗保险，其中包括意外伤害医疗，在遇到类似情况，王大爷好心放走了肇事者，然后去保险公司索赔，能得到保险赔付吗？

市场经济时代如何应对无钱医治大病的困境

2016年8月8日，身患癌症的前华为技术有限公司高管魏延政去世，享年41岁；8月14日，原兰州交通大学博文学院英语教师刘伶利由于癌症和并发的心脏病去世，年仅32岁。他们的英年早逝令人扼腕叹息，而他们在患病后与所在单位的恩怨成为媒体关注的热点，引出了关于“企业对患病员工的义务边界到底在哪里”的巨大争论。

魏延政毕业于北京大学计算机系，于英国南安普顿大学获得博士学位。2006年回国加入华为，因工作优异很快升为18级专家。2011年，魏延政被查出患上了“透明细胞肉瘤”，是一种三年死亡率高达80%的绝症。此后两年，他经历了治疗、扩散、截肢、放疗、化疗、复发、扩散的反复过程。2012年，病假中的魏延政称接到“劳动合同顺延至病假期结束”的通知，与公司的人力资源部门沟通后于2013年签订了两年的长期病假合同，公司按上海月平均工资4000元的基准进行3200×（N+1）的赔偿，之后并没有续签新合同。同年，魏延政获得华为为员工统一投保的大病商业保险的一次性保险金给付款20万元。[①]

2012年8月，刘伶利研究生毕业进入兰州交通大学博文学院，成为一名英语老师。2014年7月，刘伶利被诊断患上了卵巢癌。在治疗期间，兰州交通大学博文学院以旷工为由将她开除，致使医保断缴，刘伶利在断绝收入来源的同时也无法获得医保报销。陷入困境的刘伶利一度甚至被迫在治疗间隙坐着轮椅摆摊卖衣服。2015年10月20日，甘肃榆中县法院一审判决兰州交大博文学院的开除决定无效，双方恢复劳动关系，二审兰州中院也维持了原判。但直到刘伶利病逝，涉事学校也没有理会法院的判决。

现行《劳动合同法》第四十条规定，“劳动者患病或者非因工负伤，在规定的医疗期满后不能从事原工作，也不能从事由用人单位另行安排的工作的”，用人单位提前三十日以书面形式通知劳动者本人或者额外支付劳动者一个月工资后，可以解除劳动合同。“医疗期”按规定“根据本人实际参加工作年限和在本单位工作年限”，在3个月到24个月之间。在医疗期内，即

---

① 高倩：“前华为员工魏延政去世引发大争论”，《中国企业家》，2016年8月14日。

便员工不上班，除非法定事由，企业也不可以解除劳动关系，还必须按照最低工资的80%发放工资，并交纳社保。华为给了魏延政两年的医疗期，还按上海平均工资4000元的80%支付病假工资；在解除合同之后，给予了N+1即每满一年支付一个月工资的标准的补偿，以及员工商业保险赔付的20万元。这些做法完全合乎法律规定，但还是被斥责"冷血"。

兰州交通大学博文学院在医疗期内开除员工，致使员工医保断缴，显然是违法的。刘伶利去世一周后，面临巨大舆论谴责压力的兰州交通大学博文学院终于表示，根据《甘肃省兰州市中级人民法院民事判决书》（20165甘01民终992号）终审判决，恢复刘伶利的劳动关系，撤销此前开除刘伶利的决定。学院与刘伶利的父母签署了《和解协议书》，补偿刘伶利2014年9月至2016年8月工资57600元（按每月2400元计算），补偿按6个月工资计算的丧葬抚恤金14400元，两项合计72000元；补偿所有医疗费40万元，亲属救助金6万元，抚慰金4万元，三项共计50万元。

在计划经济时代，由单位负责员工从生到死的全部过程。进入市场经济时代后，社会保障制度从某种程度上说是把企业从繁重的社会义务与不可测的风险与负担中解脱出来。当员工不幸患上重大疾病，企业不可能再承担托底的责任，员工更多地把期盼寄托在社保制度上。对于全民性的医疗保障而言，国民的患病概率在一定时期是一个稳定的数字。当下中国每年新发癌症病例约337万，以每个病人需要30万元医疗费用计算，一年需要约1万亿元的医疗费用。2015年全国财政支出17.6万亿元，医疗卫生与计划生育支出1.2万亿元。2016年全国财政医疗卫生支出预算安排1.23万亿元。由此可见，全民性的癌症、大病兜底医疗，从财政上来说基本上是不可能实现的。即便用人单位没有在劳动合同期限内与劳动者解约，即便医保照常交纳，遭遇类似刘伶利这样大病的普通劳动者，医保所提供的最低保障同样杯水车薪。残酷的社会现实是，在延续生命的最后阶段，很多人会因为过高的成本而理性却无奈地放弃。①

对于经济效益好的企业而言，可以划出专门的保障资金。早在2012年8月，谷歌就推出了"死后福利"（death benefits），谷歌员工因意外去世后，其配偶可以在10年之内继续领取去世员工生前50%的薪水。腾讯公司内部也有类似的员工"死后福利"，过世员工的家属同样可以领半薪10年。如果该员工有孩子，每多一个孩子额度会有额外增加，每个孩子增加12个月薪。具体发放上，一部分是一次支付，另一部分则是通过信托公司处理。

---

① 刘远举："无钱医治大病，恐怕是一个无奈的事实"，腾讯－大家（http://dajia.qq.com/original/category/lyj20160822.html），2016年8月22日。

问题

（1）假设你所在的城市某企业有员工被检查出身患绝症并进行长期的治疗，请依照材料中介绍的给付标准，计算该企业至少要为该患病员工付出多少成本？

（2）从市场经济的逻辑看，企业没有义务（很多情况下也没有能力）长期养着身患疾病、不能创造价值的员工，但这种观点让很多人觉得太薄情、没有人性。请同学们讨论，市场经济条件下企业对患病员工的义务边界应该在哪里？或者说企业承担多少责任才算“有人性”？为什么？

（3）如果你是私营企业的老板，面对员工可能患重病或遭受意外的不确定性，可以采取什么样的风险管理措施来加以应对？

（4）对于个人而言，患病是个概率问题，有极高的不确定性，合理综合应对方法是什么？

第10章

保险监管

>> 本章要点

- 保险监管的起源、目标
- 保险监管体系：法规、主体、行业自律、信用评级
- 保险监管模式和手段
- 保险监管的三大支柱：市场行为、偿付能力、公司治理

多年来，小赵的父亲老赵一直在炒股。他选股的方法是选择自己熟悉的公司，譬如房价年年涨，看好房地产业，就买了行业龙头万科A（000002，SH）；经常喝伊利牛奶，就买了伊利股份（600885，SH）。由于“宝能系”和万科的控股权之争达到白热化，万科于2015年12月18日宣布停牌。苦苦等到2016年7月4日终于复牌，股价却是连续下跌，到7月19日，报收于17.11元，相比停牌时24.43元的历史高点，复牌12天累计跌幅达29.96%，市值蒸发710.769亿元。这么长时间的停牌加上复牌后的股价跌跌涨涨令老赵也如同坐上了过山车。

到9月，万科股价好不容易涨了回来，又听到伊利股份因为被保险公司举牌而停牌的消息，小赵打趣老赵应该去买彩票。伊利股份发布声明称，9月14日，阳光财产保险股份有限公司通过集中交易增持伊利股份无限售条件流通股566.79万股，增持后，阳光产险和阳光人寿保险股份有限公司合计持有伊利股份普通股股票3.03亿股，占上市公司总股本的5%。阳光产险和阳光人寿因同受阳光保险集团股份有限公司控制而构成一致行动人。阳光保险表示，增持目的是出于对伊利股份未来发展前景看好所进行的财务投资，将支持伊利股份现有股权结构，不主动谋求成为伊利股份第一大股东，在未来12个月内不再增持伊利股份。不

过业界依旧担心，阳光保险会在未来夺取伊利控制权，利用伊利的盈利能力以及现金流扩展非乳业业务，将伊利股份作为一个平台，进行其擅长的股权投资谋利，伊利股份极有可能沦为险资攫取利益和资本布局的工具。

老赵不明白，如今的保险公司不好好卖保险，怎么一个个都跑到股市去举牌，中国保监会难道不好好管管这种“不务正业”的行为吗？

保险监管究竟管些什么？采用什么方式手段？对保险公司的频频举牌行为，中国保监会又是什么态度？学习完本章内容，你将得到相应的答案。

第 1 节　保险监管概述

一、保险监管的定义及起源

1. 保险监管的定义

保险监管是指一个国家的保险监管部门依据现行法律对保险人和保险市场进行的监督与管理，其目的是确保保险人的经营安全，同时维护被保险人的合法权益。

保险业是经营风险的特殊行业，是社会经济补偿制度的一个重要组成部分，对社会经济的稳定和人民生活的安定负有很大的责任。保险经营与风险密不可分，保险事故的随机性、损失程度的不可知性、理赔的差异性使得保险经营本身存在着极大的不确定性，再加上激烈的同业竞争和道德风险及欺诈的存在，使得保险业本身也成了高风险行业。保险监管对保险业的运行发展至关重要。

2. 保险监管的起源

保险监管并非与保险业务同步产生发展的。在 16 世纪之前，保险市场自由进入，无论是设立保险公司或其他类型的保险机构，从事保险经营活动，都是依照自由竞争的原则进行，政府并不对其进行干预。但随着资本主义市场经济的飞速发展，保险业的规模及社会影响力越来越大。竞争的激化，投机者的进入，导致保险业出现了混乱的局面。大量保险机构成立，又很快破产倒闭，投保人和被保险人的权益被损害，对整个社会造成了巨大的负面影响。为此，一些国家开始通过保险立法或成立专门的机构来对保险业实施监管。

最早对保险业实施监管的国家是英国。1575 年英国成立了保险商会，英国政府要求海上保险的保单必须向保险商会办理登记。1720 年，英国女王特许伦敦保险公司和英国皇家交易保险公司经营海上保险，颁布法令禁止其他保险公司涉足海上保险，使得这两家公司获得了垄断权。1746 年，英国《海上保险法》提出保险利益原则，禁止赌博性的保险。这些均被视为政府干预和管理保险的早期尝试。

现代保险监管制度建立的标志是国家授权给专门的保险监管机构，由它们专司保险监管职责。这种制度最早产生于美国。1851 年，新罕布什州率先设立保险署；1858 年，被称为“现代保险监管之父”的美国马萨诸塞州保险监督官伊莱泽·赖特（Elzur Wright）提出以保证偿付能力为目标的监管理念，这是保险监管区别于一般行政领域，也有别于其他金融行业监管的重要标志。

英国没有像美国那样设立专门的保险监管机构，但在保险立法方面一直走在世界各国的前列。1870 年颁布的《寿险公司法》对寿险公司的保证金、财产账户、公司兼并等作出规定，还创立了保险人信息公开制度。1909 年颁布的《保险公司法》将原来对寿险公司的规定扩展到其他保险领域。到 20 世纪 20 年代后，欧美主要资本主义国家的保险监管制度已基本形成。

国家对保险业进行严格的监管，有助于弥补市场信息不完全，依法规范保险活动，克服市场失灵，维护投保人与被保险人的利益，保护与保险活动相关的行业和公众利益。

二、保险监管的目标

保险人承保的是社会集中起来的各种风险，这些风险往往涉及社会生产的各个领域。经济愈发展，愈需要有发达的保险业。由于参加保险的人数众多、覆盖面大、涉及面广，保险业关系到社会经济的稳定和人民生活的安定，具有极强的公众性和社会性。在各国的保险法规和国际保险监管组织文件中，对监管目标的表述虽然不尽一致，但基本包括如下内容。

1. 维护被保险人的合法权益

由于被保险人对保险机构、保险中介机构和保险产品的认知程度极为有限，通过法律和规则对保险机构的行为进行必要的制约，辅之以强制的信息披露要求，可以让保险产品的需求者尽量知情。同时也鼓励需求者自觉掌握尽量多的信息和专业知识，提高判断力，对自己的选择和判断承担相应的风险。通过严格监管，尽可能地防止被保险人的利益因不知情而受到保险机构的恶意侵害。

维护被保险人合法权益的关键在于保险人能否真正承担起未来的赔偿责任，也就是说取决于其是否有足够的偿付能力。各国保险业法不仅规定了保险人资本金的数额、保证金的提取、各项责任准备金的提存、最低偿付能力的确定及法定再保险等一系列保证保险人偿付能力的专门措施，还对保险人的设立和经营等方面的问题也作了一些具体要求，以使保险人能够顺利地开展经营，确保众多的被保险人的合法权益得到有效的保障。

2. 维护公平竞争的市场秩序

鉴于保险业经营的特殊性，各国法律都对保险人之间的竞争有严格的限制，一般不允许其他社会组织随意进入保险市场，以免出现过度竞争。在缺乏监督和管理的情况下，保险业很可能出现不公平的竞争现象。例如，在保险人之间，资本雄厚的保险人往往会通过降低保险费率和提高经纪人、代理人佣金等手段招揽客户，挤压较弱的保险人的生存空间，从而损害被保险人的利益。因此，各国都要求保险人或保险同业公会，根据大多数保险人的经营情况和科学的统计结果，制定出共同的保险条款和保险费率标准，使保险人之间在同等保险条款和保险费率的条件下，展开公平竞争。严格保险监管，有利于创造和维护平等的竞争环境，防止盲目竞争和恶性竞争，维护保险体系的整体安全稳定，以利于保险市场的发育、成熟，对保险业相关各方都是有利的。

3. 促进保险业经营的合理化和科学化

在欧美等发达资本主义国家，保险人之间往往成立同业公会等组织来对自身的运营进行管理，在条款制定、费率厘定、防灾防损等方面提出一些大家必须遵守的原则。但其自我管理范围毕竟有限，而且不具有强制性，难以承担对保险业全面监督的职责。

国家对保险业的监督和管理，主要是通过颁布相应的政策和法律来实现的。这些政策和法律是保险经营规律的政策化和法律化，具有科学的内涵，能够促进和保障保险业的合理化和科学化经营，弥补保险业自我管理的不足，从而避免某些保险人的投机行为和违反保险经营原则行为的出现，推动保险业的顺利发展。

4. 促进保险业健康发展

一些国家的保险监管部门同时还承担了推动保险业发展的任务，所以需要作好保险发展中长期规划的研究和制定，研究保险发展的重大战略、基本任务和产业政策，通过规划、指导和信息服务引导保险业发展的方向。

三、保险监管体系

1. 保险监管法规

（1）保险监管法规的内涵与性质。

保险监管法规又称为保险业法、保险组织法或保险事业监督法，是国家对保险业进行管理和监督的一种行政法规，也是国家对保险业进行监督管理的法律规范的总称，是用于调整政府与保险企业、中介人的关系的保险法。

自罗马法以来，法律在法学传统上分为公法和私法两类。凡是规范国家或公共团体为其双方或一方主体者的法律关系，以权力服从关系为基础的法律属于公法；仅规范私人间或私人团体之间相互关系，以平等关系为基础的则属于私法。

传统的保险法在学理上是商事法的一个重要组成部分，它是专门以保险合同关系为调整对象的商事法律，属于私法范畴，保险法在内容上即保险契约法，规范的是保险人与投保人、被保险之间的关系，各方法律地位是平等的。但随着政府对经济干预程度的日益加深，出现了私法公法化的趋势，在保险立法方面的表现就是保险业法的产生和发展。保险业法是国家或相关监管机构对保险机构的规范，是与保险有关的公法。现代保险法在内容上主要涉及两个方面：一是保险合同法，主要调整保险当事人之间的关系；二是保险业法，主要规定政府对保险公司的监督和管理关系。随着保险业的发展，保险监管法规也应随之不断进行调整、完善。

西方保险业法是长期私法自治的产物，经营保险业被认为是一种商业行为，在自由放任经济时期，跟其他性质企业一样采取自由经营。私法自治的结果是孕育了大量的自主经营保险市场主体，促进了保险企业的发展。19 世纪中叶，各国保险公司大量成立，史称保险公司的“洪水时代”。到 19 世纪末 20 世纪初，由于保险公司的滥设，导致竞争加剧，多数公司破产，于是各国纷纷采取措施，对保险业进行监督和管理，因此，西方的保险业法是经过保险公司在私法自治基础上的长期自由发展而产生的。保险公法介入私法的启动力量源于保险市场主体，是众多保险企业作为独立的利益主体进入市场后，在交易过程中不断扩展市场规模的基础上，为解决随市场扩张而日益增多的纠纷，求助于政府之手来维护正常的市场竞争秩序的结果。

保险业法的内容一般由对保险监管对象的规定和对保险监管机构授权的规定两部分组成，具体包括：保险企业组织形式；保险企业的设立程序；保险业务的财务计算；保险企业的管理和经营原则；保险企业的解散与清算；国家保险管理机构的监督管理职能等。

各国的保险业法制定采用了不尽相同的方式，如英国、德国是单独制定比较完备的保险业法，我国则是将保险业法规定于保险法典中，日本、韩国采用的是复合型体例。

（2）英国保险业法概况。

如前文所述，英国是保险立法最为先进的国家之一。鉴于大量利用人寿保险进行投机的案件发生，英国议会于 1774 年通过《人寿保险法》，明确规定投保人对保险标的必须具有保险利益，否则合同无效，可谓保险业法的萌芽。但最早建立专门的保险监督管理制度的是美国的马萨诸塞州，该州于1851年便开始通过立法对保险业进行监督和管理；当时最完备的保险业法则是纽约州的《保险法》，共18章631条，内容几乎涉及保险业的各个方面。

英国的保险业法由1975年的《保护保单持有人法令》、1982年的《保险公司法》和1983年的《保险公司（账务和报表）条例》三部法律组成。《保险公司法》分三大部分，第一部分规定了经营保险业的条件；第二部分规定了保险业的经营，主要包括经营保险业的条件、会计和报表、长期业务的资产与负债、资产来源，业务的转让及公司经理和法定代表人等的变更；第三部分是综合性规定，主要规定了简易人寿保险的分配、劳合社保险人的资金来源、劳合社保险人的业务转让、保险业务以及条文用语的解释、法规的生效和适用范围等项内容。

（3）日本保险业法概况①。

日本的《保险业法》于1940年施行，1974年进行了修改。早期的日本保险业是一个集中型的保险市场，几个有深厚官方背景的保险公司形成寡头，保险监管权力集中于中央，由大藏省监管。行政指导是日本保险监管的特色。大藏省对几家保险寡头采取的是“保驾护航”式的监管方案：一直限制竞争，严格限制外国保险公司的进入；对偿付能力关注度不高；对有问题的保险公司则是进行暗中协调，并强制要求其他保险公司接管，故未出现保险公司破产事件。

1996年新《保险业法》实施后，日本仿效美国对保险公司实行以偿付能力为中心的监管，建立起了具有本国特色的监管体制。主要内容包括：①保险部的监管工作重点由市场准入的严格审批转向对保险人偿付能力的监管，注重了对投保人利益的保护；②对保险机构及其分支机构全方位进行公开标准和规范的监管，同时推动市场的分化和适度竞争；③国内保险业从产寿险的分业经营逐渐允许通过一定方式相互渗透，同时允许相互保险公司向股份保险公司统一转制；④健全保险机构市场退出机制，允许保险公司破产，政府只在设定的上限内投入资金以保证投保人的利益。

（4）中国的保险业法②。

新中国成立后，国家颁布了一些有关保险的法规或规范性文件。但由于历史原因，我国的保险立法工作随着保险业务的实际停办也被搁置了20多年。1978年保险业务逐渐恢复后，保险业法的制定才被纳入议事日程。1985年3月3日，国务院颁布《保险企业管理暂行条例》，该条例共六章，各章目依次为：总则、保险企业的设立、中国人民保险公司、偿付能

① 朱永亮：“美日保险监管制度的比较及借鉴”，《日本问题研究》，2002年第2期，第30~32页。

② 陈小君、樊启荣、高飞：“市场经济与中国保险法制的发展”，《法商研究》，1996年第2期，第18~24页。

力和保险准备金、再保险、附则。该条例实质上是一个保险业法方面的行政性法规，目的是为了加强和明确国家对保险企业的监督管理的行政职能，保障被保险人权利的实现，保证保险企业义务的履行，维护保险及保险业的信誉。不过，《保险企业管理暂行条例》对保险业的管理规定得较为原则，在很多方面缺乏相应的配套措施，重审批、轻管理，监管的内容和方式比较陈旧，监管标准不一，主管机关职责、权限不明确，造成了保险市场秩序一定程度上的混乱。

1995 年 10 月 1 日，《中华人民共和国保险法》正式施行。《保险法》实际上是一部集保险合同法及保险业法于一体的综合性保险法典，有利于发挥保险法整体规范功能。有关对保险业的监督管理方面的法律规范集中在第三章保险公司、第四章保险经营规则、第五章保险业的监督管理、第六章保险代理人和经纪人等四章之中，是现行保险业法的主要内容之一。

《保险法》在此后的 20 年间经历了 2002 年、2014 年和 2015 年三次修正以及 2009 年的一次修订，是一个持续探索并逐步完善的过程。截至 2015 年末，我国已初步构建完成了以《保险法》为核心，以 3 部行政法规和 50 部规章为主干，以 1000 余件规范性文件以及相关司法解释为补充的保险法制体系，内容涵盖保险经营和保险监管全过程，并在实践中不断完善。

2. 保险监管主体

（1）保险监管主体的内涵及构成层次。

保险监管主体是指保险行业的监督者和管理者。在世界各国，保险监管职能主要由政府依法设立的保险监督机构行使，但保险监督机构的设立涉及中央与地方监管权力的分配问题，是一国历史和国情的产物，既没有统一的模式，也不是一成不变的。

立法机构是保险监管机制中的第一个层次。立法机构要通过颁布法律，建立保险监管的法律基础和法律体系，明确执行保险法律的监管机构及其法定的职责范围。

司法机构是保险监管机制中的第二个层次。法院在保险监管活动中扮演着重要角色，一是解决保险人和保单持有人之间的争议；二是通过颁布支持保险监管机构的命令和判定违反保险法律行为的民事或刑事责任，以保证保险法律的实施；三是处理保险人和保险中介人的有关申诉。

行政机构是保险监管机制中的第三个层次。保险监管的具体职责由国家行政机构来履行。经立法机构授权执行保险法律的机构一般都享有广泛的行政权、准立法权和准司法权。

一些国家的保险监管还从评议机构那里获得支持。该机构就某些重要决定向监管机构提出建议，有些国家还规定在采取重要措施之前必须向这类机构进行咨询。

在中国，中国人民银行、财政部等在不同时期都曾行使过监督管理保险业的职能。1998 年 11 月 18 日，国务院批准设立中国保险监督管理委员会，专门负责保险监督管理职能。

（2）美国的保险监管机制①。

美国是联邦制国家，实行两级多头管理体制，中央和地方都有权对保险业进行监管。美国联邦政府成立联邦保险局，只负责联邦政府法定保险，如联邦洪水保险、联邦农作物保险等。各州对保险公司进行监管的依据最早源于 1869 年联邦最高法院的判决（Paul v. Virginia）。该判决指出，调节跨州贸易关系的联邦法不适用于保险业务。而《麦克兰 - 法格逊法案》（*McCarran-Ferguson Act of* 1945）则确认保险业原则上由各州进行监管，每个州都被赋予监管本州保险业的权力。美国联邦保险局与各州保险局之间不是隶属关系，而是平行关系，任何一家保险公司必须获得州保险监管部门的批准后方可在该州营业。

为了对各州的监管进行协调，1871 年美国成立了全国保险监督官协会（NAIC），其主要职责是讨论保险立法和有关问题并拟定样板法律和条例供各州保险立法参考。经过保险监督官协会 100 多年的努力，各州法律已趋于一致。1999 年 11 月通过的《金融服务现代化法》改变和扩充了全国保险监督官协会的职责，使其成为联邦一级的保险监管机构。

2008 年发生的金融危机暴露了既有监管体制存在的缺陷，保险监管面临的基础环境又发生了极大变化。2009 年后联邦议会审议了一系列与金融监管相关的法案，并于 2010 年 7 月正式公布了《金融监管改革法案》，即《多德 - 弗兰克法案》（*Dodd-Frank Wall Street Reform and Consumer Protection Act of* 2010）。在组织形式上，设立应对系统性风险的金融稳定监管咨询委员会（FSOC），与美联储（FRB）共同监管包括保险公司在内的非银行金融机构。联邦政府从抵御系统性风险出发，在财政部内设置了保险专门管理组织——联邦保险局（FIO）。联邦保险局不具有对保险公司的一般监管权限，其主要职能大致可分为基本职能、特定情况下认定的无效职能、保险业相关信息收集及保险监管调查职能等三类。该机构是美国历史上第一个联邦保险监管机构，将对美国保险监管的发展产生深远的影响。

美国保险监管制度历经 140 余年渐进的改革，顺应保险业务实践和金融经济环境的要求，终于确立了分州监管、联邦协调的模式。

（3）日本的保险监管机构。

日本属于集中单一的监管体制。大藏省是日本保险业的监管部门。大藏大臣是保险监管

① 田帆：“美国保险监管制度沿革及对我国的启示”，《中国保险报》，2012 年 4 月 16 日。

的最高管理者。大藏省下设银行局，银行局下设保险部，具体负责保险监管工作。

20 世纪 90 年代以后，日本金融危机加剧，金融机构倒闭频繁。为了加强金融监管，日本于 1998 年 6 月成立了金融监管厅（FSA），接管了大藏省对银行、证券、保险的监管工作。2000 年 7 月金融监管厅更名为金融厅，将金融行政计划和立案权限从大藏省分离出来，金融厅长官由首相直接任命，以确保其在金融监管方面的独立性。

（4）中国的保险监管机构。

在相当长的历史时期，我国实行的是银行、证券和保险由中国人民银行负责的大一统监管体制。中国人民银行为了适应保险市场发展的需要，逐步强化保险业监管，最初在金融管理司设立保险信用合作处，1995 年 7 月根据金融体制改革的要求设立保险司，具体负责保险监督管理工作。

随着国内保险业的发展和国外保险机构的进入，保险工作的复杂性和重要性日益突出，中国人民银行作为中央银行，主要职能是制定和执行货币政策，专事保险监管的资源及能力均有限，越来越不适应保险业快速发展的现实需要。1997 年东南亚金融危机爆发以后，党中央、国务院高度重视金融风险的防范和化解工作，在 11 月召开的全国金融工作会议上作出了加快金融体制改革、努力防范和化解金融风险的一系列重大决策，确立了金融业实行“分业经营，分业监管”的重要方针。会后，中央专门下发了 19 号文件，提出了要切实加强对保险业的监管，并在适当时机成立国家保险监管机构的意见。

1998 年 11 月 18 日，中国保险监督管理委员会（简称中国保监会）成立，中国保监会根据国务院授权履行行政管理职能，依照法律、法规统一监督管理全国保险市场，维护保险业的合法、稳健运行。这标志着我国保险监督管理体制进入了一个新阶段，全国统一的保险监管组织体系初步形成。2003 年，国务院决定将中国保监会由国务院直属副部级事业单位改为国务院直属正部级事业单位，并相应增加职能部门、派出机构和人员编制。中国保险监督管理委员会内设 16 个职能机构和 2 个事业单位，并在全国各省、自治区、直辖市、计划单列市设有 36 个保监局，在苏州、烟台、汕头、温州、唐山市设有 5 个保监分局。

中国保监会的主要职责包括以下几点。

①拟定保险业发展的方针政策，制定行业发展战略和规划；起草保险业监管的法律、法规；制定业内规章。

②审批保险公司及其分支机构、保险集团公司、保险控股公司的设立；会同有关部门审批保险资产管理公司的设立；审批境外保险机构代表处的设立；审批保险代理公司、保险经纪公司、保险公估公司等保险中介机构及其分支机构的设立；审批境内保险机构和非保险机构在境外设立保险机构；审批保险机构的合并、分立、变更、解散，决定接管和指定接受；

参与、组织保险公司的破产、清算。

③审查、认定各类保险机构高级管理人员的任职资格；制定保险从业人员的基本资格标准。

④审批关系社会公众利益的保险险种、依法实行强制保险的险种和新开发的人寿保险险种等的保险条款和保险费率，对其他保险险种的保险条款和保险费率实施备案管理。

⑤依法监管保险公司的偿付能力和市场行为；负责保险保障基金的管理，监管保险保证金；根据法律和国家对保险资金的运用政策，制定有关规章制度，依法对保险公司的资金运用进行监管。

⑥对政策性保险和强制保险进行业务监管；对专属自保、相互保险等组织形式和业务活动进行监管。归口管理保险行业协会、保险学会等行业社团组织。

⑦依法对保险机构和保险从业人员的不正当竞争等违法、违规行为以及对非保险机构经营或变相经营保险业务进行调查、处罚。

⑧依法对境内保险及非保险机构在境外设立的保险机构进行监管。

⑨制定保险行业信息化标准；建立保险风险评价、预警和监控体系，跟踪分析、监测、预测保险市场运行状况，负责统一编制全国保险业的数据、报表，并按照国家有关规定予以发布。

3. 保险行业自律

保险行业自律是指保险市场主体为了共同的权益组织起来，通过成立行业组织，进行行业内部协作、调节与监督，实行自我约束、自我管理。

（1）保险行业组织自律管理的主要内容。

保险行业自律对保险业的监督管理起着不可忽视的作用。保险行业组织对保险行业自身进行管理的主要内容包括如下几点。

①制定行业自律守则。保险行业组织通过自我管理、自我约束机制的强化，既能促使会员之间开展积极的竞争，激发其经营活力，又能积极组织协作，杜绝盲目、过度的竞争，从而提高会员及整个行业生存与发展的能力。为了协调整个保险市场参与者的行为规范，各行业组织都需要以全行业的利益为出发点，制定行业自律规则，并对违反规则的行为进行惩罚，以约束会员的行为。由于行业组织是受到会员信赖的，行业自律规则具有一定的权威性和约束力。

②制订、颁布保险行业发展的指导性建议，为会员提供咨询服务。保险行业组织中有各个方面的专家和技术人员。他们通过对行业发展的研究，可以为各类保险组织的发展提出具

体的指导性建议，进而形成整个行业发展方向的建议。保险行业组织可以从保险业与整个国民经济的协调发展出发，制定出本行业在较长时期的发展目标与规划，如怎样保持保险市场供给与需求的平衡，如何创造一个平等竞争的市场环境，如何在保证保险企业经济效益的同时增进保险业的社会效益；制定各个时期保险业的发展目标与规划，通过近期工作的落实和短期目标的实现，达到长期目标的最终实现。

保险行业组织通过对行业发展的研究，可以提出各类保险组织发展的具体指导性建议，为会员提供咨询服务；通过对风险管理的研究，指导各会员做好保险防灾减损工作；利用其收集的行业统计资料和国外保险业发展动态，为会员提供技术和市场信息，组织会员进行经验、技术推广和交流。

③对保险合同的管理。随着保险业的发展，逐渐出现对保险合同内容和格式标准化的要求，即不同保险人所提供的保险单主要内容与格式的基本一致。例如，承保风险、保额确定、责任起讫、费用承担、除外责任等的统一规定。保险条款的技术性和法律性是一般投保人很难深入了解的，很多保险同业组织都有统一的保险条款格式，甚至使用统一的保险单，以避免保险人利用保险条款进行不公平交易，欺骗投保人，有利于保险市场的公平竞争。如英国伦敦海上保险人协会在 1939 年决定各会员公司必须使用伦敦海上保险人协会联合保险单。

保险合同双方当事人的很多争议都是由于保险单的一些用词不明确，或者各自理解上的差异造成的。保险行业组织还需要制定解释保单措辞的共同规则，如按商业惯例解释，或按文义解释，或按意图解释，或按有利于被保险人的方式进行解释，凡是会员，解释要一致。

④制定共同遵守的费率和条件。保险费率就是保险商品的价格。这需要有足够长时期和足够数量的业务统计资料，包括大多数保险组织的承保情况、赔付情况、损失概率等，才有可能科学地计算出符合现实的、较为合理的保险费率。对会员业务资料的收集、计算与统计等需要由保险同业公会这样的行业组织来协调完成。

同时，为了减少费率上的不公平待遇和保险组织破产的可能性，各国保险同业组织一般会要求会员统一遵守的费率标准。另外，行业组织还会规定统一的手续费或佣金标准，防止保险同业间为抢占市场份额进行的盲目竞争。

⑤促进保险教育、培训及资格认定。各保险同业组织大都将保险业务教育和人才培训视为同业自律的一项重要内容，凭借自身优势，组织技术力量，采取多种形式，对全行业开展业务培训、专题讲座、行业定期轮训，甚至有专门的专业资格考试制度。例如，英国特许保险学会 CII 每年都组织英国保险界雇员进行 CII 保险资格考试。英国特许保险学会会员以丰

富的保险专业知识著称于英国保险界，在全世界享有很高的声誉。

（2）中国的保险行业自律组织。

2004 年发布的《中国保监会关于加强保险行业协会建设的指导意见》规定，中国的保险行业协会包括中国保险行业协会、各地方保险行业协会以及保险行业联合会。

中国保险行业协会（The Insurance Association of China，英文缩写“IAC”，简称中保协）成立于2001 年2 月23 日，是经中国保险监督管理委员会审查同意并在国家民政部登记注册的中国保险业的全国性自律组织，是自愿结成的非营利性社会团体法人。

根据《保险法》第一百八十二条的规定，“保险公司应当加入保险行业协会。保险代理人、保险经纪人、保险公估机构可以加入保险行业协会”。截至2016 年5 月30 日，中保协共有会员365 家，其中：集团（控股）公司11 家；财产保险公司74 家；人身保险公司75 家；再保险公司9 家；资产管理公司13 家（其中保险公司182 家，占全行业的98. 88%）。专业保险经纪公司50 家；专业保险公估公司30 家；专业保险代理公司48 家（其中保险中介机构128 家）。地方保险协会（含中介协会）43 家；保险相关机构18 家。

中保协的宗旨是：遵守国家宪法、法律、法规和经济金融方针政策，遵守社会道德风尚，深入贯彻科学发展观，依据《中华人民共和国保险法》，配合保险监管部门督促会员自律，维护行业利益，促进行业发展，为会员提供服务，促进市场公开、公平、公正，全面提高保险业服务社会主义和谐社会的能力。中保协的基本职责为：自律、维权、服务、交流、宣传。

保险行业联合会是指由同一地方的财产保险协会、人寿保险协会和保险中介协会等组成的联合体。联合会为法人机构，所属各协会为联合会的分支机构，在联合会的统一领导下相对独立地开展工作。

各级行业协会在具体职能上各有侧重，互相协调，互为补充。中国保险行业协会主要在制定全国性、基础性行业标准、研究和协调重大政策性问题、引导保险业务发展等方面发挥积极作用，并组织开展全国保险行业协会的经验交流和信息共享，参与制定全行业发展规划。区域性保险行业协会应侧重于市场行为的监督和协调，并立足于本地区实际，为会员提供各种服务，在不违背全国性标准的前提下，制定区域性业务规范和服务标准。

4. 保险信用评级

保险信用评级是指独立的第三方社会信用评级机构采用一定的评级方法对保险公司的财务能力和经营稳定能力进行评价，在此基础上对保险公司信用等级进行评定，并用一定的符号予以表示，从而为保险市场参与者提供服务的一种机制。

（1）国际主要保险信用评级机构①。

A. M. Best、标准普尔（S&P）、穆迪（Moody's）和惠誉（Fitch）是保险信用评级领域最主要的四大机构。标准普尔、穆迪和惠誉都是人们熟知的世界一流信用评级机构，而A. M. Best则是一家专门从事保险公司评级的信用评级机构。A. M. Best成立于1899年，是世界上第一家保险评级机构。1900年，保险业第一份评级报告《Best保险报告——财产/意外险版》出版，评估了在美国营业的850家财产险公司的经营情况。1906年出版的《Best保险报告——寿险/健康险版》则评估了95家寿险公司。此后，A. M. Best每年均出版这两份报告，逐渐成为美国保险界重要的信息来源。A. M. Best公司主要以保险公司年度报告为依据，从资产负债实力、运营业绩以及业务概况三个方面进行综合定性和定量分析，对保险公司偿付能力进行评级，提供保险公司破产可能性的专业意见。A. M. Best公司评级体系由字母等级（运用最广泛，从A++到F，对应于从优到差的评级结果，B+以下被认为不具投资性）、财务效益等级和财务规模等级三套指标构成。

（2）保险信用评级的功能。

保险信用评级机构不从属于政府、企业等任何利益集团，以中立的身份开展评级工作，使评级结果具有公信力。保险信用评级结果的公开提升了保险市场的透明度，包括信用评级在内的各种社会监督手段已成为政府监管机构和保险机构内部控制以外非常重要的监督机制，被称为监督保险事业健康发展的"第三只眼睛"。市场参与者根据评级结果即可对保险公司的资信状况有基本判断，有助于做出理性、合理的决策；信用评级结果的公开同时能降低保险监管成本，提高监管效率。

此外，信用评级对保险公司而言也至关重要，是保证保险公司正常竞争和融资的基础。具有较高信用等级的保险公司能够获得成本相对低的融资，而信用等级低的保险公司不仅融资难度大、成本高，甚至还会成为并购的目标。

（3）中国的保险信用评级。

在国际化程度较高和比较成熟的欧美日韩保险市场，几乎所有保险公司都会进行信用评级，而我国在世纪之交才开始有保险公司进行信用评级。2000年1月，由中国诚信证券评估公司、国际著名评级公司惠誉国际、国际金融公司和中华工商时报实业发展总公司四家合资组建的中诚信国际信用评级公司（简称中诚信国际）成立。这是国内首家国际化、专业化的中外合资信用评级机构。时任保监会主席的马永伟曾在其主编的《保险知识读本》中称：

---

① 武建强："国外保险信用评级制度评介及借鉴"，《广西金融研究》，2007年第8期，第30~32页；尤玉洁："四大评级机构与保险公司的'悲欢离合'"，《中国保险报》，2009年10月13日。

“可根据各个保险公司不同的信用等级来区别对待，给予不同的政策，决定其保险资金运用的范围。”

2001 年 8 月 15 日，中诚信国际将泰康人寿的信用等级由“AA”上调为“AAA -”，意味“清偿能力非常强，风险最小”。随后，陆续有保险公司获得国内外各评级机构的评级。2001 年 9 月，中国平安保险（集团）股份有限公司获中诚信国际“AAA”信用评级，成为国内第一家获得“AAA”级信用等级的金融保险企业。2005 年 6 月 23 日，标准普尔发布《中国保险业信用前瞻（2005 ~ 2006）》，首次对中国 10 家主要保险公司逐一测评，使用的评价依据是营运表现、投资回报率和资本充足率等几个指标。

目前，我国 200 多家保险公司中接受评级的只有不到 1/4，评级率比较低。但做了信用评级的基本都是 A 级，普遍高于银行类金融机构，更高于其他非金融行业。随着市场竞争的加剧，预期会有越来越多的保险企业接受信用评级，充分发挥信用评级的综合作用。

四、保险监管模式

从全球保险监管变迁的历史来看，保险监管的模式通常根据严格程度分为如下几种。

1. 弱势监管

弱势监管或称松散监管，在弱势监管模式下，保险人在保险产品设计、保险费率和保险合同条款确定时享有很大的自主决定权。保险监管机构主要关注保险人的财务状况和偿付能力，只要公司能保证稳健的财务状况和可靠的偿付能力，业务经营就不会受到过多的干预。

英国、荷兰等欧洲国家长期采用弱势监管的模式。

2. 强势监管

强势监管或称严格监管、实务监管。在这种监管模式下，保险监管部门要对所有的保险活动进行全面的彻底的监管，即从保险市场主体的设立、日常经营和财务活动，直至倒闭清算全过程实行严格监管的模式。保险监管部门对费率、保险条款、保单利率、红利分配等都做出明文规定，且要求保险人严格执行。

在欧洲单一保险市场建立之前，德国长期采用的是这种监管模式。

3. 折衷式监管

折衷式监管是一种以偿付能力监管为核心，兼及市场行为监管和信息监管的一种监管模式。

三种监管模式各有利弊，从理论上说，弱势监管有利于发挥保险人的积极性，活跃保险产品创新和保险市场竞争。但对保险中介机构提出了很高的要求，即需要由保险中介机构来承担提高市场透明度，指导客户理性、合理投保的职责。强势监管有利于保证保险人经营行为的合规性，但也可能束缚了保险人的创新性，降低了运营效率，既不利于灵活应对可能随时出现的新风险，也不利于保险人分散经营风险。折衷式监管有利于综合二者的优势，克服各自存在的缺陷，既赋予保险人足够大的自由，又对其进行有力约束。因此，折衷式监管模式被大多数国家所采用。

各国应该根据本同保险市场发展的程度、经营环境以及相关的法律法规来选择适合的保险监管模式，并随着各种影响因素的变化及时进行调整。

五、保险监管手段

非现场监管与现场监管都是保险监管的重要手段。非现场监管通过对各种信息进行分析，找出被监管对象业务发展和内部管理中的薄弱环节和风险点，指引现场检查，提高现场检查的针对性。现场检查通过现场核对、校验获取新的信息，修正非现场监管的偏差。二者相辅相成。

1. 非现场监管①

非现场监管是指保险监管部门在采集、分析、处理保险公司相关信息的基础上，监测、评估保险公司风险状况，进行异动预警和分类监管的过程。非现场监管体现了风险管理为本的监管理念，风险分析贯穿于非现场监管的整个过程，目的在于通过监测、评估保险公司风险状况，找出其内部控制和业务发展中的风险点或风险隐患，实现提早预警，及时防范。

（1）非现场监管的“前哨”责任。

一是在年初及时对上年度全行业符合条件的被监管单位进行风险评级，根据评级的结果拟定本年度分类监管计划，提出对风险等级高的被监管单位的监管建议，如确定对哪些公司进行现场检查，检查的频率和力度，是否要求公司呈报加强风险管理的计划书，是否应限制批设机构等。

二是按季进行业务风险监测，筛选出行业异动指标和公司个体异动指标，找出风险点，确定需要现场检查的业务范围，补充年初的分类监管计划，进一步提高现场检查的针对性。

非现场监管要做好“前哨”的角色，监管部门必须强化自动化建设以实现信息采集的全面、准确和快速，保证非现场监管能持续稳定执行；必须保证监管结果的及时、准确、全面和客观。数据采集及监管信息整理均应该实现制度化。

---

① 王喜军：“非现场监管：保险监管的新方法”，《中国保险报》，2010 年 2 月 2 日。

（2）非现场监管的“追踪”责任。

一是现场检查的结果应列入非现场监管信息库，作为非现场监管分析的资料之一。

二是非现场监管人员要对现场检查结果的整改情况实时跟进，公司对待整改的态度和整改是否落实也应作为非现场监管信息之一，在确定下一年度现场检查公司时考虑这一因素，这样一方面确保现场检查的成效，另一方面也体现非现场持续监控的要求。

（3）对非现场监管人员的要求。

非现场监管人员应该实现专业化。非现场监管需要监管人员在运用统计学原理进行分析的基础上，根据监管经验对风险进行专业判断。因此，监管人员除应具备一定的统计、保险、会计专业知识外，还要在保险监管一线有较长的工作经历，熟悉各项监管规章制度，了解保险公司的管理和运作，积累了较丰富的监管经验。长期从事非现场监管，可以提高监管人员判断风险变化趋势的能力，增强其对数据和信息的敏感度，有利于提高非现场监管工作的质量。

2. 现场监管

现场检查可以为监管机构提供日常监督所无法获得的信息，发现日常监督所无法发现的问题。监管机构可借机与公司管理者建立良好的沟通关系，通过现场检查评估管理层的决策过程及内部控制能力，制止公司从事非法或不正当的经营行为。监管机构可以借现场检查的机会分析某些规章制度产生的影响，或从更广泛的意义上说，收集制订规则所需的信息。现场检查对于解决公司的问题也大有裨益。

一般来说，现场检查的目标是对公司的风险结构和承受风险的能力进行比较，找出任何有可能影响到公司对投保人承担长远义务的能力的问题。但是，现场检查不应只局限于找出公司的问题，监管机构还应深究问题背后隐藏的原因，并找到解决问题的办法。

现场检查必须有一定的法律基础，应当赋予监管机构广泛的权力，以便调查和搜集其所需的信息。现场检查既可以是全面检查，也可以是专项检查。

不论监管框架的内部组织如何，监管人员都可以在现场检查过程中或某些环节上得到外部审计师或精算师的协助。

在中国，《中华人民共和国保险法》《中华人民共和国外资保险公司管理条例》《中国保险监督管理委员会主要职责内设机构和人员编制规定》等法规赋予了中国保监会实施非现场监控与现场检查的权力，《保险公司管理规定》（2000年，2004年，2009年）、《金融保险企业财务制度》（1993年）、《保险监管报表管理暂行办法》（1999年）、《财产保险公司分支机构监管指标（试行）》（2003年）、《保险公司偿付能力额度及监管指标管理规定》（2003

年)、《保险公司偿付能力报告编报规则》(2009 年)、《人身保险现场检查手册》(2003 年)、《中国保监会保险统计现场检查工作规程》(2005 年)、《中国保监会现场检查工作规程》(2009 年)、《人身保险新型产品信息披露管理暂行办法》(2009 年) 等监管规章中对现场检查有明确具体的规定。

第 2 节　保险监管的内容

尽管各国保险法中有关保险监管的规定有所差别，严厉程度也不一致，但内容基本一致，包括保险机构监管、保险业务监管、保险财务监管等几方面。

国际保险监督官协会（IAIS）2005 年年会的主题就是“保险监管的三大支柱——偿付能力、公司治理和市场行为”。中国保监会积极借鉴国际保险监督官协会保险监管的核心原则，把偿付能力、公司治理结构和市场行为的监管作为中国现代保险监管体系的三大支柱，不断加强和改善保险监管，逐步实现从以业务规模为基础的静态监管向以风险为基础的动态监管转变，从结果性的事后监管向过程性的事前事中监管转变。为了便于理解，本节的内容将基于市场行为、偿付能力和公司治理的顺序展开。

一、保险市场行为监管

1. 保险机构设立监管

（1）市场准入的资格审定。

保险机构作为以风险作为经营对象的金融性法人，其设立必须经政府的金融监管部门批准，取得经营许可证，并经工商行政部门办理登记注册，取得营业执照，方能经营保险业务。

以美国为例，对于拟设立的保险公司，只要满足一定的法律形式要求、财务要求和其他条件（如经营者的资格、管理技能、职业道德等），就可获得经营业务的许可。不过，由于美国保险公司监管责任同时由州负责，各州对市场准入的限制，因各州法律不同而有所差别。

（2）保险人组织形式的限制。

各国或地区的保险立法对保险机构的组织形式要求各不相同，一般包括股份有限公司、国有独资公司、自保公司、保险合作社、保险相互社等。股份有限公司是保险机构普遍采用的组织形式。特别值得关注的是，英国劳合社曾长期采用个人承保的组织形式。

（3）从业人员的资格认定。

由于保险业务和经营的专业性和技术性强，从业人员的素质对经营效果会产生重要影响。

保险从业人员一方面指保险企业的高层管理人员，各国保险法规大都规定保险企业具有经营决策权的高级管理人员必须具备一定的条件，否则，不能担任领导职务；如果保险企业拥有的合格领导人数量未达到法定数量要求，则不允许开业。对保险高级管理人员的条件要求主要包括文化程度、保险实践经验和道德素质等。《中华人民共和国保险法》第八十一条就规定："保险公司的董事、监事和高级管理人员，应当品行良好，熟悉与保险相关的法律、行政法规，具有履行职责所需的经营管理能力，并在任职前取得保险监督管理机构核准的任职资格。" 2010 年 4 月 1 日起施行的《保险公司董事、监事和高级管理人员任职资格管理规定》则对相关人员的任职资格做了更为详尽的规定。

保险从业人员另一方面指保险专业部门的工作人员，包括精算师、核保员、理赔员等。对这些人员的资格认证，各国法律均有具体要求。国际公认的一些保险专业人员认证制度包括：英国特许保险学会会员资格认证（CII）、英国精算师协会会员资格认证（FIA）、美国财产/意外险承保人协会会员资格认证（CPCU）、美国寿险承保人协会会员资格认证（CLU）、北美精算师协会会员资格认证（ASA，FSA）、美国寿险管理学会会员资格认证（FLMI）等。

（4）对保险中介人的监管。

在现代保险市场中，保险人的保险产品大多是通过保险中介面向客户进行销售的，保险中介是保险人和保险客户之间的桥梁。因此，对保险中介，主要是保险代理人和保险经纪人的监管成为保护客户利益的重要环节。保险中介人监管的内容主要包括：①资格监管。大多数国家的保险立法均要求保险中介机构和个人开展业务必须通过有关资格考试，并取得执照；从事保险中介工作期间，还需要接受培训。②业务监管。各国保险法规均禁止保险中介人采用不良手段开展业务，如超越权限或超范围代理业务、误导陈述、恶意招揽、保费回扣等。③财务监管。保险中介应该设立专门的账簿记载业务收支情况，接受保险监管部门的监督管理。

美国是对保险中介人活动实行严格监控的国家。自从北美保险公司 1807 年任命第一批代理人以来，保险代理人制度日益发达，保险代理人和经纪人就构成了美国保险的主要营销系统。所有中介人在从业之前都必须获得许可，且其行为要处在州政府保险部门的持续监管之下。州保险监督官对保险中介人进行直接管理和监督、负责中介人必须具备的执业资格和条件，管理其销售行为，并对其违规行为进行处罚、吊销许可或支付由法庭宣判的惩罚性损害赔偿金。

2. 保险市场退出的监管

保险监管的本意是避免保险企业破产，但对于经营不当、出现财务危机的保险公司，政府一般会给予扶助，帮助其渡过难关，恢复正常经营。监管机构为了实现对有问题公司的重整，可以取得该公司的控制权。所谓整顿，是指采取措施恢复保险人在市场上的功能。有些国家采取整顿措施可能需要有法院的裁定，而有些国家无需事先取得法院的裁定。整顿大多被作为清算前的折中性措施，目的是尽量减少市场波动，防止导致系统性风险。

但对于亏损严重、资不抵债、不得不破产清算的保险公司，保险监管机构会令其停业或发布解散令，派出清算人介入清算程序。清算人一般由保险监管机构指定，也可以由法院指定。清算人负责清点保险人的资产，准备向保单持有人、债权人分配，如有可能还应当向股东分配。在清算程序中，保单持有人通常享有优先权，某些险种的保单持有人可以享有优于其他保单持有人的权力。

保险是以人数众多的投保人（债权人）的存在为前提，如果保险公司突然退出（破产），将会给投保人及社会经济秩序造成巨大冲击，因此保险企业的破产不能依照一般企业的破产程序和方式处理。竞争性保险市场中保险人丧失偿付能力的情况是不可避免的，因此，监管机构必须面对如何保护相关保险人利益的问题。多数国家都建立了保险给付或赔偿的担保机制，有些国家还设立了丧失偿付能力保证组织或保证基金。

以美国为例，当保险公司被认为存在严重财务危机时，州保险署有权干预保险公司的业务活动。根据财务危机的严重程度，监管人员将极力维护保险公司的偿付能力，他们既可以对保险公司整顿，也可以采取积极的监控措施。对困境中的保险公司进行拍卖或兼并时，通常由监管人员出面协商，以避免市场混乱。如果上述挽救措施没有产生效果，监管人员就可以对保险公司清算，出卖其资产并处理保单持有人的索赔。为了维护保单持有人的利益，各州一般设立保证基金，但其补偿金额不会超过设定的上限。

《中华人民共和国保险法》第八十九条规定："保险公司因分立、合并需要解散，或者股东会、股东大会决议解散，或者公司章程规定的解散事由出现，经国务院保险监督管理机构批准后解散；经营有人寿保险业务的保险公司，除因分立、合并或者被依法撤销外，不得解散；保险公司解散，应当依法成立清算组进行清算。"

3. 经营范围的监管

（1）经营范围监管的内容。

经营范围监管是指政府通过法律或行政命令，规定保险企业所能经营的业务种类和范围，主要涉及两个问题。

一是兼业问题，即保险企业是否可以兼营保险之外的业务，非保险人是否可以兼营保险或类似保险的业务。部分国家的法律确立了商业保险专营原则，保险企业不得经营银行、信托等业务，未经批准的其他机构也不得开办保险业务。保险合作社或保险互助共济组织不得经营非社员或非会员业务。不过也有例外，如英国允许从事其他商业业务的公司经批准后从事与其有关的保险业务，作为给客户提供的额外服务。

二是兼营问题，即一家保险企业是否可以经营性质不同的多种保险业务。由于财产险和寿险在经营技术基础、承保手续、保费计算、准备金计提、保险金给付条件和方法等方面都存在巨大差异，为避免业务上的混乱，保证保险企业的偿付能力，大多数国家都规定保险公司实行寿险和非寿险业务的分业经营。此外，各国保险业法对保险公司同时经营原保险和再保险业务没有太多限制，但对于专业的再保险公司是否能同时经营人寿保险的再保险和财产保险的再保险，各国立法规定不一。

（2）《中华人民共和国保险法》对保险公司业务范围的规定。

《中华人民共和国保险法》第九十五条规定了保险公司的业务范围，包括：

①人身保险业务，包括人寿保险、健康保险、意外伤害保险等保险业务。

②财产保险业务，包括财产损失保险、责任保险、信用保险、保证保险等保险业务。

③国务院保险监督管理机构批准的与保险有关的其他业务。

保险人不得兼营人身保险业务和财产保险业务。但是，经营财产保险业务的保险公司经国务院保险监督管理机构批准，可以经营短期健康保险业务和意外伤害保险业务。

保险公司应当在国务院保险监督管理机构依法批准的业务范围内从事保险经营活动。

第九十六条规定，经国务院保险监督管理机构批准，保险公司可以经营本法第九十五条规定的保险业务的分出保险和分入保险。

4. 保险合同的监管

保险合同是专业性极强的技术合同。投保人对合同条款难以充分了解，客观上需要保险监管机构对保险合同及其条款进行审定，一方面保护投保人和被保险人的权益，同时也能避免保险人对投保人迫于竞争压力做出不合理的承诺，保证保险人的偿付能力。

对保险合同的审定，应保证保单内容与形式统一，通俗易懂，尤其关键的是要对保险合同当事人双方的权利和义务做出明晰的界定。早期保险合同法的规定明显趋向于被保险人利益的保护，到 20 世纪后，立法理念才逐渐由倾向于保护个别被保险人的利益转变到保护全体被保险人的利益，也就是说不能因为保护少数人的利益而伤害多数人的利益，仅考虑个别被保险人的利益忽视保险人的利益。保险立法应该秉持公正原则，兼顾当事人双方利益。

5. 保险费率的监管

保险费率的厘定和执行是保险监管的重要内容，目的在于确定合理的费率水平，促使保险人提高经营效率，既避免费率偏高损害投保人利益，也避免出现偿付能力不足，维护被保险人的权益。

保险费率的监管方式包括强制费率、规章费率、事先核定费率、事先报批费率、事后报批费率、自由竞争费率等。大多数国家并不直接规定费率的水平，而是以核定或报批的方式进行间接控制。

如美国的保险费率监管，不同的州有不同的标准。大约一半的州采用“事先批准”的方式；另一些州则实施“自由竞争”的方式，允许保险公司自己确定保险费率，保费的合理性通过市场竞争的力量来维持。介于这两种方式之间的是“申报并实施”的方式，避免了“事先批准”方式下从申报到批准之间的时间延误，但保险监督官对保险费率拥有最终否决权。另外，即便是在同一个州内，对不同险种的保险费率监管力度也存在很大差异。譬如，劳动补偿保险金通常受到严格监控，而健康保险费率则很少被要求获得保险署的批准，具体采用哪种方式，取决于险种的特性。

二、偿付能力监管①

偿付能力是保险公司的灵魂，没有充足的偿付能力就不能从根本上保证被保险人的利益和保险公司的健康发展。保险监管的核心目标是保护保险消费者的利益，而保险消费者的核心利益是获得保险保障，在符合合同约定条件时从保险公司获得保险金赔付。如果保险公司不具有相应的偿付能力，那么保险消费者的核心利益就失去保护，保险监管的核心目标也就无从实现了。

1. 偿付能力额度监管

（1）欧盟的偿付能力监管及与美国风险资本偿付能力监管的比较。

欧美等国的偿付能力（Slovency Ⅰ）监管经过了一个长时期不断调整的过程。不同的偿付能力标准不断相互借鉴，不仅吸收其他国家和地区在资本监管上的有益经验，还关注借鉴了诸如《巴塞尔协议》等银行及其他金融行业监管当局的做法。

欧盟的偿付能力监管最早可以追溯到1973年，其偿付监管一代的建立经历了近30年。

① 江先学、吴岚：《保险公司偿付能力监管研究》，上海交通大学出版社2013年版。

偿一代的不足主要体现在以下三点：①允许成员国进行差异化监管，造成欧盟保险市场存在不同的监管体系；②主要关注保险公司的谨慎性监管标准，而没有考虑到保险公司的风险管理和公司治理的要求；③重点是承保风险监管，没有考虑到市场风险，并且对资产负债表没有采用经济方法进行估价。

2001 年，欧盟决定建立“偿二代”（Slovency Ⅱ）的体系，目标是建立起以资本标准为核心的保险公司整体风险管理体系。欧盟“偿二代”的内容可以概括为“三支柱”和“双层资本要求”两个核心。

三支柱的方法就是将监管流程按照可量化部分和非量化部分进行分解。

支柱一：量化要求，包含资产负债表（包含技术准备金）和最低资本要求（MCR）及偿付能力资本要求（SCR）。也就是要建立基于风险要求之上的市场一致的估值。

支柱二：定性要求及监管检视，包含治理、风险管理及需要的职能；自由风险及偿付能力评估；监管检视过程。目的是要建立基于风险管理的经营治理。

支柱三：报告、披露及市场规范，包含 SFCR（向公众提供偿付能力和财务状况报告）和 RSR（向监管机构提供年度报告）、披露、透明度和市场机制对基于风险监管的支持。目的是使市场更加透明，信息披露更有效准确。

双层资本要求指考虑最低资本要求和偿付能力资本要求两个层次的资本监管。

最低资本要求是保险公司的财务资源底线，是确保其是否拥有保险牌照的最低要求。对最低资本要求的衡量方法是采用基于标准准则的简单计算方法。

偿付能力的资本要求被定义为保险公司或再保险公司确保在未来 12 个月内，在 99.5% 的置信区间能够履行其对投保人和受益人的义务所需要的资本。对偿付能力资本要求的计算在理论上类似于《巴塞尔协议Ⅱ》中的经济资本，即在一个比较高的置信区间（通常是 99.5%）进行风险控制，以满足该置信水平下非预期损失需配置的资本额。

美国保险监督官协会（NAIC）为强化偿付能力监管，在 1993 年、1994 年分别对财产责任保险公司和人寿保险公司实施风险基础资本（Risk Based Capital，RBC）监管要求。RBC 通过风险资本比率评估资本和盈余的充足性，实现对保险公司偿付能力的早期预警和监管。从 2008 年 6 月开始，美国保险监督官协会推进了美国偿付能力现代化工程（Solvency Modernization Initiative），重点关注资本要求、国际会计准则、资产负债评估、再保险和集团监管等五个领域。

欧盟“偿二代”与美国 RBC 监管在一些关键要素上的比较如表 10 - 1 所示。

表10-1 欧盟“偿二代”（Slovency Ⅱ）与美国风险资本偿付能力监管（RBC）的比较

	欧盟“偿二代”	美国 RBC
资产负债评估基础	采用市场价值基础，资产和负债按照国际会计准则进行评估，主要反映市场价值，能够及时反映公司在现实经济条件下的资本状况，但会导致资本的巨大波动	采用账面价值基础，资产和负债采用法定会计准则评估，主要反映历史价值。更符合保险业务风险的长期性特征，具有较大的稳定性，但不能完全反映资本在当前市场情况下的真实情况
规则导向或原则导向	采用原则导向，主要由基本原则构成，有利于抓住经济实质，但需要更多的专业判断，对监管人员和执行人员提出了更高的素质要求	采用规则导向，主要由一系列详细明确的规则构成，监管标准较为清晰明确，有利于监管和执行；但规则难以面面俱到，处理新问题时不够灵活
风险量化方法	在资本要求计量方面，采用情景法；还允许公司采用内部模型	在资本要求计量方面，采用因子系数法；只允许对部分产品的部分风险采用内部模型

（2）中国的第一代偿付能力监管体系规定。

《中华人民共和国保险法》第一百零一条规定：“保险公司应当具有与其业务规模和风险程度相适应的最低偿付能力。保险公司的认可资产减去认可负债的差额不得低于国务院保险监督管理机构规定的数额；低于规定数额的，应当按照国务院保险监督管理机构的要求采取相应措施达到规定的数额。”

早在2003年初，中国保监会就发布实施了《保险公司偿付能力额度及监管指标管理规定》。2008年7月，中国保监会发布《保险公司偿付能力管理规定》（以下简称《管理规定》）（保监会令〔2008〕1号），该规定被认为是偿付能力监管的纲领性文件，是一部与国际先进的偿付能力监管理念和原则趋同的监管规章。《管理规定》明确了保险公司、保监会及其派出机构（保监局）在偿付能力监管体系中的职责，强调保险公司内部偿付能力管理是保监会外部偿付能力监管的基础，使偿付能力成为贯穿保险公司经营管理的一根红线。

《管理规定》建立了与国际趋同的、以风险为基础的动态偿付能力监管框架。一方面，要求偿付能力评估、报告、管理、监督都以风险为导向；另一方面，建立了动态偿付风险监测、防范体系，确立了由年度报告、季度报告和临时报告组成的偿付能力报告体系，并要求保险公司进行动态偿付能力测试，对未来规定时间内不同情形下的偿付能力趋势进行预测和评价，从而使监管部门可以及时监测保险公司偿付能力的变化情况，采取监管措施。

《管理规定》明确提出了分类监管要求。根据偿付能力状况将保险公司分为三类，即不足类公司、充足Ⅰ类公司和充足Ⅱ类公司，并对三类公司分别采取不同的监管措施。不足类公司，指偿付能力充足率低于 100% 的保险公司；充足 I 类公司，指偿付能力充足率在 100% ~150% 之间的保险公司；充足 II 类公司，指偿付能力充足率高于 150% 的保险公司。对于不足类公司，规定了九类监管措施；对于充足 I 类公司，中国保监会可以要求公司提交和实施预防偿付能力不足的计划。

中国保险监督管理委员会在 2009 年出版《保险公司偿付能力报告编报规则（2009）》。

（3）中国的保险“偿二代”监管改革。

第一代偿付能力监管体系付诸实施后，逐渐暴露出各种不足，不能适应新时期保险监管的需求。2012 年 4 月，中国风险导向的偿付能力体系（简称“偿二代”）建设正式启动，2013 年完成顶层设计，2014 年全部标准建立完成，并进行了多轮压力测试。2015 年 2 月，中国保监会正式发布“偿二代”17 项监管规则，以及《关于中国风险导向的偿付能力体系过渡期有关事项的通知》，决定自文发之日起进入“偿二代”过渡期，保险公司自 2015 年一季度起，编报“偿二代”下的偿付能力报告。

2016 年一季度，保险业偿付能力监管体系“双轨并行”的过渡期状态结束，中国风险导向的偿付能力体系正式实施。试运行期间，“偿二代”经受了复杂多变的国内外经济环境和保险业实际情况的检验，获得了国际国内广泛好评，评级机构穆迪公司认为“偿二代”可媲美全球“最佳”监管制度。中国的“偿二代”体系成为与欧盟偿付能力 II（Solvency II）、美国的风险资本偿付能力监管（RBC）并驾齐驱的三大保险偿付能力监管体系。

与“偿一代”以规模为导向只做定量监管不同，“偿二代”强调定量资本要求、定性监管要求和市场约束机制等“三支柱”，更加体现了监管的风险导向。“偿二代”在将定量资本要求细化为保险风险、市场风险、信用风险的前提下，增加了操作风险、战略风险、声誉风险、流动性风险的定性监管要求，并要求加强信息披露，引入市场约束机制。

“偿二代”17 项监管规则的实施要求具体如下。

①关于定量资本要求。保险公司应当按照“偿二代”监管规则 1 ~ 9 号的要求评估实际资本和最低资本，计算核心偿付能力充足率和综合偿付能力充足率，并开展压力测试。

1 ~ 9 号“偿二代”监管规则包括：《保险公司偿付能力监管规则第 1 号：实际资本》《保险公司偿付能力监管规则第 2 号：最低资本》《保险公司偿付能力监管规则第 3 号：寿险合同负债评估》《保险公司偿付能力监管规则第 4 号：保险风险最低资本（非寿险业务）》《保险公司偿付能力监管规则第 5 号：保险风险最低资本（寿险业务）》《保险公司偿付能力监管规则第 6 号：保险风险最低资本（再保险公司）》《保险公司偿付能力监管规则第 7 号：市场风险最低资本》《保险公司偿付能力监管规则第 8 号：信用风险最低资本》《保险公司偿付能力监管规则第 9 号：压力测试》。

②关于定性监管要求。保险公司应当按照“偿二代”监管规则 10～12 号的要求，建立健全自身的偿付能力风险管理体系，加强各类风险的识别、评估与管理。保监会通过偿二代风险综合评级（IRR）、偿付能力风险管理要求与评估（SARMRA）、监管分析与检查等工具，对保险公司风险进行定性监管。

监管规则第 10～12 号分别是：《保险公司偿付能力监管规则第 10 号：风险综合评级（分类监管）》《保险公司偿付能力监管规则第 11 号：偿付能力风险管理要求与评估》及《保险公司偿付能力监管规则第 12 号：流动性风险》。

③关于市场约束机制。保险公司应当按照《保险公司偿付能力监管规则第 13 号：偿付能力信息公开披露》的要求，每季度通过官方网站披露偿付能力季度报告摘要，并在承保、投标、增资、股权变更、债券发行等日常活动中，向保险消费者、股东、债权人等相关方说明偿付能力、风险综合评级等信息。

根据《保险公司偿付能力监管规则第 14 号：偿付能力信息交流》，保监会将定期发布偿付能力监管工作信息，逐步建立与保险消费者、保险公司股东、信用评级机构、行业分析师、新闻媒体等相关方之间的持续、双向、互动的偿付能力信息交流机制，强化偿二代市场约束机制。

保监会鼓励保险公司主动聘请信用评级机构，并公开披露评级结果。保险公司聘请信用评级机构应当符合《保险公司偿付能力监管规则第 15 号：保险公司信用评级》有关要求，并向保监会书面报告。

④关于保险集团。保险集团应当按照《保险公司偿付能力监管规则第 17 号：保险集团》的要求，评估整个集团的实际资本和最低资本，计算核心偿付能力充足率和综合偿付能力充足率，不断完善偿付能力风险管理的制度和流程，提升风险管理能力。

保险公司应当按照《保险公司偿付能力监管规则第 9 号：压力测试》《保险公司偿付能力监管规则第 16 号：偿付能力报告》的要求，按时报送偿付能力季度快报、偿付能力季度报告、偿付能力报告的审计报告及经独立第三方机构审核的压力测试报告。保险集团应当按照《保险公司偿付能力监管规则第 17 号：保险集团》的要求，每年 5 月 31 日前报送经审计的上一年度偿付能力报告，每年 9 月 15 日前报送半年度偿付能力报告。

业内人士认为，“偿二代”从监管理念、监管框架、监管标准等方面均做到了与国际主流接轨，将使资本运用得当、风险管理适当的优秀保险企业脱颖而出，有助于增强整个行业抵御风险的能力，促进行业转型升级，大幅度提升国际影响力。数据显示，在“偿二代”监管体系下，偿付能力不足的保险公司大大减少。2016 年一季度 97.5% 的保险公司偿付能力达标，仅 3 家公司偿付能力严重不足。2015 年一季度，偿付能力充足率不达标的保险公司共有

13 家。不少公司开展大的业务结构调整，或者用增加资本金的方式来解决偿付能力不足的问题。

近年来，一些中小保险公司借助现值保险产品迅速做大保费规模，并将目光瞄向权益类资产，频繁举牌上市公司。在以风险为导向的“偿二代”体系下，这些产品结构高风险的保险公司将因此承压。保监会副主席陈文辉 2016 年 8 月在《财新周刊》撰文指出，保险资金运用面临严峻的形势，风险挑战日益复杂，风险应对的难度日益加大，风险防范工作的重要性和紧迫性日益凸显。从行业形势看，资产端和负债端矛盾突出。从静态看，是高成本负债所带来的利差损风险隐患；从动态看，是高成本负债倒逼形成高风险激进投资，极有可能引致更大的风险。个别公司治理存在重大缺陷，股权结构复杂且不透明，“一股独大”成为导致激进的产品、激进的销售、激进的投资和虚假偿付能力，最后出现投资失败、偿付能力不足、流动性风险等问题的深层次原因。行业“长钱短配”和“短钱长配”现象同时存在，“长钱短配”带来再投资风险，“短钱长配”带来流动性风险。保险资金运用风险已经与经济金融风险深刻交织交融在一起，风险日益复杂、传染和叠加。对于保险业发展以及保险资金运用健康发展，应坚守三点原则：首先，保险应该以风险保障和长期储蓄类业务为主，短期理财类业务为辅；其次，保险资金运用应以固定收益类或类固定收益类业务为主，股权、股票、基金等非固定收益业务为辅；最后，股权投资应以财务投资为主，以战略投资为辅。这才是保险行业和保险资金运用安身立命和健康稳健发展的根基。①

2. 资本金的监管

保险企业申请开业前必须有一定数量的资本金，达不到法定最低资本金者，不得开业。之所以要对保险企业的资本金做严格规定，原因在于损失的发生具有极强的不确定性。保险企业开业之初，承保的标的和收取的保费有限，未能在地区之间、各险种业务之间实现风险分散，存在较大金额赔付的可能。开业之初的较高资本金要求不仅要用于支付开业费用，还要预备用于开业初期的保险赔款。在保险企业经营过程中加强对资本金的管理，主要目的在于增强保险企业承保、再保及投资能力，提高对非预期损失的弥补能力，避免出现偿付能力不足的情况。

《中华人民共和国保险法》第六十九条规定：“设立保险公司，其注册资本的最低限额为人民币二亿元。国务院保险监督管理机构根据保险公司的业务范围、经营规模，可以调整其注册资本的最低限额，但不得低于本条第一款规定的限额。保险公司的注册资本必须为实缴

① 陈文辉：“清醒认识保险资金运用的风险”，《财新周刊》，2016 年 8 月 28 日。

货币资本。”

3. 准备金的监管

（1）保险准备金概述。

保险准备金是指保险人为保证其如约履行保险赔偿或给付义务，根据政府有关法律规定或业务特定需要，从保费收入或盈余中提取的与其所承担的保险责任相对应的一定数量的基金。

为了保证保险公司的正常经营，保护被保险人的利益，各国一般都以保险立法的形式规定保险公司应提存保险准备金，以确保保险公司具备与其保险业务规模相应的偿付能力。

准备金代表了保险公司的未来财务责任，准备金加其他负债总额决定了保险公司需持有的资产和盈余规模，准备金的计算和提留对保险公司偿付能力十分重要。对保险准备金的监管主要体现在提取准备金的种类和数额上，内容因险种而异。

（2）保险准备金的主要种类。

①总准备金。总准备金或称自由准备金，是保险人从决算后的利润中按一定比例提取并逐年积累，用以应付巨大赔款时弥补亏损的资金。

设置总准备金，既是保持保险人业务经营稳定和组织经济补偿的需要，也是巨型灾害和特大事故的发生在年度间不平衡的必然结果。

提取总准备金的计算方法是：

总准备金 = 当年实现的利润 - 当年所得税 - 调节税 - 利润留成

②未到期责任准备金。未到期责任准备金是指在会计年度决算时，对未到期保险单提存的一种准备金制度。之所以规定这种资金准备，是因为保险业务年度往往与会计年度不一致的。

比如，投保人于 2016 年 10 月 1 日缴付一年的保险费，其中的 3 个月属于 2016 年会计年度，余下的 9 个月属于 2017 年会计年度。这一保险单在下一个会计年度的前 9 个月是继续有效的。因此，要在当年收入的保险费中提存相应的部分作为下一年度的保险费收入，作为对该保险单的可能赔付资金来源。按照我国保险精算规定：“除人寿保险业务之外，会计年度末未到期责任准备金按照本会计年度自留毛保费的 50% 提取。人寿保险业务则应当按照有效保单的全部净值提取未到期责任准备。”

未到期责任准备金应在会计年度决算时一次计算提取，提取的计算方法有年平均估算法、季平均估算法和月平均估算法。

③未决赔款准备金。未决赔款准备金也称赔款准备金，是保险人在会计年度决算时，为

该会计年度已发生保险事故应付而未付赔款所提存的一种资金准备。之所以提取未决赔款准备金，是因为赔案的发生、报案、结案之间存在着时间延迟，有时该延迟可能会有几个月甚至长达几年。按照权责发生制和成本与收入配比的原则，保险公司必须预先估计各会计期间已发生赔案的情况，并提取未决赔款准备金。

未决赔款准备金包括已发生已报案赔款准备金、已发生未报案赔款准备金和理赔费用准备金。已发生已报案未决赔款准备金是指保险人为非寿险保险事故已发生并已向保险人提出索赔但尚未结案的赔案提取的准备金。基础数据主要来源于理赔部门，应当反映理赔部门对于理赔模式、赔付支出变化、零赔案、大赔案等问题的经验和判断。已发生未报案未决赔款准备金是指保险人为非寿险保险事故已发生、尚未向保险人提出索赔的赔案提取的准备金。理赔费用准备金是指保险人为非寿险保险事故已发生尚未结案的赔案可能发生的律师费、诉讼费、损失检验费、相关理赔人员薪酬等理赔查勘费用提取的准备金。

④再保险准备金。再保险准备金实际上是保证金，即分出公司为备付再保险接受人在再保险合同下应负责的赔款，从应付的再保险费中扣存的一项基金。

（3）我国保险法规对保险准备金的规定。

《保险法》第九十八条规定："保险公司应当根据保障被保险人利益、保证偿付能力的原则，提取各项责任准备金。保险公司提取和结转责任准备金的具体办法，由国务院保险监督管理机构制定。"

再以《健康保险管理办法》为例，其第三十八条规定："对短期健康保险业务，保险公司应当提取未到期责任准备金。短期健康保险提取未到期责任准备金，应当采用下列方法之一。

①二十四分之一毛保费法（以月为基础计提）。

②三百六十五分之一毛保费法（以天为基础计提）。

③根据风险分布状况可以采用其他更为谨慎、合理的方法，提取的未到期责任准备金不得低于方法①和②所得结果的较小者。"

第三十九条规定："短期健康保险未到期责任准备金的提取金额应当不低于下列两者中较大者：

①预期未来发生的赔款与费用扣除相关投资收入之后的余额；

②在责任准备金评估日假设所有保单退保时的退保金额。

未到期责任准备金不足的，应当提取保费不足准备金，用于弥补未到期责任准备金和前款两项中较大者之间的差额。"

第四十条规定："长期健康保险未到期责任准备金的计提办法应当按照中国保监会的有

关规定执行。”

第四十一条规定：“保险公司应当按再保前、再保后分别向中国保监会报告准备金提取结果。”

(4)《保险法》对保证金、公积金和保险保障基金的规定。

此外，为了保证保险企业的财务稳定性，我国的《保险法》还有如下规定。

第九十七条规定：“保险公司应当按照其注册资本总额的20%提取保证金，存入国务院保险监督管理机构指定的银行，除公司清算时用于清偿债务外，不得动用。”

第九十九条规定：“保险公司应当依法提取公积金。”

第一百条规定：“保险公司应当缴纳保险保障基金。”

4. 保险投资的监管①

保险投资是现代保险业存在与发展的关键。保险业的稳健发展，一方面要求保险投资的安全性和流动性，另一方面要求保险投资的盈利性。两者的协调至关重要。

(1) 各国保险法规对保险投资规定的共同特点。

①确认和保证保险资金运用方式的多元性。美国、日本、法国、德国、意大利、瑞士以及我国的台湾和香港地区的法律均规定了多种保险投资方式，包括债券、股票、抵押贷款、不动产投资等。英国则通过司法实务确认保险投资方式的多元性。由于投资方式多样且较灵活，保险公司可以根据自身的特点选择投资方式，将盈利性大、流动性强和安全性高的不同投资方式进行有效的投资组合，从而稳定了保险公司的经营，并为进一步的发展提供了广阔空间。

②保险投资比例的限定性。不少国家和地区的法律在注重投资方式多样化的同时，也规定了投资比例。这些法律规定不仅涉及了风险比较大的投资方式所占总投资的比例，而且规定了某一投资方式投资与有关每一筹资主体的比例，这样，前者有效控制了有关投资方式所带来的投资风险，后者有效控制了有关筹资主体带来的投资风险，从而为控制投资风险提供了条件。值得注意的是，保险投资比例随着保险业的发展阶段而调整。

从国际上看，主要发达国家和地区的保险资金运用比例监管政策主要分为两类：一是没有比例监管限制，直接通过偿付能力认可的数量化标准，评估并间接约束保险资金运用活动，主要代表为英国、日本等。二是比例监管仅作为偿付能力监管、资产负债匹配监管的辅助手段，主要根据资产的风险、收益特征，限制高风险（类）资产及境外投资，包括对大类

① 祝杰：“我国保险资金运用法律规则的审视与优化”，《当代法学》，2013年第3期，第86~93页。

资产、单个产品（主体）等制定监管比例，防范集中度风险，主要代表为美国、德国、韩国、中国台湾等。

③关注寿险及非寿险投资结构的差异性。由于寿险和非寿险准备金对流动性的要求不同，因此投资结构也存在较大差异。人寿保险采取均衡保费的制度，资金运用的收益至少必须与预计之利息相等，否则将使现在所收取的保险费不足以供将来给付之需。此外，人寿保险短时期内支付大量保险金的机会较少，所以其资金可用作长期投资，以获得较大的收益。反之，财产保险的资金必须保持适当的流动性，故在资金运用上应偏重于短期运用，以应付随时可能支付大量保险金的需要。概而言之，非寿险投资要求的流动性优于寿险，而寿险投资的盈利性和安全性优于非寿险。

寿险及非寿险投资的结构差异在法律的规定上要有所体现。以美国为例，美国保险监督官协会（NAIC）采用两套示范法规监管保险公司的资金运用行为，确立了“鸽笼式”和“谨慎标准”两类保险投资监管模式。1996 年制定的《保险公司的投资示范法（规定限制版）》规定了对债务证券、投资组合、股本投资、不动产等 10 种不同投资形式的质量要求和数量限额。该法案确立了投资监管的“鸽笼式”方式——既规定了细分投资类别的投资质量，也允许有限的多种投资形式，保持了一定的灵活性。1997 年制定的《保险公司的投资示范法（规定标准版）》规定，如果投资金额的价值等于或超过保险公司的负债与最低资本金和盈余的总额，则必须投资于某些指定的允许的投资。但超过最低额的投资金额则须依据“谨慎”标准和禁止投资项目表进行投资。该法案确立了保险公司资金运用的“谨慎标准”的原则。

人寿保险公司的资金运用基本上以“谨慎标准”为依据，财产和责任保险公司的资金运用主要采用“鸽笼式”方法。

④加强证券投资的管理①。在保险投资的发展过程中，证券投资随着经济和资本市场的发展而上升，总的趋势是投资的证券化，但不同类型的国家或地区有所不同。早期工业国的保险投资已基本证券化，并且，在债券投资中股票和公司债券所占的比重呈上升趋势，股票的比重则快于公司债券上升的比例；而后起工业国则还有一个过程。如在美国寿险资产中，贷款所占的比重从 1917 年的 47.6% 降为 1997 年的 12.2%，不动产从 1917 年的 3% 降为 1997 年的 1.8%；有价证券则从 1917 年的 44.2% 上升为 1997 年的 73.1，其中，股票投资的比重从 1917 年的 1.4% 上升到 1997 年的 23.2%；公司债券的比重从 1917 年的 33.2% 上升到 1997 年的 41% 左右。这种保险投资的证券化是同美国资产的金融化相联系的，而这种资产的金融

① 费安玲、王绪瑾：“保险投资监管法律问题的思考”，《北京商学院学报》，2000 年第 1 期，第 37 ~ 40、49 页。

化是与保险业（尤其寿险业）发展到一定阶段所要求的流动性和盈利性密切联系的。

（2）美国对保险投资规定的演进。

美国属于保险投资管理严格型国家，保险公司的投资除了要受证券市场交易委员会（SEC）投资规则约束外，还受到保险法有关投资限制的规定。这些法律规定的目的，就是要提高投资的流动性、安全性、收益性并保护保单持有人、受益人、债权人和一般公众的利益。美国对寿险公司的投资监管要比对财产责任保险公司严得多。其寿险投资监管在严格分业管理的投资监管框架下，只能投资于政府债券、充足担保的公司债券和不动产抵押贷款。

20 世纪 80 年代，随着全球金融化发展，美国放松保险投资监管，除维持原有对各项投资比例的基本结构外，大幅度提高了限制额度，放宽了对分离账户的投资限制。1999 年 11 月 4 日通过的《金融服务现代化法案》允许商业银行、证券公司、保险公司跨界经营，放松了投资监管，该法案的通过提高了美国保险市场的效率和保险企业的国际竞争力，但同时也提升了保险公司所面临的风险。尤其是 2008 年次贷危机爆发后，保险业巨头 AIG 公司由于前期过于激进的追求增长导致巨亏。在 AIG 行将破产之际，美联储果断出手，提供 850 亿美元的高息紧急贷款，将 AIG 准国有化并更换董事长兼 CEO。此后，美国政府又将对 AIG 的金融救援金额由最初的 850 亿美元增加到 1500 亿美元，其中包括 400 亿美元的优先股和认股证，AIG 才得以逐渐摆脱了困境。[①]

2010 年 7 月 21 日，美国总统奥巴马正式签署《多德 - 弗兰克华尔街改革和消费者金融保护法案》（简称《多德 - 弗兰克法案》），力求从强化宏观审慎监管、提高监管标准、建立自救处置机制、加强影子银行监管、改革证券市场、加强消费者保护等方面改革金融监管。新法案在美联储体系下建立消费者金融保护局（Consumer Financial Protection Bureau，CFPB），建立由 9 家金融监管机构首脑组成的金融稳定监管委员会（Financial Stability Oversight Council，FSOC）。针对此前保险业没有联邦监管机构的制度空白，财政部下设新的监管办公室，与各州监管部门联合监管保险公司，建立新的系统风险监管框架，将所有具有系统重要性的银行和非银行金融机构纳入美联储的监管，降低金融机构“大而不能倒”问题出现的可能性和对金融系统稳定性的威胁。2011 年 12 月 20 日，美联储发布《系统重要性机构审慎监管标准和早期整改要求（征求意见稿）》（*Enhanced Prudential Standards and Early Remediation Requirements for Covered Companies*；*Proposed Rule*），规定了资本、杠杆率、流动性、大额风险

① 刘平：《拯救 AIG：解读美国最大的金融拯救计划》，中国经济出版社 2009 年版。

暴露和压力测试等一揽子监管措施，加强对系统重要性机构的监督管理。①

（3）中国近年部分保险投资新规。

①2012 年密集出台险资新政。2012 年，我国保险投资新政密集出台。2012 年 7 月，《保险资金投资债券暂行办法》《保险资金委托投资管理暂行办法》《关于保险资金投资股权和不动产有关问题的通知》《保险资产配置管理暂行办法》4 项新政相继发布。10 月 22 日、23 日，中国保监会又先后发布《关于保险资产管理公司有关事项的通知》《关于保险资金投资有关金融产品的通知》《基础设施债权投资计划管理暂行规定》《保险资金境外投资管理暂行办法实施细则》《保险资金参与金融衍生产品交易暂行办法》《保险资金参与股指期货交易规定》6 个投资新政。

这些规则的一个基本导向是“放开投资权限、构筑风控底线”。新政放开了一系列的高风险产品或提高了投资比例上限，比如放开理财产品和金融衍生工具、扩大境外投资范围、提高无担保债和股权投资基金的比例上限等。而与放权相伴的是，新规从投资管理制度、风险控制制度、资本金和上岗资格及最低专业人数等多方面对内控体制提出了要求，对政府监管部门的各种联网和定期报告要求、监管部门的核查等外部约束措施都比较到位。

此外，这些规定也适应了金融混业经营的大趋势，采取双向开放的方针，明确了基金和券商等专业资产管理机构可以受托管理保险资金，同时保险资产管理公司也可以推出资产管理产品、开展非保险资金的管理业务。这无疑有助于促进竞争和融合，提高资产管理行业的服务水平。

②2014 年重构险资运用比例监管的新规。2014 年 1 月，《中国保监会关于加强和改进保险资金运用比例监管的通知》（以下简称《通知》）发布。《通知》按照“建立以保险资产分类为基础、多层次的动态比例监管体系”的思路，重新将保险投资资产划分为流动性资产、固定收益类资产、权益类资产、不动产类资产和其他金融资产等五大类资产，针对五大类资产制定保险资金运用上限比例和集中度监管比例，不再对各大类资产包含的具体品种设限。

《通知》还设立了风险监测比例和内控比例。首先，为防范流动性、高波动性资产等风险，《通知》制定流动性监测、融资杠杆监测和类别资产监测规定，主要用于风险预警，超过预警线的，要加大信息披露力度。其次，《通知》还要求，保险公司应当制定符合资产负债管理要求的内部风险控制比例，包括但不限于大类资产投资比例、高风险（类）资产投资比例、行业和单一品种以及单一交易对手投资比例等。同时，还应当制定并严格遵守内部风

---

① 中国银行业监督管理委员会国际部：“次贷危机后美国金融监管改革进程”，中国银行业监督管理委员会网站，2015 年 7 月 31 日。

险预警比例。[①]

此次调整给了市场主体更多的发挥空间。不过考虑到监管政策制定通常滞后于市场发展变化，拟建立比例监管政策动态调整机制，由保监会应根据保险资金实际运用情况，对保险资产的分类、定义、品种，以及不适应市场发展的相关比例开展年度审议并进行动态审慎调整。

5. 财务核算的监管

保险监管机构为了有效地管理保险企业的经营，必须及时了解保险企业的营业状况。各国法规一般都要求保险企业需要在年终向主管部门提交年终报告，反映其财务核算状况；保险监管部门还被授权直接定期或抽样检查保险企业的财务报表。

美国保险公司必须按照通用会计准则（GAPP）和法定会计准则（SAP）编制年度财务报表。这两个准则的主要区别在于它们的稳健程度不同。根据通用会计准则编制的财务报表一般提供给保险公司的投资者和债权人；根据法定会计准则编制的年度财务报表则提供给各州监管机构，监管机构利用其中的信息对保险公司的偿付能力进行监控。

我国的保险法规中，涉及财务核算监管的主要有如下条款。

《中华人民共和国保险法》第八十五条规定："保险公司应当聘用专业人员，建立精算报告制度和合规报告制度。"

第八十六条规定："保险公司应当按照保险监督管理机构的规定，报送有关报告、报表、文件和资料。

保险公司的偿付能力报告、财务会计报告、精算报告、合规报告及其他有关报告、报表、文件和资料必须如实记录保险业务事项，不得有虚假记载、误导性陈述和重大遗漏。"

《保险公司管理规定》第六十六条规定："保险机构应当按照规定及时向中国保监会报送营业报告、精算报告、财务会计报告、偿付能力报告、合规报告等报告、报表、文件和资料。保险机构向中国保监会提交的各类报告、报表、文件和资料，应当真实、完整、准确。"

《中华人民共和国外资保险公司管理条例》第二十一条规定："外国保险公司分公司应当于每一会计年度终了后 3 个月内，将该分公司及其总公司上一年度的财务会计报告报送中国保监会，并予公布。"

---

① 黄晶华："险资新政密集出台 13 项未出尽鸽笼式监管初显"，《国际金融报》，2012 年 10 月 26 日；赵晓菲："保监会重构险资运用比例监管新规取消具体品种限制"，《21 世纪经济报道》，2013 年 10 月 9 日。

三、公司治理结构监管[①]

在现代公司制度之下，所有权与经营权往往是分离的。公司治理（corporate governance）就是建构在企业“所有权”层次上，研究企业所有权人如何授权给职业经理人，并针对职业经理人履行职务行为行使监管职能。在公司股东、董事、监事、经理与债权人等利益主体之间，由于委托人与代理人之间的信息不对称和利益冲突，会形成多重“委托－代理”关系，存在代理人问题。作为所有者的公司股东委托职业经理人行使公司经营权，股东与职业经理人之间既有一致利益，也存在利益冲突。由于股东无法事无巨细对职业经理人进行监督，作为理性经济人的职业经理人就可能有通过不利于企业长远发展和股东利益的行为来实现自身利益最大化。为解决信息不对称所导致的代理人问题，就必须设立一套有效的制衡机制来规范和约束代理人的行为，公司治理是决定企业能否健康、可持续发展的基础性因素。大量的理论和实证研究都表明，良好的公司治理不仅能够降低代理成本，也有助于保护股东特别是中小投资者的利益。

1. 公司治理监管

保险企业的公司治理监管是指对股权和委托代理关系的明确及监督管理。保险监管的关键是明确保险公司内部决策的权利与义务关系。强化保险公司的治理结构是对稳健的审慎监管的有效补充，可以促进保险公司与监管机构更好地合作。

国际保险监督官协会（IAIS）十分重视保险公司治理问题，在 1997 年首次发布的保险监管核心原则（ICP）中，即将保险公司治理结构监管列为重要内容。此后，在 2000 年、2003 年版的 ICP 中，保险公司治理监管的内容不断得到强化和细化。2004 年 10 月，IAIS 又发布了《保险公司治理的核心监管原则》，提出了对完善保险公司治理的要求及保险公司治理监管的重点与方法。[②]

IAIS 保险公司治理结构监管核心原则的要点包括四点。第一，保险监管机构应要求保险公司遵守所有适用的公司治理标准，并对保险公司是否遵守了相关标准进行检查。这种标准包括当地的公司法等企业组织法中有关公司治理结构的规定、保险法或保险公司法中关于保险公司治理结构的规定以及保险监管机构制定的有关保险公司治理结构的规定。第二，保险公司治理结构应区分和保护所有有关各方的利益。公司治理问题最初产生于所有权与经营权

---

① 让·勒梅尔、克罗芭·沙布拉曼尔：《欧美保险业监管》，经济科学出版社 1999 年版。

② 郭金龙、曹顺明：“IAIS 保险公司治理结构监管核心原则及对我国的启示”，《保险研究》，2006 年第 8 期，第 44 ~ 47 页。

的分离，随着公司治理理念的进步，公司利益相关者概念应运而生，公司不仅仅是股东的公司，不仅仅涉及股东的利益，而是关系股东、经营者、员工、债权人等利益相关者的利益。这一观念日益被理论界与实务界所接受，并在立法上不断得到确认。保险公司治理结构问题也是如此。因此，在对保险公司治理结构进行监管时，一个重要的任务就是区分和保护所有有关各方的利益。第三，保险公司治理结构监管的对象与内容主要包括：保险公司的机关构成、职责，包括董事会及其下属委员会的组成与职责；高级经营层的任命和撤换；公司机关重要担当人的任职资格；保险公司的主要股东；保险公司的合并与业务转移；保险公司的内控；信息披露；等等。第四，董事会是保险公司治理结构监管的重点。有效的保险公司治理结构的构建，首先仰赖于保险公司有一个有效且受制衡的董事会。ICP 指出，“董事会是治理结构的重点，董事会对保险公司的经营和行为负最终责任”。要有效监管保险公司的治理结构，关键在于对保险公司的董事会进行有效的监管。

为有效监管保险公司治理结构，IAIS 提出了保险公司治理结构监管的标准。

欧盟“偿二代”也尤其强调保险公司内部的治理制度，希望能够通过对制度建设的要求，督促保险公司加强对风险和资本的持续管理，同时加强信息披露。

在我国，涉及保险公司治理结构及其监管的法律法规较多，包括《公司法》《保险法》《证券法》《外资保险公司管理条例》及其实施细则、《保险公司管理规定》《保险公司高级管理人员任职资格管理规定》等。2006 年 2 月，中国保监会下发了完善保险公司治理结构的框架性文件——《关于规范保险公司治理结构的指导意见（试行）》，主要包括强化股东义务、加强董事会建设、发挥监事会作用、规范管理层运作、加强关联交易管理、加强信息披露管理、治理结构监管七大部分内容，旨在通过严格的问责体系，使保险公司建立一套科学有效的决策和控制机制，切实防范经营风险，保护被保险人、投资者及其他利益相关者的合法权益。该文件的出台，标志着市场行为监管、偿付能力监管和保险公司治理结构监管“三支柱”的中国保险监管框架初步形成。

2. 内部控制监管①

内部控制是保险公司的一种自律行为，是公司为完成既定工作目标，防范经营风险，对内部各种业务活动实行制度化管理和控制的机制、措施和程序的总称。健全的内控是公司治理机制有效发挥作用的重要保障。只有把治理监管和内控监管有机结合起来，才能做深做实

① 本书编写组：《保险公司内部控制精要：业绩和品牌价值提升的有效手段》（第 2 版），复旦大学出版社 2012 年版。

公司治理监管，提高保险监管水平。

保险公司的内部控制一般包括组织机构控制、授权经营控制、财务会计控制、资金运用控制、业务流程控制、单证和印鉴管理控制、人事和劳动管理制度、计算机系统控制、稽核监督控制、信息反馈控制、其他重要业务和关键部位的控制。

内控严密是现代企业制度的基本特征和内在要求。从国际上来看，各国对公司内控建设的重视程度越来越高。美国反虚假财务报告委员会下属的发起人委员会（COSO）等国际组织自 20 世纪 90 年代起，开始组织专业力量制定不断完善企业内控建设的指导文件，在提升企业内控地位和统一内控框架方面影响越来越大。许多跨国金融机构都把完善内控作为最重要的管理工作来抓，加强和改进内控日渐成为近年来企业管理变革的重要主题。

2010 年 8 月，中国保监会制定的《保险公司内部控制基本准则》发布，并于 2011 年 1 月 1 日开始正式施行。该准则是以财政部、审计署、银监会、证监会和保监会五部委于 2008 年 6 月联合发布的《企业内部控制基本规范》为基准，基于保险行业的特殊情况制定，在保险公司内控监管制度中起到统驭的作用。

《保险公司内部控制基本准则》所称内部控制，是指保险公司各层级的机构和人员，依据各自的职责，采取适当措施，合理防范和有效控制经营管理中的各种风险，防止公司经营偏离发展战略和经营目标的机制和过程。它规定了保险公司内部控制的五个目标，即行为合规性目标、资产安全性目标、信息真实性目标、经营有效性目标和战略保障性目标。

依照它的规定，保险公司内部控制体系包括三个组成部分：一是内部控制基础，包括公司治理、组织架构、人力资源、信息系统和企业文化等；二是内部控制程序，包括识别评估风险、设计实施控制措施等；三是内部控制保证，包括信息沟通、内控管理、内部审计应急机制和风险问责等。

本章关键词

保险监管	保险合同法	保险业法	保险监管主体	保险行业自律
保险信用评级	弱势监管	强势监管	折衷式监管	非现场监管
现场监管	保险市场行为	保险市场准入	保险市场退出	偿付能力监管
保险准备金	公司治理监管	内部控制监管		

思考与讨论

保险资管通道业务暂停　清查万亿规模①

作为资本市场上重要的机构投资者，保险资金在市场上一直备受关注，保监会对险资的监管也屡屡出台文件。2016年6月，中国保监会连发两文，分别是《关于开展保险机构部分投资业务内部控制管理专项检查的通知》和《关于清理规范保险资产管理公司通道类业务有关事项的通知》，针对股票股权和不动产业务的专项检查以及通道类业务的清理，一场关于保险资金运用领域的排雷行动拉开帷幕。

业内普遍认同的"通道业务"是指非银行金融机构通过向银行发行资管产品，帮助银行曲线完成信托贷款，并将相关资产转移到表外的过程。经营通道业务的金融机构众多，除保险机构外，信托、券商等机构也在通道业务监管范围之内。对银行来说，凡是能够让其规避监管，置换表内外资产的途径、平台都是通道业务，包括券商、保险、信托、PE、投行等各种现存或者将来会出现的非商业银行金融参与者都可以成为"通道"。通道业务这种信托贷款，虽不违规，但是风险很大，这些资产可能是潜在风险较大的、可能发生不良的资产，银行通过这个通道把不好的资产做到表外，以降低风险。

目前，我国规模较大的综合性保险资产管理机构共有21家，包括中国人保资产管理、中国人寿资产管理、华泰资产管理、中再资产管理、平安资产管理等，成立时间最早在2003年，稍晚如2015年才成立的长城财富资产管理、英大保险资产管理等。中国保险资产管理协会数据显示，截至2016年5月底，保险资产管理机构累计发起设立各类债权、股权和项目资产支持计划549项，合计备案（注册）规模14110.04亿元。其中，在注册制实行之后，2013年注册各类资产管理产品103项，合计注册规模3688.27亿元；2014年注册各类资产管理产品175项，合计注册规模3801.02亿元；2015年注册各类资产管理产品121项，合计注册规模2706.13亿元。2016年1~5月，共18家保险资产管理机构共注册各类资产管理产品50项，合计注册规模759.54亿元。其中，基础设施债权投资计划14项，注册规模242.64亿元；不动产债权投资计划31项，注册规模335.90亿元；股权投资计划5项，注册规模181亿元。据了解，保险资产管理注册产品约85%为通道类业务，因此测算保险类通道业务规模超过1万亿元。

① 胡秋实："保险资管通道业务暂停　清查万亿规模"，《时代周报》，2016年6月21日。

《关于清理规范保险资产管理公司通道类业务有关事项的通知》要求各保险资管公司清理规范银行存款通道等业务，各公司在 7 月 31 日前完成自查及清理规范工作，清理规范期间，保险资产管理公司暂停新增办理通道类业务。

中央财经大学保险学院院长郝演苏向《时代周报》记者表示，通道业务的清理不仅仅是保险行业，整个大金融体系都在做清查，对保险机构而言影响并不大，只要规范经营都不会有问题。目前通道业务并不违规，只要各个资产管理机构在操作上不存在什么问题就不会被处罚。

问题

(1) 请查询更多关于通道业务的资料，分析保险资管公司热衷开展通道业务的原因是什么？

(2) 请分析通道业务对保险公司而言存在哪些风险？应如何加以防范应对？

参考文献
Reference

[1] [比] 让·勒梅尔，克罗芭·沙布拉曼尔．欧美保险业监管．北京：经济科学出版社，1999
[2] [英] 威廉·贝弗里奇．贝弗里奇报告——社会保险和相关服务．北京：中国劳动社会保障出版社，2008
[3] [美] 马克·S·道弗曼．风险管理与保险原理（第九版）．北京：清华大学出版社，2009
[4] [美] 富兰克·H·奈特．风险、不确定性和利润．北京：华夏出版社，2013
[5] [美] 乔治·E·瑞达，迈克尔·J·麦克纳马拉．风险管理与保险原理（第12版）．北京：中国人民大学出版社，2015
[6] 中国保监会教材编写组．风险管理与保险．北京：高等教育出版社，2007
[7] 黄守坤，孙秀清．保险学．北京：机械工业出版社，2009
[8] 王海艳，郭振华．保险学．北京：机械工业出版社，2010
[9] 魏华林，林宝清．保险学（第三版）．北京：高等教育出版社，2011
[10] 孙祁祥．保险学（第五版）．北京：北京大学出版社，2013
[11] 赵兴凯，赵苑达．保险理赔案例研究与分析．北京：中国经济出版社，1999
[12] 陈敬，彭虹．保险法实例说．长沙：湖南人民出版社，1999
[13] 黄华明等．中外保险案例分析．北京：对外经济贸易大学出版社，2003
[14] 蒲成毅，潘晓君．保险案例评析与思考．北京：机械工业出版社，2004
[15] 邱波，朱一鸿，周新苗．保险经典案例教程．杭州：浙江大学出版社，2012
[16] 孙阿凡，张建深，王臣．保险学案例分析．北京：中国社会科学出版社，2013
[17] 谢虹．保险利益论．上海：复旦大学出版社，2003
[18] 王凯．非正式保险制度研究．成都：西南财经大学出版社，2006
[19] 李春彦，李之彦．保险法告知义务及其法律规则．北京：法律出版社，2007
[20] 李超民．美国社会保障制度．上海：上海世纪出版股份有限公司，2009
[21] 刘平．拯救AIG：解读美国最大的金融拯救计划．北京：中国经济出版社，2009
[22] 中国保险监督管理委员会．保险公司偿付能力报告编报规则（2009）．北京：中国财政经济出版社，2009
[23] 编写组．机动车交通事故责任强制保险条例释义．北京：中国法制出版社，2006
[24] 本书编写组．保险公司内部控制精要：业绩和品牌价值提升的有效手段（第2版）．上海：复旦大学出版社，2012
[25]《中国保险公司信用评价体系研究》课题组．中国非寿险公司信用评级研究．北京：中国金融出版社，2013
[26] 江先学，吴岚．保险公司偿付能力监管研究．上海：上海交通大学出版社，2013
[27] 陈恳．迷失的盛宴：中国保险史（1978－2014）．杭州：浙江大学出版社，2014
[28] 孙祁祥，郑伟．中国保险业发展报告（2016）．北京：北京大学出版社，2016

高等院校经济管理“十三五”规划教材·营销系列

书名：现代营销学（第2版）
作者：李东进　秦　勇　主编
书号：978-7-80234-742-7
定价：35.00元
简介：本书以通俗易懂的方式叙述现代企业营销的基本原理和概念，并结合我国企业营销发展的新趋势，从企业产品的渠道、价格、市场环境、促销、消费者行为等方面对现代企业的营销活动进行了较为深入的探讨。

书名：市场调研与预测
作者：胡祖光　王俊豪　吕筱萍　编著
书号：978-7-80087-829-5
定价：30.00元
简介：本书从市场调研、市场预测、数据处理与分析三大方面系统阐述了市场调研的基本概念、方式方法和技术、调研资料分析、数据统计软件的应用以及市场预测的方式方法等。

书名：国际营销教程
作者：陈祝平　编著
书号：978-7-80234-452-5
定价：32.00元
简介：本书系统地比较了国际营销与国内营销、国际贸易的区别，讲述了国际环境、国际市场策划、国际产品策划、国际渠道策划、国际沟通和国际定价等内容。适合高校经济管理类本科和研究生（包括MBA）学习用书。

书名：市场营销学教程
作者：吴　涛　编著
书号：978-7-80234-452-5
定价：32.00元
简介：为了更好地适应高等院校市场营销学课程的教学需要，这次修订对原书进行了大幅度的调整，重新撰写了一些章节，包括更换书名。本教程旨在提供一本以案例教学为导向，侧重实践应用能力的市场营销学教科书。

书名：品牌管理
作者：陈祝平　著
书号：978-7-80087-803-9
定价：28.00元
简介：本书通过大量的中国本土企业的品牌实战案例，从心理学和经济学两个角度全面分析了品牌管理的各种问题，包括品牌资产的概念和结构、品牌形象和定位、品牌设计、品牌渠道和品牌传播等内容，具有很强的实用性。

书名：营销渠道管理：理论、方法与实践
作者：秦　勇　李东进　主编
书号：ISBN 978-7-5177-0283-2
定价：36.00元
简介：本书结合当前的营销新环境，系统介绍营销渠道的模式与设计、渠道成员的选择、渠道冲突与合作管理、国际营销渠道等内容，为读者呈现了一个较为完整的渠道管理知识体系。

书名：现代广告学（第4版）
作者：李东进　秦　勇　著
书号：978-7-5177-0340-2
定价：42.00元
简介：本书充分借鉴国内外广告学最新研究成果，讲述了广告学的基本原理、概念和实务，还结合我国广告业发展的新趋势，对新媒体广告、电影（电视）植入式广告以及名人广告等热点广告问题进行了较为深入的探讨。

书名：网络营销
作者：李东进　秦勇　[韩]朴世桓　沈哲　主编
书号：ISBN 978-7-5177-0381-5
定价：39.00元
简介：本书对搜索引擎营销、软文营销、网络事件营销、许可E-mail营销、博客/微博营销、移动营销、病毒式营销、微信营销、精准营销等进行了较为深入的探讨。

高等院校经济管理“十三五”规划教材·人力资源管理系列

书名：绩效管理
作者：付维宁　编著
书号：978-7-80234-726-7
定价：38.00元
简介：本书主要讲述绩效评价、绩效执行、绩效反馈、绩效计划、公关部门的绩效管理。本书可作为人力资源管理专业本科学生、正在从事或有兴趣从事人力资源管理的企业及社会人员的学习用书，也可作为高等职业院校、大专院校、成人院校企业管理专业的培训教材。

书名：劳动关系管理
作者：尚　珂　左春玲　著
书号：978-7-80234-710-6
定价：35.00元
简介：本书从宏观和微观两个角度，不仅讲述了劳动关系与劳动关系管理、劳动关系主体与劳动力市场等宏观理论，还详细讲述了企业劳动合同管理、企业劳动标准实施管理、企业集体合同管理、企业劳动争议管理等内容。

书名：人才测评教程
作者：寇家伦　编著
书号：978-7-80234-453-2
定价：40.00元
简介：本教材的第1版《人才测评》于2006年出版。本书是原书的第2版。为了更好地适应高等院校人力资源专业课程的教学需要，本次修订对原书进行了大幅度的调整，并且重新撰写了一些章节。

书名：人力资源管理教程（第2版）
作者：伍争荣　主编　缪仁炳　副主编
书号：978-7-80234-462-4
定价：36.00元
简介：为了更好地适应人力资源管理环境发生很大变化后的教学研究工作，特别是新的《劳动合同法》颁布实施后劳动关系领域新的变化，并反映理论的前沿和实践的进步，本书对第1版进行了一定程度的调整、补充和完善。

书名：组织行为学
作者：肖余春　主编
书号：978-7-80087-882-4
定价：36.00元
简介：本书运用心理学、社会学、人类学、经济学等知识，分别从个体行为、群体行为和组织系统等方面探讨研究一定组织中人的心理和行为的规律性，从而提高管理者对人的行为的预测和引导能力。

书名：人才测评技术（修订版）
作者：宋　荣　谷向东　宇长春　主编
书号：978-7-80234-853-0
定价：38.00元
简介：本书不仅介绍了人才测评的基本概念和基本原理，还全面系统地介绍了心理测验、面试、笔迹分析、无领导小组讨论、公文筐、角色扮演、360度反馈技术等目前国内企业所采用的人才测评技术。全书用大量的人才测评案例，对实际人才测评工作具有很强的实用性。

高等院校经济管理“十三五”规划教材·管理与MBA系列

书名：管理经济学
作者：戴庚先等　编著
书号：7-80087-860-0
定价：39.00元
简介：本书创造性地将Excel运用到管理经济学的决策分析当中，全面阐述了管理经济学的理论、方法和应用，系统讲述了管理经济学的数学模型、供应与需求理论、生产理论与决策分析、成本理论与分析、企业利润、生产结构分析、博弈论与竞争策略等内容。

书名：管理学原理（第3版）
作者：李东进　秦　勇　主编
书号：978-7-5177-0193-4
定价：42.00元
简介：这是本教材第三次修订，在保持前两版总体风格、特色和体系架构的基础上，对全书内容作了一定的更新。除了着重强调管理策略的重点——决策、计划、预测、组织、领导、激励、控制等外，还增加了组织文化和管理创新两章内容，使整个教材的知识体系更趋完整和合理，更适应我国管理学教学的需要。

书名：公共关系学
作者：秦　勇　主编
书号：978-7-5177-0209-2
定价：45.00元
简介：本教材追求简明、实用的写作风格，讲述了公共关系的定义与特征、公共关系的工作流程、公共关系广告、公共关系专题活动、公共关系危机管理、公共关系的CIS战略，以及网络公共关系等内容，内容丰富，结构清晰，实用性很强。

高等院校经济管理“十三五”规划教材·金融系列

书名：金融市场学
作者：周彩霞　编著
书号：978-7-5177-0386-0
定价：42.00元
简介：本书既反映了欧美成熟金融市场的运行状况及经验教训，又密切联系中国金融市场实践，关注范围尽可能既全面又与时俱进。通过本课程的学习，学生可以初步掌握金融市场各子市场、金融机构、金融工具、金融市场运行机制及现代金融市场理论的概貌，为进一步的专业课学习和今后的工作实践打下坚实基础。

书名：保险原理与实务
作者：周彩霞　编著
书号：ISBN 978-7-5177-0600-7
定价：45.00元
简介：本书简明清晰地介绍了保险学的基本原理及实务运作，包括风险与风险管理、保险概述、保险的基本原则、财产保险、人身保险、再保险、保险合同、保险经营活动、社会保险和保险监管。除基本知识点外，全书内容结合大量保险案例渐次展开，每章结尾都给出了若干开放性的思考讨论题，多角度设问，引导学生将书本知识与实际问题相结合，提升综合能力。

高等院校经济管理“十三五”规划教材·电子商务系列

书名：电子商务实务教程（第2版）
作者：李东进　沈　哲
　　　秦　勇　朴世桓　主编
书号：ISBN 978-7-5177-0513-0
定价：42.00元

简介：本书介绍了电子商务的技术基础、电子支付、电子商务物流、网络营销、网络采购等内容，前瞻性地勾画出了电子商务专业理论知识的基本框架，旨在帮助读者理解电子商务商业模式和价值创造的原理。

高等院校经济管理“十三五”规划教材·国际商务系列

书名：商务沟通教程
作者：王慧敏　编著
书号：978-7-80087-826-0
定价：28.00元
简介：本书是一本以能力培养为主线的理论与实务相结合的商务沟通教材。全书包括商务沟通概述、商务沟通的一般技巧、招聘与面试、演讲的技巧、会议沟通技巧、谈判技巧、与客户的沟通技巧、管理沟通、书面沟通等内容。本书具有很强的实用性。

书名：国际贸易实务
作者：王慧敏　编著
书号：978-7-80234-519-5
定价：35.00元
简介：本书突出案例教学、启发式教学，主要讲述国际货物运输、国际货物运输保险、进出口商品价格核算、国际贷款的收付、国际货物买卖合同的签订、进出口交易的基本业务程序等内容，使学生在解决问题的过程中掌握课程教学内容。

书名：商务礼仪教程
作者：王慧敏　吴志樵　周永红　编著
书号：978-7-80234-229-3
定价：32.00元
简介：本书系统地介绍了商务活动中的服饰妆容礼仪、语言行为礼仪、往来礼仪、交际礼仪、办公室礼仪、通讯礼仪、会议礼仪、谈判礼仪、求职礼仪、涉外礼仪等方面的知识。本书可以作为大学本科和高职院校学生的教材，也可以作为普通大众了解礼仪知识的通俗读物。

书名：报关实务
作者：王慧敏等　编著
书号：978-7-80234-354-2
定价：32.00元
简介：本书详尽地介绍了报关从业人员需掌握和了解的各种进出口货物的报关程序、进出口商品的归类与税费的征收，以及进出口货物报关单的填制等相关知识。还根据教学的实践安排了练习题和案例分析，以培养学生的思维能力和动手能力。

连锁经营管理专业规划教材

书名：连锁企业经营管理（第2版）
书号：978-7-5177-0343-3
作者：孙　静　孙前进　编著
定价：35.00元
简介：修订后的教材更具有实用性，使学习者掌握连锁经营的相关知识，并不断提高驾驭现代连锁企业的技能与素养，成为更优秀、更符合连锁企业需要的人才。

本教材适合连锁经营管理专业师生使用，也可作为连锁企业从业人员的培训教材。

书名：连锁门店开发与选址（第2版）
书号：978-7-5177-0341-9
作者：李晓晖　弓秀云　杨洋　编著
定价：32.00元
简介：作者根据自身在教材使用过程中的体会和读者们的反馈意见，对全书内容做了一定的更新和充实。修订后的教材更具有实用性，是成功开发并有效管理一家门店所必须掌握的知识与技能。

本教材适合连锁经营管理专业师生使用，也可作为连锁企业从业人员的培训教材，具有广泛的适用性。

书名：连锁企业信息系统与管理（第2版）
书号：978-7-5177-0342-6
作者：杨　洋　孙前进　编著
定价：32.00元
简介：修订后的教材内容更新，案例更典型，使学习者能更快的掌握连锁企业信息系统运营维护及发展研究等内容。

本教材适合连锁经营管理专业师生使用，也可作为连锁企业从业人员的培训教材，具有广泛的适用性。

书名：连锁企业采购与配送管理（第2版）

书号：978-7-5177-0345-7

作者：胡贵彦　编著

定价：35.00元

简介：本教材以连锁企业的采购和配送为主线，具体讲述了连锁企业采购和配送的流程、采购计划、供应商管理、招标采购、采购风险管理和绩效评估、配送中心与库存管理、进出货管理、配载及配送路线的优化等内容，力图使从事连锁企业的相关人员能够以最短的时间全面系统地掌握连锁企业采购和配送方面的知识和技能。

书名：连锁企业门店管理（第2版）

书号：978-7-5177-0344-0

作者：隆　意　尚　珂　顾丽萍　编著

定价：32.00元

简介：本次修订在保留上一版总体风格、特色和体系架构的基础上，作者根据自身在教材使用过程中的体会和读者们的反馈意见，对全书内容做了一定的更新和充实。

修订后的教材在保持知识的完整性和系统性的同时，重点突出了对实践的指导和应用。

本教材适合连锁经营管理专业师生使用，也可作为连锁企业从业人员的培训教材，具有广泛的适用性。

高职高专旅游管理类规划教材

书名：旅行社经营管理实务

作者：陈道山　主编

书号：978-7-80234-421-1

定价：35.00元

简介：本书将旅行社的经营管理分为四大模块，即基础模块、实务模块、支撑模块、发展趋势模块，每个模块下又分为若干项目，详细讲述了旅行社的基本知识、旅行社经营管理基础等内容。

书名：酒店经营与管理

作者：李辉作　于　涛　主编

书号：978-7-80234-421-1

定价：35.00元

简介：本书以酒店经营与管理的理论及管理内容为框架，通过模块的形式，讲述了酒店经营管理概述、酒店接待业务管理、酒店内部管理和酒店日常管理等内容，建立起了酒店经营与管理的完整体系。其内容上“宽”、“新”、“实”并举，注重内容的科学性、系统性、创新性和实用性。

书名：导游实务

作者：仪孝法　冯　静　主编

书号：978-7-80234-389-4

定价：32.00元

简介：本书系统地阐述了合格的导游员应具备的素质、知识和技能。全书理论与实践相结合，侧重对学生实践技能的培养，主要体现在导游服务各种操作规程的介绍上，有很强的实用性和操作性。

书名：旅游学概论

作者：苟胜东　主编

书号：978-7-80234-424-2

定价：26.00元

简介：本书讲述了旅游的产生与发展、旅游的概念与特点、旅游者、旅游资源、旅游业、旅游组织、旅游市场以及旅游的影响等八个模块。这八个模块以旅游的自身性质和特点为主线，既有纵向旅游发展历史的介绍，也有横向旅游业的组成部分、旅游组织的讲述，使大家对旅游业发展有一个清醒的认识。

书名：旅游市场营销

作者：樊雅琴　主编

书号：978-7-80234-423-5

定价：35.00元

简介： 本教材以项目为导向，融知识、技能于一体，文中的“知识链接”模块帮助学生理解一些比较抽象的理论概念，而实践性较强的知识，则通过“案例阅读”模块来加强学生的理解与掌握，每个模块后的“案例分析”、“技能训练”等，考查学生的学习效果。通过这些内容的有机结合，培养学生综合运用知识的能力。

本书适合高职高专旅游管理类相关专业师生使用，也可供旅游市场营销人员、导游人员、旅游咨询师等旅游行业从业人员借鉴、应用。

书名：旅游资源学

作者：杨学峰　主编

书号：978-7-80234-426-6

定价：35.00元

简介：本书系统阐述了旅游资源的概念，旅游资源形成的基本条件、基本特征、分类等基本理论；分析了地文、水体、大气及太空、生物等自然旅游资源的成因、特征、主要类型；阐述了文物古迹、古典园林、文学艺术、宗教文化、城乡风貌、现代设施、民俗风情、饮食与购物等人文旅游资源的特点及旅游价值；还对中国和世界的旅游资源进行了分区，阐述了旅游资源调查评价与开发规划的理论与方法、旅游资源与旅游环境保护建设的理论和对策等内容。本书不仅资料丰富，并加入大量知识点和实践活动，便于学生提高对知识的实际应用能力。

书名：人力资源战略与规划
书号：978-7-80234-038-1
作者：寒　武　编著
定价：28.00元
简介：本书介绍了人力资源战略与规划的产生、人力资源战略及其制定与实施、人力资源规划、人力资源供求分析、操作技巧和成功案例的学习，可使读者充分掌握人力资源战略设计及人力资源规划的模式与方法，从而构建起一个完整的人力资源战略与规划体系。

书名：劳动关系管理（修订版）
书号：978-7-80087-983-8
作者：左祥琦　编著
定价：32.00元
简介：本书可以作为专业的培训和教学教材外，还适合人力资源管理者、企业高中级管理人员、劳动行政部门的官员、各级工会干部、劳动法的研究人员、劳动争议仲裁员、负责审理劳动争议案件的法官，以及其他与劳动领域有关的从业人员。

书名：薪酬福利管理
书号：978-7-80087-963-0
作者：胡昌全　编著
定价：35.00元
简介：作为"中国注册人力资源管理职业资格认证"的指定培训教材之一，本书以什业薪酬管理为主线，对薪酬体系与结构、付薪策略与原则、福利与保险做了完整深入的分析。

书名：人才测评
书号：978-7-80087-969-2
作者：寇家伦　编著
定价：36.00元
简介：本书向读者全面介绍了人才测评技术的发展历程、基础理论与实践方法，重点阐述了人才测评技术中信用效度最高的评价中心技术的实践操作，向读者完整地呈现了组织人才测评活动的各个环节及关键控制点。

书名：人力资源信息化管理
书号：978-7-80087-962-3
作者：洪　玫　编著
定价：28.00元
简介：本书能够帮助读者更好地理解e-HR究竟是什么，它在企业人力资源管理工作中能做哪些事情，以及如何选择和实施这项技术来实现预期的收益。

书名：员工任用
书号：978-7-80087-954-8
作者：闫凤芝　编著
定价：28.00元
简介：本书从员工任用的角度，讲述人力资源规划、职位分析、员工招聘甄选、员工入职和辞职管理等内容，在传播人力资源管理技术的同时，将人力资源管理的理念与读者进行分享，从而引导读者全面、系统、实际地看待和解决企业的问题。

书名：职业生涯管理（第2版）
书号：978-7-80234-653-6
作者：杜映梅　编著
定价：35.00元
简介：本书系统地介绍了职业生涯管理的相关理论知识，并提供了丰富的案例和测试，以期为广大读者提供具有高度可操作性的指导。

书名：绩效管理（第2版）
书号：978-7-80234-654-3
作者：杜映梅　编著
定价：35.00元
简介：本书是作者对近年来国内外关于绩效管理的方法和在企业管理实践中的经验进行总结、提升而形成的关于绩效管理的操作理念，主要可供企业的实际管理工作者和从事人力资源管理工作的人士作为工作的参考，也可作为企业管理类教学和科研的参考书，对人力资源管理感兴趣的人士亦可作为自学之用。

书名：企业培训
书号：978-7-80087-961-6
作者：于　虹　编著
定价：25.00元
简介：本书内容由三部分组成。第一部分重点介绍培训的涵义、目的、形式和企业培训管理的内容及培训体制的完善等内容，第二部分围绕着企业培训体系构成的核心内容展开说明，第三部分从培训前的准备、课程的开发方法、培训师授课技巧及企业培训中的经典游戏等方面做了介绍。